书苑撷英

阿拉伯地理古籍中的
中阿海上丝路交往

郭筠 / 著

文化藝術出版社
Culture and Art Publishing House

图书在版编目（CIP）数据

书苑撷英——阿拉伯地理古籍中的中阿海上丝路交往 / 郭筠著. —北京：文化艺术出版社，2020.10
ISBN 978-7-5039-6976-8

Ⅰ.①书… Ⅱ.①郭… Ⅲ.①丝绸之路—文化交流—文化史—研究—中国、阿拉伯国家 Ⅳ.①K203

中国版本图书馆CIP数据核字（2019）第176941号

书苑撷英——阿拉伯地理古籍中的中阿海上丝路交往

著　　者	郭　筠
责任编辑	叶茹飞　田守强
责任校对	曲　静
书籍设计	赵　矗
出版发行	文化艺术出版社
地　　址	北京市东城区东四八条52号（100700）
网　　址	www.caaph.com
电子邮箱	s@caaph.com
电　　话	（010）84057666（总编室）　84057667（办公室） 84057696—84057699（发行部）
传　　真	（010）84057660（总编室）　84057670（办公室） 84057690（发行部）
经　　销	新华书店
印　　刷	国英印务有限公司
版　　次	2021年5月第1版
印　　次	2021年5月第1次印刷
开　　本	710毫米×1000毫米　1/16
印　　张	26.5
字　　数	347千字
书　　号	ISBN 978-7-5039-6976-8
定　　价	88.00元

版权所有，侵权必究。如有印装错误，随时调换。

本书系国家社科基金青年项目"公元 7 至 15 世纪阿拉伯古地图视阈下的中阿海上丝路交往及其特点研究"（批准号 18CSS011）的结项成果。

序

　　我了解郭筠博士，起始于读她的书。近年来我开始关注丝绸之路西段的历史发展，所以关注中世纪阿拉伯地理学方面的成就和相关研究成果。除了阅读了《黄金草原》《中国印度见闻录》《道里邦国志》《伊本·白图泰游记》《阿拉伯波斯突厥人东方文献辑注》等若干中文译著名著，也阅读了国内一些著名学者如纳忠、张广达、宋岘、葛铁鹰、马坚、刘迎胜、华涛、蔡伟良等人的相关论著，还有一些国外学者的著述，深知阿拉伯地理学对于我们研究中世纪人类文明史、丝绸之路历史和中阿文化交流的重要性。但说实在的，与阿拉伯丰富的地理学著述比较来说，这些翻译和研究都是远远不够的。所以，2016年郭筠《中世纪阿拉伯地理学研究》一书出版，立刻引起我的注意。通过这本书，我对阿拉伯地理学成就有了一个概括的了解。在这本书中，作者第一次比较系统地收集、整理和归纳相关资料，客观全面地展现了阿拉伯地理学的脉络以及其起源、性质、定义、发展和类别、特点，阐明了阿拉伯地理学在文化史上的贡献，从而给阿拉伯地理学在世界文明史上以清晰的定位。

　　我知道这本书是她的博士学位论文通过答辩后整理出版的，无疑出于一位年轻学人之手，当时作者不过32岁。2019年10月11—14日，上海外国语大学全球文明史研究所王献华教授主持召开"丝绸之路西段历史文化地理"研讨会，这个会议主题特别引起我的兴趣，这个问题的提出非常有意义，我参加了会议研讨，会议上发表了《从绿洲之路通向海上丝绸之路》的报告，是从古代阿拉伯地理文献看丝绸之路陆海通道的联结。茶歇休息时，当一位美女走向我，主动向我介绍自己是浙江外国语学院东方语言文化学院的郭筠时，我才把她和我的阅读联系起来，当时惊讶的主要是她如此年轻，如此文雅。这是我们第一次见面。她说对我的题目特别感兴趣，专程来听。由此，我们长聊了一会儿，发现彼此竟是如此地互相了解。学术的交流跨越时空，虽然是第一次见面，却一见如故，这就是文字的力量。曹丕说文人学者"不假良史之辞，不托飞驰之势，而声名自传于后"，其实，学人之间也可以无所依凭，只凭文章著作也可以跨越时空相互认知和交流啊。

今年11月，先是中央民族大学曹流先生告知，郭筠老师正在国家教育行政学院学习，想一起见面聊聊，接着便接到郭老师的电话。于是，在曹流先生安排下我们三人又和李鸿宾、黄义军等先生聚餐于北外东门外的"巴依老爷"饭馆。这次见面知道，郭筠已经完成多项国家和省部级科研和教研项目，获得省级和校级各种奖项，这种进步自然让我们赞叹不已，同时也关心她的成长过程，听郭筠讲述了她当年国内外求学的经历。她在埃及、土耳其、黎巴嫩、摩洛哥、英国、法国等国家艰苦求学、访学和搜集资料的经历，让我看到一种"生以之，死亦以之"的献身学术的执着。她出示了一张在埃及遭遇抢劫面部受伤的照片，回忆起当时的情景仍心有余悸。"梅花香自苦寒来"，不经历严冬，如何体会到春天的温暖；不经历"衣带渐宽终不悔，为伊消得人憔悴"的埋头苦干，哪来学术上的成就和人生的辉煌。当学有所成时，当年不堪回首的经历或许成为一种幸运的记忆。对于一位学人来说，能进入学术的殿堂，过去的一切艰辛和努力都是值得的。

席上郭筠出示了由商务印书馆出版的新著《阿拉伯地理典籍中的中国》，因为手里只有一本样书，许诺回杭州后会寄书给大家。我在网上已经了解到这本书的出版信息，正要出手购取，再三嘱咐她不必再寄书来，现在购书很方便，作者样书有限，不用破费再购书寄送，但郭筠坚持要给老师们签名版，以资纪念。不久便收到曹流先生转来的这部大著，拜读之余，深感郭筠学术的进步之显著。常言说："士别三日，当刮目相看。"又说："后生可畏。"真是此之谓也。本书对中世纪阿拉伯地理古籍中的"中国"称谓的考辨，阿拉伯主要地理典籍中提及中国的阿拉伯地理学家及其著作、阿拉伯地理古籍中丝绸之路上的中国形象、丝绸之路上中国形象构建的特征和规律进行了细致的考证、细心的梳理和深入的探讨。这些是必须建立在全面系统地研读阿拉伯地理古籍的基础上才能做到的，对我国学术界关于阿拉伯地理学著作的研究和中阿文化交流史研究是一个巨大的贡献。正如郭筠的博士后合作导师朱威烈先生指出的，这本书"明显填补了我国世界地理研究中长期存在的原始资料匮乏的短板"。关于这本书的成就，葛铁鹰先生给予了准确定位："作者凭借自身语言优势与功底，遍览阿拉伯地理原语典籍，拓宽学术视野，博采前人之长，溯宗导源，鞭辟入里，既梳理出阿拉伯地理典籍中关于中国记载的来龙去脉，也勾勒出相关记载中'中国形象'的历史样貌。毫无疑问，这是一部具有很高学术价值的专著。"这不是奉承，而是实事求是的评价。

令人意外的是，接到她新书后不久，她发来微信，希望我能给她的新书写序。又一本新书将要出版，这速度也太惊人了。要知道作者今年不过才36岁，所研究的问题又是国内很少有人涉足的问题，能做到这样，依我看必须具备如下条件：一是才气，二是勤奋，三是功底，四是积累。她说导师朱威烈先生推荐了我，我对前辈学者总是恭敬不如从命，便勉从此美意答应了，于是一本厚重的书稿很快便摆到了我的案头，就是读者面前的这本书：《书苑撷英——阿拉伯地理古籍中的中阿海上丝路交往》。从这本书中我们可以看到作者学术研究的向前推进，可以看到在中世纪阿拉伯地理学研究中新的开掘。比之作者前两本著作，本书聚焦于阿拉伯地理古籍中中阿海上丝路的交往研究，这就比原来的研究更专门化了。这本书在发挥其专业优势方面更为显著，主要表现在她是在阅读大量阿拉伯语史料（主要是阿拉伯地理典籍）的基础上展开她的研究的。大家都知道，阿拉伯语号称繁难，国内精通阿语者人数有限，而我们所知道的一些阿语专业人才从事历史文化，尤其是地理学研究的更是寥寥可数，像郭筠这样年轻的学者涉足这一领域又取得如此成就的几乎是绝无仅有。因此，这本书中利用的资料、探讨的问题和得出的结论，便是十分新鲜和珍贵的。

刚接到这部书稿，我对书名颇为不解，觉得"书苑撷英"有点宽泛，似乎可以用作不同的书名。但在拜读过书稿后，便似乎明白了作者的原意。其意在于表明，在这个课题的研究中，作者是在致力于广泛搜集阿拉伯地理古籍（书苑）的基础上，从中选出具有权威性的涉及海上丝路、中阿交往和有关中国记载的作品（撷英），对其中的文献进行翻译和注释，再进行归纳和总结。在这个过程中，作者已经进行了一番含英咀华、去粗取精的工作。阿拉伯地理学著作繁多而内容驳杂，不仅一般的学者难以窥其原貌，即便精通阿语者也不好理清头绪。因此，作者的"书苑撷英"

又给我们做了一件很有意义的工作。

宏大视野、多维角度和比较的眼光也令本书价值非凡。作者的目光并不局限于中世纪阿拉伯地理学范畴，而是把阿拉伯地理学著作的中阿间海上交通置于中世纪阿拉伯伊斯兰文化繁荣发展的背景下进行审视，又结合中国古代文献对阿拉伯地理文献中出现的相关问题进行注释和考证，通过比对互勘，获得可靠的认识。作者综合运用地理学、历史学、文化学、文献学、地图学、海洋学等多学科理论和方法，对阿拉伯地理古籍中涉及"中国""中国海""中国船""中国之路"和中阿交通与交流进行了细致入微的考辨和权威性的解读，从而为读者提供了这样一本富于开创性的扎实厚重的著作。读郭筠的书，还有一个强烈的感觉，就是当下关注。她研究的是古代的著作和问题，却始终不忘与现实的联系。所以她研究历史上海上丝路与中阿交流，又在此基础上探讨这种交通和交流对深化当前中阿共建"一带一路"的意义和启示，她的目光便又从古代移至当下，力图为现实中中阿交流和合作提供有益的借鉴，这种经世致用的家国情怀也值得赞叹。

郭筠在学术上取得如此突出的成就，有她特殊的条件和前提，就是扎实的阿拉伯语能力。在目前学术日益国际化的环境里，精通一门外语就为自己进入一个新的领域开辟一条通道，打开一扇窗口。我的专业主要在汉唐历史与文学、丝绸之路与中外文化交流史领域。在唐代历史与中外交流研究中，深知阿语的重要性。唐朝是一个世界性的帝国，在当时世界上文明程度最高，与之遥相辉映的就是阿拉伯帝国。唐朝与阿拉伯都是开放性的帝国，都注意吸收世界上各种文明成果，从而成就了自身的辉煌，唐朝和阿拉伯文明都是值得深入研究的对象。伟大的丝绸之路把两大帝国紧密地联系起来，在彼此的文献中都有对对方的记载。因此，研究唐朝需要读阿拉伯的文献，研究唐代中阿关系与交流也需要读阿拉伯的文献。我所知道的，从事隋唐史和中外关系史研究的北京大学历史系王小甫教授在阿语学习上下过功夫，能够查阅阿拉伯语文献资料；中国社会科学院中外关系史研究室李锦绣研究员年过不惑，还发奋学习阿拉伯语，其原因盖在于此。郭筠是学阿语出身，年纪轻轻便具备了一种得天独厚的条件，作为后起之秀，在学术领域里取得更大成就指日可待。

世界已经成为"地球村"，这个"村"里的各地居民在交通往来上的便利程度早已今非昔比。与之相比，古代中国与阿拉伯帝国距离遥远，交通不便，但彼此间的联系却很早就建立起来。阿拉伯民族是一个善于吸收外来文明成果的民族，中国灿烂辉煌的文化早就引起他们的关注，双方的人文交流和文明互鉴早就发生。有一个具体事例，或许能够说明中阿之间文化的联系源远流长。中国古代有个著名的寓言故事叫"鹬蚌相争"，故事出于先秦古籍《战国策·燕策》：赵且伐燕，苏代为燕谓惠王曰："今者臣来，过易水，蚌方出曝，而鹬啄其肉，蚌合而拑其喙。鹬曰：'今日不雨，明日不雨，即有死蚌！'蚌亦谓鹬曰：'今日不出，明日不出，即有死鹬！'两者不肯相舍，渔者得而并禽之。今赵且伐燕，燕、赵久相支，以弊大众，臣恐强秦之为渔夫也。故愿王之熟计之也！"惠王曰："善。"乃止。

古代阿拉伯人的著作《中国印度见闻录》中有一个与之相类似的故事。这本书分为两部分，故事见于第二部分，这一部分的作者是尸罗夫港的阿布·赛义德·哈桑。他讲的故事名字叫"化宝为粮"，说有一个贝都因人来到巴士拉，身上带着一颗值钱的珍珠，他到了一个交往甚密的香料商人那里，把珍珠给他看，想问问该怎样估价。商人欺骗他值一百个迪尔汗。贫穷的贝都因人觉得这已经非常可观了，便以此价售予这个商人，他用这些钱给家里买了食物。而香料商人则把珍珠拿到"平安之都"巴格达，以高价转手出去，用这笔钱做本金，把生意扩大了。香料商人曾问及贝都因人珍珠的来历，贝都因人回答："我路过巴林海岸附近的桑曼村时，发现海滨的沙滩上躺着一只死去的狐狸，它的嘴巴好像给什么蒙住了。下马一看，原来是一个宛如盒盖的东西，里面洁白如洗，闪闪发亮。我瞥见里边有一颗圆滚滚的珠子，就把它取出来了。"哈桑据此进行了推理，他说，这样事情的原委就很清楚了，那只贝是按照自己的习惯，爬到岸上来呼吸空气的。恰巧这时狐狸也从旁边经过。贝正张开两壳，把里面的红肉暴露出来了。狐狸一见，飞速扑将上去，把嘴伸进壳里，咬住了贝肉。可是刹那之间，贝把硬壳关闭了。狐狸给夹住嘴巴，发狂似的到处乱窜，朝地上撞击贝壳，左摔右打，始终无法挣脱出来。最后，狐狸和贝同归于尽了，那个贝都因人才能从贝壳中取出了珍珠。

中国故事中的蚌就是阿拉伯故事中的贝，大部分贝能在体内自然形成珍珠，肉可食。贝类动物，只要有东西稍稍触碰它，就会敏感地合拢两壳，钳住任何来犯之敌，并且死也不放。用哈桑的话说："珍珠藏在贝壳内，要是不用铁具插入壳缝去撬，那就休想叫它张口。贝的这种固执的天性，正如母亲爱护儿女一样。"这两个故事何其相似乃尔，无论是鹬，还是狐狸，都被夹住而相持不下，最终被第三者得利。那么进一步的问题便是，如此类似的故事是各自独立产生的吗？古代中国人和阿拉伯人都注意到蚌这一习性，都根据其这一习性生发联想，编撰出这样富有哲理的故事。这不能说没有可能，但我更倾向于相互影响的结果。中国的鹬蚌相争故事早于阿拉伯人的贝与狐狸相争故事，是阿拉伯人从中国故事中获得启发。我们在八至十世纪阿拉伯人地理学著作中读到这个故事，很可能就是阿拉伯帝国在借鉴和吸收旧大陆各地文化过程中接触到中国文献中的故事，经过他们的想象构成相似情节的故事。这只是我的推测，而且我的认识也只能止于这个地步。如果能够阅读更多阿拉伯人的著作，可能获得与之相关的更多信息和资料，或许能够有新的认识。像这样进一步的研究就要靠郭筠这样的专家了。

郭筠年轻有为，风华正茂，来日路遥，前程辉煌。像这样一步一个脚印，一步一个台阶地前进，前途无可限量。期待她在学术的道路上越走越远，越飞越高。写这篇序，就是在读了她的书稿之后，享受先睹为快之余，表达对她的期待和祝愿。

北京外国语大学中文学院教授　石云涛

2020 年 12 月 5 日于北京

目 录

001 导 论

025 第一章　阿拉伯地理古籍中的海上丝绸之路

027 　第一节　阿拉伯地理学与阿拉伯海洋地理学的起源

031 　第二节　阿拉伯地理学的发展及其影响因素

034 　第三节　阿拉伯地理学的概念和分类

037 　第四节　阿拉伯地图学和航海图发展的特点

056 　第五节　阿拉伯地理学发展的特点

067 第二章　中世纪阿拉伯地理古籍中的"海上丝绸之路""中国"及相关问题考辨

069 　第一节　阿拉伯地理古籍中的"中国""中国海""中国船"和"海上丝绸之路""中国之路"等词的考辨

091 　第二节　阿拉伯地理古籍中对中国记载的数量以及中阿相互认知的发展

097 　第三节　阿拉伯地理文献以及古地图中有关中国的记载种类

105 　第四节　阿拉伯地理古籍中出现中国的原因

109 　第五节　中阿海上丝路"官民并举"的交往态势

第三章　海上丝绸之路上的中阿交往的历史 ... 127

第一节　海上丝绸之路较之陆上丝绸之路的优越性 ... 129

第二节　中阿海上丝路交往的历史和记载 ... 132

第三节　中阿地理典籍中有关海上丝绸之路的内容对勘 ... 138

第四节　中阿古地图上的相互关注 ... 150

第五节　中阿海上丝路交往中的重要使者和航海家 ... 153

第四章　海上丝绸之路上中阿交往的要素 ... 191

第一节　船的发展与季风的影响 ... 194

第二节　海上丝绸之路中阿交往路线 ... 210

第三节　贸易集散中转站、港口与岛屿 ... 220

第五章　海上丝绸之路上的中阿贸易交往与人文交流 ... 269

第一节　繁荣的商贸活动 ... 271

第二节　中阿文明互学互鉴：典籍和古地图的比勘，文化、语言和技术的互学 ... 287

第三节　留居中国的阿拉伯商人 ... 293

301　第六章　海上丝绸之路上的中阿交往对深化中阿共建"一带一路"的意义与启示

303　第一节　打造中阿"一带一路"蓝色经济通道

310　第二节　和平稳定是必要前提

336　第三节　经济社会繁荣是基本动因

347　第四节　港口合作是核心动力

356　第五节　文明互鉴、民心相通是思想源泉和精神支柱

369　附　　录

373　索　　引

385　参考文献

407　后　　记

导 论

海上丝绸之路是古代人类利用海洋、以海洋为纽带开辟的进行经贸交流与人文交往的海上通道。它以沿线海域港口城市为节点、海上航路为网络,编织成为承载东西方经贸往来、邦交关系、宗教与文化交流、族群流动与交融的海洋文明体系。

中国是一个具有悠久历史和灿烂文化的文明古国,中国古老文明的影响遍及海上丝绸之路。中世纪阿拉伯伊斯兰文化灿烂而辉煌,它是一种高度发达的文化,在人类文明史上占有重要的地位。古代的丝绸之路是中国和阿拉伯帝国之间友好往来的基础,尤其是海上丝路交通往来,有着悠久的历史,所汇聚的是开放、包容、合作、共赢的价值理念。中阿之间的印度洋贸易网络在11世纪至15世纪期间是世界上最完备也最具活力的贸易网络,其路线之长,港口之繁忙,流通商品之多样化,皆为当时世界之最。中阿交往促使海上丝绸之路国际贸易呈现出前所未有的积极、和平的发展态势。由于优越的地理位置,亚洲南部和东部海岸逐渐发展为世界性的海洋贸易中心。中阿商人随季风定期往来,交易商品的同时也交流思想与文明,最终形成了沿线众多的多元文化交融的城市。

中世纪阿拉伯人对科学的贡献在世界文明史上是不可磨灭的。他们在天文学、数学、医学、化学等各个领域都取得了辉煌的成就,居于世界领先地位,尤其是地理学方面,给后人留下了不朽的文化遗产。中世纪阿拉伯地理学的发展对于欧洲乃至世界地理学的发展都具有重要的意义。阿拉伯伊斯兰文化最重要的特点之一就是博采众长、承上启下、兼容并蓄。蔡伟良先生曾在《中世纪阿拉伯伊斯兰文化》一书中对中世纪阿拉伯伊斯兰文化有如下的描述:"不得不承认,阿拉伯伊斯兰文化在整个中世纪是一个强势文化,无论是西方还是东方都曾受到过它的影响,甚至一些西方学者都认为,'在西方的欧洲人还在野蛮的深渊里挣扎的时候,阿拉伯人的文化已经达到了登峰造极的程度,是阿拉伯人点燃了文明之火,并照亮了欧洲黑暗的走廊。'"①

历史上中阿友谊源远流长。中华文明和阿拉伯文明都具有悠久的历史和灿烂的文明,为人类文明发展进程做出了重大贡献。海上丝绸之路不仅仅是一个丝绸商品贸易的路线,也是一个贸易网络。它并不只是串联起了众多海岸线、岛屿上的港口、城市,而是将港口及其经济腹地都纳入这样一个交往的网络中,港口城市、腹地城市、内河航道、市镇都被纳入往来贸易所带动的物品生产、运输、交换当中。港口与腹地关系更为紧密。阿拉伯商人在古代南海贸易网的海上贸易活动中十分活跃,为推动中阿海上经济及文化交往做出了巨大贡献。

著名的海上丝绸之路很早就将中国和阿拉伯世界联系在一起。它不仅是丝绸贸易之路,更是文化交流之路、对话之路。海上丝绸之路是中华文化"走出去"的重要渠道,纺织、造纸、印刷、火药、指南针、制瓷等工艺技术,绘画等艺术手法,经由此实现了彼此间的传播与交流。"公元前139年和公元前119年,张骞两次出使西域,在中阿关系史上意义重大而深远,不仅开始了中国人和阿拉伯人之间的交往,而且以文字形式述其见闻,成为研究古代中西交通的珍贵史料。"②"公元前2世纪末,在张骞凿空中国的'新世界'的28年内,中国军队胜利地深入帕米尔分水岭以西,与西亚的正常交往已经建立起来了。"③"公元5世纪前半期,中国的船只曾溯幼发拉底河上航到希拉(Hira)。"④7世纪中叶阿拉伯哈里发政权同中国正式通交后,双方往来更加频繁。"从8世纪末到15世纪末,无论是汉族的唐宋政权或者契丹、蒙古政权,都同阿拉伯保持着非常密切的贸易关系。"⑤明代初期郑和下西洋既是中国航海史上的空前盛举,也是增进中国人民和阿拉伯人民之间交往与友谊的范例。

---

① 蔡伟良:《中世纪阿拉伯伊斯兰文化》,上海外语教育出版社2006年版,前言。
② 葛铁鹰:《阿拉伯古籍中的"中国"研究——以史学著作为例》,博士学位论文,上海外国语大学,2008年,第10页。
③ [英]赫德逊:《欧洲与中国》,李申、王遵仲、张毅译,何兆武校,中华书局2004年版,第37页。
④ 南开大学历史系编:《中国和阿拉伯人民的友好关系》,河北人民出版社1958年版,第1页。
⑤ 周一良:《中国与亚洲各国和平友好的历史》,上海人民出版社1955年版,第62页。

文化交流与文明互鉴已成为新时代中阿共建"一带一路"的重要支柱。中国与阿拉伯国家之间绵延千年的"丝路记忆"展现出的"开放、包容、合作、共赢"的精神内涵成为双方合作的基础，是促成双方合作的润滑剂和催化剂。海上丝绸之路扮演着东西方文化交流的主渠道的角色。除了十字军东征和蒙古海外征服以外，东西海路基本上是和平之路。在数千年的交流史中，中国人民和旧大陆各族人民都是受惠者。探讨和重温这段历史，不仅有利于教育人民认识我们祖国的光荣过去和美好未来，而且有益于增进各国人民之间的了解，争取人类进步和世界和平。[①]

中阿两大民族通过海上丝绸之路交往的盛况，必然在双方的历史记载上留下痕迹，尤其在地理文献中为数众多，中阿之间著名的旅行家通过游记的方式记录的沿线的航海活动和所见所闻，不断地塑造着中阿海上文明，并且推动双方的相互认知达到历史的新境界，拓展了文明对话发展的新视野。在通过海上丝绸之路交往的过程中，中阿双方都形成了各自对对方形象认识的雏形，并随着时代的发展不断丰富和充实，生动而具体地反映了中阿交往这一历史时期的航海文明特征。最早具体提到东西海路交通的是《汉书·地理志》，它描述了从今广东沿海经中南半岛、东南亚前往"黄支国"和"已程不国"的海路。[②] 在花剌子密（780—850，Al-Khuwārizmī）的《地形学》中出现了有关中国三个港口城市的描述。[③]《道里邦国志》是阿拉伯地理古籍"王国与路线"一类书的代表，是"记载当时回教徒航行于中国贸易港之事迹，最早而确实者"[④]，书中最详细的描述之一就是"通往中国的海上航线"。

早在9世纪时，阿拉伯商人苏莱曼（9世纪人，Sulaymān Tajir）的《中国印度见闻录》中记载的从阿拉伯半岛前往中国的路线，就与唐朝宰相贾耽记

---

① 参见刘迎胜《丝路文化·海上卷》，浙江人民出版社1995年版，第6页。
② 参见刘迎胜《丝路文化·海上卷》，浙江人民出版社1995年版，第19页。
③ Ptolemy, *Geography*, Book 6: Middle East, Central and North Asia, China, trans. Helmut Humbach, Wiesbaden: L.Reichert, 1998-2002, pp.102-104.
④ [日]桑原骘藏：《唐宋贸易港研究》，杨鍊译，山西人民出版社2015年版，第55页。

载的唐与大食之间的"安西入西域道"和"广州通海夷道"基本吻合。同一时期的阿拉伯地理名著——伊本·胡尔达兹比赫（820—912, Ibn Khordadbeh）的《道里邦国志》记载了连接阿拉伯世界与我国的"呼罗珊大道"，伊德里西（1100—1166, Muhammad Al-Tdrīsī）在《云游者的娱乐》（Nuzhat al-mushtaq fi ikhtiraq al afaq）中的世界地图上画出了最东方的中国。一直到14世纪，大旅行家伊本·白图泰（1304—1377, Ibn Baṭūṭāh）的《伊本·白图泰游记》对中国地理、商贸、君主、民俗、文化等各方面细致的描述，使阿拉伯人眼中的中国形象趋于丰满，阿拉伯人对"中国"的认知从传奇中的表述逐步走向现实世界。中阿文献对丝绸之路相向而行的记载彼此呼应，表明丝绸之路不仅通衢广陌，并且是最具活力的国际贸易走廊，展现了丝路上中阿交往丰富的文化底蕴与融合互鉴，勾勒出古往今来中阿经贸往来、科技交流、宗教信仰传播以及文化艺术相互影响交流的历史样貌。

  海上丝路的繁盛，是以世界造船业和导航技术的发展为基础的。公元7世纪至15世纪期间，阿拉伯人受希腊、波斯、印度的影响，执西起地中海、横贯印度洋直抵中国东南沿海的海上丝绸之路航行的牛耳。阿拉伯人自古就以经商和航海著称于世，公元前后曾与中国商人在红海等地进行直接或间接的贸易往来。从海上丝绸之路东西航海交流史来看，西汉中国远航印度与东汉罗马海船越过印度到达中国相比，西方远航略占优势。隋唐航海以贾耽的《皇华四达记》为代表，宋元航海以杨枢、汪大渊等人为代表，与大食、波斯航海大致旗鼓相当，或略占上风。明初郑和航海是公认的中国航海的鼎盛时代，此时大食、波斯航海处于停滞阶段，而欧洲航海尚处于大发展的前夜，中国航海在世界上占据明显的优势。明代中国航海在世界航海史上的领先地位，使中国成为当时海上丝路的主角，大量外来文化涌入中国，与中国文化相融合；同时，中国的古代文明也远播海外。[①] 2005年7月11日是中国伟大航海家郑和下西洋600周年纪念日，从这一年起，每年的7月11日被确立为"中国航海日"，用以

---

① 刘迎胜：《丝路文化·海上卷》，浙江人民出版社1995年版，第197页。

纪念 15 世纪初的明代著名航海家郑和的七次远洋航海，郑和远洋到访了 30 多个国家和地区，留下了千古佳话。中国国家主席习近平在多个场合讲过郑和的故事并深刻指出郑和下西洋之所以名垂青史"依靠的不是坚船和利炮，而是宝船和友谊"。

2013 年 9 月和 10 月，习近平主席提出共同建设"丝绸之路经济带"和"21 世纪海上丝绸之路"（简称"一带一路"）的倡议。2019 年 4 月中国人民解放军海军成立 70 周年之际，构建"海洋命运共同体"理念首次提出，为全球海洋治理指明了路径和方向。"海洋命运共同体"具有丰富的内涵，包括共同的海洋安全、共同的海洋福祉、共建海洋生态文明和共促海上互联互通等。习近平主席曾多次提到"丝路故事"，努力唤醒沿线民众的丝路记忆与丝路情怀，倡导"丝路精神"的传播。历史是最好的老师，"尽管古代丝绸之路曾经的辉煌已经成为历史，但它所凝练的价值理念为共同绘制好'一带一路'建设精谨细腻的'工笔画'，厚植了根基、提供了源泉、注入了动能，需要从古代丝绸之路优秀历史文化遗产中汲取养分"[①]。

中阿不仅是"一带一路"的"天然合作伙伴"，更在长期交往中通过丝绸之路互学互鉴，形成了"丝路精神"核心价值认同。因此，对中世纪阿拉伯地理典籍中的海上丝路中阿交往进行研究，梳理中阿海上丝绸之路交往的历史，可以拓宽对海洋文明的认识视野，寻找失落的东西文化的交流轨迹以及地理知识的跨文化交流，东西文献相互印证，扩大两个民族的世界观，这不仅是中阿关系史、中阿交往史、历史地理等学科研究的需要，更为中阿"一带一路"的建设增添了新的历史力证。为中阿共建"21 世纪海上丝绸之路"和中阿海洋命运共同体以及世界不同文明之间的对话与交流，促进互学互鉴、民心相通都有可资借鉴的启示，使得"丝路精神"薪火相传，并在 21 世纪焕发出新的生机和活力，成为今天"一带一路"建设中共有的精神家园的思想源泉和精神支柱。因此，本著作所涉及研究的意义体现在三个方面。

---

① 李国强：《古代丝绸之路的历史价值及对共建"一带一路"的启示》，《大陆桥视野》2019 年第 2 期。

首先，阿拉伯地理典籍中海上丝路中阿交往研究，是一个与当下中国关涉性较强的重要课题，也是中外学者尚未全面涉及的一项研究工作，但历经国内外学者"丝路遗迹—丝路文献—丝路历史—丝路贸易—丝路文化—丝路交流"等方面的研究，尤其是阿拉伯古籍中的中国、中世纪阿拉伯地理古籍和古地图、中阿丝路交往等相关课题的研究，为这一课题奠定了重要基础。以下就"阿拉伯古籍中的中国"与"阿拉伯地理古籍和古地图中的中国""中阿海上丝路交往"三个课题研究的情况做一简略的介绍。

（一）阿拉伯古籍中的中国

这一课题的研究在国内经历了漫长而艰难的过程。20世纪20—40年代，在我国兴起了一股中西交通史以及丝绸之路研究的热潮。例如张星烺的《中西交通史料汇编》，书中专门辟有"阿拉伯人关于中国之记载"。这一领域的杰出研究成果，当数法国东方学家费琅（Gabriel Ferrand）在20世纪初编成的《阿拉伯波斯突厥人东方文献辑注》，1982年，我国学者耿昇、穆根来把它译成中文并出版，这部书一直到今天都是中国学者了解和使用阿拉伯、波斯文献的主要途径。20世纪80年代后，一些重要的阿拉伯地理古籍的中文译本开始问世，例如《中国印度见闻录》《伊本·白图泰游记》等，为研究中阿交流提供了重要的依据。近年来，研究中阿交流较为全面的有江淳、郭应德的《中阿关系史》、李荣建的《阿拉伯的中国形象》等，对于阿拉伯古籍中的"中国"这一课题的研究，最突出者是华涛和葛铁鹰，华涛的国家社科基金重大项目"中古时代阿拉伯波斯等穆斯林文献中有关中国资料的整理和研究"近年来做了大量的工作，葛铁鹰发掘和考证了阿拉伯史学著作中有关中国的记载，他在《阿拉伯世界研究》期刊上分15次连载了《阿拉伯古籍中的中国》，并对阿拉伯人眼中的中国形象进行了全面分析。

（二）阿拉伯地理古籍和古地图中的中国

前文所述的著作大多是中西交通史、丝绸之路史等论著或文献，几乎没有涉及阿拉伯地理、地图文献的相关内容。关于古代阿拉伯地理学的研究，目前只有笔者撰写的《中世纪阿拉伯地理学研究》出版面世，该书是唯一讨论到中世纪阿拉伯地理学发展脉络的著作，但也尚未对地理历史以及地图进行深入研究。古代地图领域，国内方面主要参考谭其骧主编的《中国历史地图集》和张芝联、刘学荣主编的《世界历史地图集》，国外主要参考朴贤熙（Hyunhee Park）的《地图上的中国和伊斯兰世界》（Mapping the Chinese and Islam World），但这本书更偏重中国地图的考证。中世纪阿拉伯地理古籍中记载过：世界上最古老的世界地图《泥板世界地图》诞生于公元前721—前705年的西亚两河流域。阿拉伯和波斯的制图师比中国制图师绘制出世界地图要早得多。古代的伊朗和阿拉伯地区把世界的大地描绘成一只鸟，而中国为鸟头。天文学家花剌子密以托勒密（约90—168，Claudius Polemaeus）的《地理学》为基础编写了《地形学》，书中提到了三个中国港口城市。受托勒密直接影响的伊斯兰世界最伟大的地理学家之一伊德里西，在地理学著作《罗吉尔之书》（The Book of Roger）中留下70幅古老的地图，其中最著名的《伊德里西世界地图》对东部的中国海域给出了非常准确的描述。这些古地图是今天人们反观古代丝绸之路沿线国家道路、途程、港口的重要资料，亦是丝绸之路遗留给世界的宝贵财富。

（三）中阿海上丝路交往

海上丝绸之路的首次提出是1913年法国汉学家沙畹在其所著的《西突厥史料》中："丝路有陆、海两道。北道出康居，南道为通印度诸港之海道。"[①] 1968年，日本学者三杉隆敏在《探索海上的丝绸之路》中正式使用了"海上丝绸之路"这一名称。"三杉隆敏在《海上丝绸之路——大航海时代的陶瓷冒险》一书中指出，海上丝绸之路是在航海技术发达以后方得以出现的，从时间上

---

① ［法］沙畹：《西突厥史料》，冯承钧译，中华书局2004年版，第5页。

看晚于陆上丝绸之路,特别是宋代以后,进入急速发展与繁荣时期。"①与国外相比,国内对于海上丝绸之路的研究相对较晚,中国学者开始使用"南洋交通史""海交史"等称呼,国内学者陆续使用"海上丝绸之路"一词基本上是在联合国教科文组织实施"丝绸之路(对话之路)综合研究"项目之后,到1982年北京大学陈炎把此项研究推向高潮,但对于中阿海上丝路交往的研究更晚。海上丝路研究经历了三个高潮:20世纪80年代,日本放送协会(NHK)引领的第一个高潮;世纪之交,联合国教科文组织引领的第二个高潮;习总书记倡导的21世纪海上丝绸之路所引领的第三个高潮。②

中阿海上丝路交往方面,汪汉利以阿拉伯人苏莱曼和哈桑的《苏莱曼东游记》为中心,考察了游记所述阿拉伯至唐代中国的海上丝绸之路及双边贸易情况。景兆玺对唐朝与阿拉伯帝国海路贸易的发展及其原因进行了探析。郑学檬对唐五代海上丝路中的"始发港"和"终点港""广州通海夷道"所记的航线、东西方文化交流等问题进行了讨论。李金明以历史时间的顺序对中国古代海上丝绸之路的发展与变迁进行了总结。陈潮提出了海上丝绸之路是古代东西方世界双向开拓的结果,古代西方人、波斯人和阿拉伯人由海路东来的主动态势是其勃兴于唐代的不可忽视的重要原因。冯定雄对于研究海上丝路的第三个高潮进行了归纳,21世纪海上丝绸之路的研究热点主要集中在海上丝绸之路的概念、开始时间及历史分期、始发港三个方面。

中阿关系源远流长,丝绸之路将两大文明联系在一起。"自从张骞凿空西域后,中阿两大文明通过陆地丝绸之路开始较为频繁的交往,这种交往在海上丝绸之路开辟后达到高潮,尤其以经商、传教等为目的来华的阿拉伯人的数量迅速增长。阿拉伯人在中国的所见所闻必然反馈到他们的历史、地理和文学等方面的著作之中,特别是阿拉伯史地学家通常都很热衷于对异国形象的记述

---

① 王爱虎:《从海上丝绸之路的发展史和文献研究看新海上丝绸之路建设的价值和意义》,《华南理工大学学报(社会科学版)》2015年第1期。

② 王爱虎:《从海上丝绸之路的发展史和文献研究看新海上丝绸之路建设的价值和意义》,《华南理工大学学报(社会科学版)》2015年第1期。

与描绘。"①从目前的研究进展来看，继续深入发掘、整理和考证阿拉伯地理古籍中有关海上丝路中阿交往记载的原始文献，这在相关领域的意义和价值是显而易见的。和学界对同时期汉语和波斯语文献开拓的力度相比，阿拉伯语历史文献中对阿拉伯商人在印度洋和元朝贸易活动的记载，至今受到的重视程度仍显不足，这也是我们今后需要进一步加强的课题。②

综上所述，本书所进行的相关研究首先是从中世纪阿拉伯地理古籍出发的基础研究，它可以作为一种国内外尚未涉及的原创性的学术努力，为更具专业水平的学者更加深入地就此课题进行研究提供一份较为扎实的原始资料，从阿拉伯文献角度凸显对中国历史研究的重要意义。

其次，通过发掘、翻译和整理中世纪阿拉伯地理古籍，将古籍中对于海上丝绸之路中阿交往的记载尽量完整地、全面地、系统地展示给中国学者，有助于我们在尚未得到充分利用的阿拉伯古代文献中发现有价值的中国文化。并且通过中世纪阿拉伯古代文献这一特殊视角反观当时中国的文化以及价值观，结合中国史料记载进行比勘，直观看出两者之间的关联性，推断曾经存在的密切的文化交流，通过海上丝绸之路分析阿拉伯人眼中对于中国的总体印象以及形象构建的特点。

当时阿拉伯人的地理学、地图学高度繁荣，独领世界地理学风骚，而地图正是最能被我们用来了解地理知识的视觉来源。相较于陆上丝绸之路，古代的海上丝绸之路更将中国和阿拉伯联系在一起。密切的经济往来与文化交流拉近了彼此的距离，增进了双方的沟通与联系。在阿拉伯人心中，"中国是一个遥远的国度，一个智慧的国度。千百年来，阿拉伯人始终以好奇和友善的目光注视中国"③。"阿拉伯古典地理文献对于我国学者来说一个重要的用途是，其

---

① 葛铁鹰：《阿拉伯古籍中的"中国"研究——以史学著作为例》，博士学位论文，上海外国语大学，2008年，第5页。
② 邱轶皓：《蒙古帝国视野下的元史与东西文化交流》，上海古籍出版社2019年版，第381页。
③ 李荣建：《阿拉伯的中国形象》，人民出版社2010年版，第1页。

中许多记载可以用来比勘、验证汉文典籍的记载。"① "拿有关唐末广州贸易的记载来说吧,桑原骘藏在《蒲寿庚考》一书中,通过对比研究中国史料,就曾证实了其记载的准确性。"② 在中阿双方从无到有、由少及多的海上丝路交往过程中,彼此间开始有所认知和了解是毋庸置疑的。但这种储存于人们头脑之中的认知和了解,只有反映在我们需要发掘和梳理的文本之中,通过域外这个多棱镜反观中国形象,对跨文化的中阿交往历史和文明互鉴进行深入反思,才会显现出它的价值和意义。

最后,研究阿拉伯地理古籍中的海上丝路中阿交往的历史,对于中阿共建21世纪海上丝绸之路和中阿海洋命运共同体以及友好关系的进一步发展具有现实意义。"历史是最好的老师。透过历史的望远镜,才能更好地看清过去、把握当下、面向未来。翻开历史卷轴,从2000多年前张骞出使西域完成'凿空之旅',到600多年前郑和下西洋开辟海上通道,古丝绸之路不仅见证了'使者相望于道,商旅不绝于途''舶交海中,不知其数'的辉煌传奇,更记录了东西方文明相遇相知、互学互鉴的动人篇章。"③ 21世纪是海洋的世纪。"就海上丝绸之路的政策而言,需要高瞻远瞩,以经贸协议的签署和政策制定为重点和抓手,以文化沟通和交流为媒介,辅以政治和军事等手段,不断推进中国与海上丝绸之路相关国家和地区的政策沟通、物流网络连通、贸易畅通和文化相融的国际经济合作。"④ 习近平总书记提道:"建设海洋强国,我一直有这样一个信念。""构建海洋命运共同体。"阿拉伯国家是"一带一路"天然合作伙伴。千百年来,中阿双方在互通有无中实现发展繁荣,在取长补短中绽放灿烂文明,积淀了深厚的"传统友谊",是"中阿文明共存与共识的社会情感基础",成为"中阿人文外交

---

① [阿拉伯]伊本·胡尔达兹比赫:《道里邦国志》,宋岘译注,中华书局1991年版,"前言"第19页。
② 《中国印度见闻录》,穆根来、汶江、黄倬汉译,中华书局2001年版,第32页。
③ 陈凌:《人民日报评论员观察:架设不同文明互学互鉴的桥梁——聚焦互联互通 共建一带一路⑤》,《人民日报》2019年5月15日。
④ 王爱虎:《从海上丝绸之路的发展史和文献研究看新海上丝绸之路建设的价值和意义》,《华南理工大学学报》2015年第1期。

的先在资源优势,并对中国人文外交产生了深远的影响"①。

本书的研究内容将顺应习主席提出的"一带一路"倡议,加强历史根基,增进中阿两大民族的相互了解,加强中阿文明在应对全球化挑战中的作用。重新挖掘和整理古代"海上丝绸之路"的历史资源,对"一带一路"的实施和建设海洋强国具有重要的现实意义。中世纪阿拉伯地理古籍中的丝绸之路上的中阿友好交往的历史,提供了很多有关中国的地理信息以及还原中阿交往的历史事件,这已经成为一种重要的历史文化见证,同样也是"一带一路"倡议的思想源头。

本书的研究,首先可以让我们形成一种新的公共认知——世界本来就是丰富多彩的,中华文明只是世界诸文明耀眼繁星中的一个而已。每个民族都有最优秀的地方,我们需要互相学习,取长补短。其次还可以拉近中国和其他国家、民族、人民之间的心理距离。大航海时代之后,很多民族都认为自己和西方距离更近。比如菲律宾,历史上曾经是美国的殖民地,官方的语言是英语,他们认为自己与西方更近。因此,重温历史上的"海上丝绸之路"有助于使沿线国家和民族认识到,在西方价值主导这个世界之前,曾经有一个相当长的历史阶段,中国和他们的关系是非常密切的,这对推进"一带一路"是很有利的。②"阿拉伯—波斯古籍与中文古籍一样,保留了大量东西方各国人民在'一带一路'上活动的历史记录。""我们今天研究中文古籍和阿拉伯—波斯古籍中有关'一带一路'的记载,研究东西方各国人民历史上的文化交流和文明互鉴,是促进今天'一带一路'沿线,特别是中国与阿拉伯、波斯之间民心相通的重要工作。"③

笔者尝试利用自身专业优势阅读阿拉伯语史料(主要是阿拉伯地理典籍),结合阅读汉文史料进行比勘,在综合双方记载的基础上,运用考据、文化比较和跨学科研究的方法展开研究。笔者首先致力于广泛搜集阿拉伯地理古籍,从中选出具有权威性的涉及海上丝绸之路、中阿交往、有关中国记载的作品,

---

① 马丽蓉:《中阿"共生观":从理念到实践的成功建构》,《世界宗教文化》2014年第4期。
② 孟繁玮、缑梦媛:《从"丝绸之路"到"一带一路"——刘迎胜访谈》,《美术观察》2018年第4期。
③ 华涛:《中文和阿拉伯—波斯文古籍中的"一带一路"》,《新世纪图书馆》2016年第11期。

对其中的文献进行翻译和注释，再去粗取精，进行归纳和总结。不是仅仅局限于中世纪阿拉伯地理学范畴，而是把目光放在中世纪阿拉伯伊斯兰文化繁荣发展这一背景下，对书中出现的重要问题结合中国古代文献进行注释和考证。笔者综合了历史地理学、地图学、海洋学、中阿古代海上交通史和中阿关系史中的中阿交往历史事件的过程展开研究、梳理和还原，在前辈学者研究成果的基础上做了进一步的考察，尽可能吸收了国外的最新研究成果，挖掘了国外档案馆中的原始文献。葛铁鹰曾提道："在历史研究中，由于史料众多，文献所占的比例很大，所以通过文献分析找出所研究问题的历史脉络中的时代意义和历史价值极为重要。"[①] 为了更深入地进行阿拉伯地理古籍中有关海上丝绸之路中阿交往的研究，笔者对其多角度、深层次地进行了解读，并在其中几个章节运用跨文化形象学方法，分析了阿拉伯地理学家如何、在什么领域或世界观念秩序中构建中国文化、构成一种什么样的想象文化关系以及如何进行文明互鉴。因此，本书把阿拉伯地理学放在阿拉伯伊斯兰文化的范畴中，结合地理学、历史学、文化学等学科的研究方法，把地理学的发展看成一个特定的、复杂的历史现象加以研究，着重从阿拉伯地理古籍的视角反观中国文化和价值观以及海上丝绸之路中阿交往情况，突出其特点和历史意义，保证研究视角的多元化以及研究结论的科学性、真实性、客观性和文化性，为中阿关系交流史研究领域提供重要史料，对我国相关领域的研究具有重要的意义。

历史上，阿拉伯古籍中有关海上丝绸之路中阿交往的记载众多，尤其以阿拉伯地理历史书籍为主要的来源。本书在力求覆盖整个古代的基础上，根据阿拉伯地理学古籍的概念和分类，调研、搜集记载了相关内容的阿拉伯地理学古籍，首先挖掘阿拉伯地理古籍中有关"中国""中国海""中国船""中国之路"的记载，对有价值的文献进行翻译、去粗取精、归纳，结合中国典籍进行比勘，考证重要城市和时间节点，辨别文化交流的特殊状态和误读，还原历史真相。因此，本书所倚重的阿拉伯地理学典籍史料是本书研究的基础和根本。

---

① 葛铁鹰：《阿拉伯古籍中的"中国"研究——以史学著作为例》，博士学位论文，上海外国语大学，2008年，第5页。

在这些中世纪阿拉伯地理典籍的选取上,笔者做如下的说明。

第一,为揭示阿拉伯人关于中阿海上丝路交往的稳定性和共同特征,有必要从整个中世纪阿拉伯地理古籍中进行筛选。"中国传统文化是历史的产物,中国是世界的一部分,中国文化与世界其他文化曾经发生并将继续发生交流、碰撞与融合,研究中国传统文化,没有纵览古今、通观世界的眼光不行。我们抱着历史的态度、分析的态度、前瞻的态度、开放的态度,从事发掘与研究工作。这种态度也力求贯彻全书。"[1]

自古以来,阿拉伯人就对地理学有着浓厚的兴趣,并拥有了解地理知识的得天独厚的自然环境,这使他们在日积月累的生活中提升了对地理知识的认知。15世纪,阿拉伯地理学开始衰落,而16世纪,奥斯曼帝国和波斯帝国在中东崛起。阿拉伯人的统治逐渐瓦解,阿拉伯地理学著作逐渐消失,取而代之的是用土耳其语和波斯语写成的地理学著作。本书关注的时间的下限是整个中世纪阿拉伯地理学衰落的16世纪。其中,应当注意阿拉伯历史上两个重要时期的地理学著作。一是被学界称为阿拉伯地理学的古典时期(9—10世纪),它是阿拉伯地理文献发展最具特色的时期。10世纪开始,阿拉伯地理学写作的新形式已经稳固,地理学书籍内容更加清晰和专业。另一时期是10—12世纪,这一阶段被认为是阿拉伯地理学繁荣发展的顶峰,涌现出相当多的具有高可信度的重要地理学著作。

第二,"阿拉伯地理学"的范畴方面,我们关注的是用阿拉伯语书写的地理学书籍。德国著名地理学家阿尔夫雷德·赫特纳在《地理学——它的历史、性质和方法》一书中说道:"所谓阿拉伯地理学,即用阿拉伯文写的穆罕默德教文化范围中的地理学,其代表者绝不是真正的阿拉伯人,乃是波斯人、毛尔人和西班牙人等。"[2] 从这个定义中,我们可以了解到两个方面。一方面,"阿拉伯人"这个词有了更广泛的意义。它不仅表示有阿拉伯血统的人,还包括了那

---

[1] 耿引曾:《中国人与印度洋》,大象出版社2009年版,第5页。
[2] [德]阿尔夫雷德·赫特纳:《地理学——它的历史、性质和方法》,王兰生译,商务印书馆1986年版,第52页。

些在政治和文化上受穆斯林统治的人民。他们在日常交流和文学上都使用阿拉伯语。总的来说，这种对文化和生活方式的同化被贴上了"穆斯林"的标签。在这种环境下，"阿拉伯和穆斯林"被互相代替了。另一方面，我们应该把"阿拉伯地理学"定义为"阿拉伯伊斯兰地理学"，因为地理学是阿拉伯伊斯兰文化的一部分。我们为了行文方便，用"阿拉伯文化"或者"伊斯兰文化"来代替"阿拉伯伊斯兰文化"这一特定用语。纳忠在《阿拉伯通史》中对阿拉伯伊斯兰文化做过科学的概括："阿拉伯伊斯兰文化乃由三种文化汇合而成：一是阿拉伯人的固有文化；一是伊斯兰教文化；一是波斯、印度、希腊、罗马等外族的文化。"[①] 所以，阿拉伯地理学也具有阿拉伯伊斯兰文化的特性，上述定义就不难理解了。

第三，所谓"地理典籍"，顾名思义是以阿拉伯历代对外交通的途程、行纪为主的文献。中世纪的阿拉伯人并没有把地理设想为一个明确界定和划分的科学分支，更不用说具有特殊意义并与现代地理科学意识相关的学科。在阿拉伯语中，"地理学"（علم الجغرافية）这个词是 Geography 的音译，而与地理知识意义相关的词汇有"旅行"（رحلة）、"朝觐"（حج）、"奇闻逸事"等。著名历史学家克拉奇可夫斯基所著《阿拉伯地理文学史》中指出，在阿拉伯地理学文献中，与天文地理相关的通常用固定的希腊读音"地理"（Geography），有时被翻译成更方便理解的"长宽学"或"地名辞典学"。至于叙述地理则被命名为"道路版图学"，讲述旅途故事的旅游地理被命名为"游记学"。如果大部分涉及宇宙学——描述地球奥秘、探索各种星体，明显倾向于奇闻逸事的，则被命名为"地区趣闻学"。例如，伊本·胡尔达兹比赫的著作名为《道里邦国志》，其实在9世纪产生了很多共同名称的作品，还有的被命名为《诸国志》《道路志》，但其实都属于描述地理学。

国内学者对中世纪阿拉伯地理学的分类比较简单，他们把中世纪阿拉伯地理学分为两大类。王有勇在《阿拉伯文献阅读》一书的地理篇中写道："地理

---

① 纳忠:《阿拉伯通史》，商务印书馆1997年版，第3页。

学主要研究地球的自然要素和地理人文要素的分布规律和空间关系,大致可以分为自然地理学和人文地理学。"① 许序雅在《阿拉伯—伊斯兰舆地学与历史学》一文中把中古阿拉伯伊斯兰地理学主要分为描述地理学和精确地理学两大分支。他还提出阿拉伯舆地学概念:所谓舆地学主要指描述地理学以及航海、游记类文学。②

朱威烈在《阿拉伯马格里布史》这本书中,曾提出将地理书划分为两个不同的类型:一类是主要用来记载不同地区的地名和所属经纬线位置的学术类;另一类则是用来记录较为详细的部分地区和地区内路线开辟情况的描述类。可以说,阿拉伯的地理学沿承了古代地理学研究的基本精神,把地理知识同历史学中的研究方法和基本发展史实相结合,这也就呈现出如我们现在所见的有些学者会把地理同历史糅合在一起的现象。③ 同样,对于历史研究者来说,地理环境的开拓情况对于历史的发展有重要的研究参考意义。伊本·赫勒敦(1332—1406,Ibn Khaldun)在《历史绪论》一书中阐发了不同于以往学者的观点,他认为地理环境很大程度上对人们的生活产生了影响。地理资料不仅描述了自然环境的概况,也为我们呈现出当时社会经济发展程度、民俗文化创新和社会政治状况的大致轮廓,地理资料显然成为历史研究的辅助资料,对历史学科的发展发挥着重要的推动作用。

除了中世纪阿拉伯地理古籍,笔者尝试在书中加入了阿拉伯古地图和航海图作为研究基础材料,通过古地图元素研究阿拉伯古地图中的"中国"元素背后体现的海上丝路上的中阿交往,阿拉伯地理学家经常以叙事的形式来描述土地和海洋的划分、国家边界、海岸线和道路等,或者是用地图和叙事相结合的方式,这可能是由于他们获得地理信息的主要来源非常广泛。北京大学李孝聪在《古地图作为史料的鉴定与运用》的讲座中提道:"将古地图作为史料,有两个研究层面:第一个层面——作为研究对象的古地图鉴定,属于地图史研

---

① 王有勇编著:《阿拉伯文献阅读》,上海外语教育出版社2006年版,第207页。
② 许序雅:《阿拉伯—伊斯兰舆地学与历史学》,《史学理论研究》1996年第4期。
③ 朱威烈译:《岁月留痕:朱威烈译作选(文学卷2)》,宁夏人民出版社2013年版,第22页。

究。需要分析地图表现的内容，探索地图编制的背景，考订地图绘制的年代。第二个层面——将古地图作为史料来研究历史问题，属于历史学研究。将地图作为史料来研究历史问题，仅仅依靠地图是不行的，古地图必须与文献、典籍和档案结合起来，相互参照勘合。"

第四，根据以上原则，为了获得记载中国内容的史料，笔者确定了中世纪阿拉伯地理古籍的范围后，在国内外图书馆、博物馆、古籍研究所以及网络资源寻找优质的阿拉伯地理古籍和古地图版本，包括手抄本和校勘本，获得其授权，并逐本认真阅读、筛选、翻译、整理和归纳。笔者曾在所著《阿拉伯地理典籍中的中国》一书中把记载中国内容的中世纪阿拉伯地理古籍做详细列表，并进行考察和分析。然而深入浅出地介绍中阿交往的历史文化，并不是一件容易的事情，也不可能面面俱到，我们的选题只能把重点放在精华部分。

冯承钧在《大食人米撒儿行纪中之西域部落》中谈到这部分史料的数量时说道："大食、波斯、突厥的著作，国人研究的很少，其实这也是一种最重要的史料，大食、波斯、突厥文的撰述涉及东方的，可考者不下五六十种。"① 张星烺《中西交通史料汇编》中介绍了阿拉伯国家的 10 个作家的地理学作品，他认为此类作家所撰写的资料对于研究中国历史有着重要影响。在《阿拉伯波斯突厥人东方文献辑注》中费琅提到，有 44 位阿拉伯作家在传播东方文明方面做出了贡献，此类作家几乎都出生于中世纪。对《蒙吉德词典》中列出的 60 本 9—15 世纪的历史地理文献进行调研，并寻找其手抄本，我们发现有 32 本书中提到了中国。这些手抄本现存于埃及、沙特、伊朗以及法国、英国的博物馆和古籍图书馆中。

本书中出现的阿拉伯语名称采用阿拉伯语规范音译，并不套用公认对等的古代中文名称，有些名称在需要时添加注释。除了阿拉伯文的地理、历史书籍外，笔者结合中文、英文、波斯文、法文、日文的资料进行补充，尤其借助中文典籍进行比勘，提供了研究这一主题的重要资料。此外，地图虽然在流通上

---

① 张广达：《出土文书与穆斯林地理著作对于研究中亚历史地理的意义（下）》，《新疆大学学报（哲学社会科学版）》1984 年第 2 期。

比文字受到更多的局限，但却可以作为视觉来源直观显示整个社会发展的地理知识。另外，考古发现提供了另一个数据来源，例如在伊拉克很早就有售卖中国商品的集市，陶瓷等是从中国进口的阿拉伯世界最重要的商品。一些沉船的信息也为我们研究中阿之间的丝路商业网络提供了重要证据。

第五，历史上"中国"和"阿拉伯世界"的术语并不是静态的，两者的政体和版图都在不断发生着变化。古代人们的地理知识十分有限，地理观只是平面上的粗糙了解，仅限于区域地理的范畴，故而这里所说的区域地理也不能等同于现代的区域地理概念。动荡纷乱的时代、幼稚的地理观、地理记述时间的滞后、地理学家写作的局限性以及见闻、信息来源的真实性，这些因素都会导致阿拉伯地理学家对多政权并存下的中国局势产生认知上的差异。"而11世纪末12世纪初的文献则反映出他们对中国政治局面的混杂的认识。""10—13世纪中国动荡、分裂局面的信息零散而滞后地传至中亚和西亚地区。他们对中国的分裂局面有所知晓，但具体进程和详细情况并不能洞悉。"而蒙古时期，"穆斯林著作中对东方的描述忽然变得清晰而准确"[1]。笔者在此借用《历代中外行纪》中的解释："唯中外概念系由古代中央王朝所能控制的历史地理状态出发，非以现代中国版图为准，不涉及今日领土归属的原则问题。"[2]

第六，阿拉伯地理古籍中记载中阿海上丝路交往的内容，既有民间的游历、使者的派遣和宗教传播，也有军事征伐等。海上通道可以"人畅其行、物畅其流，东西方使节、商队、僧侣、学者、工匠川流不息、络绎不绝，沿线国家商贸与人文交流的半径由此被大大扩展，贸易市场半径由此被大大拓宽"[3]。通过归纳阿拉伯地理古籍中有关中国的内容，包括中阿交往的历史、重要城市、人物以及道路等方面，借助权威参考书和工具书，结合古代中文典籍对其

---

[1] 陈春晓：《中古穆斯林文献中的"中国"称谓》，载《西域文史（第十一辑）》，科学出版社2017年版。

[2] 陈佳荣、钱江、张广达编：《历代中外行纪》，上海辞书出版社2008年版，第3页。

[3] 李国强：《古代丝绸之路的历史价值及对共建"一带一路"的启示》，《大陆桥视野》2019年第2期。

进行考证和比勘，可以得到有关中国的真实的描写、阿拉伯人在中国的足迹以及中阿交往的历史等重要的结论，还原历史真相，进一步动态地、立体地、多向地再现中阿丝路交往的全貌。随着古丝路多语言、多身份、多元素典籍中的"中国"描述更为清晰，"中国"称谓背后所体现的"中国形象"，从神话到现实，从模糊到清晰，在人们心中也前所未有地饱满而富于活力。因此，本书采取兼收并蓄的原则，以引录阿拉伯地理典籍为主，重在保留比较原始的史料以及原文翻译，但限于查找、翻译资料的难度，手抄本的辨认，以及阿拉伯语校勘质量参差不齐等困难，加上有些古籍现已遗失，许多古籍除行程路线、地理内容外，存在相关人名、地名与现代名称不符等局限性，要突破这一学术瓶颈，实属不易。

第七，中国和阿拉伯国家虽然远隔千里，但唐代以前两个民族之间就有经贸往来，尤其是通过海上丝绸之路，唐以后更加频密，首先最吸引的是商人不远万里到来的商贸往来，与之相伴的还有两国间的文化交流和文明互鉴。从唐代到近代都可见两个古老文明交流、借鉴的熠熠光彩，进入现当代，中阿之间外交、经贸、文化交往日益密切且达到了新的水平，更加令人瞩目。习近平总书记曾指出，当今世界各国穿过历史的长河与现实激荡，各民族各文化在紧密的联系之中不断汇合成一个地球村，"牵一发而动全身"，在这样的关系中没有一个国家可以独善其身，世界人民形成了深厚的命运共同体。构建人类命运共同体的过程中，各个国家不仅要加强实际的国家联系，更要提升不同文化的内在尊重，于国家而言要不断地开拓视野，建立国际格局，了解其他国家的精神文化和物质产品。这就对处在新时期的我们提出了不断学习世界历史进程、国际形势变化和中国的历史文化传承的新要求。

本书包括导论和正文六章。重点集中在通过发掘、翻译、整理和归纳中世纪阿拉伯地理古籍以及古地图中有关中国的原始文献，考证其中重要的城市、地名、人名以及中阿交往的历史。把文献归纳和总结为君主、商贾、文化交流、交往模式等几个版块，结合古代中文典籍进行比勘，以此考察古代中国的社会发展情况，分析阿拉伯人眼中的中国的总体印象以及形象构建的特点，力求客观辩证地勾勒出阿拉伯地理古籍中的丝绸之路全貌、中阿交往的历史以及丝绸之路对于中阿交往的意义，为今天"一带一路"倡议中共有的精神家园的建设提供思想源泉和精神支柱，助力打造中阿命运共同体。

第一章主要论述中世纪阿拉伯地理学及其特点。中世纪阿拉伯人对科学的贡献在世界文明史上是不可磨灭的，尤其是在地理学方面，给后人留下了不朽的文化遗产。本章从阿拉伯伊斯兰文化新角度重新认识被广泛承认和赞扬的中世纪阿拉伯地理学的贡献，客观、全面地呈现阿拉伯地理学发展的脉络，包括它的起源、定义、发展、分类、特点等，对欧洲乃至世界地理学发展的重要意义，从而对中世纪阿拉伯地理学在世界上的地位有一个较为清晰的定位。值得一提的是，本章还加上了一直被中外学者忽略的中世纪阿拉伯古地图这一重要内容。7世纪至15世纪期间，阿拉伯人执西起地中海、横贯印度洋直抵中国东南沿海的海上丝绸之路航行的牛耳，当时阿拉伯人的地理学、地图学高度繁荣，独领世界地理学风骚，而地图正是最能被我们用来了解地理知识的视觉来源，反映了不同时期的地理学知识变化以及人们对世界的理解，是东西方地理学知识交流的一个例证。

第二章主要论述阿拉伯地理古籍和古地图中的"中国"及考辨等相关问题。历史上，阿拉伯古籍中有关中国的记载众多，尤其以阿拉伯地理历史书籍为主要的来源。本章首先调研、搜集有记载中国相关内容的阿拉伯地理学古籍，挖掘其中有关"中国""中国海""中国船""海上丝绸之路""中国之路"的记载，对有价值的文献进行翻译、去粗取精和归纳，结合中国典籍进行比勘，对提及中国的阿拉伯地理古籍的数量以及提到最多的中国重要城市进行考辨，分析阿拉伯地理古籍中出现中国的原因以及中阿之间地理认知的发展，得到有关中国的真实的描写、阿拉伯人在中国的足迹以及海上丝路中阿交往的历史等重要的结论，动态地、立体地、多向地再现中阿交往的历史图像。尽管随着历史的变迁以及古代长距离、跨地域信息的传递，使得"隋尼"（中国）这一称谓具有时代的变化和指代范畴的复杂性。这种复杂性也体现在选择道路的不同，与道路曲折的陆路相比，海路更加直接，有关"隋尼"信息的传递受到的影响更小。"隋尼"这一称谓的使用以及它所指代的具体含义体现了阿拉伯地理学家的"中国观"以及中阿交往的印象，但随着阿拉伯地理学家对中国关注和了解的深入，中国形象逐渐从传奇走向现实，从模糊走向清晰，对中国国情的了解仍是在不断加深的。

第三章主要论述海上丝绸之路中阿交往发展历程。与陆地上的旅行相比，海上旅行更快捷、更平稳，也更有效率，在大多数情况下更为安全和方便。7—15世纪，随着海上丝绸之路的发展，阿拉伯地理学家通过游历、实地考察以及往来于海上丝绸之路的商贾、航海家等提供的可信的参考资料，对遥远的中国产生了认识，这种认识随着时间的推移得到了完善，留下了很多游记、交通史、古地图等地理著作。他们的书中对中阿交往的记载涉及泉州、广州、杭州、北京等城市，记录了中国的政治、经济、文化、历史、地理、道路、城市、宗教、教派、民俗、人民生活等各方面的内容，沟通了中阿璀璨的文化，在中世纪阿拉伯地理学以及中西交通史上呈献了极其重要的史料。这些史料有着非常珍贵的价值，我们将其与中国历史典籍的内容进行对勘，从阿拉伯人的视角反观中国文化和中国形象。中阿友谊源远流长，历久弥坚，始终保持蓬勃发展的势头。历史上，中国和阿拉伯两大文明相互交流、借鉴，共同为人类发展与进步做出了重要贡献。除了中国使者张骞、郑和、杜环，阿拉伯使者伊本·白图泰等以外，历史上还有很多位中阿海上丝路交往的"使者"，他们为中阿友好交往在经贸发展、人文交流、文明互鉴与民心相通方面做出了巨大的贡献。

第四章主要论述海上丝路中阿交往的重要要素：船与季风、路线、港口和岛屿。海上丝路的繁盛，是以世界造船业和导航技术的发展为基础的。当航海家和海员们了解季风后，把不同地段、不同海域的短程航行的导航资料积累、连贯起来使用时，远洋航行便有了可能。中国和阿拉伯国家在征服海洋方面都有着令人称羡的记录，不仅有脍炙人口的辛巴达历险记，更有伟大的航海家郑和七下西洋的伟大壮举，与此同时，海上丝绸之路也为传播中华文明和阿拉伯文明做出了贡献。巴格达、尸罗夫①、亚历山大、广州、扬州、杭州等港口成为海上贸易的中心。阿拉伯地理学家伊本·白图泰多次赞叹中国的港口、中国船舶的规模、造船和航行的技术以及中阿交往的盛况，这些都与中阿交往不断深入有着密切的关系。中阿之间在海上丝绸之路的交往，促进了沿线航线的开辟与改变，从"直航"到"分航线"，从"驿站"到"港口"，促进了交流和地区繁荣。航线的开辟和繁荣，反映了造船和航海技术的进步，从普通船、帆船，到伊本·白图泰笔下的拥有数千房间、多功能的大船，船体结构的革新、吃水吨位的增加、风帆的改变进步、功能性的不断丰富、抵御海上风险的能力变强等，都反映出中阿人民战胜海上险恶环境的智慧和气魄。

第五章主要论述海上丝路中阿贸易流通与文化交流。中国是一个海洋大国，有着漫长的海岸线，很早就开始了海上交通和海上贸易。随着造船技术和航海水平的不断提高，印度洋上形成了一条海上丝绸之路，见证了中阿海上丝路的友好交往。它不仅仅是一条中阿贸易线路，也是一条宗教文化传播交流的通道。中阿之间的商业活动兴旺繁荣，逐渐形成了丝绸之路上的商业贸易网。11 世纪至 15 世纪之间，印度洋贸易网络是世界上最具活力的贸易网络，其路线最长，港口最繁忙，流通商品也最为多样化。这些航线的开辟、商品的交换、贸易网的繁荣与扩大既是中阿人民相互交流、友好往来不断增加的客观要求和必然结果，又反过来促进了中阿民间贸易的发展和繁荣以及文化交流和文明交往。商业的活跃促进了各地的产品进入国际市场，促进了地区的开发，从而促进了当地的社会进步。东西方地理典籍中都有关于中阿海上丝绸之路上"互学互鉴"的记载，内容彰显了人类文明进步的共同价值取向，主要体现在典籍和古地图的比勘，文化、语言和技术的互学。古丝绸之路不仅见证了"使者相望于道，商旅不绝于途""舶交海中，不知其数"的辉煌传奇，更记录了东西方文明相遇相知、互学互鉴的动人篇章。通过研究可以发现，阿拉伯地理学家对于中国形象的认知，从模糊的传奇表述逐步走向现实世界，甚至是情感的更加

---

① 尸罗夫：Siraf，又称尸拉夫、西罗夫、西拉夫、西拉甫、撒罗威，是中世纪波斯湾著名港口，位于伊朗布什尔省（Bushehr）南部村庄塔赫里（Tahiri）以西 1.5 英里（约 0.93 公里）处。

亲近以及文化的相互交融。阿拉伯人定居中国，提供了大量有关中国的地理信息，体现出持续的善意，对中国总体形象的描述是正面和友好的。在中阿双方从无到有、由少及多的交往过程中，古代阿拉伯人对中国的正面友善记述具有一贯性和稳定性，这已成为古代中阿友好交往的历史力证。

　　第六章主要论述海上丝绸之路中阿交往对深化中阿共建"一带一路"的重要意义及启示。中阿人民不仅是"一带一路"的"天然合作伙伴"，更在长期交往中通过两条丝绸之路互学互鉴，形成了"丝路精神"核心价值认同。中世纪阿拉伯地理古籍中有关海上丝绸之路中阿交往的记载正是中阿互通有无、相知相交的真实写照。新海上丝绸之路建设的重点是国际经济、贸易和港口物流的发展，国内国际联动，海上和陆上联动，经济和政治联动；新海上丝绸之路建设的具体体现是中国国际贸易环境和海运物流网络的完善和优化。在此基础上，本章尝试寻找阿拉伯地理古籍中所展现的古代海上丝绸之路中阿友好交往的历史与中阿共建"一带一路"之间存在历史关联的文本根据，梳理丝绸之路上中阿交往的历史，探讨这段历史对深化中阿共建"一带一路"的宝贵启示，从而证明中阿友好交往既是一种现实需求，也是历史发展的延续。笔者认为，海上丝绸之路中阿友好交往的历史是共建"一带一路"的行动基础和继往开来的底蕴。和平稳定是必要前提，经济社会繁荣是基本动因，港口合作是核心动力，文明互鉴、民心相通是思想源泉和精神支柱，应携手深化政治互信的中阿合作伙伴关系，携手共创中阿海洋经济发展，携手打造中阿"一带一路"蓝色经济通道，携手共建中阿命运共同体，对今天发展蓝色经济通道，传播海洋文化，分享中国海运经验，共建海洋合作中心，促进海洋产业发展，提升海洋公共服务能力，实现 21 世纪海上丝绸之路沿线国家"民心相通"以及中阿共建"一带一路"具有重要的借鉴意义。

第一章

阿拉伯地理古籍中的海上丝绸之路

中世纪阿拉伯伊斯兰文化在世界文明史上具有承前启后的作用，是人类知识宝库的瑰宝，尤其是在地理学方面给后人留下了不朽的文化遗产。截至目前，国内学者关于中世纪阿拉伯地理学的论述并不多。本章将依据7—15世纪阿拉伯地理古籍，对其起源、发展与特点进行评析。

第一节　阿拉伯地理学与阿拉伯海洋地理学的起源

阿拉伯地理学的产生具有一定的历史、自然条件成因。公元7世纪初伊斯兰教产生以前，阿拉伯文化在某些领域是受限制的，语言、诗歌以及部落血缘等方面对其都有影响，因而，蒙昧时期的人们无法获取系统的地理学知识。但是，他们生活的自然环境却赋予他们了解这方面知识的可能性。阿拉伯人（指阿拉伯半岛的居民）对地理知识的了解和需求主要基于其生活环境的特殊性。古老的贝都因部落在半岛的各个角落迁徙，迁徙途中对水源和草料的要求，需要准确了解道路的位置，因此，贝都因人在这个过程中就出现了一类特殊的职业，我们可以称之为"带路人"或"职业地理学家"。贝都因人所处的沙漠地区，一年中大多数月份的天空都晴朗无云，夜晚只有星体布满了整个天空。为了能够准确掌握各个部落的位置，他们初步掌握了沙漠动植物学、沙漠地形学乃至天文学等与地理相关的知识，其中包括星球位置及其运动轨迹。与此同时，他们还掌握了一些关于阿拉伯半岛方位的地理学知识，这些知识经常反映在诗人的诗歌中，主要表现形式为对地点的描述或者对习俗、传统、动植物的描述等。在诗歌中，我们还经常可以看到洼地、水井、山地、丘陵等词的出现以及对环境的描述，可以说，阿拉伯古诗是早期地理学传承中的一个重要的信息资料来源，由此可见阿拉伯人对他们国家地理现象的重视程度。

阿拉伯人自古以来对与海洋相关的地理学有着浓厚的兴趣。早期的阿拉伯诗歌的常见内容主要涉及航海和旅行，其中最负盛名的是神圣的《古兰经》。《古兰经》记载有大量的航海术语以及对海洋船只情况的描述。这个时期的阿拉伯语词汇主要体现为关于船、舰、海洋状况、海水表面、风暴、天体以及商品交易等相关内容。阿拉伯人掌握了一些有关星星和其他天体的知识之后，他们对陆上旅行和海上航行更加向往了。但是，由于阿拉伯半岛被东西部以及也门、利雅得、阿曼和巴林等一些沿海地区包围，长年缺水少雨，甚至阿拉伯海和红海到地中海沿线的地区也无法免于干旱。阿拉伯人平常的生活仅仅依靠其不发达的农业和游牧业维持，他们并不了解可供放牧的资源及其范围、沙漠动植物的分布或者自然的地表形态等，于是，阿拉伯人便开始不断寻求如何扩大势力范围、增加贸易机会、加强文化交流的方式，加上本身特有的强有力的宗教热忱，从而推动了地理学不断向前发展。

伊斯兰教创立之后，《古兰经》不仅是宗教典籍，还是各种学问（如天文学、地理学等）的源头。《古兰经》中的地理材料整体上并不多，但《古兰经》对天地的形成、天地的结构、日夜的交替、山的作用、风的变化、海的故事等方面的内容，都有十分详尽的叙述：

> 天地的创造，昼夜的轮流，在有理智的人看来，此中确有许多迹象。（3：190）
>
> 天地的创造；昼夜的轮流；载人航海的船舶；真主从云中降下雨水，借它而使已死的大地复生，并在大地上散布各种动物；与风向的改变；天地间受制的云，对于有理智的人看来，此中确有许多迹象。（2：16）[①]

在这两节经文里列举了七种迹象，它涉及天文、地理、气象、航海、生物

[①] 本书中出现的所有《古兰经》经文，均出自《古兰经》，马坚译，中国社会科学出版社1981年版。

等诸多方面。在《古兰经》中，描写月份12次、海洋32次、陆地13次。

《古兰经》中多次提到海洋。《古兰经》认为，海洋的作用是让船乘风破浪、施惠于人。《古兰经》说："他制服海洋，以便你们渔取其中的鲜肉，做你们的食品；或采取其中的珠宝，做你们的装饰。你看船舶在其中破浪而行，以便你们寻求他的恩惠，以便你们感谢。"（16：14）《古兰经》中曾提到"两个海"的观点，这是阿拉伯地理学中值得考究的问题。《古兰经》中提道："他曾任两海相交而会合。两海之间，有一个堤防。两海互不侵犯。"（55：19—20）"这两个海之间有一个地峡阻挡了它们的融合。"（27：62，55：19—20）"两个海"的观点让人们很快有了这样的思想——这里的两个海是地中海和印度洋，阻挡的地峡就是苏伊士地峡。在伊朗小说的影响下，这样的思想成为阿拉伯地理学和阿拉伯人类学方面的固定学说。于是，以麦格迪西（约945—990，Al-Maqdisi）为代表的阿拉伯地理学家们开始尝试证明其正确性。《古兰经》中指出："他就是任两海自由交流的，这是很甜的淡水，那是很苦的咸水。他在两海之间设置屏障和堤防。"（25：55）这里提到两个海中一个是"甜"的，一个是"咸"的。（25：55，35：13）地理学家巴托尔德在研究"两个海"的问题的时候，将注意力放在了《古兰经》中常用来表达"苦"的两个词汇上，即"幼发拉底"和"大海"。而"大海"一词还曾被用来指代"大的河流"。基于此，便可以做出一种假设，即"两个海"是幼发拉底河和波斯湾，而不是地中海和红海。至于地峡，则是指幼发拉底河注入波斯湾时的浅水地带。这一假设也许对于阿拉伯人来说比较直观，但仍是比较片面的。因为《古兰经》中清楚地说到地峡阻碍了两个大海的交融，其中绝对没有提到幼发拉底河和波斯湾。

《古兰经》中有这样一段描述："当时，穆萨对他的僮仆说：'我将不停步，直到我到达两海相交处，或继续旅行若干年。'"（18：60）文中提到了"两个海"的汇合点，即穆萨寻找的活水的位置。自古以来，与穆萨这个名字相关的故事要么取材于亚历山大的传说，要么是对发生在穆萨身上的事情的误解。比如，麦格迪西把这个位置确定为亚历山大旅程的起点——底格里斯河源头。这种观点与《圣经·创世记》（第1章第6段）的话语有所呼应：在天上的水和在地上的水是存在分界的。所以，尽管关于"两个海"的聚集地点以及经文中所指出的"两个海"是相互联系的，但是要想在现实中的地球上寻找对它的解释是徒劳的。

《古兰经》中有关地理的大多描述是修辞性的，它推动了有关"七大海"的理论的出现，不久这个理论就被反映在了地理学文献中。在这方面，《古兰经》称："假若用大地上所有的树来制成笔，用海水作墨汁，再加上七海的墨汁，终不能写尽真主的言语。"（31：27）这是描写安拉具有万能之力的言辞。地理学家麦格迪西写道："……安拉的话语是伟大的，即使我们抢夺了土地中的树木，将大海从遥远的七大海延伸，我们也比不过安拉言辞的伟大。"[①] 希腊神话中也有关于"七海"的描述，而对于希腊神话的相关内容的翻译并没有影响地理学家的判断。欧洲还是有科学家继续关注《古兰经》中的"七大海"的，其地位与"七大陆地"一样重要。

阿拉伯人自古以来对地理学有着浓厚的兴趣，自然环境也赋予他们认识地理的直接资源。中世纪时期，阿拉伯地理文献的一个重要发展是航海文献和游历记录的创作。这极大地丰富了区域性和描述地理学的阿拉伯文献知识。首要的原因是由于阿拉伯帝国的扩张，其次是阿拉伯人商业贸易活动的增加。贸易和探索的动机是由多种因素组成的。例如，去麦加的朝圣之旅，使者团、官方的远征，商业和贸易。最后一点原因，也是最重要的一点，即水手的专业性。

早在蒙昧时期之前，阿拉伯人在东部（印度、中国等）和西部（埃及、叙利亚、罗马等）的贸易中就已发挥了媒介作用。他们已经学习和掌握了来自波斯的航海技术。公元3—9世纪，阿拉伯航海家对季风和信风已非常熟悉，他们航海的船只不仅会停留在海岸线，而且会直接从阿拉伯到达印度。他们对在波斯湾和中国海域间的延伸非常精通，并将这些海域划分为7大块，分别赋予名称。同时，他们也会从亚丁航海至东非，直到索菲亚的南部。虽然他们的船

---

① ［埃及］哈桑：《阿拉伯地理文化史》，开罗文化出版社1981年版，第129页。

只相对于中国的来说是比较小的，但他们可以自由地航行在红海、黑海、地中海、里海，以及大量可航行的包括尼罗河和印度河在内的河流。

总的来说，评估阿拉伯人探索海上地理学的贡献较为困难，因为有关他们的记录非常少。直到葡萄牙航海家的出现，才打破了阿拉伯航海家在印度洋保持的记录。伊本·马吉德（15—16世纪人，Ibn Majid）可能是被认为早期最伟大的阿拉伯航海家。他一生拥有超过50年的航海经验，写了30本航海笔记。同时，他也是阿拉伯撰写海洋学和航海等书籍的重要作者之一。

15世纪，阿拉伯地理学开始衰落。除了《航海地理学》和《海洋地理学》两本著作外，这个时期再也没有阿拉伯语的地理学书籍。这两本书对于航海技术，特别是如何在红海、阿拉伯海湾和印度洋上航行，具有理论和实践双重的指导意义。

第二节　阿拉伯地理学的发展及其影响因素

阿拉伯地理学萌芽于7世纪，这一时期，阿拉伯征服者及商人们的足迹遍及亚、非、欧三大洲，甚至更远的地方，这些经历为阿拉伯地理学积累了丰富的感性认识。8世纪中叶的阿拔斯王朝哈里发曼苏尔时代是阿拉伯地理学发展阶段，其以翻译和整理古希腊罗马时期的地理著作，特别是托勒密的著作为特点。阿拉伯地理学兴盛于9世纪到11世纪，其间阿拉伯人在继承古希腊罗马地理学的基础上，撰写了大量的地理著作，如花剌子密的《地形学》、伊本·胡尔达兹比赫所著的《道里邦国志》、雅古特（1179—1229，Yākūt al-Hamawi）的《地名辞典》、麦斯欧迪（912—956，Abu Hasan Aiiai-Mas'ūdī）的《黄金草原与珠玑宝藏》等，阿拉伯人对地理的认识达到了全盛时期，为世界文明的发展做出了巨大贡献。

7世纪初，伊斯兰教的创立以及阿拉伯伊斯兰文化对阿拉伯地理学发展起到了根本性的推动作用。阿拉伯地理学发展是由诸多因素构成的，其中比较突出的有以下几种情况。

一、翻译运动

750年建立起来的阿拔斯王朝迎来了一个灿烂、强大、显赫的时代，阿拉伯文化空前繁荣，而翻译运动的开展对阿拉伯文化的繁荣发展有着重要的推动作用。这一时期，对阿拉伯学者影响最大的不是诗人、历史学家或者演说家，而是不同领域的学者，诸如数学家、天文学家、医学家、哲学家和地理学家等。通过翻译运动，学者们把大量的外来著作翻译成阿拉伯语，将各种新知识，包括系统的天文学、地理学知识，呈现在阿拉伯人面前。

二、阿拉伯帝国的扩张

倭马亚王朝后期，阿拉伯帝国急剧扩张，它的版图横跨亚、非、欧三大洲。随着整个阿拉伯帝国王朝统治疆域的不断扩张，以巴格达为中心的帝国中央政府需要收集境内外各地的地形地貌、物产以及道路等信息，这有利于控制和管理全国各地，制定税收政策，管理交通，调运军队和传达政令等。毫无疑问，这需要具备大量相关人文地理和自然地理知识的地理学家以及各方面的地理知识。因此，阿拉伯帝国的扩张毫无疑问地推动了阿拉伯地理学的发展。

三、繁荣的商业活动

中世纪，阿拉伯帝国的版图比罗马帝国还要大，商人们的经商活动范围远远超出了帝国领土本身，他们中有些人到达了欧洲的中北部，最远到达北纬19°地区；有些人穿越沙漠到达非洲西部；有些人从欧洲北部到达南部（安达卢西亚群岛）再到亚洲西部。同时，阿拉伯商人船队也从印度洋西海岸延伸航行到马达加斯加。贸易活动的兴盛繁荣对地理学的发展产生了重要影响，具体体现在两方面：一方面，商业活动除了需要主要城市以及城市特色商品的相关知识，还需要了解通往这些城市的道路的相关知识；另一方面，商人和他们的随从还担负着收集不同地区和国家的习俗、经济以及地质方面知识的任务。所以，从某种角度来说，商人本身就是杰出的地理学家。

四、宗教义务

伊斯兰教的宗教义务对阿拉伯天文学和地理学知识的发展做出了巨大贡献。《古兰经》中有很多经文都在鼓励和倡导人们去世界各地游历，通过旅行和游历来观察和认识世界，探索自己赖以生存的宇宙之真谛。《古兰经》说："难道他们没有在大地上旅行，因而有心可以了解，或者有耳可以听闻吗？""他们没有在大地上旅行，以观察前人的结局是怎样的吗？"（22：46，36：44）伊斯兰教规定，忠实的穆斯林每日要面朝麦加方向礼拜五次，每年伊历九月进行斋戒，一生当中要尽可能前往麦加朝觐一次。礼拜和斋戒需要地理和天文知识，因为人们要在幅员辽阔的阿拉伯帝国的各地确定这两项礼仪的时间。由于朝觐，诞生了很多朝圣者的故事，也出现了很多旅行家及其撰写的游记著作，如伊本·朱拜尔（1145—1217，Ibn Jubayr）的游记、伊本·白图泰的游记等地理文献都是杰出的范例，为中世纪阿拉伯地理学的发展留下了大量珍贵资料。

五、邮政

邮政是发展地理学知识的一个重要途径。阿拉伯帝国第一个想到发展邮政的是哈里发穆阿威叶，为了让信件及时到达哈里发手中，他在帝国中普及了邮政，使人民能够广泛地了解帝国各地的道路信息。那时候的送信人跟我们现在的邮递员完全不同，信使通常是由权威人士委派或哈里发所熟知的人担当，因为他要能迅速传递关于敌人的数量、意图等方面的消息，这是哈里发时刻关注着的。阿拔斯政府一个重要的特征是设立邮政局。比如，可称得上是阿拉伯地理学鼻祖的伊本·胡尔达兹比赫，他在书写其代表作《道里邦国志》的时候，就担任着杰贝勒省的邮政长官的职务。希提在书中提道："巴格达的邮政总局，曾编写了很多旅游指南，记载各驿站的名称和各站之间的旅途。阿拉伯的地理学家曾利用这种邮政指南，作为编纂地理著作的重要参考资料。"①

第三节　阿拉伯地理学的概念和分类

阿拉伯语中，地理学（علم الجغرافية）这个词是音译"Geography"而来的，而与地理知识意义相关的词汇还有"旅行"（رحلة）、"朝觐"（حج）等，这些词汇如前所述，多次出现在《古兰经》中，并沿用至今。众所周知，在各种外来文化中，对阿拉伯地理学影响最大的是希腊文化，影响最大的人要数地理学家、哲学家托勒密。阿拉伯地理学家很早就翻译了托勒密的著作。在《道里邦国志》序言中张广达提道："许多学者认为，'地理学'（Geography）这个词本来就是托勒密著作的标题，阿拉伯人把它译成'大地的形象'，有些阿拉伯地理学家便以此作为自己的标题。"②麦斯欧迪把这个名词解释为"大地的区域"，并在《雅致的信札》中第一次在"世界与各地图绘"的意义层面上使用了"Geography"这个名词。

由于环境不同，阿拉伯人对地理学文献的命名多种多样，张广达在《道里邦国志》前言中提到："阿拔斯时期的阿拉伯人只是把地理学当成是最接近天文学的一门精密学问，并没有把它看作现代意义上的定义明确、范围确定、有专门内涵和特定对象的学科。因此，阿拉伯人在地理学的名称上也从来没有一个统一的字样，来自地理学的Geography一词有时指自然地理学，有时被当作'经纬度学'或'诸城定点学'。一般描述地理学通常被称作'道里邦国志'。"③

---

① [美]希提：《阿拉伯通史》（上册），马坚译，商务印书馆1995年版，第294页。
② [阿拉伯]伊本·胡尔达兹比赫：《道里邦国志》，宋岘译注，中华书局2001年版，第2页。
③ [阿拉伯]伊本·胡尔达兹比赫：《道里邦国志》，宋岘译注，中华书局2001年版，第5—6页。

国内学者对中世纪阿拉伯地理学的分类比较简单,他们认为中世纪阿拉伯地理学是接近天文学的精密学科,它的定义、范围、内涵、分类并不像近代学科那样明确。王有勇在《阿拉伯文献阅读》一书的地理篇中写道:"阿拔斯王朝时期的地理学没有近现代那么详细的学科分支,它既包括了自然地理学,也包括了人文地理学。"[1] 许序雅在《阿拉伯—伊斯兰舆地学与历史学》一文中把中古阿拉伯伊斯兰地理学主要分为描述地理学和精确地理学两大分支。[2] 张广达认为阿拉伯地理学分为自然地理学与描述地理学,他写道:"与上述受到希腊、伊朗、罗马、印度影响的自然地理学发展的同时,阿拉伯古典地理学还有另一条发展的脉络,其来源可以追溯到比自然地理学形成更早的阿拉伯旅行者们的行纪。……不管怎么样,由游记发展起来的描述地理学这条脉络似乎更有典型意义。"[3]

国外学者对于中世纪阿拉伯地理学的分类较为详细。苏联阿拉伯语专家克拉奇可夫斯基(1883—1951,Ignaty Krachkovsky)所著的《阿拉伯地理文学史》,把阿拉伯地理文学划分为精细的知识与艺术文学知识,他指出:"在弄清建立在严密的逻辑基础上的编辑和了解盛行于中欧的三学科(语法、逻辑学、修辞学)与四学科(算数、几何、天文、音乐)之前,阿拉伯人自己就已经理解了地理学的概念,并依靠在知识的历史发展过程中的个人见解,在编辑知识的过程中把它精确地区分了出来。"[4] 这里所说的地理学在阿拉伯人的学科分类中之所以被视为精密学科,是因为它接近于天文学。他在书中还指出了地理学著作的分类:与旅游故事紧密相关的是游记地理著作,即游记;与宗教义务相关的著作;与天文相关的地理著作;关于制图与道路的著作。

《阿拉伯伊斯兰文明百科全书》前言中提到了七种地理学分支名称,分别

---

[1] 王有勇编著:《阿拉伯文献阅读》,上海外语教育出版社2006年版,第205页。
[2] 许序雅:《阿拉伯—伊斯兰舆地学与历史学》,《史学理论研究》1996年第4期。
[3] [阿拉伯]伊本·胡尔达兹比赫:《道里邦国志》,宋岘译注,中华书局1991年版,第3—4页。
[4] [苏联]克拉奇可夫斯基:《阿拉伯地理文学史》,阿盟文化处选送埃及创作翻译传播委员会出版社1957年版,第78页。

为人类地理学、海洋学、制图学、天文地理学、数学地理学、动物地理学、气象学。①阿拉伯数学和地理学家委员会主席穆罕默德·阿里博士把中世纪地理学分为三个部分，即国家地理、自然地理和天文地理。国家地理又称为区域地理，包括自然、人文等多种知识信息；自然地理涉及对气候、水文等方面的研究；天文地理的研究受波斯、印度和希腊的影响较深，但阿拉伯学者在这一领域也取得过伟大成就。

所以，到目前为止，国内外学者们对于中世纪阿拉伯地理学的分科尚没有统一的标准。笔者在《阿拉伯地理典籍中的中国》一书中，将中世纪阿拉伯地理学分为：描述地理学、游记、航海文献、天文地理学、制图学和宇宙结构学。

在航海文献方面，虽然该类文献与航海有关，但是我们并不能把航海文献和现代的海洋学联系在一起。德国学者阿尔夫雷德·赫特纳认为："海洋学应属于一般的地球科学，和气象学一样并不列入地理学。但是对于海洋的地理考察也必须努力使之成为一种全面的考察，把对水的考察与对位于它上面的大气、对动植物生活和人类表现的考察结合起来。"②在这种情况下，航海文献对地理学的发展产生了一定的影响。

在天文地理学方面，不可以忽视比鲁尼（973—1048，Al-Bīrūnī）对于海洋地理方面的贡献。比鲁尼是一位多专业的科学家。他的研究包括地理学和其他学科。他的贡献体现在阿拉伯地理遗产的天文地理分类和国家分类上。他是这两个领域的杰出人物。他曾在多本书中讨论天文地理学的问题，最著名的书为《近世纪留下的影响》。在该书的"麦斯欧迪书"一章中，他提出了关于地球上海洋及周边分布的观点，并相信印度洋连着非洲的大西洋，这一观点非常重要。同时，他的天文观点和测量地球及其运动的尝试对后世的贡献也特别大。

---

① 《阿拉伯伊斯兰文明百科全书》，开罗骑士出版社1995年版，第52页。
② ［德］阿尔夫雷德·赫特纳：《地理学——它的历史、性质和方法》，王兰生译，商务印书馆1986年版，第180页。

总的来说，评估阿拉伯人探索海上地理学的贡献较为困难，因为他们的记录非常少。直到葡萄牙的出现，才打破了阿拉伯航海家在印度洋保持的航海记录。

第四节　阿拉伯地图学和航海图发展的特点

随着中世纪中阿交往的日益频繁，中国和阿拉伯世界相互之间有了更多的了解，并把这些内容都记载在各自的地理文献中，为更多的人提供了更为可靠的信息。由于书面资料在传递过程中的局限性，制图学应运而生，成为了解更多更详尽地理知识的视觉来源。地图作为"拥有悠久而妙趣横生的历史"的人类活动的分支之一，"这种历史很好地反映了不同时期的人类文化活动状态，以及人们对世界的理解"①。早期的古地图以图画的形式描绘他们所认识的大地和世界，这些作品成为展示文明与文化的标志。

阿拉伯地理学深受托勒密地理学观点的影响，其中就包括地图学观点。150年与160年之间，托勒密著《地理学》一书，书里的世界平面地图曾确定了欧洲人和亚洲人在几百年期间的地理观念，他在那部书里，企图用科学的形式传达同时代的商人和旅行家的记录和个人的见闻。他所绘制的阿拉比亚地图，就是以此类报告为基础的第一张略图。②

托勒密认为，地球上已知的一切部分，包括与它有关的一切东西都可以作线条的绘画（地图学）。他把只需描写技能的"地方志"从地理学中区分出来，认为地理学只是用线条和符号就可以应付自如了。③简而言之，托勒密把地理学解释为数理地理学，即制图学，这就意味着绘图时必须应用数学（包括投影学）的手段。制图学在近代科学中被归类为数理地理学，是用图形形象地表

---

① [美]诺曼·思罗尔：《地图的文明史》，陈丹阳、张佳静译，商务印书馆2016年版，第7页。
② [美]希提：《阿拉伯通史》（上册），马坚译，商务印书馆1995年版，第42页。
③ 参见[苏联]波德纳尔斯基编：《古代的地理学》，梁昭锡译，商务印书馆1986年版，第367页。

达地理知识的学问。受到托勒密地图学观点影响的阿拉伯地理学者，最初就是用"图片""图画""绘图板""绘画板"和"地理"等来表示"地图"的。

在中世纪阿拉伯地理学发展之初，地理学者没有多少新的信息，因为他们没有漂洋过海的经历，他们的信息大多来自各种零散的资料，如航海日志，商人、水手、旅行家等的口述及前辈的记叙。资料虽然多，但往往只是一些零星的东西。由于当时所得的材料实在太贫乏和虚泛，难以独立成图，所以不得不借鉴前人的地图。于是，托勒密的地图就不约而同地成为地理学者们的蓝本，然后，他们将新得来的材料仅做修改和补充。这样，大量以地图形式表达的地理观纷纷涌现。而这些地理观的提出者无一不成了托勒密的崇拜者，他们的地理观也就成了托勒密地理观的翻版。赫赫有名的花剌子密曾以托勒密的《地理学》为蓝本，编撰了《地形学》。花剌子密的著作中附有一张"地形图"，这是他和其他69位学者在哈里发麦蒙的鼓励下共同制成的一张地图，是伊斯兰教创立以来第一张关于天地的图画。生活在10世纪前半期的麦斯欧迪曾参考过这张图。①

7世纪至15世纪期间，阿拉伯人执西起地中海、横贯印度洋直抵中国东南沿海的海上丝路航行的牛耳，当时阿拉伯人的地理学、地图学高度繁荣，独领世界地理学风骚，而地图正是最能被我们用来了解地理知识的视觉来源。阿拉伯语地图是"خريطة"，这个词的动词"خرط"是"切碎、切成小块"的意思。但在中世纪，阿拉伯人更习惯用"صورة"来指代地图，例如伊斯泰赫里（？—957，Al-Istakhrī）把地图称为"صورة الأرض"。凯伦在《中世纪伊斯兰地图》中选择用KMMS来指代中世纪阿拉伯地图学的传统，其中的S指的就是Surat地图，KMM指的是阿拉伯地理学的一类书籍，称为"国王和路线书"（المسالك والممالك，Kitab Al-Masalikwa-Al-Mamalik），这类地理学书籍最早是出于给王朝介绍土地、路线的政治目的而写的。

对于花剌子密、比鲁尼以及他们富有经验的同僚们来说，阿拉伯帝国幅员

---

① [美]希提：《阿拉伯通史》（上册），马坚译，商务印书馆1995年版，第348页。

辽阔的国土也推动了地图绘制艺术和航海技能的发展，促进星盘等可携式科学仪器的研制，并创造出一些机会，使许多学科出现重大的进展。而且，日后将会证实，这些成就是西方科学不可或缺的养分。[①]

关于古代阿拉伯地理学的研究，笔者所撰的《中世纪阿拉伯地理学研究》一书有所涉及，该书是讨论中世纪阿拉伯地理学发展脉络的作品，但也尚未对历史地图进行深入研究。古代地图方面，国内主要参考谭其骧主编的《中国历史地图集》和张芝联、刘学荣主编的《世界历史地图集》。国外学者对阿拉伯地图研究较全面，例如埃及学者艾哈迈德·纳兹米所著的《中世纪穆斯林地理图像》、朴贤熙的《地图上的中国与伊斯兰世界》、凯伦的《中世纪伊斯兰地图》等，这些作品为中世纪阿拉伯地图学的研究奠定了重要的基础。这些作品主要叙述了阿拉伯地理学的发展及其特点，并把阿拉伯地理学和地图学分开来论述，或者更偏重中国地图的考证。20世纪80年代的福德·赛兹金著的《阿拉伯—伊斯兰地理学家对世界地图的贡献》一书，关注到了阿拉伯地理学、地图学与欧洲之间的联系，他认为欧洲地理学、地图学的发展受阿拉伯地理学的影响很深。其他学者大多只是在书中撰写了阿拉伯地图学的专章，例如美国学者诺曼·思罗尔（Norman J. W. Thrower）的《地图的文明史》，并没有专门的著作。阿拉伯地理古籍中记载：世界上最古老的世界地图《泥板世界地图》诞生于公元前721—前705年的西亚两河流域。阿拉伯和波斯的制图师比中国制图师绘制出的世界地图要早得多。这里我们讨论的并不是地图制作的方法，也非替代专业的地图学文献，而是要了解阿拉伯地图的发展脉络以及如何欣赏地图，领会地图背后所体现的人类不断改变的思想和对世界的认知。对于花剌子密、伊本·胡尔达兹比赫、比鲁尼以及其他富有经验的阿拉伯地理学家来说，阿拉伯帝国幅员辽阔的国土也推动了地图学、星盘仪器和航海技能的发展，促使许多学科出现重大的进展。这些成就对西方科学有着不可或缺的促进作用。

---

① 参见［美］乔纳森·莱昂斯《智慧宫：阿拉伯人如何改变了西方文明》，刘榜离、李洁、杨宏译，新星出版社2013年版，第22页。

一、阿拉伯地图学的起源与发展

在中世纪时期，阿拉伯地图学的发展和地理学是一脉相承的。在阿拉伯人的统治下，阿拉伯伊斯兰文化空前繁荣，科学活动由此诞生。750年建立起来的阿拔斯王朝，迎来了一个灿烂、强大、显赫的时代。在这个进程中，科学活动的产生都要归功于巴格达哈里发曼苏尔、拉希德等人的大力支持，尤其是麦蒙组织的翻译运动，其中最重要的科学基地就是"智慧宫"。阿拉伯伊斯兰文化吸收了外来文化的精髓，并不断地融合自身文化，使其发展并达到顶峰。智慧宫就是这个过程的集中体现，它汇集了大量阿拉伯帝国著名的科学家和翻译家。这里的学者把各个语种的书籍翻译成阿拉伯语，他们的手稿按重量用黄金付费。这一做法的主要目的是创造能够表达希腊和其他地区的智慧和科学的阿拉伯语言。这次持续百年的声势浩大的翻译运动，在整个阿拉伯伊斯兰文化史上，甚至是世界思想史上，都有着重大的意义。首先，它保存了世界古代学术文化的精髓；其次，它对阿拉伯人的思想产生了决定性的影响。由于智慧宫的建立，托勒密的作品《至大论》（关于天文学）与《地理学》（关于地图学）在9世纪被翻译成阿拉伯语。在此后的一个世纪中，托勒密地图（很可能是根据《地理学》中的重点内容绘制的，并非原件）在阿拉伯地区广为流传。

麦蒙和他的研究人员通过翻译，借助一些技术更为精熟的古罗马、波斯著作来进行研究，包括早期的军事地图和勘测，以及详细叙述阿拉伯帝国复杂的邮政道路系统，其中包括路线、距离和传送的时间等资讯。商人、水手、情报员以及帝国各地的邮政官员都是理想的资讯来源。《道里邦国志》介绍了通往波斯、巴林、阿曼、也门以及更为遥远的柬埔寨、马来半岛，最终到达中国港口广州的主要航海路线。阿拉伯地理古籍补充了大量的经济资料，对贸易、赋税以及相关国家交往事务非常有用。

托勒密地图：

> 主要受到了来自黎巴嫩南部提尔城（推罗）地理学家马里诺斯

（Marinos，约70—103年）和希腊地理学家克劳丢斯·托勒密的影响。他们各自写出了一部《地理志》，并绘有"世界地图"。托勒密的世界地图，东及马来半岛沿海和中国南海岸，西到不列颠，北至斯堪的纳维亚和俄罗斯草原，南抵尼罗河发源处某一不明的湖泊地带。①

紧接着，两个显著的进步从根本上影响了伊斯兰地图学的进程：一是对地球表面地点经纬度的确定，这是对天文学越来越重视的表现之一；二是由于军事征服、行政管理以及贸易活动而造成的疆域扩张和海上旅行，导致描述地理学的兴起。然而，第一个进步总不如第二个一样拥有立竿见影的效果。②

中世纪阿拉伯地理学和地图学的发展也受到了中国和印度的影响。造纸术的传播大大促进了地理学和地图学的发展。从现存的阿拉伯地图和地理古籍的描述中，我们可以发现，阿拉伯地图类型多样又丰富，具体包括：寻找麦加方向的宗教地志图、贸易路线图、世界地图（典型的此类地图为圆形，往往是程式化的并绘有大洋环流）、区域地图（比如尼罗河流域的一部分和较小的部分）、包括作战计划的军事地图、城市图（有平面图和鸟瞰图两种模式）以及旅行路线图。

很多中世纪阿拉伯地图学家也是我们耳熟能详的地理学家，包括翻译了托勒密著作而创作《地形学》的花刺子密，巴勒希学派的代表人物伊斯泰赫里、伊本·豪盖勒（？—977，Ibn Hawqal）、伊本·瓦尔迪（1392—1457/1446，Ibn al-Wardi）以及著名的伊德里西。这些阿拉伯地图学家既是地理学家也是地图学家，他们制作的许多地图具有程序化，都朝向南方，之后的地图学家都借鉴了前辈的学术成就。例如：

---

① ［英］W.C.丹皮尔：《科学史及其与哲学和宗教的关系》，李珩译，商务印书馆1994年版，第93—94页。
② 参见［美］诺曼·思罗尔《地图的文明史》，陈丹阳、张佳静译，商务印书馆2016年版，第60页。

伊德里西，他在经历了从故乡摩洛哥到小亚细亚的广泛游历后，被开明的诺曼国王罗吉尔二世邀请，去往西西里岛。在西西里，伊德里西从事地理学著作撰写以及地图编绘工作。他制作了一幅纬线为曲线的圆形世界地图，这幅地图在许多方面都优于同期欧洲的同类地图。然而他最主要的工作是一幅由70张图组成的大型矩形世界地图，被称作《罗吉尔之书》。把伊德里西的上南下北的地图和大约同时期的赫里福德地图相对比是很有意义的。显然地，《罗吉尔之书》地图程式化的内容较少，并且它包含了一些伊德里西本人以及其他人在旅行中发现的新信息。一些地图作品在西西里的诺曼宫廷中开始使用，包括一幅刻在银碑上的地图，尽管这块碑已经不存在了，但是现存的文献资料展现了伊德里西的独创性贡献，这一点在他去世后几个世纪里在阿拉伯世界中仍然非常重要。有推测认为，托勒密对伊德里西（他也利用了巴里希学派的地图）产生了直接影响。①

二、中世纪重要的阿拉伯地图学家及地图

中世纪阿拉伯地理古籍的数量众多，其中很多古籍都包含了地图，但是比较遗憾的是其中的大多数都已经遗失，我们在此介绍一些具有重要意义的地图。

（一）麦蒙地图

阿拔斯王朝时期创立了智慧宫，并翻译了大量的外国学术著作经典。当时的哈里发麦蒙要求创建一个准确描绘世界形状的世界地图，并在地图上标明被阿拉伯征服的国家，也就是 Dar al-Islam（伊斯兰土地）的一部分，以及那些没被征服的国家。天文学家和地理学家从托勒密的《地理学》中获益良多，并

---

① ［美］诺曼·思罗尔：《地图的文明史》，陈丹阳、张佳静译，商务印书馆2016年版，第63页。

且系统地综合了希腊、罗马、伊朗和印度的地理知识传统，为阿拉伯帝国政治和经济扩张带来新的地理信息。麦蒙进行了一次大地测量，确定巴格达和麦加等主要城市的位置。麦蒙的地理学家们能够在误差几百公里的范围内（偏离不到1%）计算出地球的周长，这个数字几乎与现代学者的数据一样精确，并明显优于托勒密的计算结果。麦蒙对他的世界地图和人文地理描述怀有更宏大的雄心壮志，他召集数十位学者展开一项研究计划。麦斯欧迪说，研究的范围包括宇宙中的星辰和星球、陆地和海洋、有人居住和无人居住的地方，以及众多民族居住的地区、城市等类似的区域。[1] 之后，阿布·阿卜杜勒·祖赫里（Abu Abdallah al-Zuhri）在描述许多著名的地理特色时，也提及9世纪初叶巴格达的地理学家，也叙述了：在地球的不同地方会找到哪些知名又奇妙的事物，在不同的国家又会发现哪些著名的历史遗迹和高大的建筑物。[2] 而知名又奇妙的事物之一就是中国的万里长城，其中关于长城的地理叙述十分精确。[3] 遗憾的是这张地图并没有保存下来，地图的一部分以手稿的形式存在。[4]

（二）花剌子密

天文学家花剌子密翻译了托勒密的《地理学》，并以此为基础编写了《地形学》。书中附着的地图被认为是伊斯兰教兴起以来第一张地图，这张地图描绘了天空和地球，但原图现已遗失。

（三）巴勒希学派、伊斯泰赫里

10世纪出现了很多地理学派，其中最有影响力的学派是巴勒希学派，该

---

[1] Al-Masudi, "Kitab al-Tanbihwa'l-Israf", in *Sezgin, Mathematical Geography*, p.78.
[2] Al-Masudi, "Kitab al-Tanbihwa'l-Israf", in *Sezgin, Mathematical Geography*, p.78.
[3] 参见[美]乔纳森·莱昂斯《智慧宫：阿拉伯人如何改变了西方文明》，刘榜离、李洁、杨宏译，新星出版社2013年版，第137页。
[4] Hyunhee Park, *Mapping the Chinese and Islamic Worlds: Cross-Cultural Exchange in Pre-Modern Asia*, Cambridge University Press, 2012, p.12.

学派以巴勒希（？—934，A1-Balkhi）的名字命名，当然也有其他的地理叙述和地图，以独立出现的方式描绘了世界和中国，这是以制图师在遥远的中国和其他文化影响方面的亲身经历为基础的。现存最早的，并且可以显示连接各大洋关系的地图可追溯到1193年，这是由一位名叫伊斯泰赫里的巴勒希学派地理学家制作的。伊斯泰赫里的作品很多地方都借鉴了巴勒希的作品。

（四）麦格迪西、比鲁尼

最早的阿拉伯地图的制图学家，伊斯泰赫里、伊本·豪盖勒和麦格迪西等组成了巴勒希学派。这一代的地理学家生活在10世纪中叶，目睹了阿拉伯世界逐渐分裂成为各个政治实体，承认巴格达哈里发的宗教权威而非政治权威。虽然像麦斯欧迪同时代的人继续对包括中国在内的世界表现出广泛的兴趣，但是巴勒希学派的地理学家还是把他们的主要精力集中在对阿拉伯地区进行全面的叙述上，他们认为这些地区是最重要的，不断地收集这些地区的可靠信息。他们绘制了包括中国在内的整个已知世界。事实上，巴勒希学派的制图作品成为后辈阿拉伯地理学家制作的大部分地图的原型。

尽管他们中有的地理学家仍然依赖先例，但10世纪和11世纪的巴勒希学派地理学家确实在他们的地理作品和制图作品中引入了新的特征和信息。巴勒希学派地理学家打破了根据纵向和横向坐标简单排列地名的传统，创建了第一张描绘山河等物理特征的地图，这一特征对之后的地图产生深远的影响。关于他们需要绘制和描述的遥远地区和海洋的地理特征，他们咨询了旅客、水手和船长。此外，史学家和天文学家比鲁尼在地理学方面也取得了杰出的成果，他的主要代表作是《印度志》。

（五）伊德里西

地理学家伊德里西的《云游者的娱乐》又称为《罗吉尔之书》，书中有70

幅地图，其中最著名的是《伊德里西世界地图》。① 他在1154年制作了一套地图集，包括一幅由白银铸成的大型平面世界地图（现在不幸丢失），还有许多纸质地图以及地理论述。伊德里西综合了早期的阿拉伯地理学著作，涵盖了多种来源，包括计算地球形状的物理和数学地理理论、阿拉伯地理学著作，以及早期的阿拉伯地图（包括巴勒希学派的地图）。这个全面的世界地理作品不仅优化了早期的作品，还增加了新的信息，因此得到了西西里国的基督教国王罗吉尔二世（1130—1154，Roger II）的特权赞助。

罗吉尔在希腊和阿拉伯老师的指导下学习，他对科学产生了浓厚的兴趣，其中就包括与世界地理相关的知识。罗吉尔接待了许多来自不同地区的学者，其中就包括来自摩洛哥的伊德里西，他是在宫廷工作的最著名的阿拉伯学者之一。罗吉尔出于政治以及了解自己的国土的目的，向伊德里西布置了一项惊人的任务：收集和评估所有可用的地理知识，并把这些知识汇集成一本有代表性的、具有世界意义的代表作。

伊德里西在《罗吉尔之书》的序言中总结了阿拉伯地理学家对世界形态的理解：地球是一个被水覆盖并被空气包围的圆形球体，所有生物都因重力而在地球表面保持稳定。这些都是从希腊学者，如托勒密和阿拉伯学者那里继承和发展出的希腊地理知识的科学思想。他首次提出把地球划分为"七大区域"，并对其进行了十分详细的描述。根据这一观点，中国属于第七区域：中国或"中国之中国"、最东方的区域。在后面的章节中，笔者将专门介绍中世纪阿拉伯地图中的"中国"。

伊德里西的《罗吉尔之书》为中世纪的西方提供当时七大气候区域的居民、国土、文化最全面的描述，特别是非洲的资料，因为阿拉伯水手、商人和冒险家都非常熟悉非洲。伊德里西对加纳的黄金交易和远在大陆西部的制盐业叙述得十分详细，而且普遍来说都非常正确，另外还描绘了尼罗河上游复杂的地理状况。② 再往东方走，《罗吉尔之书》向读者讲述婆罗洲岛上食人肉的习

---

① ［阿拉伯］伊德里西：《云游者的娱乐》，开罗宗教文化出版社2002年版。

② George H. T. Kimble, *Geography in the Middle Ages*, London: Methuen and Co., 1938, p.57.

俗、大象的智力、遥远中国皇帝的佛教信仰，等等。①早期许多描述性地理学的阿拉伯专著都非常注重细节，这有助于征税、行政管理、贸易或征服行为的效率，但这一传统已不复存在，取而代之的是，人们十分熟练地拼凑最新的知识，创造出条理清晰又全面的完整体系。②

由于伊德里西的世界地图吸收了哈里发麦蒙和智慧宫中研究人员的科学传统，并将这些传统介绍给新的读者。所以伊德里西的研究对未来西方的绘图学和航海学的发展有着重要的影响。西方从13世纪晚期开始仿制阿拉伯人的地图，意大利哲学家布鲁内托·拉蒂尼（Brunetto Latini，约1220—约1294，意大利哲学家、学者、政治家、外交家，曾是但丁的老师）在一部宇宙哲学的专著中就曾经这么做。大约也在这个时期，伟大的日耳曼哲学家艾尔伯图斯·麦格努斯〔Albertus Magnus，1200？—1280，中世纪日耳曼经院哲学家、神学家，也是道明会神父，曾在意大利帕多瓦（Padova）大学学习，后在巴黎等地从事教学活动。其著述领域包括逻辑学、神学、地理学、天文学、化学等，也曾研究过炼金术〕也曾绘制一幅基本的世界地图。这幅地图描绘了巴格达和伊拉克南部城市巴斯拉，却没有画出巴黎；唯有根据穆斯林的原始资料，才可能有这样的情况。③

---

① Curtis, *Roger of Sicily*, Cambridge University Press, 2002, p.316.
② Amitav Ghosh, *The Horizons of al-Idrisi in the Eleventh Century*, Other Routes: *1500 Years of African and Asian Travel Writing*, eds. Tabish Khair and others, Bloomington: Indiana University Press, 2005, p.86.
③ ［美］乔纳森·莱昂斯：《智慧宫：阿拉伯人如何改变了西方文明》，刘榜离、李洁、杨宏译，新星出版社2013年版，第121页。

三、中世纪阿拉伯地图学的特点

(一)受到了外来文化的影响

1. 来自希腊、罗马的影响

阿拉伯人受希腊学术影响是显而易见的,尤其是自然科学方面,希腊对阿拉伯人思想的深远影响是无法忽略的。英国学者汉密尔顿·阿·基布说:"希腊思想给伊斯兰世界最显著的遗产不是科学,而是方法、规程和求知欲。方法和规程来自对逻辑学的研究。"① 希提提道:"阿拉伯人征服肥沃的新月地区的时候,希腊的文化遗产,无疑是他们手边最宝贵的财富。在阿拉伯人的生活里,希腊文化终于成为一切外国影响中最重要的一种影响。"② 阿拉伯地理学家和制图师在继承罗马人和希腊人的传统之后,能够以更精确的物理尺度创造更精确的世界肖像。托勒密的《地理学》运用了纵向和横向坐标,提供了绘制世界的重要的原始数据。"马里诺斯的《地理志》及其世界地图曾被麦斯欧迪所参考,托勒密的《地理学》也被多次从拉丁文或叙利亚文译成阿拉伯文,他的《天文大全》也被译成阿拉伯文(译名《至大论》)。花剌子密、伊本·胡尔达兹比赫、麦斯欧迪等人都参考托勒密的著作和世界地图。"③ 因此,托勒密的地理学观点必然对阿拉伯学者造成了很大的影响,包括他的地图学的观点。他认为地球上已知的一切部分,包括与它有关的一切东西都可作线条的绘画(地图学),并把只需要描写技能的"地方志"从地理学中区分出来,认为地理学只用线条和符号就可以应付自如了④。因此,大量的阿拉伯地图以及地理学著作是以托勒密的地理书和地图为蓝本,新来的材料只做修改和补充。

---

① [英]汉密尔顿·阿·基布:《阿拉伯文学简史》,陆孝修等译,人民文学出版社1980年版,第79页。

② [美]希提:《阿拉伯通史》(上册),马坚译,商务印书馆1995年版,第24页。

③ [荷兰]穆·胡茨玛编:《伊斯兰百科全书(第2版)》,"Djughrafiya"条,博睿(Brill)出版社1983年版。

④ 参见[苏联]波德纳尔斯基编:《古代的地理学》,梁昭锡译,商务印书馆1986年版,第367页。

麦斯欧迪给出了许多关于世界地理的理论信息，这些信息都来自他在巴格达和大马士革学习的早期希腊作品。他经常在他的书中显示他对地理学的兴趣，他的作品参考了托勒密的《地理学》和《天文大全》，从传统的希腊理论开始，涉及地球的形状以及陆地和海洋的划分。麦斯欧迪在他的《黄金草原与珠玑宝藏》中也提到了七大海洋，最东方的是中国海。他把印度洋描绘成一个由七大海组成的水域。每一个海洋都有自己的名字和特征，其中第七个是位于最东端的中国海洋。早期的阿拉伯地理学家雅古比（？—897/905，Ya'kubī）给出了一个稍微不同的海洋划分，其中第五个海域是 Salahit 海，第六个海域是 Kundranj 海。

中世纪阿拉伯地理学受到希腊的影响，还体现在如何划分风土带（气候带）、宇宙中心是地球的说法等。"阿拉伯语'风土带'（Iklim）一词，源于希腊语（Klima），原意为'倾角'（地球赤道到极点的倾角，即按纬度划分世界）。""花剌子密、伊本·胡尔达兹比赫、比鲁尼、雅古特、伊德里西等地理学家都继承了这种七个风土带划分法。"① 古典时期的阿拉伯地理学家例如艾布·卡西姆和伊本·胡尔达兹比赫等都认为："大地像球一样是圆的。地球如蛋黄处于禽蛋的中心一样，位于天体的中心。大气从各方面吸引着地球，使地球固着于天体内。"② 因此，我们可以看出，希腊地理学对阿拉伯地理学家有很深的影响。

希腊对阿拉伯地图上的影响还体现在地图形状的描绘上，我们所发现的中世纪地图的形状多种多样，但最常见也最普遍的是圆形。这都是希腊地图学的传统。气候带地图是希腊地图一种比较明显的圆形地图的表现形式。古代人尝试用气候带以及纬度的划分来区分他们所关注的世界。我们在中世纪阿拉伯地图中几乎都能看到"圆形地图"和"经纬度地图"这两种表现形式。

2. 来自伊朗的影响

伊朗对中世纪阿拉伯地理学和地图学的影响也是非常明显的。研究阿拉

---

① 许序雅：《阿拉伯—伊斯兰舆地学与历史学》，《史学理论研究》1996年第4期。
② [阿拉伯]伊本·胡尔达兹比赫：《道里邦国志》，宋岘译注，中华书局1991年版，第1页。

伯地理学的著名学者克拉莫斯（J. H. Kramers）指出，在9世纪，希腊地理学的影响占绝对优势，但从9世纪末起，伊朗的影响日益增强。阿拉伯和波斯的制图师比中国制图师绘制出世界地图要早得多。传说，"古代的伊朗传统上习惯把世界的大地描绘成一只鸟，中国为头，印度为右翼，北高加索（Al-Khazar）为左翼，麦加、汉志（Hejaz）、叙利亚、伊拉克和埃及（即阿拉伯世界的中心）为胸膛，北非为尾巴"[1]。这个鸟形的地理轮廓经常出现在早期的阿拉伯地区。一些同时代的人继续沿用早先传统的地理学方法，到了10世纪，仍然有地理学家把世界描绘成一个以中国为首的鸟儿形状的陆地，他就是伊本·法基赫（10世纪人，Ibn Al-Faqih）。巴勒希学派的地理学家在撰写地理专著时，往往带有浓厚的伊斯兰色彩，但也有受到伊朗的影响。在他们的想象图中，世界陆地像一只神鸟，中国是鸟的头。阿拉伯地理学家的地图更像是"理想图"，代表了人们是如何感知世界、如何表达以及传播他们的认知的。

在众多阿拉伯地理学家追随的伊朗地理学观念和传统中，有一个最重要的观点是来自"七个地带"。在这一系统中，世界被划分为七个相等的几何圆，每一个都表示一个地带，在这样一个规定下，第四个圆被画在中间，余下的六个则环绕着它。这七个地带中包括了伊朗本土，其中最中心的区域是塞瓦德。阿拉伯地理学家被这一观点影响了很长一段时间。但比鲁尼认为这是没有科学或物理依据的，他认为希腊对地球地域的划分是更科学的。希腊把世界划分为三个或四个大洲，有两个主要海域，也就是Bahr Al-Rum（地中海）和Bahr Fars（印度洋），它们通过环形的海与大陆相连。一个来自西北方，另一个来自东方，比如大西洋和太平洋，同时被"障碍物"（例如苏伊士海峡）所分隔开。这一体系学说也成为阿拉伯地理学和绘图学的主导思想，并持续了好几个世纪。

---

[1] ［荷兰］德·胡耶编：《阿拉伯舆地丛书》（*Bibliotheca Geographorum Arabicorum, BGA*），伦敦，1977年版，第29页。

（二）地图和叙事相结合的方式

我们可以从已经获得的地图了解到，阿拉伯地理学家经常以叙事的形式来描述土地和海洋的划分、国家边界、海岸线和道路等，或者是用地图和叙事相结合的方式，这可能是由于他们获得地理信息的主要来源非常广泛。这些来源包括：（1）阿拉伯古代诗歌，阿拉伯古代诗歌中常常赞美一些贝都因人中的名人和贝都因有名的地区；（2）阿拉伯语言学家，因为语言学家和地理学家之间有着密切的联系，这一点在阿拉伯词典中均有体现；（3）《古兰经》和《圣训》，它们都为天文地理学和描述性地理学提供了很多信息；（4）印度人的故事，其中有很多有价值的地理信息资料；（5）波斯、埃及、腓尼基、希腊、罗马及其他的地理知识来源；（6）阿拉伯学者们尝试着自己去旅行以便亲自了解各地的道路获得第一手资料。

最早的一批阿拉伯地图的制图学家——伊斯泰赫里、伊本·豪盖勒和麦格迪西，代表了地理学写作中的一种新趋势，其风格经常被称为"古典"或巴勒希学派风格，后者以早先的地理学者巴勒希而命名。伊斯泰赫里的地图帮助我们了解了艾布·载德（10世纪人，生卒年月不详，Abū Zayd Al-Serafi）和麦斯欧迪的道路，这代表了同时代阿拉伯地理学家之间分享的世界视觉观念。阿拉伯世界地图制图的发展与中国不同，他们试图向全世界展示包括亚洲、欧洲和非洲在内的整个世界。这一特点是由于地理学的智慧受到希腊地理传统的影响，同时还因为阿拉伯人长期与东西方人广泛接触，他们在地缘政治上处于两个世界的贸易连接之地。"当时语言学家的工作只是记录从阿拉伯人那里听到的一切。记录的最主要途径是学术旅行。阿拉伯人到伊拉克去，或者是伊拉克的学者到沙漠中去求教，语言学家将直接或间接听到的材料进行整理归纳"。[1]阿拉伯地理学家的视野极其广阔，地理学文献的内容丰富、资料众多，因此，他们的地图学内容范围遍及世界各地、宇宙星体。这一方面表现在他们所关注的世界极为广阔，另一方面表现在他们所记述的内容极为广博、驳杂。

---

[1] ［埃及］艾哈迈德·爱敏：《阿拉伯—伊斯兰文化史》，纳忠等译，商务印书馆1982年版，第277页。

他们的视野上溯远古、下至当代，涉及地域包括除北极之外的整个欧洲，除西伯利亚之外的亚洲，南到撒哈拉沙漠以南的非洲，天文、地理、海洋、陆地无所不及。[①] 他们所记述的世界范围大大超过了希腊人所知道的世界，也超过了当时中国人所认知的世界。

（三）高度的程式化符号与新信息相结合

中世纪阿拉伯地图学具有高度的程式化符号，主要体现在中世纪阿拉伯地图大部分是圆形地图，呈现出"环绕之海"（the Encircling Ocean）的象征手法。从上文介绍的伊斯泰赫里的地图、比鲁尼的地图，到伊德里西的地图以及伊本·瓦尔迪的地图等，都是圆形的世界地图。而在这些圆形的世界地图中，可以发现所呈现出来的图都是海洋包围着陆地，也就是我们所说的"环绕之海"，地图上标为"البحر المحيط"（al-Bahr al-Muhit）。

中阿之间的贸易在8世纪之后主要依靠海上丝绸之路，但这条路并不意味着轻松或没有危险。跨越"环绕之海"是异常危险的，没有什么比神秘的"环绕之海"更令中世纪阿拉伯地理学家和地图学家感到具有挑战性的了。阿拉伯语中，"环绕之海"这个词是"البحر المحيط"，前者翻译成"大海"，后者翻译成"海洋"，但其原意为"被包围着的"，这个词普遍出现在地图中。上文提到的《古兰经》中多次提到海洋，例如海洋的作用是让船乘风破浪，《古兰经》说："他制服海洋，以便你们渔取其中的鲜肉，做你们的食品；或采取其中的珠宝，做你们的装饰。你看船舶在其中破浪而行，以便你们寻求他的恩惠，以便你们感谢。"（16：14）《古兰经》还提到了"两海相交"。地理学家们在他们的作品中提到"环绕之海"并不多，经常用"海"（al-Bahr）、"黑色的海"（al-Bahr al-Aswad）、"绿色的海"（al-Bahr Akhdar）代替。阿拉伯地理学家对于海洋的定义比较混乱，这两个词的使用范围也不一样。有的地理学家把海分为两部分，黑色的海代表邪恶的海，绿色的海代表安全的海或是快到达陆

---

① 参见许序雅《阿拉伯—伊斯兰舆地学与历史学》，《史学理论研究》1996年第4期。

地的海。地理学家巴克里把中国附近的海洋东部称为"黑海"（al-Bahr al-Aswad），也叫作"中国海"（al-Bahr al-Sin）。麦斯欧迪则把环绕之海的东边称为"绿海"，它对面是"黑海"。《伊斯兰文明对西方文明的影响》一书描写了海洋的不可确定航行的困难：

> 海洋围绕着地球，像地平线一样，船只不能在海里航行，也没有人能穿越它，不知道它在哪里结束。在有人居住的地方，可以看到海，但却不能航行跨越它，除非只是航行很短的距离。①

伊德里西也在书中描述过："没有人知道黑暗之海后面是什么，航行十分困难，没有光亮，只有高耸的巨浪、神秘的动物、狂躁的风，却没有一个确切的报告。"②至于阿拉伯地图的圆形形式，也不完全受到希腊的影响。在阿拉伯伊斯兰文化中，圆形或者满月的形状本身就是一种体现在艺术和建筑中的表现象征。

使用这种程式化符号主要是由中世纪阿拉伯地理学家的典型特点所导致的，他们的特点是借鉴前人的材料，地理观不能离开地理信息，这就会出现"新与旧、真与误的各种地理材料堆积在一起、异地同时或者异时同地的材料张冠李戴的可能性，从而使地理观出现曲解甚至面目全非"③。我们在后面讲到阿拉伯地理古籍中的"中国"描述特点的时候会详细说明。阿拉伯人一般都是在旧的材料上结合新的材料进行修改，用新的材料取代旧的材料，形成新的地理观。这就导致一个问题：如何校对和考证原先的内容？如果原先的材料或者地图就错误百出，那么新的地理书籍或者地图的错误是无法避免的，甚至地理学家对前人的地理学书籍根本就没有怀疑过这种情况也不在少数。不管怎

---

① ［埃及］阿拔斯·艾哈迈德：《伊斯兰文明对西方文明的影响》，开罗骑士出版社1965年版，第77页。
② ［阿拉伯］伊德里西：《云游者的娱乐》，开罗宗教文化出版社2002年版，第127页。
③ ［阿拉伯］伊德里西：《云游者的娱乐》，开罗宗教文化出版社2002年版，第65页。

样，旧的观点总会对新的地理观产生一定程度的影响，这其实表现为同化和调和两种形式。前者就是把两者没有矛盾地融合在一起，后者就是在有矛盾的情况下进行选择、删减和折中，最后形成新的观点。这种情况在阿拉伯地理学和地图学上体现得尤为明显。

中世纪阿拉伯地理学和地图学受到希腊的影响最大，这并不意味着阿拉伯人只是借助"智慧宫"进行知识的翻译，阿拉伯地理学家还通过自身的游历去实地考察和探索。阿拉伯地理学家通常运用"亲自考察"（Al-mu'ayenah）的原则去各地收集第一手的资料。《古兰经》反复鼓励大家"去旅行吧"（3：137, 6：11, 12：109, 16：36, 22：46, 27：69, 29：20, 30：9, 45），在圣训中有很多赞扬以学习为目的而旅行的美德，例如我们熟知的"学问虽远在中国，亦当求之"。这种"亲自考察"的原则最早被圣训学派运用，但被阿拉伯地理学家们发扬光大了。"当时语言学家的工作只是记录从阿拉伯人那里听到的一切。记录的最主要途径是学术旅行。阿拉伯人到伊拉克去，或者是伊拉克的学者到沙漠中去求教，语言学家将直接或间接听到的材料进行整理归纳。"[①] 阿拉伯学者们在地理学领域中依靠实地旅行来获得不可估量的个人经验。通过旅行，他们了解了地球上广阔的地区，如赤道地区、极地等。

正是由于这个原因，对世界和当地人民的全方位的考察以及对宗教知识的追求是早期阿拉伯科学调查的动力。为了收集圣训知识，阿拉伯人把旅行分为听觉和视觉两个阶段。他们亲自去沙漠听贝都因人讲故事。把这种宗教进行到顶峰的是伊本·朱拜尔，他游历的时候写成了《伊本·朱拜尔游记》，记录了很多路途中的风土人情以及地理知识，不仅完善了宗教知识，更扩大了读者的眼界。

把航行经验作为地理学知识是10世纪以来阿拉伯地理学的进步。辛巴达的传说就源于阿拉伯地理学家的航行壮举。很早就发展迅猛的阿拉伯航海技术使航行成为一种经验性的调查模式，指导着信息的收集，并验证信息的真

---

① ［埃及］艾哈迈德·爱敏：《阿拉伯—伊斯兰文化史》，纳忠等译，商务印书馆1982年版，第277页。

假，纠正信息的错误。因此，这些地理知识有很高的价值，具有一致性、真实性和合理性。而阿拉伯地图学汲取并添加了这些最新的地理知识，通过这些来源获得的信息不断增加，因此，地图学获得不断的发展。一些阿拉伯地理学家身兼数职，他们可以是旅行者、海洋旅行家、地理学家，甚至是地图学家，例如摩洛哥著名旅行家伊本·白图泰，他在将近29年、行程12万公里的漫长旅行生涯中游历了欧、亚、非三洲的许多国家和地区，被称为"忠实的旅行家"。他一生三次游历走遍世界大部分地区，足迹遍及中亚、西亚、北非、中非、东南亚、欧洲南部以及中国。"他比同时代最著名的欧洲旅行家马可·波罗年轻一些……二人都为地图提供了数据，且二人都是从地中海出发，在那里伊斯兰教、犹太教和基督教的学问相互融合，其中也包括地图学。"①

在中国、古罗马和古希腊的引导和指导下，阿拉伯人受益良多，他们通过"亲身考察"又丰富了这些知识，发展了强大的阿拉伯文明。阿拉伯地理学家翻译了托勒密的《地理学》，并用他们自己获取的信息更新了托勒密的地理方案，托勒密给出的地中海长度是62度，这个数据被花剌子密在9世纪时减少到52度。地图学以及天文学的强大传统体现在阿拉伯"基于系统或正式的投影来制作平面天球图或天体图"②，尽管星盘最早是由古希腊人发明的，但是阿拉伯星盘从9世纪到19世纪的制品都有所保留。同样地，"宇宙示意图（通常以地球为中心）、黄道十二宫以及关于四元素及纬度带的球体模型，都是伊斯兰从古希腊和古罗马那里继承且在之后改造的传统的一部分"，"现存最古老的地球仪和天球仪也都来自伊斯兰。"③ 由于他们融合了古希腊、古罗马的传统，重新确定了世界主要地点的地理位置，并与在印度洋航行的水手进行了持续的讨论，阿拉伯地理学家对阿拉伯世界和中国之间的海岸线有了认识，这比中国的制图师要早得多。

不过，中世纪阿拉伯地图学仍存在很大的局限性，因为仅仅依靠山峰、道

---

① ［美］诺曼·思罗尔：《地图的文明史》，陈丹阳、张佳静译，商务印书馆2016年版，第66页。
② ［美］诺曼·思罗尔：《地图的文明史》，陈丹阳、张佳静译，商务印书馆2016年版，第62页。
③ ［美］诺曼·思罗尔：《地图的文明史》，陈丹阳、张佳静译，商务印书馆2016年版，第62页。

路、船的桅杆、游行的人的描述、宇宙的传说以及初级的天文学知识和设备来加深他们对世界的认识，是非常困难的。阿拉伯地图学以托勒密的地理观为基础和指导也导致了一些问题和消极影响，阿拉伯地理学家接受前人影响的程度、获得的新增的材料和应用新增材料的数量并不相同。那么，托勒密的地理观能不能适用于他没有提到的东方中国？随着时间的推移、所获知识的增多和与新的国家交往得更加密切，阿拉伯地理学家能否摆脱托勒密观点的"束缚"，不仅仅只作补充？支持阿拉伯地理学家寻找路线的国王和权贵似乎更喜欢描述性的文字、奇异的故事，仅仅把地图当成是一种简略的提醒。遗憾的是，阿拉伯地图并没有在普通群众中获得普及，那些制图的地理学家，例如花剌子密是天文局工作人员，伊本·胡尔达兹比赫和古达玛·本·贾法尔（888—958，Qudama Ibn Ja'far）是邮政局局长，巴勒希是教师、公务员，伊本·赫勒敦是法官等，他们都具有较高的知识水平，担任着要职。地图的流转只是局限在这些人员的阶层中。

四、阿拉伯地图对欧洲的影响

地图原本就是十分脆弱的物品，又时常在严苛的状态下被使用，航海指南、海岸图的情况更是如此。在印刷术问世之前，地图的复制不仅困难而且代价高昂，因此，地图幸存无几倒也不足为奇，导致"书面记录"难以保存，所以很难证明欧洲地图、航海图的具体进展与早期阿拉伯地理学家、水手的成就有直接关联。尽管如此，通过西方零星的评论资料，并检视欧洲早期制图学的演变过程，仍能反映出穆斯林的重大影响；尤其是当时欧洲与遥远的伊斯兰世界交流甚少，因此更能证实这一点。

15世纪末期，有人曾向葡萄牙著名航海家达·迦马和他的高级船员展示一幅印度洋海岸线的详细全图，图上"以摩尔人的方式绘制了大量的经纬线"[1]。

---

[1] Joao de Barros, *Asia*, Lisbon: Nacional-Casa da Moeda, 1988, p.152.

许多阿拉伯的原始资料都承认，允许欧洲列强进入印度洋及其重要的贸易路线是一场灾难，并一致认为那位领航员当时一定喝得酩酊大醉，才会如此背叛他的穆斯林同伴。后来，葡萄牙海军获得东方"香料群岛"的珍贵地图，火速将这些地图送到里斯本进行翻译，并编入欧洲人日益准确的航海图和地图集中。

克里斯多夫·哥伦布（Christopher Columbus）也受益于阿拉伯人的著作，尤其是12世纪中期出现的沙比俄目录的拉丁文译本，该目录概述了阿拉伯数理地理学的最新技术。此外，哥伦布以及同时代的其他探险家，也受到当时基督教徒阐释阿拉伯人、印度人的传统观念影响，认为地球是对称的，因此支持了哥伦布欲前往东方却反而向西航行的策略。这些航海家还错误地解读了阿拉伯人的一些原始资料，而因此受到鼓舞，特别是阿拔斯朝代确定的一度之长度的记录，导致他们认为地球比实际大小还小了百分之二十。[①] 最后，曾有些记录表明穆斯林航海家——包括阿拉伯、马利以及中国的穆斯林航海家，早期都曾航行至遥远的黑暗之海，甚至可能曾经抵达新大陆。[②]

第五节　阿拉伯地理学发展的特点

一、受希腊地理学影响较大

9世纪，希腊地理学的影响占有绝对优势。此时，阿拉伯地理学家倾向于研究他们从希腊、罗马、印度等文明中所继承的地理学理论遗产，因为他们想了解辽阔的阿拉伯民族及全世界的交通。希腊人托勒密对阿拉伯地理学影响最

[①] J. H. Kramers, *Geography and Commerce*, Religion, Learning and Science in the Abbasid Period, Cambridge University Press, 1990, pp. 93-94.

[②] 参见[美]乔纳森·莱昂斯《智慧宫：阿拉伯人如何改变了西方文明》，刘榜离、李洁、杨宏译，新星出版社2013年版，第149页。

大，他的作品《地理志》、《天文大全》（也有译为《至大论》）以及绘制的"世界地图"均被翻译成阿拉伯语。其中，《天文大全》以《地理学指南》或《地理学入门》之名而为人熟知，之所以如此被重视，是因为它是阿拉伯地理学家们在这一领域中最得益也最重要的地理知识来源。据说"地理"这个词最早是从托勒密的著作中学习来的。哈加格·本·优素福·本·麦德伦（787—836）对《天文大全》一书进行了翻译，之后塞柏特·本·格拉哈·哈拉尼（835—901）对这个翻译进行了修正和评论。阿拉伯地理学家花剌子密、伊本·胡尔达兹比赫、麦斯欧迪等人都参考过托勒密的著作和地图。

希腊的影响还表现在风土带（气候带）划分以及古希腊文学家、地理学家的地心说上。阿拉伯语"风土带"一词，原意为"倾角"（地球赤道到极点的倾角，即按纬度划分世界）。花剌子密、伊本·胡尔达兹比赫、比鲁尼、雅古特等地理学家都继承了这种风土带划分法。古希腊的地心说与《古兰经》的观点相悖，它认为地球是宇宙的中心，天体是球体，而《古兰经》中认为"地球具有平展的表面，山峦如同楔子一样插在地面上"。大多数阿拉伯地理学家，如伊本·胡尔达兹比赫等都接受前一种观点。

到了9世纪末，除了希腊地理学的影响外，伊朗的影响日益增强，主要体现在某些传说和制图学上，其中古典时期的巴里黑学派影响最大。《阿拉伯舆地丛书》中记录："大地的形状被比作一只巨鸟，中国是它的头，印度是它的右翅，易萨是它的左翅，麦加、汉志、叙利亚、伊拉克和埃及是它的胸腹，北非是它的尾巴。"[1]《伊斯兰百科全书》中"地理学"条目这样写道："这种观念可能源于阿拉伯人看到的中古代伊朗地图。"[2] 此外，来自印度天文学的影响主要体现在一些地理学观念上，如天转实际是由于地转，大地水陆各占一半，大地如龟背、四周被水包围，大地犹如穹隆、斯里兰卡为其顶端等。

---

[1] ［荷兰］德·胡耶编：《阿拉伯舆地丛书》（*Bibliotheca Geographorum Arabicorum*，BGA），伦敦，1977年版，第98页。

[2] ［荷兰］穆·胡茨玛编：《伊斯兰百科全书（第2版）》，博睿（Brill）出版社1983年版，第123页。

二、以实地考察为主要研究手段

阿拉伯的科学家们在地理知识的获取方面并不仅仅满足于口耳相传，而是源于依靠经验和地图而开展的以实地考察为目的的旅行，通过实地旅行以及与所交往国家建立贸易联系，这样能让他们对地理学这一领域有了更深入全面的认识。雅古比在他的书中写道：

> 我年轻的时候四处旅行游历，用尽脑力专心去了解各国信息和地区与地区之间的距离，我所到一个地方，都会尽可能地去了解他们的国家和社会状况，询问遇到的人那里种什么，那里的居民是阿拉伯人还是外邦人，人民都喝些什么，甚至还向他们打听他们的口音、宗教和战胜他们的人，以及那个地方有多大，附近都有哪些地方，随后我会自己去游历，来证实他们所说的话的真实性。[1]

这种游历的生活以及记录的游记是阿拉伯古典地理学发展的另一条脉络，也就是具有其自身特色的描述地理学。换句话说，描述地理学的来源就是阿拉伯地理学家们实地考察所写出的游记。世界上最早记录中亚陆路行程的是塔米姆（9世纪人，Tamin Ibn Bahr）的游记，他是阿拉伯帝国的士兵，曾带着任务远赴中国。摩洛哥旅行家伊本·白图泰的游记《伊本·白图泰游记》（又译作《异国风光和旅游奇观》或《异域奇游胜览》）对中国的记录较为详尽。这些著名的游记不胜枚举，而实地考察的原则源于圣训学派，这一原则使得中世纪阿拉伯地理学文献资料的内容更加翔实可信，对于后人的研究具有很高的参考价值。

---

[1] ［埃及］艾哈迈德·爱敏：《阿拉伯—伊斯兰文化史》，纳忠等译，商务印书馆1982年版，第89页。

三、研究领域宽泛且内容丰富

阿拉伯地理学家的视野极其广阔，地理学文献内容涉及世界各地，以及人文自然等各个领域。例如，阿拉伯古典地理学的鼻祖伊本·胡尔达兹比赫，参考托勒密《天文大全》中的地理资料编著了地理学研究者们的重要参考书《道里邦国志》。该书是阿拉伯地理学领域的百科全书之一，内容丰富，不仅包括正规的官方资料，还包括各地的地理趣闻，同时它提供了关于阿拔斯王朝的大量完整资料。麦斯欧迪是阿拉伯杰出的历史学家和地理学家，被誉为"阿拉伯的希罗多德"，其代表作《黄金草原与珠玑宝藏》内容涉及地理、气候、人文、宗教、经济、婚丧嫁娶仪礼、民族习俗、阿拉伯帝国的历史以及帝国建立之前的希腊、罗马、印度历史。12世纪最负盛名的地理学家和制图家伊德里西，在其著作《云游者的娱乐》中集合了希腊、罗马、阿拉伯历史等，该书至今都是欧洲高校地理学领域的教科书。

阿拉伯地理学文献之所以具有视野广阔、内容丰富等特点，除了上述提到的遵循实地考察的原则外，笔者认为还有两个原因：一是通过翻译运动使得大量外来文化被阿拉伯地理学家所了解；二是这些地理学家本身就是"新阿拉伯人"。第一种原因很好理解，中世纪黑暗笼罩着所有欧洲国家，为了寻求突破，阿拉伯学者们将所有古希腊、印度和波斯学者的成就翻译成阿拉伯语，剔除了其中的神话和幻想，并对有些理论进行了修正。这是因为阿拉伯学者们深信地理知识是从一个民族迁移到另一民族的，而每个民族的功绩就是在这一领域所增加的理论和经验，也正因为如此，他们开创了思考和研究地理事实知识的新的科学方法。第二个原因的关键在于我们对"新阿拉伯人"的理解。阿拉伯地理学家们出生于多个国家，他们中有的来自撒马尔罕，有的来自安达卢西亚、波斯、沙姆、埃及、印度和其他国家，这些人将他们所掌握的信息资料用同一种语言——阿拉伯语记录下来，所以著作本身就具有丰富性和国际性特点。例如，阿拉伯地理学家雅古特，代表作为《地名辞典》，他本人是希腊人，是被阿拉伯人当奴隶买回来的；著有《省道图志》的伊斯泰赫里出生于波斯；史学家和天文学家比鲁尼出生于希瓦，他在《印度志》（一译为《印度考察记》）中的理论十分超前，与现代科学理论相似，所以，乔治·萨顿[①]把这个时期称为"比鲁尼时代"。

四、与历史学的关系十分紧密

中世纪阿拉伯地理学与历史学之间密不可分的关系主要体现在两个方面：一是许多地理学家本身也是历史学家，比如雅古特、麦斯欧迪等；二是文献著作中地理学内容和历史学内容交织呈现，"你中有我，我中有你"，这在很多阿拉伯、希腊、罗马的地理著作中都有所体现。智慧宫的管理人花剌子密给予历史学以极大的重视，他认为历史学是确定不同文化路径的科学。雅古特的《地名辞典》既是地理学的集大成之作，也为历史学和自然科学提供了众多宝贵的资料。张广达在《出土文书与穆斯林地理著作对于研究中亚历史地理的意义》一文中指出："的确，阿拉伯、波斯、突厥的地理文献既包括地理资料本身，又包括许多历史资料，有如许多穆斯林史学著作中也包括地理篇章一样。"[②]杨克礼在《历史演进的轨迹：伊斯兰史学概观》中称："史学与各门宗教学科、人文学科及自然科学交替发展，相互渗透。"[③]许序雅提道："阿拉伯—伊斯兰舆地文献既包括地理资料本身，又包含大量翔实的历史资料。这些地理文献中有许多也是历史文献，只是采用地理学、行纪的写作体裁而已。"[④]他同时提到地理学文献弥补了历史文献的不足："首先，阿拉伯舆地文献扩大了历史研究的职能，把经济、行政管理、商业贸易、民族分布和迁徙、山川物产、风土人情、社会习俗、文化交流等都列入了记述范畴，历史记述的对象涉及人类生活的各

---

① 乔治·萨顿（1884—1956，George Sarton）：比利时科学史家，著有《科学史导论》。
② 张广达：《出土文书与穆斯林地理著作对于研究中亚历史地理的意义（上）》，《新疆大学学报（哲学社会科学版）》1984年第1期。
③ 杨克礼：《历史演进的轨迹：伊斯兰史学概观》，《中国穆斯林》1994年第4期。
④ 许序雅：《阿拉伯—伊斯兰舆地学与历史学》，《史学理论研究》1996年第4期。

个方面，使历史记述在宗教和教育的职能之外，又具备了记录、认知、服务等职能。这些文献开创了一种新的写作体例——记叙体。伊斯兰舆地学者用这种体例，记录了许多正史著作不曾记载的史实和资料，引导人们去认知伊斯兰世界和异教世界，了解大千世界的各个层面的知识。"赵军利在《中世纪阿拉伯历史研究方法》一文中也对上述"记叙体"有所描述，他写道："学者们将沿途所见所闻、各地风情习俗、地理概况详加记载，导致了一种新的体裁——历史地理著作的出现。麦斯欧迪的《黄金草原与珠玑宝藏》便是这种体裁的典型范例。"①

五、阿拉伯地理学对欧洲地理学发展的影响

阿拉伯人在地理学上的著作是极其重要的。在好几百年内，欧洲人把某些阿拉伯地理学著作当作研究地理学的主要资料。例如伊德里西的著作译成拉丁文后成为欧洲各大学的地理教材，欧洲人在300年间，以此书作为地理学的权威。这部伟大的著作总结了前人的记载，加上作者亲身的见闻和调查研究者的报告，书中还附有精密的地图。这些地图包括尼罗河的发源地和赤道地区的湖泊，那是欧洲人在近百年之内发现的，由此可见，阿拉伯人的地理知识是正确丰富的。②

欧洲学者们不得不承认，欧洲深受阿拉伯伊斯兰文化影响，阿拉伯伊斯兰文化为当时处于文化黑暗的欧洲带来了光明，促进了科技知识和文明的"大解放"，导致了欧洲文艺复兴的到来。爱尔兰学者乔治·汤逊在谈到阿拉伯—伊斯兰文明对欧洲科学方面的巨大影响时说："在实验科学、医学、解剖学、化学、物理、地理、数学、天文各方面，阿拉伯人都是领先全球。他们发展了各式各样的工业，改良了农业和园艺；借助引进、使用航海用的指南针，他们的船通行四海，而商队维系了帝国内各省的贸易，他们运送着来自印度和中国、

---

① 参见赵军利《中世纪阿拉伯历史研究方法》，《史学理论研究》1992年第4期。
② 参见马坚《阿拉伯文化在世界文化史上的地位》，《回族文学》2006年第4期。

土耳其斯坦和俄罗斯、非洲和马来群岛的产品。"①

可见阿拉伯伊斯兰文化确实影响了欧洲的生活和思想。这一点可以在阿拉伯世界的前哨西西里和西班牙体现出来，也能在阿拉伯学者的智慧和阿拉伯大学的资源中体现出来，还能在商人、外交人员、旅者、军人、水手和重新被征服的农民身上体现出来。新观念、新技术、新态度在各方面从阿拉伯世界传递给了欧洲。

学者们对于阿拉伯地理学对欧洲的影响还存在争议，之所以存在争议，是因为现存的资料中很少有能介绍阿拉伯地理学对欧洲的影响的。但笔者还是从一些零碎资料中发现一些证据，显示了东西方地理学联系的痕迹，可作为一些论据。

如希提认为：

> 阿拉伯人的地理学研究，对于西方的影响是有限的。他们保持了古代的地圆说，没有这种学说，发现新大陆就是不可能的。这种学说的代表者是巴伦西亚人艾卜·欧拜德·穆斯林·巴伦西，活跃于10世纪前半期。他们继续鼓吹印度的一个观念，认为世界的这个已知的半球，有一个"圆屋顶"或者"顶点"，坐落在与四个方位基点距离相等的地方。这一"艾林"（Arin）理论，写进了1410年出版的一本拉丁语的著作里。哥伦布从这本著作里知道了那条原理，因此，才相信大地像一个梨子，在西半球上与"艾林"相对的地方，有一个相应的崇高的中心。但是，在天文地理学和数学的领域中，还是对西方学术界贡献了一些新颖的概念。②

中世纪阿拉伯地理学的文献内容和新的地理观念作为一种创新的知识，是世界文明中不可或缺的部分。佩德罗·阿方索从阿拉伯人的模型中推断出了世界地图的草图，他仿写了七大洲，并把地图的上端作为北方。亨利·美因兹

---

① 蔡德贵：《中世纪阿拉伯人对哲学和科学的贡献》，《阿拉伯世界研究》2008年第3期。
② ［美］希提：《阿拉伯通史》（下册），马坚译，商务印书馆1995年版，第570页。

在1110年编纂了地理学的论著，其中包括一张地图。圣奥马尔的兰伯特写了一本百科全书，在这本书里，他提出了自己的地理学观念——地圆说，并在原稿中加入了地图。赫尔曼在1143年撰写了关于宇宙志的论著，书中包含天文学和地理学的内容。

文森特是一位法国的学者，逝世于1264年。他是一位图书管理员，同时也是路易斯九世的家庭教师。他编译了一本百科全书，该书可被称为里程碑式的著作，书中很多地理学和地质学的材料是从阿拉伯的原始文献中翻译来的。罗杰·培根的《大著作》(Opus Majus)中充斥的地理学文献都是来自阿拉伯语的原始资料。《影像世界》(Image du Monde)于1246年写成，这部书在很大程度上受到阿拉伯伊斯兰文化的影响。《王室宝鉴》(Speculum Regale)是一本杰出的地理学和百科全书式的著作，它在古代挪威被一位不知名的作家于1217—1247年写成，作者是一位牧师或者宫廷的专职教士。这部作品受到了阿拉伯地理学观念的影响，作者认为地球是圆的。另外，书中大量的材料来源于十字军东征和归来的朝圣者的记述。

在文学地理学方面，希提认为阿拉伯文学地理学对于欧洲中世纪的思想没有直接的影响，因为这些地理学著作没有被译成拉丁语。但是如前所述，阿拉伯在文学地理学领域的学识达到了一个很高的水准。他们在理解剥蚀、地震、造山等地理名词的作用上，构造地质学甚至是大陆板块漂移的过程中的优势已经逐渐显示出来。例如，论述"精诚同志社""伊本·西纳"和"比鲁尼"的作者经常提及这些事件。所以，欧洲对于这些进步的观点并不是持完全忽视的态度。

天文地理学中的某些方面，包括艾布·麦耳舍尔(787—886, Abu Ma'shar)提出的关于潮汐成因的学说和地球经纬线的长度的观点等都传入了西方。西方天文地理学中很多名称和术语来自阿拉伯天文地理学家，绝大多数出现在欧洲语言中的星宿名称都来源于阿拉伯语，例如"蝎子(عقرب, Crab)、小山羊(الجدي, Algedi)、飞鸟(الطير, Altair)、尾巴(ذنب, Deneb)、牛犊(فرقد, Pherkad)等。另外，大量天文学术语，如地平经度(السموت,

Azimuth)、天底（نظير, Nadir)、天顶（السمت, Zenith) 等，也均来源于阿拉伯语"[1]。由此可以证明，阿拉伯伊斯兰文化给黑暗的欧洲贡献了极具价值的天文地理学遗产。

中世纪地图制作的成就主要体现在航海手册或航海图表的创造上。它们的起源是未知的，但是它们的出现满足了海上活动的需要，可以让海上航行扩展到更加分散的地域。一位欧洲的历史学家公正地评论到：那个时候（15世纪）的阿拉伯人知道指南针的用法，拥有航海图和地图，各个国家的位置被精确地标注在地图上。他们有象限仪，并用它了解太阳的高度和地区的纬度。

麦格迪西早在10世纪后期的著作中就提及阿拉伯人的航海知识。他在描述印度洋海域航行的过程中写道：

> 我与船长、领航人和数学家、代理商和商人一起出发，他们把生命投掷在这片海域，为这片海域的各种知识而着魔，为它的风和它的波浪而着魔。我经常往返于他们中间，告诉他们关于海洋的位置、它的物理特性和它的局限性等问题，并和他们探讨。我也亲眼所见他们所拥有的图表和航海名录。从这些资料中，我谨慎鉴别，并把这些和我所观察研究得到的信息相结合，并把它与已经谈及的图表相比较……[2]

图表的使用被马可·波罗进一步证实，马可·波罗承认，他的关于锡兰海岸和周围海洋的知识获取自海上水手绘制的航海图。

中世纪阿拉伯地理学在一定程度上对欧洲的天文数学、地图制作领域和欧洲复兴的地理学产生了很大的影响，这种观点逐渐被学者们相信和承认。阿拉伯帝国和欧洲的接触从未停歇，它们进行贸易和商业活动，在社会习俗、文化传播各方面进行交往。因此，欧洲的进步思想不可能对阿拉伯人在地理学上的成就完全没有察觉。

---

[1] ［美］希提：《阿拉伯通史》（上册），马坚译，商务印书馆1995年版，第521页。
[2] ［埃及］穆斯塔法·萨尔特：《走进阿拉伯文化史》，开罗科学知识出版社1985年版，第78页。

中世纪欧洲对于马可·波罗所贡献的大量关于地球表面的新的事实而着魔。欧洲思想仍然保持充满宗教信仰的反启蒙主义态度。这阻碍了地理学和其他科学分支的发展。有两样事物在中世纪欧洲人的思想中占有惊人的比重：一是基督教神父们虚假的地理学概念；另一个就是大量过时的传统地理学观念，如斯特拉波、托勒密的观念等。任何与这些观念相反的观念，哪怕是建立在真实观察基础上的，也是不能被人们所轻易接受的。因此，对于阿拉伯世界所了解的地理学的一些知识，他们不能接受是可以理解的。尽管如此，欧洲的科学家们始终直接或者间接地借鉴和参考着翻译自阿拉伯语的大量地理学文献。

非洲很多地方，比如撒哈拉、苏丹、加纳、几内亚海岸的一部分、塞内加尔和尼日尔，推断这些地点的信息主要是来源于中世纪阿拉伯地理学的主要判断。因此，大量的中世纪阿拉伯地理学的观点和理念被灌输到西方，并影响着西方文明的发展。这些观念和信息主要体现在地球的尺寸、形状，海洋、地质的演变进程，气候、植被和动物的分布，非洲新大陆的知识，遥远的东方和亚洲中部的状况，地图的制作技术，器械的使用技术，等等。

西班牙与大马士革、巴格达和麦加之间的贸易曾经是特别活跃的。现代国际上的海上用语，例如 admiral（海军上将）、arsenal（兵工厂）、average（海损）、cable（海底电线）、corvette（海防舰）、shallop（sloop）（单桅帆船）、tariff（关税）等，都足以证明阿拉伯人从前在海洋上享有过霸权。伊德里西所记载的一个不是很清楚的故事告诉我们，有8个受骗的堂兄弟，从里斯本出发，到大西洋（bahr al-zulumat，黑暗的海洋）去探险，向西南方航行了35天，到达一些奇异的岛屿上。我们从这个故事可以想见当年在大西洋上生气勃勃的航海活动。[①]

总而言之，12—15世纪是一个过渡和妥协的时代，是一个吸收、融合和创造的时代，是阿拉伯伊斯兰文化和基督教文化紧密联系的时代。其结果是创造了欧洲的新的核心文化，这种文化本质上深受希腊—阿拉伯文化的影响。15

[①] ［美］菲利浦·希提：《阿拉伯通史》（下册），马坚译，新世界出版社2008年版，第482页。

世纪后半叶，随着印刷技术的引入，更多的阿拉伯科学著作被翻译出来，并反复地印刷，阿拉伯科学的影响在欧洲一直持续了几个世纪。因此，阿拉伯科学的影响不仅仅体现在"翻译"和"传承"上，阿拉伯地理学也是如此。

中世纪阿拉伯地理学发展虽然取得光辉成就，但是也有它的缺陷，比较严重的是抄袭前人的记载，甚至不提抄袭的出处和年代。然而，瑕不掩瑜，中世纪阿拉伯伊斯兰文化开辟了一个黄金时代，它在整个人类历史上有着令人瞩目的地位，而阿拉伯伊斯兰地理学作为其重要分支，为世界文明做出了巨大的贡献。

第二章

中世纪阿拉伯地理古籍中的"海上丝绸之路"中国'及相关问题考辨

丝绸之路，尤其是海上丝绸之路中阿交往与世界的文明互学互鉴都缘起于对东方中国的好奇与探秘，或者更直接地说是缘起于对中国财富的热羡，而诸如花剌子密、伊本·胡尔达兹比赫、伊本·白图泰等阿拉伯地理学家游历中国后留下的详细记述，都对世界文明的发展起到了重要的推动作用。

阿拉伯商人向东方远征，直达中国。据阿拉伯文献的记载，他们远在阿拔斯王朝第二位哈里发曼苏尔的时代，就从巴士拉（Bassorah）到达中国了。[1] 关于阿拉伯人和波斯人与印度和中国海上交通的最早的阿拉伯语资料，是商人苏莱曼和回历3世纪时代其他商人的航行报告。[2]

在中阿双方从无到有、由少及多的交往过程中，彼此间毋庸置疑地开始了由浅及深的认知和了解。但这种储存于人们头脑之中的认知和了解，只有反映在我们需要发掘和梳理的文本之中，通过域外这个多棱镜反观中国形象，对跨文化的中国形象进行深入反思，才会显现出它的意义和价值。因此，有关阿拉伯古籍中的"中国"问题，值得我们不断地进行考证和研究。

第一节　阿拉伯地理古籍中的"中国""中国海""中国船"和"海上丝绸之路""中国之路"等词的考辨

研究7—15世纪阿拉伯地理古籍中的"中国"以及对中国形象的认知，首先避不开对其称谓的考辨。

中世纪阿拉伯地理古籍卷帙浩繁，"中国"称谓的使用情况亦十分复杂。

---

[1] Marshall Broomhall, *Islam in China*, London, 1910, pp. 5-36.

[2] 参见［美］希提《阿拉伯通史》（下册），马坚译，商务印书馆1995年版，第344页。

这个沿用至今的称谓，其地位无以替代，始终承载着从古至今从未间断的向西传播的中国文明。本章通过翻译、梳理中世纪阿拉伯地理古籍中有关"中国"的记载，结合中文古籍对"中国"称谓进行考辨，分析其使用特点以及称谓背后所体现的"中国"形象的认知与认同。随着丝绸之路沿线各民族接触与交往的不断加深和扩大，这些称谓反映了对"中国"形象认知与认同的不断丰富和拓展，从神话到现实，从模糊到清晰，体现了持续的善意和美好。

"中国"（al-Sīn、隋尼、秦）这个词的阿拉伯语翻译一直延续到今天，它在中世纪阿拉伯地理文献中始终保持着活力，为人们熟知。在地域方面，它被用以指代整个中国，或者中国的某个区域；在描述性地理学方面，阿拉伯地理学家在官方、民间、君主形象、贸易、文化交流、传奇故事等各个方面长期使用其记述"中国"，其重要性无可比拟，这个词始终承载着从古至今从未间断向西传播的中国文明。在实际运用中，由于中世纪阿拉伯地理古籍卷帙浩繁，中国也经历了各种政权的不断变化，"中国"称谓的使用情况亦十分复杂。

国外关于"中国"称谓以及"中国形象"的研究当中，裕尔（1820—1889，Henry Yule）、劳费尔（1874—1934，Berthold Laufer）和保罗·伯希和（1878—1945，Paul Pelliot）运用古代伊朗语、阿拉伯语、突厥语等史料对"中国"的称呼这项研究做出了很大的贡献，他们从古丝路典籍中挑出了"秦"（Chīn）、"马秦"（Māchīn）、"桃花石"（Tamghāj）、"契丹"（Khitāy）、"蛮子"（Manzī）、"南家思"（Nankiyā）等用来指代"中国"的称谓进行了研究。国内学者则热衷于利用汉文文献和少数民族语文史料进行研究。国内这一课题研究较为突出的有华涛的《〈史集〉中"中国"的名称及其含义》，其中指出："'秦'指中国北方，是拉施都丁利用来自中国的汉文史书，按照中国正统观念叙述整个中国发展史时使用的模式。"[①] 陈春晓主要利用波斯语、阿拉伯语史料对"中国"称谓进行细致的考辨，形成了对后来学者最具影响力的论断。葛铁鹰翻译、归纳、整理了阿拉伯语历史古籍史料，在《阿拉伯世界研究》期刊上

---

① 华涛：《〈史集〉中"中国"的名称及其含义》，载《西域历史语言研究集刊(第七辑)》，科学出版社2014年版，第129—134页。

分15次连载了《阿拉伯古籍中的中国》,在其第一篇中分析了"中国"的几种阿拉伯语形式以及在史料中的意义。而我们的研究资料仅限于史料中7—15世纪阿拉伯地理古籍中有关中国的记载。

一、"中国""隋尼"与"秦"等词的考辨

7—15世纪阿拉伯地理古籍中最常出现的有关"中国"的词汇主要有以下三种:

(一)"隋尼"

"中国"一词的标准阿拉伯语翻译为الصين(波斯语称作 Chīn,阿拉伯语称作 al-Sīn),翻译为"隋尼",意为中国,一直沿用至今,例如《中国印度见闻录》中有"平安到达占不劳山之后,船只就扬帆去中国"[1];《道里邦国志》中有"通向中国之路"[2];《地名辞典》中有"至于从中国大地最远地区以外的东方……第1个便是中国海"[3]等。

(二)"隋尼依""隋尼娅"

根据《阿拉伯汉语词典》,与中国相关的阿拉伯语还有:صيني翻译为"隋尼依",意为中国的(阳性)、中国人(男);صينية翻译为"隋尼娅",意为中国的(阴性)、中国人(女)、盘子、瓷器。虽然这个词为形容词,但它在阿拉伯地理古籍中已经和名词构成了固定词组,出现较多的为:中国海、中国船、中国之路、中国门等。[4]

---

[1] 《中国印度见闻录》,穆根来、汶江、黄倬汉译,中华书局1983年版,第9页。

[2] [阿拉伯]伊本·胡尔达兹比赫:《道里邦国志》,宋岘译注,中华书局1991年版,第71页。

[3] 葛铁鹰:《阿拉伯古籍中的中国(二)》,《阿拉伯世界研究》2002年第4期。

[4] Paul Pelliot, "Cin", *Notes on Marco Polo*, Vol.1, pp.275-276. 转引自陈春晓《中古穆斯林文献中的"中国"称谓》,载《西域文史(第十一辑)》,科学出版社2017年版。

（三）"隋尼隋尼"

阿拉伯语作（Ṣīn al-Ṣīn），阿拉伯语翻译为"中国的中国"或"中国之中国"，或者对应前面的翻译为"秦之秦"。伯希和对于"隋尼隋尼"进行了研究，根据伊德里西、拉施都丁以及伊本·白图泰等作者的记载，推断它指的是广州。葛铁鹰的解释为："关于隋尼隋尼（Ṣīn al-Ṣīn），阿拉伯古代著作家所指地区不尽相同，有的指广州，有的指南京；西方学者考证的地点也不统一，有的说广州，有的说扬州；中国研究者和翻译家的看法更为模糊，有音译为'秦阿秦'的，有意译为'小中国的'。"① 除此之外，比鲁尼的《印度志》中，还记录了衍生词"摩诃秦"（Mahājīn），这个名词的阿拉伯语翻译为"伟大的中国""大隋尼""大秦"（al-Sīn al-'uzma）。

有学者认为这个词与丝绸之路相关，"中国是最早种桑养蚕和发明蚕丝的国家，中国人民利用茧丝织造丝绸。古代的西方世界也把中国称为'丝国'"②。李希霍芬在《中国——根据自身的亲身旅行和在此基础上进行研究的结果》第一卷中，多次使用Seidenstrasse（德语的丝绸之路），"古希腊、罗马人将'丝'音译成'赛尔'（Ser），意为'丝国'。那里（中国）的居民在古代常被称为塞雷斯人（Seres）。他们那里出产最好的绸料，这种绸料依照这个民族的名称被称为塞里克（Seric），而这个民族是由于他们的一个城市的名称而获得塞雷斯这个名称的"③。"近现代中外学者则普遍认为它是一个外来词，或来自梵文或来自波斯文，其译音对应的汉字为：秦、隋、瓷、丝等，迄今尚无定论。"④ "关于这个名称，近代东方学家做了反复考辨，基本认定这个发音来源于中国秦朝的'秦'字。"⑤

---

① 葛铁鹰：《阿拉伯古籍中的中国（十一）》，《阿拉伯世界研究》2004年第3期。
② 李荣建：《阿拉伯的中国形象》，人民出版社2010年版，第3页。
③ 邱江宁：《13—14世纪"丝绸之路"的拓通与"中国形象"的世界认知》，《江苏社会科学》2019年第4期。
④ 李荣建：《阿拉伯的中国形象》，人民出版社2010年版，第10页。
⑤ ［英］裕尔：《东域纪程录丛：古代中国闻见录》，［法］考迪埃修订，张绪山译，中华书局2008年版，第2—6页。

"中国"（al-Sīn，隋尼，秦）这个词的阿拉伯语翻译一直延续到今天，它在中世纪阿拉伯地理文献中始终保持着活力，为人们熟知。在地域方面，它被用以指代整个中国或者中国的某个区域；在描述性地理学方面，阿拉伯地理学家在官方、民间、君主形象、贸易、文化交流、传奇故事等各个方面长期记述"中国"，"中国"的重要性无可比拟，这个词始终承载着从古至今从未间断向西传播的中国文明。在实际运用中，由于中世纪阿拉伯地理古籍卷帙浩繁，内容极其丰富，中阿两大民族都经历了政治政权的不断变化，同时相互交往也在不断加深，"中国"称谓的使用情况亦十分复杂。为了尽可能地厘清这些称谓的含义和用法，通过翻译7—15世纪阿拉伯地理典籍，笔者整理了几种具有代表性的"中国"相关的记载，并总结出如下特点。

1. 从7—15世纪涉及"中国"的阿拉伯地理古籍来看，"隋尼"（秦）一直在沿用，是出现最早、使用最广、沿用最久的"中国"名称

中世纪时期，阿拉伯地理学家为世界地理学的发展做出了非常卓越的贡献，涌现出一大批专业性的书籍。此类书籍有很多语句都提到了中国，这些书在传播中国古代文化方面都发挥着至关重要的作用。冯承钧在《大食人米撒儿行纪中之西域部落》中谈道："大食、波斯、突厥文的撰述涉及东方的，可考者不下五六十种。"[1] 张星烺于《中西交通史料汇编》中介绍了阿拉伯国家的10个作家的地理学作品，并认为此类作家所撰写的资料对于研究中国历史有着重要影响。费琅在《阿拉伯波斯突厥人东方文献辑注》中提到，有44位阿拉伯作家在传播东方文明方面做出了贡献，此类作家几乎都出生于中世纪。根据《蒙吉德词典》中列出的60本9—15世纪的历史地理文献进行调研，寻找其手抄本，我们发现有32本书提到中国。[2]

这些地理古籍都用"隋尼"来指代中国，这一称谓自古就代表中国，一直沿用至今，其对中国的记载是一脉相承、具有持续性的。中世纪阿拉伯帝国历经了几个王朝的更迭，中国历史也经历了唐、宋、元几个朝代，从《中国印度

---

[1] 冯承钧：《西域南海史地考证论著汇辑》，中华书局1957年版，第184页。
[2] 参见郭筠《7—15世纪阿拉伯地理古籍中的中国研究》，《宁夏社会科学》2018年第3期。

见闻录》《道里邦国志》首批描写中国的阿拉伯地理文献，到例如比鲁尼的《印度志》、麦格迪西的《各地知识的最佳分类》、伊德里西的《云游者的娱乐》、雅古特的《地名辞典》等。直至14世纪，整个阿拉伯地理学开始日渐衰落，此时尚有《伊本·白图泰游记》问世。在此期间，阿拉伯地理古籍中从未停止对中国的关注，甚至在书中辟有中国专章，描写中国的内容也是涉及生活的方方面面。阿拉伯人对中国的向往之意一脉相承，从未中断。这一特点在以下重要的阿拉伯地理古籍中都有体现，例如苏莱曼的《中国印度见闻录》，该书被认为是"现存最古老的中国游记"[①]；伊本·胡尔达兹比赫的《道里邦国志》，"麦斯欧迪说该书是一部宝贵的著作，有永远取之不尽用之不竭的宝藏""这部著作是同一主题之所有著作中最好的一部"[②]；著名的地理学家和制图家伊德里西的《云游者的娱乐》，被称为纪念碑式的著作；雅古特的《地名辞典》，"在相当长的时间里，《地名辞典》是研究东方的学者们能够使用的唯一辞典"，是"名副其实的百科全书"[③]；比鲁尼的《印度志》；伊本·白图泰的《伊本·白图泰游记》等。

2. 随着历史的变迁，由于中国地域的辽阔和统治政权的变更，阿拉伯地理古籍中"隋尼"的含义逐渐发生变化，衍生出一些复杂的称谓

第一种变化，"隋尼"扩展出了广义和狭义两种用法。广义的"隋尼"代表中国整体，狭义的"隋尼"代表中国的一部分。绝大多数阿拉伯地理古籍中出现的"隋尼"代表整体中国，有关中国的记载和描述非常多，例如《黄金草原与珠玑宝藏》中"有关中国及其国王的资料，其王统和他们的政治制度"的章节，雅古特的《地名辞典》中有关于"中国"的专章。但是，有些著作中指代中国的范畴并不确定。《伊本·白图泰游记》提到"中国"时，这个词所指的区域有不同的含义。"人们仅仅在中国的刺桐城（Zaitun，即泉州）和摩诃支

[①] 《中国印度见闻录》，穆根来、汶江、黄倬汉译，中华书局1983年版，第3页。
[②] ［阿拉伯］麦斯欧迪：《黄金草原与珠玑宝藏》（第1卷），贝鲁特时代书局1998年版，第13页。
[③] 王有勇编著：《阿拉伯文献阅读》，上海外语教育出版社2006年版，第302—303页。

那（即秦阿秦）才修造这样的船"①，前一个指代的是中国全部，后一个摩诃支那指代的是广州。讲到总长官郭塔尔时，"他是中国的总长官，承蒙他于其府内治备宴席招待，全城要人出席作陪"②，这里的中国指中国南部。"我们从此城出发，便进入契丹地区，这是世界上房舍最美好的地区"③，这里的"契丹"指中国的北部。"但其布局不像中国地区那样花园散布全城"，这里指中国南部。④ "该城（汉沙城，今杭州）是我在中国地域所见到的最大城市。"该书的译者专门备注："作者提到中国时，有时指中国全部，有时指中国南方，因当时北方称作契丹。"⑤ 关于比鲁尼的《印度志》有这样一段论述："许多比鲁尼的新想法和信息通过他个人的旅行，特别是对亚洲的旅行，传到了他的手中。虽然比鲁尼并没有到中国旅行，他在印度宫廷工作时收集了很多关于中国的信息。他对中国的了解足以成为第一个区分契丹（Khitāy）和契丹辽帝国（Qitāy）的阿拉伯作家，契丹控制了中国北方，al-Ṣīn（宋朝），被限制在中国的中部和南部地区，西方有西夏。该研究提供了自10世纪初以来阿拉伯对中国政治划分知识最显著的更新。"⑥ 比鲁尼书中的"中国"所涵盖的，不仅仅是今天中国的南方地区，是对于当时中国南部地区的泛指。⑦

第二种变化，随着阿拉伯世界对中国了解的深入，阿拉伯语里衍生出一些有关中国的复杂的称谓。虽然"隋尼""秦"在广义上作为"中国"的统称一以贯之，但阿拉伯地理观随着时间的推移也发生着变化，中世纪中国中原王朝在

---

① ［法］费琅编：《阿拉伯波斯突厥人东方文献辑注》，耿昇、穆根来译，中华书局2001年版，第22页。

② ［摩洛哥］伊本·白图泰：《伊本·白图泰游记》，马金鹏译，华文出版社2015年版，第404页。

③ ［摩洛哥］伊本·白图泰：《伊本·白图泰游记》，马金鹏译，华文出版社2015年版，第404页。

④ 参见［摩洛哥］伊本·白图泰：《伊本·白图泰游记》，马金鹏译，华文出版社2015年版，第405页。

⑤ ［摩洛哥］伊本·白图泰：《伊本·白图泰游记》，马金鹏译，华文出版社2015年版，第406页。

⑥ Hyunhee Park, *Mapping the Chinese and Islamic Worlds, Cross-Cultural Exchange in Pre-Modern Asia*, Cambridge University Press, 2012, p.123.

⑦ 葛铁鹰：《阿拉伯古籍中的中国（十一）》，《阿拉伯世界研究》2004年第3期。

周边游牧民族的冲击下数次分裂和统一，使得中国的疆域和统治政权也不断变化。我们从阿拉伯地理学家对中国称谓的改变以及内容翔实的记载上发现，从10世纪开始，阿拉伯地理学家已经知道中国的政权变化以及南北分裂的情况。这些新的信息通过海、陆两条丝绸之路的商人、水手、旅行者传至阿拉伯地区，令阿拉伯地理学家、作家对"中国"的理解和使用产生了新的认识。"'秦之秦''马秦之秦''秦和马秦''上秦、中秦和下秦''内秦和外秦'等衍生名称屡见于阿拉伯文献中。与此同时，'桃花石'（拓跋）和'契丹'这两个少数民族名称也演变为'中国'之称而闻知于世。"[1] 例如，在伊德里西之后一个多世纪后的阿拉伯地理学家伊本·赛义德绘制的地图中，他提出了不同于伊德里西的地理观。在他的地图中，中国区域同时出现了"Sīn"（秦）、"Babal-Sīn"、"Sīn al-Sīn"（秦之秦）、"Sīnīya"（秦尼雅）以及"Manzi"（金朝灭亡后，"契丹"直接指中国北方汉地，而南方宋朝统治地区则用"蛮子"）。《阿拉伯波斯突厥人东方文献辑注》中提道："伊本·赛义德说：'秦尼雅城，这是一个故都，中国苏丹在迁都塔贾城以前居住在这里。'"[2]

衍生出来的词语的翻译非常复杂，往往以梵语、巴列维语、于阗语、粟特语、阿拉伯语、波斯语等各种形式出现，我们在这里只关注出现在阿拉伯地理古籍中的阿拉伯语部分。

以上研究表明，真正了解中国政权和疆域变化的阿拉伯地理学家屈指可数，大多数阿拉伯地理学家并不了解中国的政治分裂实际情况，他们使用"隋尼"所指代的中国范畴极不固定，甚至比较混乱，基本上都是根据自己的理解来描述中国区域或政体疆域，用"隋尼"来泛指中国。

3. 阿拉伯地理学家对"中国"称呼使用混乱以及对中国疆域认知模糊的原因，大体可以分为三个方面

---

[1] 陈春晓：《中古穆斯林文献中的"中国"称谓》，载《西域文史（第十一辑）》，科学出版社2017年版。

[2] ［法］费瑯编：《阿拉伯波斯突厥人东方文献辑注》，耿昇、穆根来译，中华书局2001年版，第389页。

第二章　中世纪阿拉伯地理古籍中的"海上丝绸之路""中国"及相关问题考辨　·077·

（1）中国地处遥远的东方，幅员辽阔，在中世纪一直承载着阿拉伯人对中国的认知与想象。雅古特的《地名辞典》写道：

　　这是关于远方中国的一些传述。我是根据所得到的材料如实讲述的，但并不保证其真实性。这是一个遥远的国度，我们没有看到曾有人能前往那里，并深入其中，只有一些商人曾抵达其周边地区。那是一个位于海滨并称作"爪哇"的国家，与印度相类似。那里输出沉香、樟脑、亚香茅、丁香、肉豆蔻、草药和中国陶器等。至于马立克国，我们则没有看到任何人曾见到过它。我仅在一本古书中读到过对该国的描写。①

艾布·菲达描述道："尽管中国地大物博、城市众多，我们对它却知之甚少。《道里邦国志》的作者曾在书中提过，中国境内城市众多，水道纵横。我们对一些城市的确切名字和情况并不清楚，因为没有人到过那些地方。从路过的旅行家口中，我们才得知了一些关于中国的消息。"② 在《中西交通史料汇编》（第二册）中有对应的翻译和注释，但作者提道："阿伯尔·肥达（艾布·菲达）完全将广府、广州、滋浦、杭州诸音混乱为一，而又无分解能力。"③

（2）"中国"是一个不断变化的国家和地理概念，"中国"称谓也是如此。"10—13世纪中国动荡、分裂局面的信息，零散而滞后地传至中亚和西亚地区。阿拉伯地理学家对中国的分裂局面有所知晓，但具体进程和详细情况并不能洞悉。"④ 随着阿拉伯地理学家对中国了解的深入，在他们的著作中出现了"契丹""蛮子""雅朱者和马朱者"等名称。

陈春晓借助波斯典籍《寰宇志》给我们做了解释："契丹（Khitāy）：契丹

---

① 参见［阿拉伯］雅古特·哈玛维《地名辞典》，开罗骑士出版社2011年版，第434页。
② ［阿拉伯］艾布·菲达：《地理志》，贝鲁特萨迪尔出版社2001年版，第200页。
③ 张星烺编注：《中西交通史料汇编》（第二册），中华书局2003年版，第244页。
④ 陈春晓：《中古穆斯林文献中的"中国"称谓》，载《西域文史（第十一辑）》，科学出版社2017年版。

部众原本生活在秦国,这个称呼他们的发音'Khitāy',本应是'Qitā'。Qitā是秦国的一个大城市的名字;雅朱者和马朱者是两个部落(雅朱者和马朱者,亦可译作'歌革与玛各',是犹太教、基督教、伊斯兰教所共有的文化概念,出现在《旧约》《以西结书》《启示录》以及《古兰经》中。希伯来语称作'Gogu-Magog',英语称作'GogandMagag',阿拉伯语称作'Ya'jūj wama'jūj'。他们时而指人物怪兽,时而指地理区域,有时还指民族群体。其主要故事则与亚历山大的城墙(或铁门)的传说有关。一神教徒认为亚历山大曾在世界的尽头建筑了一堵城墙,将雅朱者和马朱者阻隔于人类世界之外,而当末世到来时,上帝将会开启界墙释放雅朱者和马朱者,受此观念的影响,一神教人民先后将西迁的突厥人和蒙古人当作雅朱者和马朱者的化身,将蒙古的西征看作上帝的惩罚(我们在第一章有所解释)。"① 阿拉伯地理典籍中也出现了"雅朱者和马朱者",伊本·瓦尔迪称:"中国幅员辽阔,自东至西大约需要三个月的行程,南从中国海一直延伸至印度海,北至歌革和玛各地区,据说其南北疆域所跨越的长度比东西更长。"② 艾布·菲达称:"中国西面是分割中印的荒漠,南面濒临大海,东临是东海③,北至歌革和玛各领土等其他地方。有许多关于这个地方的消息。"④ 这段与《中西交通史料汇编》(第二册)中收录的艾布·菲达的段落一样,书中的翻译为:"中国西界沙漠,沙漠横亘于印度及中国之间,南界海,北界葛格及马葛格。地理著作家记述世界各地风土人情者,谓中国有省道、城邑、川河甚多。各地气候,寒暖不一。"此处译为"葛格及马葛格"。蛮子(Manzī)也出现在阿拉伯地理典籍中,意为中国南部,是隋尼的首府。⑤

(3)阿拉伯地理学家所写内容习惯"相互借鉴"。《中国印度见闻录》中有

---

① 陈春晓:《中古穆斯林文献中的"中国"称谓》,载《西域文史(第十一辑)》,科学出版社2017年版。
② [阿拉伯]伊本·瓦尔迪:《奇迹书》,贝鲁特时代出版社2014年版,第211页。
③ 东海:不是现在意义上的东海,而是世界大海的最东边的海。
④ [阿拉伯]艾布·菲达:《地理志》,贝鲁特萨迪尔出版社2001年版,第200页。
⑤ 参见[法]费瑯编《阿拉伯波斯突厥人东方文献辑注》,耿昇、穆根来译,中华书局2001年版,第387、390页。

记载:"巴格达开办了地道的'读者之家',在那里,每个人只要出一笔钱,就能参阅他想要的作品。因此,学者们,特别是地理学家可以从这些文章中找到参考资料。"[1] 比鲁尼也曾明确地说,他的书中部分内容借用自《中国印度见闻录》。彭晓燕(Michal Biran)在其《欧亚历史中的哈剌契丹》(The Empire of the Qara Khitai in Eurasian History)中更直接地指出:"10—12世纪的穆斯林著作中对中国的认识,所依据的仍然是唐代的旧识。"[2] 因此,我们在阿拉伯地理古籍中可以看到诸如"胡姆丹"、"中国有三百座城市"、中国皇帝号"法格富尔"等概念,它们反复出现在不同时期的作品中。

二、中国海

在中世纪阿拉伯地理古籍中,有很多关于中国海的描述。随着时间的推移,阿拉伯人对于地理知识以及中国的认知越来越丰富,阿拉伯人对中国海的认识从最初的"七个海"的神话故事,转为较为准确的地理方位。但不管是神话故事还是中国海的地理位置,都可以看出中国在阿拉伯人心中的神圣地位。

伊本·瓦尔迪在《奇迹书》中介绍"中国海、岛屿及其珍宝与奇闻轶事"时写道:"它与大洋相接,是世界上除了大洋外,与陆地相接的最宽阔的海洋,它波涛汹涌、海浪滔天、深不可测,有涨潮和退潮,如同波斯海[3]一样。"[4]

伊本·赫勒敦在《历史绪论》中写道:

> 至于这片海中的岛屿,则数量众多,其中最大的岛屿当数圆形的锡兰岛。岛上有一座名山,据说大地上没有比它更高的地方,它与索发拉相对。然后

---

[1] 《中国印度见闻录》,穆根来、汶江、黄倬汉译,中华书局1983年版,第15页。
[2] 转引自陈春晓《中古穆斯林文献中的"中国"称谓》,载《西域文史(第十一辑)》,科学出版社2017年版。
[3] 即今波斯湾,是古历史学家或地理学家对波斯湾的称呼。
[4] [阿拉伯]伊本·瓦尔迪:《奇迹书》,贝鲁特时代出版社2014年版,第121页。

是科摩罗岛，呈长方形，从索发拉所在地的对面开始，向东延伸，且向北倾斜度很大，直到靠近中国上的海岸（指中国南海）。①

伊本·胡尔达兹比赫在《道里邦国志》中写道：

有人问及大海涨潮落潮的规律。人们答道，当月亮初升之际，波斯海上有潮汐。大海每年只有两次大涨潮，第一次发生在夏季里的六个月中，从东北方起潮。其实，大水在中国海的东方涨潮，西方大海的水就退缩。第二次在冬季的六个月中出现，即从西南方起潮，大水从西方涨潮，中国海水就退缩。②

麦斯欧迪在《时光传闻》中的"大洋记事"一章是这样描述的：

中国海发源于这一海洋中。中国的源头在西面，自波斯海进入中国各地，该海道路狭窄，内中出产珍珠。

在我们刚才提及的"涨海"（中国海的别称）之后，就是中国海了。中国海气候恶劣、极为寒冷，比其他海都要寒冷。据说，中国海上的海风来自海底深处。

中国海中有一种鱼，像火一般，海水将该鱼冲到岸上，鱼就离开了水，待在沙滩上，然后在海滩上不足半个白昼，然后就脱皮，身上长出翅膀，进而就可以用翅膀飞翔。（飞鱼）

据阿拉伯船员说，中国的宽度是一千五百法尔萨赫（约等于9300多公里）。在中国海中，能够看到脸很大的居民，没有人比他们的脸更大，他们的

---

① ［阿拉伯］伊本·赫勒敦：《历史绪论》，转引自王有勇编著《阿拉伯文献阅读》，上海外语教育出版社2006年版，第183页。
② ［阿拉伯］伊本·胡尔达兹比赫：《道里邦国志》，转引自王有勇编著《阿拉伯文献阅读》，上海外语教育出版社2006年版，第216页。

脸是圆形的，是月亮的颜色（黄色肤色）。在两山之间，是中国的海上大门，每一座山里都有缝隙。①

《中国印度见闻录》中也有"穿过'中国之门'，向着涨海前进，这里，暗礁林立，中间被一通道隔开，船只可以由此通过"②。关于这里的"涨海"，费琅认为指的是海南岛和海峡之间的中国海，中译者注这里为中国南海的别称。由此我们可以看出，麦斯欧迪可能借鉴了《中国印度见闻录》的内容。《阿拉伯地理文学史》中就称他借鉴了伊本·胡尔达兹比赫的内容。

同样在麦斯欧迪《时光传闻》中的"中国游记"一章这样描述道：

先知努哈（即诺亚）之子——亚伏斯的儿子阿米尔的后代居住在中国，他作为领袖，和儿子家人一起乘诺亚方舟来到中国，开辟了中国海后在此定居，建造城市，进行统治并制作精细产品，开采中国的金矿，统治了三百年之久。③

艾布·菲达在《地理书》的"赤道章"中写道："众人和航海家们说有五个著名的大洋，分别是大西洋、中国海、罗马海④、尼塔什海⑤和里海。"⑥

古代人们的地理知识十分有限，不知道海岸线的细致走向，也不知道陆地的具体形状，阿拉伯地理学家更关注到中国的航线，地图方面我们只能根据所绘画的某个地区的具体位置相对应来辨别。我们以著名的地理学家、地图学家伊德里西为例，他在1154年制作了一套极负盛名的地图全集，描述了包括中

---

① ［阿拉伯］麦斯欧迪：《时光传闻》，开罗现代伊斯兰思想出版社2000年版，第71页。
② 《中国印度见闻录》，穆根来、汶江、黄倬汉译，中华书局1983年版，第9页。
③ ［阿拉伯］麦斯欧迪：《时光传闻》，开罗现代伊斯兰思想出版社2000年版，第51页。
④ 罗马海：音译，今地中海的古称。
⑤ 尼塔什海：音译，途经拉塔基亚到君士坦丁堡。
⑥ ［阿拉伯］艾布·菲达：《地理志》，贝鲁特萨迪尔出版社2001年版，第20页。

国海在内的七大海,中国属于第七区域:中国或"中国之中国"、最东方的区域。伊德里西在综合前人的资料和地理观的基础上,摒弃了他认为不合理的部分,融入了自己的地理构想。但是,他书中的"中国海"也没有逃脱阿拉伯人地理观的想象的局限性,他认为世界是越往东越远,凡未到过的地方比发现或到过的地方更远。

从这些文献中可以看到中世纪时期阿拉伯人对于中国海域的初步认知以及对于中国人和城市的起源的推测,这应是阿拉伯商业活动所带来的地理信息。唐代中叶以前,东西交通基本以陆上丝绸之路为主。但因中阿之间的军事冲突,到了唐玄宗天宝以后,形势起了很大的变化,陆上丝路受阻,通过海上丝绸之路可以克服种种局限,并且更方便运输。尽管在中世纪时,航海会遇到种种自然和人为的困难和危险,但生活在广阔的地理范围内的人们,仍有许多理由需要驾船航行,海上丝绸之路超过了陆上丝绸之路,越来越多的中阿商人利用海道来发展相互之间的对外贸易,海洋贸易的扩张也导致了船舶数量和规模的增长。

三、中国船

与"中国海"相比,"中国船"出现在阿拉伯地理古籍里的次数更加频繁。隋唐五代时期,据统计,在著名的"广州通海夷道"[①]上,航行的船舶形形色色,包括"南海舶、番舶、西南夷舶、波斯舶、狮子国舶、昆仑乘舶、西域舶、蛮舶、海道舶、南海番舶、婆罗门舶等十二种"[②]。

唐代时期,我国的经济重心开始向南方转移。南方的水上交通十分便利,造船技术有了大幅提高。据《资治通鉴》记载,当时中国有众多造船基地,造船业已经相当发达。"山东的登州、莱州,江苏的扬州、苏州,浙江的杭州、

---

① 广州通海夷道:指我国唐代东南沿海一条通往东南亚、印度洋北部诸国、红海沿岸、东北非和波斯湾诸国的海上航路,是我国海上丝绸之路的最早叫法。

② 邓端本编著:《广州港史(古代部分)》,海洋出版社1986年版,第49页。

第二章　中世纪阿拉伯地理古籍中的"海上丝绸之路""中国"及相关问题考辨 ·083·

绍兴,福建的福州、泉州,以及广州、交州等,都以造船业著称。"①

唐代以后,中国的造船业非常发达,造船技术已居于世界领先地位,造船基地基本上都在东南沿海地区。"当时阿拉伯商人来华,都愿意乘中国船,如一时中国船未到,他们也愿意耐心等待。唐代东南地区发达的造船业以及先进的造船水平,为海上丝绸之路的发展创造了有利条件。"②这时的中国船可以直航到阿拉伯海和波斯湾,而且还首次抵达了红海和非洲东海岸。"当时的北印度洋上,经常来回穿梭着中国大型远洋船队。"③

关于中国船只的特点,中世纪阿拉伯地理古籍中也有相关记载。唐代的船以船身高大、结构坚固、抵御风浪能力强著称,中国的船员也以擅长驾驶和善于利用信风而驰名。④《旧唐书》里是这样描写的:"且如天下诸津,舟航所聚,旁通巴汉,前指闽越,七泽十薮,三江五湖,控引河洛,兼包淮海弘舸巨舰,千轴万艘,交货往还,昧旦永日。"⑤以此诗句,描写当时舟船聚集之时的盛况。

不过,由于中国船只身形特别巨大,在波斯湾只能航行至尸罗夫港,剩下的路程转乘小船来运送货物。《中国印度见闻录》中提道:"至于船舶的来处,他们提到货物从巴士拉、阿曼以及其他地方运到尸罗夫,大部分中国船在此装货;因为这里巨浪滔滔,在许多地方淡水稀少。"⑥杜瑜解释说,因为当时中国商船装载量大,吃水深,其他港口水位较浅,需用小船把货物运到尸罗夫,再转装到中国船上。⑦但林肯·佩恩认为:"这里提到的'中国船'不是指在中国建造或来自中国的船,而是指那些前往中国进行贸易的船。"⑧关于中国船和阿拉伯船的区别,学界仍有许多疑惑。从语法角度来讲,这里的"中国的"作为

---

① 李燕:《古代中国的港口》,广东经济出版社2014年版,第48页。
② 杜瑜:《海上丝路史话》,社会科学文献出版社2011年版,第38页。
③ 杜瑜:《海上丝路史话》,社会科学文献出版社2011年版,第42页。
④ 杜瑜:《海上丝路史话》,社会科学文献出版社2011年版,第48页。
⑤ (后晋)刘昫等撰:《旧唐书》卷九十四,"崔融传",中华书局1975年版,第2998页。
⑥ 《中国印度见闻录》,穆根来、汶江、黄倬汉译,中华书局1983年版,第7页。
⑦ 杜瑜:《海上丝路史话》,社会科学文献出版社2011年版,第43页。
⑧ [美]林肯·佩恩:《海洋与文明》,陈建军、罗燚英译,天津人民出版社2017年版,第280页。

定语，形容船这个词。在《中国印度见闻录》中也有提到，"商品稀少的另一个原因是，去中国或者来中国的船只经常遇难"①，这里的表达"去中国或者来中国的船"，以及书中多处表达"开往中国的航船"，与上一处的意义就不相同。

麦斯欧迪的《黄金草原与珠玑宝藏》中有这样的记载：

时下，来自西拉夫（即尸罗夫）和阿曼等伊斯兰地区的船只即将此地作为终点站，商人们在这里与乘船由中国而来的人相会交易。但早先并非如此，那时中国船可直接来到阿曼、尸罗夫、法尔斯海岸、巴林海岸、俄波拉和巴士拉。②

另一个可以区分中国船和阿拉伯船的特点的方法，在《中国印度见闻录》卷二中提道："我们听说，在拜占庭的海上（指东地中海）发现了阿拉伯船的板片，是用绳索（不是用钉子）拼合的。那船板连同遇险的船员一起，被狂风巨浪冲到哈尔扎海（黑海），用绳索拴合船板是尸罗夫船独有的特点，叙利亚和拜占庭船的船板并不是用绳索拴合，而是打上钉子。由此看来，事情已经很清楚了。"③马可·波罗在谈到波斯湾的霍尔木兹城时写道："这个地方的船十分简陋，容易出事，船板不打铁钉，而是用印度椰子皮搓成的绳子来拴合。"④而隋唐时期，中国的造船业广泛使用的是钉榫接合技术，并建有多道水密隔舱，"建造的方式是：先建造两堵木墙，两墙之间用极大的木头衔接。木料用巨钉钉牢，钉长为三碗尺。木墙建造完毕，于墙上制造船的底部，再将两墙推入海内，继续施工"⑤。

---

① 《中国印度见闻录》，穆根来、汶江、黄倬汉译，中华书局1983年版，第7页。
② ［阿拉伯］麦斯欧迪：《黄金草原与珠玑宝藏》，贝鲁特时代书局1988年版，第140页。
③ ［意］马可·波罗：《东方见闻录》，青木一夫译，东京校仓书房1960年版，第43页，转引自《中国印度见闻录》，穆根来、汶江、黄倬汉译，中华书局1983年版，注释29，第148页。
④ ［摩洛哥］伊本·白图泰：《伊本·白图泰游记》，马金鹏译，华文出版社2015年版，第357页。
⑤ 杜瑜：《海上丝路史话》，社会科学文献出版社2011年版，第48页。

另外，中国的船只较他国船只相比，更加稳固，更加安全，"载重量要大上数倍"。《蒲寿庚考》中写道："唐末五代间，阿拉伯商人东航者，皆乘中国船。"①《中国印度见闻录》的法语译者索瓦杰在绪言中充分肯定唐代的船舶在印度洋航运业的重要霸主地位，他指出："应该承认，中国在开导阿拉伯人远东航行的贡献。波斯湾的商人乘坐中国的大船才能完成他们头几次越过中国南海的航行。"②苏继庼在《岛夷志略校释》的"绪论"中引用李珣《海药本草》中写道："波斯在东方之商贾实力渐充，乃向中国舶商租赁或迳向中国造船厂定造泛海巨舶。"③

10世纪时期以阿拉伯文写成的《论船舶租赁》中，有一张常见商品交易清单，其中包括"生活必需品、奢侈食品、牲畜、纺织品、原材料、奴隶、宝石、黄金和白银。基本的食品包括各种谷物和豆子、食用油、蜂蜜、醋、海枣、橄榄、葡萄干和食盐。奢侈食品包括大米和可食的羽扇豆，以及果酱、浓缩果汁、酒、用来制作奶酪的佐料、干奶酪、油菜、奶酪、黄油、干凝乳和松软干酪，还有新鲜水果和胡桃、榛子、松子等干果，以及油炸的肉、鱼、辣椒、蔬菜、种子和鸡蛋"④。这里所展示的中阿之间经济生活比我们平常在文献中见到的以及想象的更加丰富。

1998年，在印度尼西亚勿里洞岛海域，一家德国公司打捞出一艘唐代沉船，船上装载了6万多件中国瓷器，其数量之巨，举世震惊。勿里洞岛沉船的重要性在于揭示了当时海上丝绸之路的造船技术，同时，沉船上的唐朝货物也为东西方之间的海洋贸易提供了证据。"该船沉没于东南亚海域，且在船上发现了来自中国的货物，这足以说明1300年前海上贸易的国际性。更加引人注目的是中国陶工所采用的装饰图案，充分体现出其对市场形势的敏锐把握。瓷碗大多带有几何图案，并以红绿两色印有《古兰经》的经文，这显然是打算销往

---

① ［日］桑原骘藏：《蒲寿庚考》，陈裕菁译，中华书局1954年版，第92页。
② 《中国印度见闻录》，穆根来、汶江、黄倬汉译，中华书局1983年版，第25页。
③ （元）汪大渊：《岛夷志略校释》，苏继庼校释，中华书局1981年版，第4页。
④ ［美］林肯·佩恩：《海洋与文明》，陈建军、罗燚英译，天津人民出版社2017年版，第227页。

阿拔斯王朝的,绿纹瓷碗在波斯也很受欢迎。"①

海洋贸易的扩张导致了船舶数量和规模的增长。元朝航海技术和造船技术大幅度提高,《伊本·白图泰游记》中也详细记述了中国船:

> 中国船只分为三类:大的称作艟克,复数是朱努克;中者为艚;小者为舸舸姆。大船有十帆至少是三帆,帆系用藤篾编织,其状如席,常挂不落,顺风调帆,下锚时亦不落帆。每一大船役使千人:其中海员六百,战士四百,包括弓箭射手和持盾战士以及发射石油弹战士。随从每一大船有小船三艘,半大者,三分之一大者,四分之一大者,此种巨船只在中国的刺桐城建造,或在中国的穗城建造。建造的方式是:先建造两堵木墙,两墙之间用极大的木头衔接。木料用巨钉钉牢,钉长为三碗尺。木墙建造完毕,于墙上制造船的底部,再将两墙推入海内,继续施工。这种船长桨大如桅杆,一桨旁聚集十至十五人,站着划船。船上造有甲板四层,内有房舱、官舱和商人舱。官舱内的住室附有厕所,并有门锁,旅客可携带妇女、女婢,闭门居住。有时旅客在官舱内,不知同身者为何许人,直至抵达某地相见时为止。水手们则携带眷属子女,并在木槽内种植蔬菜鲜姜。船总管活像一大长官,登岸时射手黑奴手执刀枪前导,并有鼓号演奏。至寄居处所将刀枪摆列大门两旁,住多久摆多久。中国人中有拥有船只多艘者,则委派船总管分赴各国。世界上没有比中国人更富有的了。②

当时主要的造船基地位于泉州(刺桐)和广州(穗城)。从文献中可以看到,航海技术、造船技术和中阿海上丝路贸易是相互影响的,宋元时期,航海技术不断提升,中阿之间海外交通和对外贸易也急速地发展起来了。

---

① [美]林肯·佩恩:《海洋与文明》,陈建军、罗燚英译,天津人民出版社2017年版,第300页。
② [摩洛哥]伊本·白图泰:《伊本·白图泰游记》,马金鹏译,华文出版社2015年版,第357页。

四、"丝绸之路""海上丝绸之路""中国之路"

众所周知,"丝绸之路"这个名称源自19世纪德国历史学家李希霍芬（Richthofen Ferdinand Von,1833—1905），后来广为流传，被世界学界接受。"丝绸之路"逐渐成为东西文明交往的代名词。关于为什么叫"丝绸之路"，而不是称这条路为商品交易中最为丰富的瓷器、香料之路，有的学者认为，不管是从丝绸像道路的形态，还是从丝绸柔软的特性来说，这一说法都代表了丝绸之路上互通有无的文化交流。刘迎胜在他的著作《丝绸之路史研究论稿》中做了相关的解释：

> 佛教、聂思脱里教、伊斯兰教等宗教的传播，中国造纸术、印刷术、指南针和火药武器的西传，就是文化交流的体现。如果把名称改为"香料之路"或"瓷器之路"，反而限制了这个项目自身的含义。能够涵盖古代东、西方之间物质、文化交流的丰富内容，而且为世界各国学者所接受，唯有"丝绸之路"这个词，所以它被联合国教科文组织所采用。[1]

《汉书·地理志》有一段记载，"自日南障塞、徐闻、合浦船行可五月，有都元国，又船行可四月，有邑卢没国，又船行可二十余日"[2]。这段文字在我国海外交通史或者贸易史上具有里程碑的意义。这段记载所描述的印度洋航线，不仅是我国航海史上有官方记载的第一次远洋航行，而且是当时世界上两条最远的远洋航路之一。"汉武帝时张骞出使西域所开拓的横贯亚洲大陆的商贸通道被西方称为'丝绸之路'，这条海上航线主要是'黄金杂缯而往'，故而被后世的研究者称为'海上丝绸之路'。"[3]由于其航行路线之远，在世界航海史上也具有划时代的意义。

---

[1] 刘迎胜：《丝绸之路史研究论稿》，中国大百科全书出版社2018年版，第302页。
[2] （东汉）班固编：《汉书》卷二十八，"地理志"，中华书局2007年版，第1520页。
[3] 李燕：《古代中国的港口》，广东经济出版社2014年版，第19页。

唐朝中叶以前，东西方交往基本上以陆路为主。但陆路受到很多局限，比如陆路的主要交通工具是靠马匹、骆驼等，时间长、运费高，风险性大，单次的运输量非常少，瓷器等易碎。而相比陆路，海上丝路更加便捷，更为重要的是，唐代中叶之后，我国的经济重心转移到南方，"北方大批有识之士避于江南""国家用度，尽仰江淮""天下大计，仰于东南"[1]。唐代国力强盛，而且采取了广泛又全面的对外开放政策，重视海外贸易，极大地促进了海上丝路的发展，前期主要是依靠陆上丝绸之路，后来海上丝路也逐渐取代了陆上丝绸之路。贾耽在《新唐书·地理志》中介绍"广州通海夷道"时介绍了南海通向阿拉伯的航路的具体走法。

> 这条航路把东亚、东南亚、南亚、波斯湾以及东非等地连起来了，开始了洲际间航行。它是当时举世航线最长，航区最广，规模最大的航路。连一些擅长航海的民族如波斯人、阿拉伯人、印度人、南洋人等，都没有如此宏大气魄。不少学者指出：应该承认中国人在开导阿拉伯人近东航行中的贡献；波斯湾的商人乘坐中国的大船才完成他们头几次越过中国南海的航行。[2]

到了唐宋时期，海上丝绸之路基本上成为中国与阿拉伯世界唯一的交往纽带，中阿之间的交往也日益频繁，相互的了解更加深刻。当时与中国交往的国家"有国千余，所知名者特数国耳"[3]，阿拉伯世界在宋朝人心中是"诸蕃国之富盛多宝者，莫如大食国（阿拉伯帝国）""其国雄壮，其地广袤，民俗侈丽，甲于诸蕃"[4]。可见宋元时期阿拉伯帝国在诸蕃中居于首位。

中世纪时期阿拉伯人虽然没有"丝绸之路"的提法，但他们有"中国之路"的提法，其所指应与"丝绸之路"无异。"这一提法或称谓对于自古以来以友好

---

[1] 杜瑜：《海上丝路史话》，社会科学文献出版社2011年版，第36页。
[2] 杜瑜：《海上丝路史话》，社会科学文献出版社2011年版，第46页。
[3] （宋）周去非：《岭外代答》卷三，"外国门下"，商务印书馆1936年版。
[4] （宋）赵汝适著，冯承钧校注：《诸蕃志校注》，台湾商务印书馆1962年版，第45页。

交往、和睦相处为主旋律的中阿两大民族来说,具有非同一般的意义和无可类比的亲切感。"① 中世纪阿拉伯最著名的历史学家和地理学家麦斯欧迪在其名作《黄金草原和珠玑宝藏》中有以下记载:

> 相传,有个呼罗珊国撒马尔罕城的商人,带了很多货物外出经商,行至伊拉克又进了不少货,然后向下(即向南)走来到巴士拉。他上船从海路前往阿曼,然后再到开莱特(旧译茵罗)。这里差不多正是中国之路(Tariq al-Sin)的一半。②

伊本·胡尔达兹比赫的《道里邦国志》中也有描述中国之路的内容:

> 从栓府至中国的第一个港口鲁金(Luqin,今越南河内),陆路、海路皆为100法尔萨赫。在鲁金,有中国石头(不详,待考,似为玉石)、中国丝绸和中国的优质陶瓷,那里也出产稻米。从鲁金至汗府(Khanfu,即广州),海路为4日程,陆路为20日程。汗府是中国最大的港口。汗府有各种水果,并有蔬菜、小麦、稻米、甘蔗。从汗府至汉久(Khanju)③为8日程。汉久的物产与汗府同。从汉久至刚突(Qantu)④为20日程。刚突的物产与汗府、汉久相同。中国的这几个港口,各临一条大河,海船能在河中航行。这些河均有潮汐现象。在刚突的河里可见到鹅、鸭、鸡。中国的海疆很长,从艾尔玛碧

---

① 葛铁鹰:《阿拉伯古籍中的"中国"研究——以史学著作为例》,博士学位论文,上海外国语大学,2008年,第15页。
② [阿拉伯]麦斯欧迪:《黄金草原与珠玑宝藏》(第1卷),贝鲁特时代书局1988年版,第140页。
③ 汉久:从读音看,汉久应指杭州。杭州湾有潮汐现象也说明这一点。但是,杭州城在唐代并未出现。从航行日程看,从广州到杭州仅用8天与现实是不相符的。因此,汉久应是今福建省一带的城市名,究为何地,当待详考。
④ 刚突:Qantu,即江都郡(扬州)。阿拉伯人多将T读成D的,因此,刚突也可念刚都。

勒①起始，终至另一端，有两个月行程。②

中世纪阿拉伯地理古籍中描述通往中国的道路的记述比较多，但需要注意的是，雅古特的记述对于丝绸之路上通往中国的道路的研究似乎没有太多新的信息。但从他先海后陆、海细陆粗的记述特点看，或可从侧面再次验证学者的一个共识，即在他所处时代，"由于陆上丝绸之路有很大局限性，除了沿途自然条件比较险恶，需要经过茫茫戈壁沙漠、翻越崇山峻岭外，更为严峻的是受到西域各国政治形势变化的影响而经常受阻中断"③。"与此同时，中阿间也尝试通过海上丝路进行贸易，并建立了初步的海路贸易联系，成为中阿陆路贸易的有机组成部分，并不断发展，为唐中期以后中阿海路贸易取代陆路贸易奠定了基础。"④

中世纪阿拉伯地理典籍中对通往中国的海上交通路线的记述非常之多，也非常之细，这些记载除文献意义外，也是当年来华阿拉伯人的航行指南，曾起过十分重要的作用。⑤ "不能否认，海上丝绸之路贸易的发达最早是由阿拉伯大食帝国与中国隋唐时代的亚欧陆路经济文化关系奠定的。中国的文明（包括物质文明）远播于非洲、欧洲、西亚、南亚的各个地区，阿拉伯人也有不可磨灭的功绩。"⑥

---

① 艾尔玛碧勒：在原著的信德国有地名同此。此处原文似有抄写之误。
② ［阿拉伯］伊本·胡尔达兹比赫：《道里邦国志》，宋岘译注，中华书局1991年版，第71页。
③ 杜瑜：《海上丝路史话》，社会科学文献出版社2011年版，第35页。
④ 高红梅：《唐以前中阿贸易关系概述》，《西北第二民族学院学报（哲学社会科学版）》2006年第3期。
⑤ 葛铁鹰：《阿拉伯古籍中的"中国"研究——以史学著作为例》，博士学位论文，上海外国语大学，2008年，第17页。
⑥ 李明伟主编：《丝绸之路贸易史》，甘肃人民出版社1997年版，第383页。

第二节　阿拉伯地理古籍中对中国记载的数量以及中阿相互认知的发展

古代人的地理认识十分有限，地理观也十分幼稚，对一个地点的认识往往只局限于平面上粗糙的了解。同时，古代人不知道海岸线的细致走向，不知道陆地的基本形状，因此我们所研究的阿拉伯地理观不能等同于现代的区域地理概念。我们所说的地理观，其实是地理观的相互交流，反映当时人们的认知水平。

一、阿拉伯地理古籍中对中国记载的数量

中世纪阿拉伯伊斯兰文化在世界文明史上具有不可磨灭的重要意义，尤其是在地理学方面。7—15 世纪的阿拉伯地理学、地图学高度繁荣，他们开创了思考和研究地理知识的新的科学方法。在那一时期，随着海上丝绸之路和陆上丝绸之路的发展，阿拉伯地理学家通过游历、实地考察以及往来于海陆两条线路的商贾的可信的参考资料，对遥远的中国产生了初步的认识，这种认识随着时间的推移得到了完善，留下了很多游记、交通史、航海文献等地理著作。

公元 750 年，在阿拉伯世界并不存在中国地图，中国也没有阿拉伯世界地图。早期的阿拉伯世界对中国的概念很模糊。他们认为中国是丝绸之路东端的一个国家，商人们带着丝绸和其他商品回来，但他们对中国的确切位置并不是很清楚。

随着阿拉伯帝国的创建，其经济、文化事业得到了迅猛发展，在中世纪时期，阿拉伯地区的学者对于世界地理学的发展做出了非常卓越的贡献，涌现出一大批专业性的书籍。此类书籍有很多都被介绍到了中国，为读者提供新的资料。到底有多少书籍我们是很难统计的，但此类书籍在传播中国古代文化方面都发挥着至关重要的作用。笔者发现有 32 本书中提到中国。这些手抄本现存

于埃及、沙特、伊朗、法国、英国等地的博物馆中。①

二、中阿之间地理认知的发展

尽管随着历史的变迁以及古代长距离、跨地域信息的传递，使得"隋尼"这一称谓具有时代的变化和指代范畴的复杂性。这种复杂性也体现在选择道路的不同，与道路曲折的陆路相比，海路更加直接，有关"隋尼"信息的传递受到的影响更小。"隋尼"这一称谓的使用以及它所指代的具体含义体现了阿拉伯地理学家的"中国观"，但随着阿拉伯地理学家对中国关注和了解的深入，中国形象逐渐从传奇走向现实，从模糊走向清晰，对中国国情的了解仍是在不断加深的。

（一）持续的善意构成一种固定的话语体系

我们从中世纪阿拉伯地理古籍中的"中国"记载进行观察、分析和研究，可以发现其记载是一脉相承，具有持续性的。书中对中国的记载，以正面描述为基础。随着双方频繁的交往，对中国的了解也就越来越深入，一个更加丰满和清晰的中国开始展现在他们面前。阿拉伯世界对中国最初的印象是神秘而遥远的国度，对中国的了解也仅限于"精美的手工艺品大国"等。随着了解的深入，一个富饶、强大而又友好的中国开始走进阿拉伯世界的视野，这种对中国的良好印象最终形成一种思维定式，在话语中也时不时地流露出来，进而形成了一种话语体系。② 这一话语体系直到今天，深深地影响着阿拉伯作家和学者们，主要体现在以下三个方面。

1. 中国君主贤明智慧，拥有至高无上的权力

中世纪阿拉伯地理古籍中，阿拉伯人对中国的君主的印象，始终是充满

---

① 郭筠：《7—15世纪阿拉伯地理古籍中的中国研究》，《宁夏社会科学》2018年第3期。
② 葛铁鹰：《阿拉伯古籍中的"中国"研究——以史学著作为例》，博士学位论文，上海外国语大学，2008年，第133页。

褒扬赞美之辞的。麦斯欧迪（又译为马苏第）曾高度赞誉中国的君主，描述说："中国国王是体恤之王、善于治国之王、精于工艺之王。世界上没有比中国国王更加注重体察民情和善待兵士与百姓的国王。他坚毅果敢、勇猛无比，拥有无数时刻整装待发的军队和无数的牛羊、兵器。"① 阿拉伯地理古籍中的中国君主形象实际上也代表着中国的形象。在阿拉伯文化语境中，中国形象绝大多数情况下都是正面的，以美好的语言赞叹中国国家的强大、物产丰富、城市繁荣等几乎成为他们的话语定式，甚至每每将最高级别的赞赏与描述给予中国。

2. 中国地大物博、物产丰富、制度严明、商贸安全

阿拉伯地理古籍中，阿拉伯人对中国普遍怀有好感并向往在那里的生活。伊本·胡尔达兹比赫在《道里邦国志》中提到的"全中国有300多座人口稠密的城市，其中较为著名的有90座"②，这种印象一直深深影响着后来的阿拉伯地理学家。《中国印度见闻录》中称："中国更美丽，更令人神往。印度大部分地区没有城市，而在中国人那里则到处是城墙围绕的城市。中国人比印度人更为健康。"③《伊本·白图泰游记》中生动地描绘道："中国幅员辽阔，地大物博，从农林果蔬到金银矿藏，都是其他国家无法相比的。"说到中国的商贸，伊本·白图泰给予了高度评价："对于商旅说来，中国地区是最美好的地区。"④ 伊本·瓦尔迪在《异境珠玑与胜景宝藏》中写道："中国幅员辽阔，从最东边到最西边大约要三个月，从中国海一直延伸到印度海南部，经度跨度比纬度要大，主要分为七个地区。据说中国有七百多座城池，数不清的村庄和岛屿。地底埋藏着金矿。"⑤

3. 中国人心灵手巧、手艺精湛

中国的瓷器、丝绸、绘画等手工艺品制作精良、巧夺天工，在当时将中国

---

① ［阿拉伯］马苏第:《黄金草原》，耿昇译，中国藏学出版社2013年版，第160页。
② ［阿拉伯］伊本·胡尔达兹比赫:《道里邦国志》，宋岘译注，中华书局1991年版，第72页。
③ 《中国印度见闻录》，穆根来、汶江、黄倬汉译，中华书局1983年版，第24页。
④ ［摩洛哥］伊本·白图泰:《伊本·白图泰游记》，马金鹏译，华文出版社2015年版，第399页。
⑤ ［阿拉伯］伊本·瓦尔迪:《异境珠玑与胜景宝藏》（手抄本），存于沙特阿拉伯国王大学。

人娴熟精湛的手艺展现得淋漓尽致。"在古代阿拉伯人对中国的各种赞誉中，最为集中、评价最高的是手工艺品。"① 中国的瓷器不但做工精美绝伦而且物美价廉，在当时可谓举世闻名，远销至印度、阿拉伯等地。

（二）由神话到现实，由模糊到清晰，由"名"走向"实"

中阿双方在从无到有、由少及多的交往过程中，彼此间开始有所认知和了解。阿拉伯地理学家对于中国的认识体现在以下各方面：在称谓方面，从以"隋尼"指代整个中国到"隋尼隋尼""契丹"等指代中国南部、中国北部，再到各个城市名称的出现；在交往模式方面，从官方的、宗教交往到民间的、更广泛的交往，从经济的交往到科技元素、人文元素、文化元素的交往；在世界认知与认同方面，从模糊、想象、神秘的故事到对中国地理位置、城市、文化、科技、人口繁荣等方面的具体描写，地理、海岸线、路线以及形象的逐渐清晰、真实和丰满，甚至是情感的更加亲近以及文化的相互交融。

"隋尼"这个词在指代中国地理位置、国情、文化、民俗、传奇故事时，通过陆路和海路所传递和指代的中华文明的重要性，是无可比拟的。艾布·菲达的《地理志》中多次提到中国，并有题为"提一下中国"以及"基本情况"的中国专章，他说道："说完印度，来谈一下中国。中国西边与印度接壤，茫茫荒野，南边是大海，东边临东海，北面有扬州、杭州和一些我们未到过的地方。"② 由此我们可以知道，这一时期，阿拉伯人对中国地理位置以及基本国情已经有了较为准确的了解。中国的丝绸、优质的陶瓷、稻米等特产，以及国家物产丰富、人民心灵手巧等早已深入阿拉伯地理学家心中。不管是中世纪阿拉伯历史学、地理学还是文学著作，"隋尼"这个词都被用来指代"中国"，时至今日，"隋尼"仍然是阿拉伯语里"中国"这一词的翻译，充分说明这个已经被沿用了数千年的词，始终承载着从古至今从未间断的中华文明。

① 葛铁鹰：《阿拉伯古籍中的"中国"研究——以史学著作为例》，博士学位论文，上海外国语大学，2008年，第18页。
② [阿拉伯]艾布·菲达：《地理志》，贝鲁特萨迪尔出版社2001年版，第191页。

"远在古代，中国和阿拉伯各国互有往来。据《史记》的《大宛列传》记载，汉武帝时已派使者前往，此后历时2000年，双方关系从未中断。"① "伊斯兰教之前，早从公元5世纪上半叶起，中国就已经开始与阿拉伯人通商。"② 因此，经商是阿拉伯人来华的基本动力。追求知识是这种文化所倡导的其中一种，这种精神也是对阿拉伯地理学家去中国求知的鼓励和鞭策。遥远的中国给一些阿拉伯地理学家提供了这样一个"几乎天然"的故事发生的对象，既不用证明故事的真实性，也没有任何争议，比起地形地貌、交通道路，奇异的建筑、隐藏的瑰宝、当地居民的生活习惯、独特的动植物，甚至长生不老药等更容易引起人们的兴趣和关注。因此，阿拉伯地理学家更关注中国人文社会的描写，而不是学术探讨，这类著作都是以"游记""见闻录"或"奇闻逸事"的形式留存于世的。

在阿拔斯王朝时期，阿拉伯世界的政治和商业扩张促使阿拉伯地理学领域的发展超越了从希腊、伊朗和印度继承来的知识。阿拔斯地理学家把阿拉伯世界确定为已知世界的中心。他们通过亲自观察的原则引入了希腊前辈未知的最新信息，其中包含中国的详细信息。公元9、10世纪，航行在印度洋的阿拉伯商人和水手们带回了珍贵的货物，提供了关于中国及其社会的丰富、详细、更准确的信息，以及贸易路线。《中国印度见闻录》就是在这种背景下诞生的，它根据旅居中国的阿拉伯商人苏莱曼的亲身见闻写成，索瓦杰称它"所提供的史料价值，就目前看，是任何别种著作也不能比拟的，这部著作比马可·波罗早四个半世纪，给我们留下了一部现存最古的中国游记"③。

由于与中国的接触越来越频繁和密切，通过来往于阿拉伯和中国港口城市之间或直接或驿站间接航行的船只，阿拉伯世界对已知世界的地理知识不断增长，他们对中国的认识从未知领域转变为已知领域。希提在其《阿拉伯通史》第24章中写道："巴格达城的码头，有好几英里长，那里停泊着几百艘各式各

---

① 江淳、郭应德：《中阿关系史》，经济日报出版社2001年版，第15页。
② [法]安田朴：《中国文化西传欧洲史》，耿昇译，商务印书馆2000年版，第79页。
③ 《中国印度见闻录》，穆根来、汶江、黄倬汉译，中华书局1983年版，"法译本序言"第27页。

样的船只,有战舰和游艇,有中国大船,也有本地的羊皮筏子。""市场上有从中国运来的瓷器、丝绸和麝香。""城里有专卖中国货的市场。"①

《伊本·白图泰游记》中写到他和老乡的偶遇:"在9000海里以外的太平洋沿岸的一个中国港口城市,同样来自大西洋沿岸的摩洛哥的两个人偶然相遇,这证明了航海网络的规模和范围。在欧洲扩张的几个世纪以前,这一网络已经沟通了非洲和欧亚大陆的海洋。"②

蒙古逐渐崛起后,中国的汉文文献中关于西域的知识前所未有地新颖而充沛;同样,阿拉伯世界对东方的理解也较前代大大地增加了。尤其是元朝和伊利汗国建立后,两国友好而亲密的关系促使双方信息往来、物质交流十分频繁。伊利汗国时期的历史书、地理书等各类作品中关于"中国"的记载,呈现出突破性的进步。另一个突出的特点是,对中国内部区域的认知也有了一定的进步,对中国城市知识的认知也有了很大的拓展。中国对于阿拉伯世界来说,不再是一个仅有少数感兴趣的商人前往贸易的外国场所,而是更加完整地互动、融入、广泛交往的世界。

此后,阿拉伯地理古籍中也更新了关于中国的地理认知的新信息,关于汗巴里(北京)、扬州、杭州和泉州等重要城市有了更多的细节描述。除了开始在阿拉伯地理古籍中出现的几个著名城市,例如广州、泉州、杭州等之外,被记载下来的其他中国城市名字随着相互了解的不断加深不断增多,数量和了解程度远远超过前代。伴随着交往的密切以及对中国包括城市在内的其他信息的增长,阿拉伯世界获知的中国内部区域的自然状况、土产商品、动植物品种、民族生活等诸多信息也逐渐丰富起来。

综上所述,7—15世纪阿拉伯地理古籍中的"中国"称谓,反映了中国与阿拉伯世界的接触与交往范围不断扩大,为来自不同地区的阿拉伯人了解中国提供了无与伦比的机会,同时也让中国人更多地了解神秘的阿拉伯世界。"中国"称谓背后所体现的中国形象,从神话到现实,从模糊到清晰,体现了持续

---

① [美]希提:《阿拉伯通史》(下册),马坚译,商务印书馆1995年版,第355页。
② [美]林肯·佩恩:《海洋与文明》,陈建军、罗燚英译,天津人民出版社2017年版,第365页。

的善意和美好，在阿拉伯人民的心中也前所未有地饱满而富于活力。

第三节 阿拉伯地理文献以及古地图中有关中国的记载种类

前文已述，中阿之间通过陆上和海上丝绸之路建立起源远流长的历史交往。但对于第一本有关中国记载的阿拉伯书籍和阿拉伯地理书籍，我们仍须深入地探讨。

葛铁鹰在深入研究该问题后，未能找到答案。他所查阅到的阿拉伯古籍内最早提到"中国"的文献，是阿拉伯史上首部语言辞典《艾因书》，其作者是哈利勒·本·艾哈迈德。他是阿拉伯历史上最著名的语言学家之一，也是巴士拉语言学派创始人之一。哈利勒·本·艾哈迈德出生于718年，于786年去世。据此推断，"该著作的成书时间比《历史的锁链》约早100年"[①]。不过，此书属于语言学书籍，并非我们关注的地理学著作。

在目前的研究中，提及"中国"的中世纪阿拉伯地理典籍可以分为三大类：第一类是rihla（رحلة），翻译成中文就是"游记""见闻"等，该类书籍主要描述了作者来中国旅行、游历的见闻等；第二类是地理专著类作品，主要是介绍道路、交通、城市或者城市风貌等；第三类是地图，具体指标记有中国城市、中国海域的地图。

一、"游记"类古籍

商人苏莱曼是从古至今都闻名遐迩的旅行家，他曾经到中国游历和学习。他最早记述了中国和其他国家进行海上贸易的情形，以及在中国的旅居生活和

[①] 葛铁鹰：《阿拉伯古籍中的"中国"研究——以史学著作为例》，博士学位论文，上海外国语大学，2008年，第13页。

所见所闻。在回到故土后，他在851年完成了《中国印度见闻录》的写作，艾布·载德·西拉菲在之后对该著作进行了增补，撰写了第二卷。1927年，刘半农及其女儿依据法译本将这本书翻译成中文，中华书局在1936年将其印刷出版，并定名为《苏莱曼东游记》。1983年，穆根来等学者以法、日译本为基础，翻译出版了《中国印度见闻录》。

在中世纪时期，旅途中的危险无处不在，阿拉伯地理学家们对中国虽然很向往，但通常无法成行，因此，他们大量地参考其他地理学家在水手、旅行家以及其他旅行者处听到的故事。"伊本·霍达伯、比鲁尼、马尔瓦兹等固然未曾亲履华夏之地；就是伊本·巴图塔是否到过中国，也是一个争议中的问题。本书却是根据曾旅居中国的阿拉伯商人的亲身见闻记录而写成的，文辞朴实无华，翔实可靠，是古代中外交通史上重要的文献之一。"①

《中国印度见闻录》被誉为"在《马可·波罗游记》问世前，欧洲人了解和研究远东地理的最重要的参考书"②。张星烺在《中西交通史料汇编》里也提到了该书，认为这是目前知道的最早介绍中国风情的阿拉伯地理书籍。费琅在考察了46部有关东方的阿拉伯著作之后认为："只有苏莱曼是真正到过印度、印度尼西亚和中国的旅行家。"③索瓦杰明确表示，《中国印度见闻录》为人们呈现的史料价值是其他所有著作都望尘莫及的，他比《马可·波罗游记》早了450年，虽然书中的内容存在阐述方面的缺陷，不过这并不影响其在阿拉伯文献资料中的杰出地位。④

古代阿拉伯史地学家编写了几十部同类著作，书名都是《道里邦国志》，其中以伊本·胡尔达兹比赫、伊斯泰赫里、巴克里和伊本·豪盖勒的四部最为

---

① 《中国印度见闻录》，穆根来、汶江、黄倬汉译，中华书局1983年版，"中译者前言"第3页。
② 许晓光：《天方神韵：伊斯兰古典文明》，四川人民出版社2002年版，第219页。
③ [法]费琅编：《阿拉伯波斯突厥人东方文献辑注》，耿昇、穆根来译，中华书局2001年版，第123页。
④ 《中国印度见闻录》，穆根来、汶江、黄倬汉译，中华书局1983年版，"法译本序言"第27页。

著名也最具权威性。① 如果将这本书和《道里邦国志》做一比较,《中国印度见闻录》在中国的道路建设、城市发展等方面描写得更为丰富,更贴近中国和印度的生活。这本书在阿拉伯世界流传甚广,但是,不管是在名称、内容还是写作规范上,它都与伊本·胡尔达兹比赫的《道里邦国志》截然不同。

该书全方位地描述了中国、印度所处的地理、交通、经济、政治,宗教信仰、风土人情等相关内容。其中,作者对于从自己的祖国前往中国的途中所经历的洋流、岛屿等地理环境以及广州当地的民俗、宗教等进行了非常具体的描写,这也是阿拉伯地理学家有关中国与印度沿海情况最早的文字记录。

在中国的手工艺品方面的,书中提道:"在真主创造的人类中,中国人在绘画、工艺以及其他一切手工方面都是最娴熟的,没有任何民族能在这些领域里超过他们。中国人用他们的手,创造出别人认为不可能做出的作品。"② 详细内容在本书后文"地理古籍中的中国形象"部分会详细记述。

在宗教、社会习俗等方面,书中把中国和印度进行比较,在阿拉伯人眼中,中国人比印度人"更美丽""人口更多""管理更严明"。在生活习俗方面,书中用大量的文字描述了中国人的饮茶习俗。这对于我国茶文化的传播产生了积极的影响。

这本书还通过黄巢起义,从侧面透露了阿拉伯人在中国经商人员的数量。"广州居民起来抵抗黄巢,他便把他们困在城内,攻打了好些时日。这个时间发生在回历264年。最后,他终于得胜,攻破城池,屠杀居民。熟悉中国情形的人说,不计罹难的中国人在内,仅寄居城中经商的伊斯兰教徒、犹太教徒、基督教徒、拜火教徒,就总共有12万人被他杀害了。"③ 在麦斯欧迪的《黄金草原与珠玑宝藏》中也提到了在中国经商的人数,数量是20万。这个记录从侧面显示了外国人在中国的人口数量之多。

另一部值得关注的游记类地理书籍是《伊本·白图泰游记》。作者伊

---

① 葛铁鹰:《阿拉伯古籍中的中国(十一)》,《阿拉伯世界研究》2004年第3期。
② 《中国印度见闻录》,穆根来、汶江、黄倬汉译,中华书局1983年版,第101页。
③ 《中国印度见闻录》,穆根来、汶江、黄倬汉译,中华书局1983年版,第96页。

本·白图泰于1325—1354年间曾三次出游，足迹遍及整个伊斯兰世界，他的游历既是到麦加的朝觐之旅，也是作为使者的朝贡之旅，他的好奇心激励着他继续前进和探险。伊本·朱赞根据伊本·白图泰口述的所见所闻和奇闻逸事编写成书，命名为《伊本·白图泰游记》。该书涉及中国境况的篇幅不是很多，但在这些有限的篇幅中，作者着重介绍了中国的道路建设、城市发展等方面。这本书中记载的许多内容与我国史料的记载高度一致，有些甚至是我国史书上所忽视的，其内容真实反映了元朝时代阿拉伯人在我国的游历和生活状况，为历史学家、地理学家提供了很多有价值的中阿跨文化交流信息，是我国史学家经常参考的重要史学资料。

国内外有大量研究伊本·白图泰的成果，本书将在后文详细叙述。一些历史学家、地理学家经常将伊本·白图泰、汪大渊及马可·波罗相比较，伊本·白图泰的名望要远远超过汪大渊，但是尚不及欧洲的马可·波罗。不过伊本·白图泰的游历路程要长很多，达到了12万公里（75000英里），距离是马可·波罗的3倍。虽然从古至今的历史学家们，包括伊本·赫勒敦等仍在讨论他到过中国的真实性，但是伊本·白图泰仍然和马可·波罗一样，是元朝时期地理学作品中被引用最多、最著名的作家之一。

《伊本·白图泰游记》中对于中国工艺技艺有生动的刻画，例如，伊本·白图泰和马可·波罗一样都提到了中国的船舶及其特点，笔者发现，从考古角度上看，伊本·白图泰对中国船防水舱和船部件、结构的描述与泉州发现的13世纪中国船的结构一致。"这些沉船的日期是根据考古发现的陶瓷片所画的风格、硬币以及它们所携带的货物上的木制标签上的内容来确定的。"[①] 伊本·白图泰还描述了船上的套房、中国船的结构以及高级程度等内容，都是阿拉伯人了解中国的重要材料。

《伊本·白图泰游记》涉及很多有价值的中阿跨文化交流的信息，书中提到的中阿关系有两个突出的特点：（1）证明了中国与阿拉伯世界的接触不断

---

① *The Conservation and Restoration of Shinan Ship, the 20 Years History*, Mokpo: National Maritime Museum, 2004.

扩大，为来自不同地区的阿拉伯人了解中国提供了无与伦比的机会，同时也让中国人更多地了解阿拉伯世界，中阿之间的相互交往达到了前所未有的程度；（2）书中提出了中阿之间贸易网的概念，并且提供了当时最新的中阿贸易信息。

二、地理专著类古籍

就地理专著作品而言，伊本·胡尔达兹比赫所撰写的《道里邦国志》是阿拉伯国家最早的描述性地理学作品，同时它也是第一部描述中国生活风俗的阿拉伯地理著作。该部著作在世界范围内有着较大的影响力，伊拉克学派就是在其影响下逐渐形成了其独特的风格。"伊本·胡尔达兹比赫虽然不是流传至今的描述地理学作品的第一位作者，但他的书毕竟是至今为止单独成帙的最早的地理学著作。"[1] 经过与法国、英国、荷兰学者的合作考证，日本著名地理学家桑原骘藏（1871—1931）在《唐宋贸易港研究》中提道"记载当时回教徒航行于中国贸易港之事迹，最早而确实者"[2]，即是《道里邦国志》。相较于游记类作品，其对中国的描述更加完整、立体，语言较为正统、严肃，不仅介绍了通往中国的道路，还花费大量笔墨来介绍中国的"港口"。该著作一度被人奉为瑰宝，对后人的研究和创作产生了很大的影响。地理学家艾布·菲达曾多次在其《地理书》中引用该书，比如《道里邦国志》作者曾在书中提过，中国境内城市众多，水道纵横"[3]。

依据德·胡耶的考证，此书的初稿应该完成于846年，885年才真正定稿。学术界对于该观点持怀疑态度，部分学者认为此书在撰写进程中并没有什么所谓的一稿、二稿。如果说该书真的有初稿，那么这个初稿就是最早记录中国人生活状态的阿拉伯地理书籍。

《道里邦国志》是"王国与路线"一类书的代表，顾名思义，王国和路线

---

[1] ［阿拉伯］伊本·胡尔达兹比赫：《道里邦国志》，宋岘译注，中华书局1991年版，第13页。
[2] ［日］桑原骘藏：《唐宋贸易港研究》，杨鍊译，山西人民出版社2015年版，第45页。
[3] ［阿拉伯］艾布·菲达：《地理志》，贝鲁特萨迪尔出版社2001年版，第188页。

之书（Kitab al-Masalikwalmamalik）提供了很多关于行政区划和城市的实用信息，包括从巴格达通往各个目的地的道路、重要的贸易港口和路线，以及不同地区的税收评估。信息的主要目的是为了"国王"，也就是为当时阿拔斯统治者的行政和经济制度服务。同时，这本书也给了"中国之路"特殊的地位，书中最详细的描述之一就是"通往中国的海上航线"，而其他部分是按照陆地区域单独描写的除了详细描述中国的路线之外，作者对于中国的商贸、货品、港口甚至城市都有所涉及，例如"全中国有300多座人口稠密的城市，其中较为著名的有90座"[①]。这个数字一直被后来的地理学家参考。

伊本·胡尔达兹比赫在《道里邦国志》中提供的所有信息都是阿拉伯人了解中国地理知识的宝贵资源，这部著作在伊斯兰世界广泛传播，成为后来学者们书写有关中国的地图和文章的标杆。一些学者认为伊本·胡尔达兹比赫是阿拉伯地理文学之父。在他之后的地理学家仿照《道里邦国志》撰写的类似地理著作，皆被命名为王国和路线之书。"这部著作最大的影响在于，学界认为他是描述性地理学的先锋和权威，其地位类似于我国西汉史学家司马迁的《史记》，是各国学者撰写地理学著作的典范。"[②]

除了《道里邦国志》外，雅古特·哈玛维的《地名辞典》也对中世纪地理学的发展产生了很大影响。《地名辞典》有着"集中世纪地理学之大成"等美誉，其对后世的影响可见一斑。在该书中，作者专门用一章来描述中国，字数超过了1万字，重点介绍了中国的山川大河、历史遗迹、商道建设情况等内容。有关数据显示，除了这个专门叙述中国风俗民情的章节外，作者在前言中22次提到"中国"，在其他章节中，11次提到"中国"。费琅就曾把《地名辞典》的中国部分的内容加以翻译、整理，集合在他的《阿拉伯波斯突厥人东方文献辑注》一书中。

---

① ［阿拉伯］伊本·胡尔达兹比赫：《道里邦国志》，宋岘译注，中华书局1991年版，第72页。
② Hyunhee Park, *Mapping the Chinese and Islamic Worlds：Cross Cultural Exchange in Pre-Modern Asia*，Cambridge University Press，2012.

三、地图与航海图

古地图是当今人们反观古代丝绸之路沿线国家道路、途程、港口的重要资料，亦是丝绸之路遗留给世界的宝贵财富。前文曾提到，巴勒希学派的地理学家在撰写地理著作时，往往带有浓厚的伊斯兰教色彩，在他们的想象图中，世界的陆地像一只神鸟，中国是鸟的头。[1] 地理学家伊德里西在他的《云游者的娱乐》一书中留下 70 幅地图，其中最著名的是《伊德里西世界地图》，首次提出把地球划分为"七大区域"并进行了十分详细的描述。根据这一观点，中国属于第七区域：中国或"中国之中国"、最东方的区域。麦斯欧迪在他的《黄金草原与珠玑宝藏》中也提到了七大海洋，"最东方的是中国海"。阿拉伯地理学家的地图更像是"理想图"，代表了人们是如何感知世界，如何表达以及传播他们的认知的。下面介绍几位绘制过有关中国地图的地理学家和他们的地图作品：

（一）花剌子密

众所周知，天文学家花剌子密翻译了托勒密的《地理学》，并以此为基础编写了《地形学》。书中所附的地图被认为是伊斯兰教兴起以来的第一张地图，这张地图中描绘了天空和地球，遗憾的是这张图现已遗失。在托勒密的地图中，并没有出现中国南海以及各大港口，但在花剌子密的书中却出现了有关中国的描述[2]，他在书中描述了三个中国港口城市。朴贤熙教授也证明了这一观点，并称"这本书是伊斯兰世界现存最早的地理记录，也是第一个用 al-Sin

---

[1] Hyunhee Park, *Mapping the Chinese and Islamic Worlds: Cross Cultural Exchange in Pre-Modern Asia*, Cambridge University Press, 2012.

[2] Ptolemy, *Geography, Book 6: Middle East, Central and North Asia, China*, trans.Helmut Humbach, Wiesbaden: L.Reichert, 1998-2002, pp.102-104.

（الصين）来指代中国的阿拉伯记录"[1]。中世纪的阿拉伯地理学家们常常忽视或者轻视花剌子密的地图，认为这些地图并没有准确地描摹出世界的真实面貌。但是这些地图远比希腊地理学家绘制的地图更为全面和完整，尤其是对位于最东方的中国的地理位置的描述更是如此，可以说，这些地图最早打开了世界了解中国的窗口。

（二）伊斯泰赫里

在伊斯泰赫里的地图中，可以看到艾布·载德和麦斯欧迪在他们的书中提到的从中国到地中海的路线。

（三）麦格迪西

麦格迪西的地图继续沿用了早先传统的地理学方法，把世界描绘成一个以中国为首的鸟儿形状的陆地，包括中国在内的亚洲地区的相对位置与巴勒希学派地图上绘制的位置是十分相似的。

（四）比鲁尼

史学家和天文学家比鲁尼在地理学方面也做出了杰出的贡献，他的主要代表作是《印度志》。费琅提道："许多其他人在旅行中的新想法和新信息，特别是关于亚洲的旅行，都会传到比鲁尼那里。虽然比鲁尼并没有到过中国，但他在印度宫廷工作时收集到了很多关于中国的信息。他是第一个记录契丹和契丹辽帝国与中国的关系的阿拉伯地理学家，他在书中用 al-Sin 代表宋朝，并提到宋朝被限制在中国的中部和南部地区，在西方还有西夏。该研究提供了自10世纪初以来阿拉伯对中国政治划分知识最显著的更新。"[2]

---

[1] Hyunhee Park, *Mapping the Chinese and Islamic Worlds：Cross Cultural Exchange in Pre-Modern Asia*, Cambridge University Press, 2012.

[2] [法]费琅编：《阿拉伯波斯突厥人东方文献辑注》，耿昇、穆根来译，中华书局2001年版，第22页。

（五）伊德里西

伊德里西在1154年制作了一套极负盛名的地图全集，包括一幅由白银铸成的大型平面世界地图（现已遗失），还有许多纸质地图及地理论述，题为《云游者的娱乐》，也称为《罗吉尔之书》。伊德里西描述了包括中国海在内的七大海，他的作品中包括一个像伊斯泰赫里制作的那种圆形的世界地图以及70个剖面图。他首次提出把地球划分为"七大区域"，并进行了十分详细的描述。根据这一观点，中国属于第七区域：中国或"中国之中国"、最东方的区域。伊德里西最大的成就是精确地展示了欧洲海岸线，并提供了关于欧洲内部的准确信息。但相对于数据准确的欧洲，他提供的关于亚洲和中国的数据信息并不那么准确。在他绘制的地图中，所提到的中国的港口与伊本·胡尔达兹比赫的《道里邦国志》中的一样，有广州和泉州。同时，中国海岸的轮廓也与比鲁尼及其代表的巴勒希学派的地图类似。

第四节　阿拉伯地理古籍中出现中国的原因

一直以来，令很多人疑惑的是，中阿之间有着遥远的距离，很多旅行者一去不复返，而且中国并非伊斯兰教国家，为何阿拉伯地理学家却如此偏爱研究中国呢？不少地理学家甚至不惜在中国生活多年，亲自观察并做了详细记录。

关于阿拉伯人来华的原因，最主要、最直接的是经商，可以获得很大的利润。葛铁鹰认为：

> 历史上中阿之间的贸易往来不论是通过两条丝绸之路的哪一条，都必须经过许多艰难险阻，承担财产与生命的巨大风险。甘愿冒此风险，漂洋过海来华经商的动力，无疑是巨大的利润。与中国人做生意往往是"一本九利"——原文直译为：1个银币赚回9个银币，虽未达到中国人夸张的一本万利，但利润之大由此可见。阿拉伯古籍中提到来华经商者，往往都加上一

句"他从此腰缠万贯"一类的话。所幸的是,阿拉伯著作家特别是谱系学家和传记学家在自己的著作中,为后人记录下若干与中国人做生意而致富者的"简历"。①

需要强调的一点是,在远古时期,旅游的危险无处不在,阿拉伯地理学家虽对中国向往,但通常无法真正成行,因此,他们大量地复制从水手、旅行家及其他旅行者处获取的信息。费琅考察了46部阿拉伯有关东方的著作,认为其中仅有两部文献属于真正的游记:苏莱曼的《中国印度见闻录》,和10世纪后的阿布杜拉·夫米撒尔·本·麦哈黑尔(10世纪人,Abū Dulat Misʻaribn Muhalhil)撰写的中国游记。而在这其中,他认为真正到过恒河流域的印度、印度尼西亚和中国的旅行家,只有苏莱曼。②

到中国经商的观念也影响了阿拉伯地理学的发展,阿拉伯地理学家从商人、水手那里获得第一手的有关中国的信息,并记录在书中。但书中描述最细致的往往是中国的物产,而不是自然现象、中国的疆域等,这是因为"不管是商人还是水手都有其局限性。他们对所经历各国的自然现象与景物是漠不关心的,而所感兴趣的只是物产,因为,由于他们职业上的偏见,只有物产是他们做生意的资产,也是他们发财致富的根源"③。阿拉伯地理古籍当中也不乏对那些在中国生活的阿拉伯富商的描写,这对中阿古代经贸往来的研究具有重要的意义与价值。

对于阿拉伯地理学家记录中国的其他原因,主要包括几个方面。

---

① 葛铁鹰:《阿拉伯古籍中的"中国"研究——以史学著作为例》,博士学位论文,上海外国语大学,2008年,第136页。
② [法]费琅编:《阿拉伯波斯突厥人东方文献辑注》,耿昇、穆根来译,中华书局2001年版,第123页。
③ 《中国印度见闻录》,穆根来、汶江、黄倬汉译,中华书局1983年版,第19页。

一、悠久的历史

首先，中阿均拥有历史悠久的文明。因此，在远古时中阿便开始了商贸往来。《史记·大宛列传》中记载，汉武帝时派使者前往阿拉伯，在此后长达2000年的历史中，双方一直存在贸易往来。早在5世纪之初，伊斯兰教出现之前的贾希利亚时期，中国人便和阿拉伯人开始通商。伊斯兰教诞生后，中阿政治、贸易越发频繁。在这样的广泛交往下，许多史实被记录到双方的历史材料中，形成了各自对对方形象了解的雏形，并随着时代的不断发展而日益丰富起来。因此，阿拉伯地理学家为了使商人和使者对中阿交流中必需的路线、交通、城市、天气等信息有所了解，便开始了对中国的关注、探索和记录的过程。

二、求知欲望

中阿交流的一个重要原因在于求知，阿拉伯流传着一句话："学问虽远在中国，亦当求之。"伊斯兰教初期的信徒们，其旅行目的大都是为了遵循朝觐的宗旨。此后，随着阿拉伯帝国不断地强盛，亚、非、欧三大洲都陆续被纳入了阿拉伯帝国的版图，此时，信徒们已经可以旅行到更加遥远的地方，访问圣徒并亲自观察其修行。阿拉伯伊斯兰文化作为一类包罗万千的实用文化，求知正是其中的要义之一，这一精神也鼓舞与鞭策着阿拉伯地理学家前赴后继地去探索中国。

三、对外扩张与伊斯兰教在中国的传播

先知穆罕默德在632年去世之后，伊斯兰教步入了著名的"四大哈里发时期"。阿拉伯人以神的旨意为由，开始对外征服，同时也推动着伊斯兰教在整个阿拉伯半岛外的地区的迅速传播。在文化占领的基础上，阿拉伯帝国诞生了，其疆域横跨了亚、非、欧三大洲，极大地推动了地中海东南部地区的社会

发展，当然，也推动了帝国内部交通的发展。同时，波斯的衰败将阿拉伯势力引入中亚，通往丝绸之路中重要的绿洲城市的道路也迅速被打通。伊斯兰教在波斯和中亚地区进行的传播，是其传至中国的重要前提。古往今来，中阿间源远流长的商贸令伊斯兰教可以顺利地沿丝绸之路传进中国。另外一方面，中亚地区的少数民族在隋唐时期归属中国政府的管辖，与中国有着密切关联，上述地区的伊斯兰化成为伊斯兰教传进中国的前奏，也为伊斯兰教传进中国奠定了基础。[1] 在中阿的密切往来下，越来越多的阿拉伯人到中国旅行、经商，甚至留下来定居通婚，这其中就有不少地理学家。

四、阿拉伯人的性格特征

阿拉伯人喜爱猎奇，这是他们本身的文化决定的性格特征。很多中世纪阿拉伯地理学家也具有这一特征，他们感兴趣的事物包括政治、交通、国王、建筑、民风、动植物，甚至还包括长生不老药等。发生在遥远的中国的故事则能极大地满足他们所有的猎奇心理，而作家们在编这些故事的时候，则无须理会故事的真实性。这样的故事一般分为两类体裁：游记或见闻录（rihla, رحلة）和奇闻趣事（aja'ib, عجائب），这些故事在阿拉伯都大受欢迎。从这方面看，阿拉伯地理学家对中国文化环境的描述，更满足于社会文化的需求而非学术探索的需求。这类书的主要特点是具有消遣性。这种茶余饭后的作品在千千万万市民中是十分流行的。这种书的作者与其说是在写严谨的学术作品，倒不如说是在满足上层社会的好奇心。舒适的市民生活以及外界文化接触的正常发展，在社会名流的怂恿与新鲜事物的刺激下，其结果必然在一些"有地位人物"的心头激起一种寻求新奇的渴望，致使有才华的作家也不得不为满足顾主们的心愿而写作，并在巴格达开办了地道的"读者之家"。[2] 不过，这些作品中除了一些夸张及故事性的语言外，多数还是作者对亲历事件的描述，有一定

---

[1] 马启成：《略述伊斯兰教在中国的早期传播》，《中国社会科学》1983年第2期。
[2] 《中国印度见闻录》，穆根来、汶江、黄倬汉译，中华书局1983年版，第9页。

的真实性,"总的来说,阿拉伯地理文献侧重于人文地理资料的汇集,这类著作除了对边远地区的情况限于当时的知识水平或出于猎奇心理而采用了奇异传闻因而流于荒诞之外,大部分事实记载是翔实可靠的。阿拉伯古典地理学家都是一些有识之士,他们放在任何时代都属于善于观察事物和搜集资料的人物之列"①。同时,这些作品中所描述的物品、民族风俗和伊斯兰教传进中国的过程等重要数据及信息,都增进了我国学者对古代文明的深入了解。

第五节　中阿海上丝路"官民并举"的交往态势

一、官方层面的交往

中世纪中阿之间的交往主要是以官民并举的交往态势为主。古代官方层面上的中阿文明交往主要包括:(1)以朝贡方式进行的官方政治交往,为中阿人文交流营造了良好的内外环境与制度保障;(2)以朝贡贸易、市舶贸易、互市贸易为主的官方经济往来,促进了"丝绸之路"的繁荣发展,为中阿人文交流打下了重要的物质基础;(3)双方在政治、经济交往中所推行的相关制度与举措,又带动了中阿人文领域的交流与合作;(4)战争。②

中阿之间的正式交往就是源于官方的交往。中国学者普遍认为,中阿之间的正式通交是在7世纪中叶,根据是"唐高宗永徽二年(651),大食王噉密莫末腻(哈里发徽号,意为:穆民的领袖)遣使中国,'自云有国已三十四年,历三主矣'"③。自此即651年至798年的148年中,见于中国史籍的大食人遣使来

---

① [阿拉伯]伊本·胡尔达兹比赫:《道里邦国志》,宋岘译注,中华书局1991年版,第2页。
② 参见马丽蓉《中阿文明交往面临的挑战及对策思考》,《阿拉伯世界研究》2011年第2期。
③ 江淳、郭应德:《中阿关系史》,经济日报出版社2001年版,第29页。

华记载达 40 次。①这些记载中,"遣使朝贡""请献方物""进宝马""来朝"等字眼比比皆是。客观地说,其中不能排除古代中国史家烘托渲染"万邦朝贡"的主观因素,其中大食方面的献宝者是否为当时的阿拉伯哈里发中央政权所派官方使者也值得怀疑。阿拉伯史籍中关于中阿之间提升至外交层面比如"中国使团"正式到访的记载非常少。它是中阿之间官方互有来往的证明,也符合中国人"礼尚往来"的传统道德观。据历史记载,中国第一个到达阿拉伯半岛的是唐代的达奚弘通(又名达奚通),"他在唐高宗上元年间(674—676)曾从马来半岛的吉达港出发西航,历经 36 个国家,直抵阿拉伯半岛南端的希辛戈拉港"②。他曾著《海南诸蕃行纪》,现已丢失,详情不明。麦赫迪(744—785, al Mahdi)是阿拔斯王朝第三任哈里发,775—785 年在位。虽然此位哈里发在位时间不长,但掌权之后大肆修建公路,改善邮政机构与驿站体系,帝国商业空前活跃与繁荣。麦斯欧迪的《黄金草原与珠玑宝藏》曾提道:"我们已在本书中提到过关于中国使团的人在觐见麦赫迪时,对他讲了'猴子让他们的国王在吃饭时受益匪浅'的事情。"③

两个大国之间的贸易交往,对双方来讲都具有互惠互利性。《旧唐书·大食传》中虽已明文记载中阿于 651 年开始通交,但中阿历史有关双方外交活动的记载,仍具有十分重要的意义。

中阿官方层面的交往上也间接体现在两个方面:(1)交换礼物;(2)递交国书。埃及著名史学家麦格里齐(1364—1442, Tajad Din Ahmad al Maqrizi)记载道:

> 中国国王赠送他一匹全身由真珠编串成的稀世宝马,骑士和马的双眼为红宝石,剑柄为祖母绿并嵌有其他宝石。他还送了一块镶金中国丝绸,上有坐在宫殿中的国王画像,国王头戴王冠,周身珠光宝气,他的头顶上画着几

---

① 参见江淳、郭应德《中阿关系史》,经济日报出版社 2001 年版,第 230—233 页。
② 杜瑜:《海上丝路史话》,社会科学文献出版社 2011 年版,第 45 页。
③ [阿拉伯]麦斯欧迪:《黄金草原与珠玑宝藏》(第 1 卷),贝鲁特时代书局 1988 年版,第 196 页。

个仆人，他们手中拿着绳拂。画像全部用金丝编制而成，由天青石做衬底。这块丝绸放在一个纯金匣子里，由一位被长秀发所遮掩的绝色美女献上。此外，他还送了很多中国大地所特有的、国王们认为只能赠予配用者的奇珍异宝。①

现代阿拉伯语中"国王"（al Malik）一词，在古代的记述中除了表示国王，也有"一地之王"或者"一城之王"的意思，实际表达的是一定范围内掌握权力的行政长官。比如有些阿拉伯古籍中出现的 Malik khamfu（直译为"汉府之王"），中译者便译为"广州总督"。再如麦斯欧迪也使用过"中国的国王们"（Mulūk al Sīn）的复数形式，其所指当为郡王、诸侯一类。此外阿拉伯古籍中的中国国王，也可能是指当时隶属中国势力范围的"藩王"一类，后者由于种种原因曾有向阿拉伯人献礼、进贡之举，是可以肯定的。阿拉伯人难以分清各种中国"王"的性质或者有意夸大其为"国家元首"，各路中国藩王自称"中国国王"以达威慑对方之目的，等等，诸如此类的原因都有造成中国国王向阿拉伯人进贡一说被载入阿拉伯史籍之可能。

古代各国间互派使节出访时送上一些礼物表示善意，应被视作一种常理和惯例，将此"送礼"行为一概定义为"朝贡"，恐是出于某种自我尊大心态。以这些阿拉伯史籍中的记载，如果出现于中国史籍，很有可能变为某年某国来使朝贡的"套话"。麦格里齐在《了解各地国王的途径》中"伊历741年"条下有这样的记载："纳塞尔苏丹收到马格里布、印度、中国、阿比西尼亚、努比亚、泰克鲁尔（Takrūr），突厥、罗姆、法兰克（Frank，今法兰西一带）等地国王送来的礼物。"② 雅古特在《地名辞典》中写道："他们的国王向中国国王敬献贡

---

① ［阿拉伯］麦斯欧迪：《黄金草原与珠玑宝藏》，转引自葛铁鹰《阿拉伯古籍中的"中国"研究——以史学著作为例》，博士学位论文，上海外国语大学，2008年，第44页。

② ［埃及］麦格里齐：《了解各地国王的途径》，转引自葛铁鹰《阿拉伯古籍中的"中国"研究——以史学著作为例》，博士学位论文，上海外国语大学，2008年，第45页。

品。我们在这里旅行一个月,一直提心吊胆,惊恐不安。"①

历史上特别是唐朝以来,中阿之间的贸易形式分为两种,一种是民间贸易,一种是所谓公赐贸易。后者即阿拉伯商人以贡使名义进贡物品,中国皇帝回赐等值或价值更高的物品。中国当年进口数量如此之大的犀角、象牙等货物,其中必有优劣之分,汉文典籍记载的大食人向中国皇帝所献方物中的"大犀""文犀"等肯定皆属上等货色。无论是民间贸易还是贡赐贸易,中阿双方进出口商品的种类与名称等都具有研究价值,其中的文化内涵也有待于人们进一步发掘。

相互的官方交往中,还有一种特殊的形式,这就是"官方文书"。麦格里齐在《了解各地国王的途径》"伊历687年"条下还写道:"这一年,为了那些希望前来埃及和沙姆的人,由法塔赫丁·本·阿卜杜扎希尔执笔,给信德、印度、中国和也门的王公贵族们誊写了关防文书(صورة آمان, surah'amān),并派人送去原件。"②

1288年,此时埃及与沙姆地区已是马穆鲁克王朝(1250—1517)的天下。该王朝在阿拉伯历史上具有非常重要的地位和影响,被史学家称为中世纪最后一个"闪烁着伊斯兰文明余晖"的阿拉伯国家。其统治者们不仅取得了包括抗击蒙古人西征在内的政治军事上的伟大胜利,而且在经济贸易领域也取得了迅速的发展。

关于前面提到的"关防文书",葛铁鹰评论道:

此关防文书——surah'amān,为意译。其中surah的意思是:图,画,肖像,文件抄本等;'amān的意思是:安全,太平,宽恕等。其发放目的,无疑是保证外国使节、皇亲国戚(因引文中说发给王公贵族)和巨商等重要人物的往来顺畅,要求各地边防关卡见此文书立即放行。这种文书显然具有

---

① [阿拉伯]雅古特·哈玛维:《地名辞典》,开罗骑士出版社2011年版,第344页。
② [埃及]麦格里齐:《了解各地国王的途径》,转引自葛铁鹰《阿拉伯古籍中的中国研究——以史学著作为例》,博士学位论文,上海外国语大学,2008年,第45页。

当今"签证"的某种性质,其在中阿关系史中的意义,自不言而喻。①

还有一种官方交往的特殊形式,就是战争。"在现代地图上来看,阿拉伯和中国隔着崇山峻岭和广阔的海洋,似乎距离相当辽远。但是,在历史上阿拉伯和中国曾经是紧接的近邻,也曾有过密切的友好关系。使节的往来、贸易的频繁、文化的交流,正是当日的实际情况。"②在历史久远的中阿两大民族的接触与交往过程中,友好和睦始终是主旋律,但这并不意味着其中没有偶尔出现的不协调的插曲。

在中阿古代文献中出现战争的描写不多,但有一场战争双方都有提及,这就是怛罗斯之战。我国学者将于715—801年中阿之间发生的军事冲突归结为5次,即715年、717年、751年、758年和801年各1次。"以上五次军事冲突,前两次阿文史料均无明确记载,第四次无多大军事意义,第五次语焉不详。只有怛罗斯战役才是得到中阿史料印证的,规模较大而又影响深远的中阿军事冲突。"③公元751年中国唐朝军队与阿拉伯帝国阿拔斯王朝军队之间发生的怛罗斯之战,其意义和影响远远超出中阿关系的范畴。

在此援引一段葛铁鹰教授翻译的麦格迪西的作品《肇始与历史》中对怛罗斯之战的描述:

艾布·阿拔斯得势3年后(751),布哈拉爆发起义,为首的是舒莱克·本·谢赫·菲赫利。他率3万名阿拉伯人和其他人,对艾布·穆斯林展开报复行动,反抗他的血腥手段和滥杀无辜行为。艾布·穆斯林前去镇压,派齐亚德·本·萨利赫和艾布·达乌德·哈立德·本·伊卜拉欣·祖赫利为先

---

① 葛铁鹰:《阿拉伯古籍中的"中国"研究——以史学著作为例》,博士学位论文,上海外国语大学,2008年,第45页。
② 史学双周刊社编:《中国和亚非各国友好关系史论丛》,生活·读书·新知三联书店1957年版,第64页。
③ 江淳、郭应德:《中阿关系史》,经济日报出版社2001年版,第47页。

锋。双方交锋，舒莱克被杀。艾布·穆斯林再次征服布哈拉和粟特，并下令构筑马尔军墙，以期在敌人进攻时成为一道防御屏障。他派齐亚德继续挺进，后者征服了河外地区（河中地区）的城镇乡村，一直打到怛罗斯和伊特莱赫。于是中国人出动了，发兵10万余人。赛义德·本·侯梅德在怛罗斯城加固城防，艾布·穆斯林则在撒马尔罕军营镇守。大批将领和招募来的兵士聚集在赛义德那里。他们分几次将他们（中国人）各个击破，共杀死四万五千人，俘获两万五千人，其余纷纷败逃。穆斯林们占领了他们的军事要地，进军布哈拉，降服河外地区（河中地区）的国王和首领们，将他们斩首，并掳走他们的子孙，抢去他们的全部财产。他们不止一次地将俘虏5万人、5万人地赶过河去。①

怛罗斯之战，又称为塔拉斯战役。8世纪，阿拉伯阿拔斯王朝与中国唐王朝是雄踞亚洲的两大帝国，在今中亚一带接壤，当时昭武九姓②中的康国、石国、安国等在唐高宗时，即已向唐朝纳贡。唐玄宗天宝十年（751）因石国国王"无藩臣之礼"，安西节度使高仙芝率兵讨伐，石国国王乞和，高仙芝趁其不备引兵袭击，俘虏其国王及部众，杀其老弱。石国王子请求大食共同攻唐。大食各胡国联军由穆斯林部将齐亚德统率，与高仙芝所统五六万藩汉兵战于怛罗斯（今江布尔）。后高仙芝麾下葛逻禄部众阵前倒戈，与大食军夹击唐军，高仙芝大败，大部被歼，余部多被俘，高率少部逃回。在被俘唐军中，有画匠、织络者与造纸工人，他们将中国的造纸术等传入中亚、西亚及欧洲。战后大食遣使与唐修好。756年，唐肃宗借大食兵平定了"安史之乱"。③怛罗斯之战，唐朝

---

① ［阿拉伯］麦格迪西：《肇始与历史》，黎巴嫩萨迪尔书局，转引自葛铁鹰《阿拉伯古籍中的"中国"研究——以史学著作为例》，博士学位论文，上海外国语大学，2008年，第68页。

② 昭武九姓：即粟特人，我国的东汉时期直至宋代，祁连山北昭武城（在今甘肃省临泽县境内）有康居国，后为匈奴击败，迁至中亚阿姆、锡尔两河流域，成立了康、安、曹、石、米、何、史、烊、戊地九个小国，称为"昭武九姓"。

③ 王有勇：《新编阿拉伯语教程》（第5册），上海外语教育出版社2007年版，第79页。

与阿拔斯王朝之间的冲突,使中阿之间的海上贸易更加繁荣,渐渐取代了陆上丝绸之路,也改变了中亚的政治、经济和社会面貌以及印度洋的贸易网。

中国和阿拉伯的资料都含有关于怛罗斯之战的信息,很多记载都有不符的地方,比如伤亡人数一直存在争议,不同文献统计的双方兵力及伤亡人数各有不同。但从长远来看,这场战争并没有影响两国的关系。据阿拉伯消息来源称,中国战俘向阿拉伯世界介绍了造纸术。纸张和造纸的技术在整个阿拉伯世界蓬勃发展。纸取代了易碎的莎草纸和十分昂贵的羊皮纸,成为新的写作的主要媒介,促进了阿拉伯世界书籍和图书馆的发展。虽然没有来自中国的消息来源明确提到,是中国的战俘传播了造纸术,但旅行家杜环的一段话表明,这样的传播确实是可能的。杜环与几个在阿拔斯王朝世界中的中国手工艺人相遇,这些中国人很有可能像杜环一样都是战俘,有助于形成一个阿拉伯人眼中中国人的固定印象,即所有中国人都心灵手巧、擅长手工艺。他也真实地记录了阿拔斯王朝的首都库法的繁荣景象:"郭郭之内,里闬之中,土地所生,无物不有,四方辐辏,万货丰贱,锦绣珠贝,满于市肆,驼马驴骡,充于街巷。"[①] 回国之后,他写下了《经行记》。虽然这本书丢失了,但在杜佑的《通典》中能见到摘引的部分内容。

唐代以前,中国海上丝绸之路主要以官方政治外交交往为主,而后转为以贸易为主。《伊本·白图泰游记》中显示,大约在1000年或者更早,中国和阿拉伯世界在长期、稳定地接触和交流中,双方的了解不断地加深。中阿之间这种不断加强的关系促使这一时期的经济急剧增长,特别是在海上贸易方面。

历史上的宋元时期或许不是中国最强盛的时期,但一定是古代航海贸易最繁荣的时代。出于各种原因,宋元两代都对航海贸易表现出极大的热情和重视,也都采取了比唐代更为积极主动的航海政策。这一时期的造船和航海技术也有显著进步,同时指南针开始用于航海。这一发明,在航海史上具有划时代的意义。在西方历史文献中,即使是最擅长航海的阿拉伯人,使用指南针导

---

① 杜瑜:《海上丝路史话》,社会科学文献出版社2011年版,第45页。

航的记载,也在12世纪末13世纪初,比宋人晚了整整一个世纪。马可·波罗及其他同时代的外国旅行家都惊叹道,宋元的大航海时代展现的是世界上最坚固的海船、最强大的海商,以及最繁华的港口。

宋代还制定了一系列鼓励航海贸易的奖励、优惠和推广政策。早在北宋开国不久,雍熙四年(987)五月,宋太宗就"遣内侍八人赍敕书金帛分四纲,各往海南诸蕃国,勾招进奉,博买香药、犀牙、真珠、龙脑。每纲赍空名诏书三道,于所至各处赐之"①。空白诏书即空白的进口特许证,其潜台词是鼓励海南诸蕃国前来通商贸易。大唐帝国的开放贸易,是一种"姜太公钓鱼,愿者上钩"的姿态,到了两宋,为了求财,朝廷不在乎放下架子,主动出门招揽生意。所以说,在对待航海贸易的态度上,两宋远比唐代更加积极主动。

对蕃商的优惠和保护,两宋比唐代做得更好。建炎元年(1127),宋高宗下诏令:"有亏蕃商者,皆重置其罪。"这条规定主要是针对市舶司官员克扣勒索蕃商的行为而言。宋代不少市舶官员,以"和买"为名,要挟外国舶商,"择其精者,售以低价"②,以从中渔利。所以,宋朝廷规定,"违法抑买者,许蕃商起诉"③,也就是说,如果有发生市舶官员侵吞舶商利益的事情,外国舶商可以直接向官府申诉。朝廷法令规定,"市舶务监管,并见任官,诡名买市舶司及强买客旅舶货者,以违制论",一旦违制,惩罚亦很严重,"其知(州)通(判)诸色官员,并市舶司官并除名。使臣决配,所犯人亦决配"④。对于廉洁奉公的市舶官员,仁宗天圣八年(1030)规定,在任三年"委实廉慎,别无公私过犯者"⑤,可得到皇帝的特别嘉赏。

对于走失的海船、去世的海商,两宋政府也表现出极大的善意。或许是为了收拢人心、招揽生意,或许是为了展现大国仁义的良好形象,总之,宋代的

---

① (清)徐松:《宋会要辑稿》,职官四十四,中华书局1957年版,第3364页。
② (清)徐松:《宋会要辑稿》,职官四十四,中华书局1957年版,第3365页。
③ (元)脱脱:《宋史》卷一八五,"食货志下七·互市舶法",中华书局1977年版,第4557页。
④ (清)徐松:《宋会要辑稿》,职官四十四,中华书局1957年版,第3365页。
⑤ (清)徐松:《宋会要辑稿》,职官四十四,中华书局1957年版,第3365页。

做法完全合乎现代的人道主义精神。

元代秉承了宋的开放贸易政策。与两宋一样，在开国之初就设置海外诸蕃宣慰使和市舶使。至元十五年（1278），元世祖派大臣唆都、蒲寿庚奉玺书"诏谕南夷诸国"①，表示"诸蕃国列居东南岛屿者，皆有慕义之心，可因蕃舶诸人宣布朕意，诚能来朝，将宠礼之，其往来互市，各从所欲"②。其后，又陆续遣派使节赴南亚及印度洋诸国，进行招诱贸易活动。比较著名的有亦黑迷失四下南亚，杨廷璧三使俱兰，周达观出使真腊并撰《真腊风土记》，以及孛罗和杨枢出使波斯湾的伊利汗国（蒙古四大汗国之一，成吉思汗四子拖雷之子旭烈兀所建）。在元政府的频频招诱下，"占城、马八儿二国首来通商，其他诸国次第效之，元代互市遂臻于盛"③。元代的海上贸易，在两宋的基础上更加繁荣。按宋人赵汝适《诸蕃志》的记载，与宋朝有海上贸易往来的国家有50多个；按元人陈大震《南海志》的记载，与元朝有海外贸易关系的国家和地区多达140多个，遍及亚、非、欧三大洲。

整体来说，元代的对外贸易政策多循宋制，但不及宋的面面俱到。元代既没有宋代花样繁多的激励政策，也没有针对蕃商利益提供细致的优恤政策和保护措施。只有一条政策总纲，任其往来所欲。

二、民间层面的交往

古代丝绸之路贸易往来最活跃的元素主要来自民间，甚至可以说，民间贸易始终占据着古代丝绸之路最显著的位置。往来于丝路的群体，几乎囊括了沿线各国、各地区、各民族，包括了僧侣、学者、工匠、商队、贩客等，呈现出参与群体多元化、贸易行业多类型、贸易形式多样化的特征。古代民间层面上的中阿文明交往主要包括：（1）阿拉伯传教士与中国朝觐者的宗教之旅，为中

---

① （明）宋濂、王濂编：《元史》卷一百二十九，"唆都传"，中华书局1976年版，第3152页。
② （明）宋濂、王濂编：《元史》卷十，"世祖纪七"，中华书局1976年版，第204页。
③ ［日］桑原骘藏：《蒲寿庚考》，中华书局1929年版，第186页。

阿文明交往夯实了社会民意基础；（2）双方撰写的见闻游记为中阿文明交往提供了史料佐证，学术之旅成为彼此交往的重要组成部分；（3）往来于陆、海丝绸之路上的中阿商贸之旅，蕴含着丰富的人文理念和人文精神，为中阿文明交往提供了原动力。[①] "外国商人可以毫无限制地深入中国内地，他们经常出现在通都大邑，也经常出现在穷乡僻壤，他们足迹遍天下，不管在内地多么偏僻的山村野店，也可以遇到通商的商胡。"[②]

学术之旅，主要指中阿一些学者、旅人、政治家等为加深人与人之间、民众与民众之间、民族与民族之间的相互了解、彼此沟通和友好情谊而进行的旅行，涌现出一批重要的见闻游记、地区考略论著。[③] 例如，伊本·白图泰的出访可以说是出于政治和宗教目的。他多次朝觐圣地，其出国旅行也带着很强的宗教目的。他以游历为名，寻找机会拜访了各处的行政长官乃至国王，尤其需要指出的是，他曾经代表印度国王访问中国。这就不仅仅是简单的旅行了，而是国与国之间的外交活动，带有政治色彩。在伊本·白图泰的笔下，中国是一个非常美好的国度，我们很难想象，在六百多年前，居然有一位阿拉伯旅行家如此热情客观地描写中国。他一生走遍世界大部分地区的三次游历，足迹遍及中亚、西亚、北非、中非、东南亚、欧洲南部以及中国。在中国的游历中，他到访过泉州、广州、杭州、北京等地，记录了包括所到之处的政治、经济、文化、历史、地理、道路、城市、宗教、教派、民俗、人民生活等各方面的内容。摩洛哥苏丹在听完伊本·白图泰周游列国的见闻后很感兴趣，命令秘书伊本·朱赞将伊本·白图泰口述的故事笔录下来，便诞生了《伊本·白图泰游记》。

阿拉伯地理学家对中国的记载体现出持续的善意，民间交往的历史例证体现在阿拉伯古籍以及古地图当中。中阿之间的友谊千百年来在丝绸之路上薪火相传，延续到现代和当代，又得到更深、更广程度的发扬。以《伊本·白图

---

① 参见马丽蓉《中阿文明交往面临的挑战及对策思考》，《阿拉伯世界研究》2011年第2期。
② 傅筑夫：《中国封建社会经济史》（第4卷），人民出版社1986年版，第460页。
③ 参见马丽蓉《"丝路战略"与中阿民间交往的机制化建设》，载姚匡乙、马丽蓉编《丝路新篇——中阿合作论坛十周年论文集》，世界知识出版社2014年版，第188页。

泰游记》为例，伊本·白图泰的行走路线，是中西交通史研究中最有价值的参考资料之一，说明了中国自古就与阿拉伯世界，特别是摩洛哥人民有着极其深厚的友谊。阿盟教科文组织总干事穆罕默德·米里在第三届中国阿拉伯文化研讨会上，通过《阿拉伯—中国文化关系及其前景》一文，提到了包括伊本·白图泰在内的中世纪历史学家、地理学家，他讲道："在古代阿拉伯人的著作中，对中国人的描写是非常友好的，他们指出中国人不仅公正，严守纪律，而且能工巧匠辈出。"[①] 随着海上丝绸之路的大范围拓通，古代阿拉伯人游记中关于中国的这些描述，生动地反映了这一时期的中阿关系的风貌，在阿拉伯人民心目中树立起了一个强大的、欣欣向荣的中国形象。因此，阿拉伯人历来对中国都十分尊重，他们总是以赞扬、尊敬和钦佩的目光来看待中国。

而中国方面，"历史上，中国与周边各国的交往，和平相处固为主流，然亦不无兵戈相向的插曲。历代对外行纪，既有民间的游历、使者的派遣和宗教传播，也有军事征伐的路线"[②]。张骞归来撰有《出关志》、杜环的《经行记》、马欢的《瀛涯胜览》、周去非的《岭外代答》、汪大渊的《岛夷志略》等中国典籍都为中国人认识阿拉伯世界提供了珍贵的第一手资料，成为中阿友好交往的例证。地图方面，贾耽的《海内华夷图》《禹迹图》和《华夷图》，明朝的《大明混一图》，朝鲜李荟、权近在1402年绘制的《混一疆理历代国都之图》都有阿拉伯帝国的地理信息，为深化中外友好关系提供了便捷、安全的良好的社会基础。

丝绸之路上中阿贸易交往从汉朝时期开始便不断发展，开启了中阿人民交往历史的序幕。中国阿拉伯的古代贸易是民间交往最集中的表现，体现在贸易道路、港口与市舶司、传统的特色贸易商品以及阿拉伯商人在中国的生活等各方面。中国和阿拉伯商人在陆上丝绸之路"驰命走驿，不绝于时月"，在海上丝绸之路"云帆高张，昼夜星驰"。阿拉伯人和中国人的经商过程历史悠久，为中国古代经济发展做出了巨大贡献。

---

① [阿拉伯]穆罕默德·米里：《阿拉伯—中国文化关系及其前景》，《西亚非洲》1997年第1期。
② 陈佳荣、钱江、张广达：《历代中外行纪》，上海辞书出版社2008年版，第2页。

阿拔斯王朝是阿拉伯帝国最灿烂的时代，其都城巴格达是一个"惊人的财富的中心和国际意义的都市，只有拜占庭可以与它抗衡"，当时的巴格达已经成为"一个举世无匹的城市了"①。希提于其《阿拉伯通史》第24章写道："巴格达城的码头，有好几英里长，那里停泊着几百艘各式各样的船只，有战舰和游艇，有中国大船，也有本地的羊皮筏子。""市场上有从中国运来的瓷器、丝绸和麝香。""城里有专卖中国货的市场。"②唐朝与阿拔斯王朝之间的怛罗斯之战，使中阿之间的海上贸易更加繁荣，渐渐取代了陆上丝绸之路，也改变了中亚的政治、经济和社会面貌以及印度洋的贸易网。宋元时期我国与阿拉伯世界大食诸国的交往达到了鼎盛，不仅宋代有大批商船前往大食进行海上贸易，元代官方文书中仍时常提到我国海船前往"回回田地里"，这里的"回回田地"指的是阿拉伯地区。③

在中国与阿拉伯的海上贸易中，须提一笔的是，从唐代到元代，中国商人及其商船泛海去大食国的也很多。《中国印度见闻录》中提道："至于船舶的来处，他们提到货物从巴士拉、阿曼以及其他地方运到尸罗夫，大部分中国船在此装货。"④阿拉伯历史地理学家叶耳古卜（897年卒）讲过："亚丁，它是萨那的口岸，那里有中国船队的码头。"麦斯欧迪在记述非洲东部沿海的情况时写道："麦代尔岛上的居民是黑人，他们有座叫巴兰德的城市，此地的土著人专事拦路抢劫、绑架及杀人的勾当。然而，中国人的船队上，商人备有武器和猛火油，其船队人数为400位商人与500名武士。因此，人们不能对他们及同船的其他客商有所图谋，也不能袭击他们的主船。"艾布·菲达指出："阿曼是个巨大的城市，该城有一港口，信德、印度、中国、赞吉（东非桑给巴尔一带）的海船均停泊在那里。""苏哈尔是阿曼的首府，在波斯海（今波斯湾）中再也没

---

① ［美］希提：《阿拉伯通史》（下册），马坚译，商务印书馆1995年版，第351页。
② ［美］希提：《阿拉伯通史》（下册），马坚译，商务印书馆1995年版，第355页。
③ 参见杜瑜《海上丝路史话》，社会科学文献出版社2011年版，第96页。
④ 《中国印度见闻录》，穆根来、汶江、黄倬汉译，中华书局1983年版，第7页。

有比它更大的城市。"① 他所讲的阿曼城就是苏哈尔。

《马可·波罗行纪》中写道:"其名曰站,一如吾人所称供给马匹之驿传也。每驿有一大而富丽之邸,使臣居宿于此,其房舍满布极富丽之卧榻,上陈绸被,凡侍臣需要之物皆备。"② 从这段话中,我们可以知道驿站的重要性、便利性、舒适性,驿站对中国与世界的互联互通起到非常重要的作用。"大食商人在中国重大商港的经营活动,对中国古代贸易机关和海关——市舶司的建立具有直接的促进作用。"③ 中国的泉州、扬州等港口,不仅是阿拉伯商品的终点站和中转站,还是阿拉伯人在太平洋地区进行航海贸易的基地,更是中古时期国际贸易网络中的一个中间环节,也是东、西方各种文化的交汇之所。

中国与阿拉伯之间的海上贸易还需要有足够的技术条件作为基础。宋元时期,中国人的航海术在天文观星、地文测深、季风和潮汐知识、气象预测,以及驾驶帆船的操舵、使帆、定锚技术等方面,就已经发展到一定的高度。比如观星术,李约瑟在《中国科学技术史》中评论古阿拉伯海员擅长天文导航术时说:"真实的情况是,唯一的观星鼻祖——更北方的中国人,就已经这么做了。但不过他们的记述,被包含在表意的语言之中,直到近代才被西方人了解和重视。"④

同时,宋元时期的造船业也发展到了一个高峰。全国各内河、沿海地区均有造船基地。宋元三大港广州、泉州、明州所造的海船都极负盛名。如元代在中国旅行的摩洛哥旅行家伊本·白图泰在其游记中所言,印度和中国之间的交通,都使用中国的大船。大船有四层,设备齐全,可载一千人,"此类商船,皆造于刺桐和兴克兰(Sinkalnan,即广州)二埠"⑤。明州和温州也是宋代主要的

---

① 李冀平、朱学群、王连茂:《泉州文化与海上丝绸之路》,社会科学文献出版社2007年版,第151—152页。
② [意]马可·波罗:《马可·波罗行纪》,冯承钧译,上海书店出版社2002年版,第393页。
③ 杜瑜:《海上丝路史话》,社会科学文献出版社2011年版,第130页。
④ [英]李约瑟:《中国科学技术史》,科学出版社2003年版,第345页。
⑤ 张星烺编注:《中西交通史料汇编》(第二册),中华书局1977年版,第55页。

造船基地，如哲宗元祐五年（1090），诏"明州、温州每年造船以六百为额"[①]，约占全国造船总数的20%以上。

宋元制造的海船大小不等。按伊本·白图泰的记载，大者叫䑸克，中者叫艚，小者叫舸舸姆。大船可载一千人，内有水手六百人，兵士四百人，一般装"三帆以至十二帆"，航行之时，"帆若垂天之云"[②]，场面十分壮观。宋元海船在坚固度和安全性上也有较大发展，如水密隔舱技术的使用。每艘船一般分隔十几个小舱，即使其中的一两个舱破损，也不致全船沉没。马可·波罗在其游记中记载了水密隔舱的好处，"设偶触礁，或与巨鲸相撞，致船底洞穿海水溃入者，因各部紧固隔离之故，海水不致淹没全船"[③]。为适应远航的需要，宋元的海船在舒适性上也有所改进。伊本·白图泰在其游记中说，海船上各类房间极多，有房舱、官舱、商人舱，以备商客之用，厕所私房，无不设备周到。马可·波罗也提到，"船商有舱房五六十所，商人皆处其中，颇宽适"。他在游记中，还对中国和阿拉伯的海船进行过对比，认为相比于中国海船，阿拉伯的海船十分简陋。造船的木材过于干脆，铁钉打不进去，而且容易震裂。船板只用椰索缝合。船底不涂沥青，只用鱼脂油再加絮捻缝。船体也很小，仅一桅、一舵、一舱，连铁锚都没有。中国的海船则"用枞木（sapin）制造"，具体来讲：

> 各有一舵，而具四桅，偶亦别具二桅，可以竖倒随意。船用好铁钉结合，有二厚板叠加于上，不用松香，盖不知有其物也，然用麻及树油掺合涂壁，使之绝不透水。每船舱上，至少应有水手二百人，盖船甚广大，足载胡椒五六千担。无风之时，行船用橹，橹甚大，每具需用橹手四人操之。每大舶各曳二小船于后，每小船各有船夫四五十人，操桨而行，以助大舶。别有小船十数助理大舶事物，若抛锚、捕鱼等事而已。大舶张帆之时，诸小船相

---

① （清）徐松：《宋会要辑稿》第一四五册，"食货五十"，中华书局1957年版，第5659页。
② （宋）周去非著，杨武泉校注：《岭外代答校注》，中华书局1957年版，第5659页。
③ [意]马可·波罗：《马可·波罗行纪》，上海书店出版社2002年版，第383页。

连,系于大舟之后而行。然具帆之二小周,单行自动与大舶同。①

阿拉伯人从中国进口的货物中,提到最多的是丝绸、瓷器等。《中国印度见闻录》中讲道:"关于中古的薄似玻璃的陶瓷及制作这种陶瓷的优质黏土,更是作为中国的一大特产,而载入书中。这不禁使人联想起,阿拉伯商人对中国陶瓷的兴趣,特别是宋代以后,陶瓷器物已取代丝绸,而成为南海贸易中最引人瞩目的商品了。"②阿拉伯地理古籍中对"中国瓷器"的描写很多,我们可以体会到古代阿拉伯人对中国瓷器的珍视,"中国瓷器作为中外丝路文化交流的佐证,不仅被阿拉伯学者,还被我国学者在其论著中反复提及,比如周一良的《中外文化交流史》和沈福伟的《中西文化交流史》等,由此可见阿拉伯古籍中,有关中国的记载在学术研究领域的重要性"③。

传统的丝织业和瓷器业在宋元时期更加发扬光大。丝织业以江南地区最为兴盛,自宋以后,"天下丝缕之供,皆在东南,而吴丝之盛,唯此一区(两浙)"④。两浙的丝绸产量彼时已超过四川。

宋元时期的瓷器也较唐代的花色、品种、制作工艺等都有所丰富和提升。唐代的瓷器号称"南青北白",宋元的瓷器品种更多,除了青瓷、白瓷,还有影青瓷、青白瓷、黑瓷、釉下彩等,以北方的定窑、磁州窑、钧窑、耀州窑和南方的景德窑、越窑、龙泉窑、建窑八大名窑为代表,其中又以景德窑和龙泉窑的制品最为著名。当时的制瓷中心景德镇,有民窑二三百座,工匠数十万人。根据宋人笔记小说的记载,瓷器在宋代民间日常生活中的使用已经十分普遍,如酒楼一般都用耀州青瓷碗,饮食也是用定州的白瓷瓶等。在海外,中国瓷器业风靡世界各地,如12世纪时,埃及著名的抵抗十字军的英雄人物萨拉丁(Saladin)就曾用40件中国瓷器作礼物,送给大马士革国王努尔艾丁(Nar

---

① [意]马可·波罗:《马可·波罗行纪》,上海书店出版社2002年版,第385页。
② 《中国印度见闻录》,穆根来、汶江、黄倬汉译,中华书局1983年版,第33页。
③ 葛铁鹰:《阿拉伯古籍中的中国(十一)》,《阿拉伯世界研究》2004年第3期。
④ (清)郑沄修:乾隆《杭州府志》,首卷,上海古籍出版社1995年版。

Eddin)。伊本·白图泰在其游记中也写道："中国人将瓷转运出口至印度诸国，以达吾故乡摩洛哥。此种陶（瓷）器，真世界最佳也。"① 元人汪大渊根据游历海外的见闻，在其《岛夷志略》中记述元代中国的青白瓷器、青瓷器、青白花碗、青花碗等产品，已经远销51个国家和地区。《萍洲可谈》也记载瓷器外销诸国时，为了多运一点，已经采用了套装的方式，即"船舶深阔各数十丈，商人分占贮货，人得数尺许，下以贮物，夜卧其上，货多陶器，大小相套，无少隙地"②。

除了传统的丝绸和瓷器，《中国阿拉伯文化交流史话》中还对珍珠的贸易过程进行了详细的描写，这方面的资料多见于北宋人李昉主编的《太平广记》，其中讲道：贞元（785—804）年间，居住在广州邸店中的大食商人得知商人崔炜手中有一颗阳燧珠，就用十万缗钱将它买走。购得此珠之后，"胡人遽泛海舶归大食去"。另有一苏州的守船者，于元和初（806）将一枚"径寸珠"卖到扬州胡店，获钱数千缗。唐建中年间（780—783），乐安人任顼将一枚径寸珠带到广陵（扬州），卖给了大食商人，竟"以数千万为价而市之"。另外一位叫韦弇的中国商人，他在四川得到三件珍宝，即碧瑶杯、红蕤枕、紫玉函，后于开元年间（713—741）将它们卖给了大食商人，大食商人"以数十万金易而求之"。大食商人早在贞观初年（627）就曾将一枚叫水珠的国宝献给了唐太宗李世民。③

这些故事反映出，阿拉伯人在中国的珠宝生意十分兴隆。珍珠既是理想的装饰品，又是名贵的药材。无论是在中国还是在阿拉伯，在医学上用珍珠医治癫痫，起镇静作用；同时也可用于眼科治疗白内障；还可以美容，去除痘疮、疔毒。至今，中国藏族传统成药"然纳桑培"，又名"七十味珍珠丸"，以珍珠为主药来治偏瘫和高血压有特效，其中部分医药成分只能从印度、阿拉伯等国进口。而产于阿拉伯半岛所临之红海和波斯湾的珍珠因日照强烈，海水盐分高

---

① [摩洛哥]伊本·白图泰：《伊本·白图泰游记》，马金鹏译，华文出版社2015年版，第396页。
② （宋）朱彧：《萍洲可谈》（卷二），"舶船航海法"，李伟国点校，中华书局2007年版，第133页。
③ 参见（宋）李昉主编《太平广记》卷三十四，"崔炜"，中华书局1961年版，第216—220页。

而质地优良,光泽美,颗粒大而圆,自古就是波斯、阿拉伯商人的传统商货。阿拉伯珍珠进入中国市场,不仅为中国人提供了理想的消费品,而且也将阿拉伯的文化介绍到了中国。①

  丝绸之路上的中阿民间交往"主要通过宗教之旅、学术之旅和商贸之旅等方式时断时续、绵延不断地进行,并形成了独特的丝路交往模式,在中阿民间交往史上发挥了重要的作用,且产生了深远影响"②。纵观历史,不管是官方交往还是民间交往,中阿之间的交往绵延不断,促进双方在经济、政治、文化、科技等方面的相互影响、相互学习。

---

① 参见宋岘《中国阿拉伯文化交流史话》,社会科学文献出版社2011年版,第56页。
② 马丽蓉:《"丝路战略"与中阿民间交往的机制化建设》,载姚匡乙、马丽蓉编《丝路新篇——中阿合作论坛十周年论文集》,世界知识出版社2014年版,第188页。

第三章

海上丝绸之路上的中阿交往的历史

第一节　海上丝绸之路较之陆上丝绸之路的优越性

尽管在中世纪,航海会遇到种种自然和人为的困难和危险,但生活在广阔地理范围内的人们由于经济、宗教等原因,仍需要驾船远航,海上丝绸之路超过了陆上丝绸之路,越来越多的中阿商人利用海上丝绸之路来发展相互之间的对外贸易,海洋贸易的扩张也导致了船舶数量和规模的增长。

与陆地上的旅行相比,海上旅行更快捷、更平稳也更有效率,在大多数情况下也更为方便。它的优越性主要体现在抵御陆上外敌入侵,季风的规律性,船的速度、输送能力和远距离航行上面。

在古埃及法老至上统治的确立以及政权领土不断扩大的进程中,尼罗河为这个国度提供了优越的地理环境,古老的文明便由此展开。在交通并不发达的年代,海洋和河流很好地阻挡了外部侵略,起到缓冲的作用,同时也为文明国家展示政治军事实力提供了一个广阔的舞台。文明的交流总是有来有往、互相融通的,在向外传播的同时,古埃及文明也吸收了其他国家的先进文明,陆上来往深入美索不达米亚平原,海上交流直达幼发拉底河。古埃及由于不断汲取众多先进文明的成果,从而能够在历史上展现出更加夺目持久的魅力。古埃及人的军事行动中最引人注目的,"就是他们开辟了穿过黎凡特和东地中海地区的海上交通线。在近4000年的时间里,这条海上交通线一直是海上文化交流和商业贸易的重要中心"[①]。

海上的航行受季节的影响较大,然而,海上的季节波动(当然,地中海的变化比印度洋或太平洋的波动要小)同时也有其优势:它符合某种节律。懂得

---

① [美]林肯·佩恩:《海洋与文明》,陈建军、罗燚英译,天津人民出版社2017年版,中文版序。

适应节律者，就能降低遭受损失的风险。海上航线和海上活动与周期性反复的条件高度相关，也就是说，大海洋空间的历史——例外存而不论——某种意义上可理解为显著受到自然恒定节律影响的各种事件的序列。当然，我们了解地质断层和河口沉积物造成了海岸线的缓慢变化，也知道曾有过毫无征兆的大灾难，但这类"震荡"对于事件的"脉搏"几乎从未产生过持久的影响。①

传统的阿拉伯商队在长距离的交通运输中，尤其是通过沙漠时，通常使用骆驼、马、骡子、牛和驴等交通工具。这种长距离交通的运送中，骆驼扮演着最重要的角色。但根据搬运东西的种类，陆上交通受到气候、地形、土壤等不同条件的影响，骆驼搬运的重量就各不相同。伊本·白图泰提到，与罗马时代不同，在伊斯兰时代之后，载货车的使用通常都限定在都市至农村这种近距离的运送中，长距离的搬运还是用专门的骆驼商队。与骆驼等动物运输方式相比，船队的优越性并不仅仅在于单纯的人类的活动场所从陆上扩展到了水上（海上），更体现在速度方面。一头骆驼的平均载重能力是240—250千克，阿拉伯语中被称为"一荷（himl / haml）"②。骆驼可以平均搬运230千克的货物，相当于300mann或600ratl。商队平均一天的移动距离（marhala）为4farsakh③，相当于24千米——1farsakh相当于3阿拉伯英里和6千米。与此相对的是，现在以阿拉伯海为中心活动的大型三角帆船"dhow"的平均载重量换算成椰枣的话，约为1600—2000筐，一筐约为60千克，总重量相当于96—120吨。利用季风后平均一天的航行距离约为100阿拉伯英里，也就是160—200千米，一昼夜的平均航海距离被称为"1majra"④。因此，航海时船的每日航行距离是陆上商队每日移动距离的7倍到8倍。还有一种说法，在陆上

---

① ［德］罗德里希·普塔克：《海上丝绸之路》，史敏岳译，中国友谊出版社2019年版，第15页。
② himl/haml：是人、动物、载货车搬运东西的重量单位。人的最大搬运重量是60千克，骆驼可以搬运240—250千克。
③ farsakh：是1小时的步行距离，在伊斯兰世界相当于4—6千米。
④ 在阿拉伯语中majra是指方位，朝一定方向移动，罗盘的方位的意思。1 majra是32方位中的一个度（dira）移动的方位角。

商队的输送中,只有三分之一的骆驼运输货物,其余三分之二的骆驼用来带水、食物以及乘坐、休息的物资。比如说,由1200头骆驼组成的商队,实际运送货物的只有400头骆驼,运送总量相当于96—100吨。换句话说,单纯从计算角度讲,一艘大型三角帆船和1200头骆驼组成的商队的运送量是大致相同的。

海上船运还有输送成本较低的优点。船运可以直接运输压舱货物,例如,石材、砖头、瓦、木材等建筑材料,柴、燃料类、矿物原料、油脂、饮用水、谷物类、盐、家畜、家畜饲料、香料、药物、染料类、陶瓷,以及最重要的人类(奴隶)等。这类货物都有较多的重量和较大的体积,属于远距离且不易在陆地用骆驼运输的货物。而且,船可以作为储存仓库,长时间在船舱内储存存货,停靠在市场附近。[1]

海上和陆上丝绸之路各有优劣,从安全性来说,海上航线面临着更大的风险。在以往的历史中,人们积累了陆上远行的丰富经验,陆地的影响因素十分有限,且比较容易被人们所克服。而海上航线所需的"天时地利人和"缺一不可。尤其是季节更替、气候变化等自然因素造成的风浪等,使得海上丝绸之路的环境变得十分险恶。艾布·载德在916年写道:"尸罗夫的船,当他们来到印度洋右边的大海(即中世纪地图上的西方),到达吉达时,就停在了那里;因为在那片海上航行很不容易,那里有很多礁石。"[2]

在海上航行中,航海者必须了解当地的地理情况,这是一个重要的先决条件。在吉达,从印度洋运到埃及的货物常被装上来自古勒祖姆的船,与较大的尸罗夫船相比,这些船更小也更安全,船长们更熟悉各种风险。阿布·扎伊特写道:"整片海岸都没有王国,有人居住的地方很少。总之,为了避免撞上岩石,船只每晚都不得不停泊在一些安全的地方。船只仅在白天航行,整个晚上都停泊在港内。海上常常出现浓雾和狂风,所以只能如此。"917年,麦斯欧迪从阿曼出发,最后一次航行到东非。他记录了海员们关于这部分海域所说的话:"他们补充说,这崇高的波浪就像是巍峨的山脉,能升如山,低沉如谷。

---

[1] [美]林肯·佩恩:《海洋与文明》,陈建军、罗燚英译,天津人民出版社2017年版,中文版序。
[2] 《中国印度见闻录》,穆根来、汶江、黄倬汉译,中华书局1983年版,第119页。

海浪永不停歇。他们还说海浪是'疯狂的'。朝圣者更喜欢从陆路旅行,有的人穿过阿拉伯半岛西部,有的人沿着尼罗河向上,穿过沙漠,然后乘船到达吉达。他们尽量避免红海的危险,阿拉伯作家对红海的描述和希腊人对红海的描述是一样的:到处都是珊瑚礁,狂风大作,海岸荒凉:需要一个熟练的舵手,而且必须在夜间抛锚。"[1]

第二节 中阿海上丝路交往的历史和记载

海上丝路从东南亚到东北亚连接了许多国家的市场,从而形成一个统一经济体和贸易网。中阿经贸交往持续了数百年,随着航海技术和经验的提高积累,在海上贸易繁荣的地区,"便形成了一种良性循环,即货物的运输与文化的传播使地方统治者获益,相应地,这些地区的国家变得更加强大而稳定,从而吸引更远处的商人前来"[2]。据汉文史料记载,唐高宗永徽二年(651),大食国第三任哈里发奥斯曼首次正式遣使入唐,至唐德宗贞元十四年(798)的近一个半世纪中,大食向中国遣使达39次。

在古代中国的"世界观"中,整个"天下"被划为几个不同的州,与现代世界依据大地的球形理论划分大洲板块有着很大不同,当时的观念主要以地域区别来划分其他民族。汉地以东的称为"东夷",包括朝鲜、日本;东南亚为一组,大体上属于"南蛮",印巴次大陆自成一组,统称天竺或印度;波斯湾、阿拉伯半岛、东非为一组,基本上划入后来的大食范围;地中海沿岸地区为一组,在历史上被分别列入广义的大秦、西域、大食范围。中国人的这种天下观大体上以航路为依据,一直维持到近代殖民主义东来为止。[3]

中阿海上丝路交往的通道印度洋,是贯通亚洲、非洲、大洋洲的交通要

---

[1] [阿拉伯]麦斯欧迪:《黄金草原与珠玑宝藏》,贝鲁特时代书局1988年版,第145页。
[2] [美]林肯·佩恩:《海洋与文明》,陈建军、罗燚英译,天津人民出版社2017年版,第235页。
[3] 刘迎胜:《丝路文化·海上卷》,浙江人民出版社1995年版,第9页。

道，这也使它成为世界各大洋中最早的海运中心。

中国作为世界文明古国之一，对当时作为世界海洋贸易中心的印度洋也有许多憧憬和研究。早在公元前2世纪，中国人就开辟了一条能到达印度洋的航线。随着航线的开辟和贸易的往来，中国也开始派遣政府的使臣出使远洋。1世纪后，中国经过不断的探索，了解到能够取代从雷州半岛出发沿海岸前进通往印度洋的航线，即由波斯湾出发可以直达远至埃及的航路，这是中国海运史上的一个重大发现。5世纪初，东晋僧人法显在巡礼返程后著《佛国记》一书，这不仅是一本记录佛教传播的重要文献，其价值更在于记录了太平洋至印度洋航线的丰富的信息和经验。5世纪以后，中国的航海技术已有了长足的进步，能够跨越印度半岛并克服种种困难而到达波斯湾。7世纪以后，中国又逐渐开拓了直达航线并取得了第一次到达东非水域的重大突破，这是跨越洲际航行的重要标志。不过，此时的航线依旧是沿海岸线开辟的，直到11世纪，横渡印度洋的航线才随着航海经验和造船技术的进步而被攻克。在14世纪之前，记载中国人通过海上丝路前往西亚和非洲的远洋航路的典籍屈指可数，其有关中阿交往的记载也只字片语，其中较为著名的有：东晋法显的《佛国记》、唐时期日本人真人元开的《唐大和上东征传》、义净的《南海寄归内法传》、元代周达观的《真腊风土记》以及唐代杜佑的《通典》，其中大多是关于佛教传播的记载或高丽的航行，故有关造船文明、航海技术以及航海文明等相关记录十分简单，唐代贾耽的《皇华四达记》、宋代周去非的《岭外代答》与赵汝适的《诸蕃志》等书，对中国人前往阿拉伯国家的远洋航路记载十分详细，但其作者均无航海经历。"这种远离陆岸、越洋致远的航行具有划时代意义，它标志着中国人航海技能的熟练和造船工艺的高超。所以出现了15世纪的郑和下西洋，在印度洋上演出了威武雄壮、有声有色的一幕。"①

《中国人与印度洋》中展示了一幅《东方的商贾》图，我们可以看到一艘收起篷帆的阿拉伯天鹅船首的海船停泊在岸边，码头上有7个人物在活动着。仔

---

① 耿引曾：《中国人与印度洋》，大象出版社2009年版，第66页。

东方的商贾（图片来源 耿引曾：《中国人与印度洋》，大象出版社2009年版）

细分辨画面，从人物的衣着上看，他们来自不同的国度。从人物的举动上看，表现出他们正在进行瓷器和丝绸交易。其中站在船前的、左手叉腰、右手捋胡须、身着氅袍、头上箍头巾的，显然是阿拉伯商人。与这个商人对话的是一个双手捧瓷罐、头戴无檐毡帽、身着黑边短袖束腰背搭的西亚人，似乎在兜售他的商品。在阿拉伯人与西亚人之间有一筐瓷器，筐里有一个细颈瓶和一个大腹瓶，筐外也有一个细颈瓶和一个小碗。西亚人的后面又有一个包扎头巾、身穿直裰、卷袖露臂、弯腰并双手捧一个圆形器皿向筐内之姿态的人，此人大概是阿拉伯商人的伙计。在阿拉伯人的后面还有一个头顶大包、裸露右肩右臂、赤脚行走的人，无疑是商船上的苦力。当我们把视线再移到画面的另一端，可以看到一个头戴皮帽、身着短袖长袍的老年波斯商人，和一个头戴尖顶帽、身穿宽袖长袍的中国商人一起拉扯着一匹绸缎，似乎在品评质量和价格。而站在中国商人旁边的人，从他头戴尖顶帽、身着直裰、手抱一捆绸缎、腰上拴个布袋和别着一把短刀，再加上面前又堆了一个大包和一捆丝绸，基本可以断言，此人是中国商人的伙计。尽管这幅画的作者和成画时间尚待进一步考证，但它仍不失为13世纪海上交通贸易的一个形象资料。由于画中的交易品是中国的特产——瓷器和丝绸，交易者是中国人、阿拉伯人、波斯人，即使交代不出这艘海船停泊港口的名称，也不妨碍这幅画作为中国人参加印度洋贸易的佐证。这正是笔者介绍此画的着眼点。①

---

① 耿引曾：《中国人与印度洋》，大象出版社2009年版，第5页。

交通是文明交流的桥梁，随着印度洋上开通的航线联通了世界东西两个半球，来华的外国人不断增多，为中国带来了许多奇珍异宝的同时，也引入了外族的礼仪和习俗，都为中国文明的丰富发展注入了新的活力。《艺文类聚》卷八五记载，西晋太康二年（281）大秦国使臣自广州来贡，"众宝既丽，火布尤奇"。三国时外国人在东南港市已经不再罕见，据《三国志·吴志·士燮传》记载，当时广州地方官出巡，"胡人夹毂焚香者，常有数十"[1]。

随着地理知识的增长和中阿交往不断深入发展，海商、水手们已经注意记载航行所经海区的情况。从东汉时代开始，我国南海水域在历史文献中已经开始称为"涨海"，《后汉书》记载道，"交趾七郡贡献，皆从涨海出入"。从此不仅许多汉文文献都提到"涨海"，域外史料也提及这个海名。9世纪阿拉伯地理学家苏莱曼曾记载前往中国的航海，他提道："从昆仑岛出发，船队进入涨海水面。"[2] 在以印度沿海为交点的东西方交往的形式中，曾一度盛行彼此直接航达对方港口的景况。

阿拉伯地理学家麦斯欧迪记载，5世纪上半叶在幼发拉底河已经见到印度和中国的船只，苏莱曼也提到西尸罗夫有许多中国海舶航行到这里。可见，"在马苏第（麦斯欧迪）所处的9、10世纪，义净往返印度早已一改汉代以来需要凭借外国贾船'转送致之'的状态，东西方的造船和航海技术增强，在历史记载中明显出现了航船直接驶达对方港口的盛况"[3]。

由于远航经验的积累和技术的提高，从中国大陆赴东南亚的航船可以不再沿南海的海岸线航行，这也就为加强与南海诸岛的交往做好了铺垫。据《扶南传》说："涨海中，列珊瑚洲，洲底在盘石，珊瑚生其上也。"[4] 这里所提到的

---

[1] （晋）陈寿：《三国志·吴志·士燮传》，中华书局1982年版，第1191页。
[2] ［法］费瑯编：《阿拉伯波斯突厥人东方文献辑注》，耿昇、穆根来译，中华书局1989年版，第41页。
[3] 高荣盛：《古里佛/故临——宋元时期国际集散/中转交通中心的形成与运作》，载李治安主编《元史论丛》（第十一辑），天津古籍出版社2009年版。
[4] （宋）李昉等撰：《太平御览》卷六九，"地部三十四"，中华书局1960年版，第326页。

涨海即今之南海。南海诸岛如南沙群岛、西沙群岛，均是由珊瑚礁构成的。不仅中国水手，而且往来于中国和印度洋的外国航海家也了解到南海的珊瑚礁，阿拉伯人苏莱曼在叙述涨海时，描写到船只进入"涨"（即"涨海"）后，暗礁浸没在海水之下，船只从暗礁之间的隧道通过，安全航行要靠真主护佑。[①] 很多阿拉伯地理学家在其书中提到过涨海，这说明航海技术的进步是世界性的。[②]

元朝时期，中华大地的疆土拓展到以往远远不能及的境界，东起太平洋，西达地中海，北抵北冰洋，南至印度和东南亚。版图的扩大也就意味着，在交通并不发达的条件下，百姓交往变得十分困难。不过，随着蒙古人的战斗和征服，不同地域和民族的人们渐渐成为了臣民或者奴隶，反而间接地加强了人们之间的联系，民族之间距离的隔阂被打破了。因此，"元代海外贸易的兴旺，远非汉唐所能比拟。世人在评述明初郑和航海时，无不为当时中国航海术的发达而自豪，而郑和的远航正是元代航海的继续。世界上许多不同的民族因为所处的地位不同，对蒙古时代的评价也不一样，但在蒙古时代是东西文化交流空前繁荣的时代这一点上，几乎是没有分歧的"[③]。

宋元时期的四百年里，中国航海家凭借着积淀丰富的航海经验，长时间在世界航海领域处于领先地位。此时的航海范围已经覆盖了亚洲、阿拉伯半岛和东非地区，尤其在西太平洋—北印度洋范围内，占有明显的优势。元朝以后，在与阿拉伯人有了更为密切的接触后，通过学习更新的航海经验和地理知识，中国航海形成了一个更规范和完整的系统，进入到一个新的发展阶段。

随着对航海事业的重视与探索，宋元时代出现了许多专业的地理典籍如《诸蕃志》《大德南海志》《异域录》等。这些文献不仅展现了当时地理发现的

---

① 参见［法］费琅编《阿拉伯波斯突厥人东方文献辑注》，耿昇、穆根来译本，中华书局1989年版，第57页。

② 刘迎胜：《从西太平洋到北印度洋——古代中国与亚非海域》，南京大学出版社2017年版，第29页。

③ 刘迎胜：《丝路文化·海上卷》，浙江人民出版社1995年版，第146页。

重大成果，同样也是航海事业经验积累的结晶，其中对于西太平洋和北印度洋的探索成果展示了中国在当时世界航海领域的地位。与此同时，在国家间的贸易往来中，先进技术和著作研究也被传播进来，尤其是阿拉伯地理学知识的引入，为明代航海的进一步发展准备了充分的条件。

宋元时期中国航海已经不再是"摸着石头过河"，而进入了准确运用地理知识和航海技术的"定量航海"阶段。当时的航海家已经能对航海中遇到的气象、风浪等各种风险有良好的判断。一些科学家和发明家能运用古代科学知识制造出古代的"导航仪"，即磁罗盘。许多航海家已经可以通过掌握的地理知识来定位和预测风险。此外，中国的航海家还掌握了通过使帆转舵的技术来应对各种风向，对所航行海域的水深也有了深入的了解。总之，宋元时期的中国航海是在科学知识与技术结合的基础上发展起来的，明代永乐和宣德年间郑和的远航就是在这个基础上推动而成的伟大事迹。

经济若想得到持久发展必须根植于稳定的民生，为此，明初政府施行了一系列有效的措施来恢复民生和发展社会生产力。明朝政府主张"爱民"思想，减少征收徭役赋税，给予百姓恩惠，保障基本民生来稳定社会秩序。同时兴修社会工程，鼓励开垦荒地以发展农业，奠定了经济基础，保障了国家经济的恢复和发展。另外，明朝政府还颁布了许多有利于手工业和工商业发展的政策，以景德镇为例的制瓷业、江南地区的纺织业和沿海地区的造船业等，无论在技术革新还是生产贸易方面都有了长足进步。与此同时，国内农商也迅速发展，国内市场的自给自足刺激了国外市场拓展的需求，中国的茶叶、丝绸、香料等正好填补了许多海外国家市场的空缺，在中国商品"走出去"的同时，又进一步促进了商品质量和品类的完善。因此，在"需求—满足—新需求"的循环过程中，源源不断的海外贸易的动力，推动"中国制造"走出了国门。

从东西双方的多维度进行比较，与东汉时期罗马船队远航到中国相比较，西汉时期中国远航至印度，无论在规模范围上还是技术娴熟程度上，较之都略胜一筹。撰写隋唐航海经验实录《皇华四达记》的贾耽，以及杨枢、汪大渊等人，其率领的航海队伍都是很优秀的，相比西方一些船只更占上风。更不用说明朝郑和的船队,毫不夸张地说,郑和的船队代表了古代中国航海的顶峰,较之西方航海事业的停滞不前,郑和船队带领中国航海事业独占世界航海业的鳌头。

实力决定了话语权,明朝中国航海事业的重大进步也直接决定了中国在海上丝绸之路中的主导地位,在中国的引领下多文明的相互碰撞,擦出了灿烂的火花。

第三节 中阿地理典籍中有关海上丝绸之路的内容对勘

历史上,东西方地理典籍都有关于中阿丝绸之路上"互学互鉴"的记载,彰显了人类文明进步的共同价值取向。中世纪阿拉伯地理典籍中保存了大量关于中阿丝绸之路交往的历史记录,这些史料有着非常珍贵的价值,我们将其与中国历史典籍的内容进行对勘,还可以从阿拉伯人的视角反观中国文化和中国形象。目前已有国内学者进行过此类工作,例如,华涛提道:"《中国印度见闻录》中谈及的从阿拉伯半岛前往中国的海路路线和沿途岛屿,与贾耽描述的第七条大道'广州通海夷道'的情况基本吻合。《中国印度见闻录》的有些记载比较容易与历史对接,如记载了'中国使用带孔的铜钱'[1],如中国男人'总是留着满头长发'[2],再如中国人婚姻注意到'凡是亲属,或同一血统关系的男女不能结婚,只能到本族以外去求亲'[3]。""虽然《中国印度见闻录》的作者很可能并没有到过中国,但其中记载的中国资讯,应该是亲身经历者在巴格达流传开的,有些可以补充中文文献中缺少的内容。"[4]

---

[1] 《中国印度见闻录》,穆根来、汶江、黄倬汉译,中华书局1983年版,第99页。
[2] 《中国印度见闻录》,穆根来、汶江、黄倬汉译,中华书局1983年版,第20页。
[3] 《中国印度见闻录》,穆根来、汶江、黄倬汉译,中华书局1983年版,第120页。
[4] 华涛:《中文和阿拉伯—波斯文古籍中的"一带一路"》,《新世纪图书馆》2016年第11期。

在中国历史地理典籍的记载方面,"历史上,中国与周边各国的交往,和平相处固为主流,然亦不无兵戈相向的插曲。历代对外行纪,既有民间的游历、使者的派遣和宗教传播,也有军事征伐的路线"①。根据《竹书纪年》,在夏朝帝芒时,"命九夷狩于海,获大鱼";《诗经·商颂》又说"相土烈烈,海外有截"。由此可证明,夏统治下的商人势力已经越过渤海或黄海,但中国人对海外诸国的系统而详细记载是从汉代开始的②。张骞归来所著的《出关志》、杜环的《经行记》、马欢的《瀛涯胜览》、周去非的《岭外代答》、汪大渊的《岛夷志略》等中国典籍都为中国人认识阿拉伯世界提供了珍贵的第一手资料,成为中阿友好交往的力证。

中国对海外民族的研究具有悠久的历史。中国是世界上历史典籍最为丰富的国家,汉文史料中保存了有关海上丝绸之路历史的丰富记载。"最早具体提到东西海路交通的是《汉书·地理志》,它描述了从今广东沿海经中南半岛、东南亚前往'黄支国'和'已程不国'的海路。"③

汉代在《史记》《汉书》《后汉书》《拾遗记》《通典》等中国典籍中都有记载条枝④的内容,《中西交通史料汇编》已作解释:"中国人之知有阿拉伯,始自汉武帝时张骞西使。骞归中国,报告西域之各国情形。汉时之条枝与唐时之大食皆为'Tajik'或'Taz'之译音,波斯人自昔即称阿拉伯人以是名。张骞闻自安息人,而唐初又传自波斯人也。"⑤

许多中国人在怛罗斯之战被俘,"有汉匠作画者京兆人樊淑、刘泚,织络者河东人乐环、吕礼"⑥,其中包括做了十年战俘的杜环,证明了造纸等中国的技术传入阿拉伯帝国的时间和渠道。中国的纸张具有不可比拟的优势,比鲁尼

---

① 陈佳荣、钱江、张广达:《历代中外行纪》,上海辞书出版社2008年版,第2页。
② 刘迎胜:《丝路文化·海上卷》,浙江人民出版社1995年版,第9页。
③ 刘迎胜:《丝路文化·海上卷》,浙江人民出版社1995年版,第19页。
④ 条枝:古西域国名,约在今伊拉克境内。《史记·大宛列传》:"条枝,在安息西数千里,临西海。"
⑤ 张星烺编注:《中西交通史料汇编》(第二册),中华书局1977年版,第119页。
⑥ (唐)杜佑:《通典》卷一九三,"大食",中华书局1988年版,第5257页。

说道:"在古代,印度人和希腊人都没有将皮用于文字书写的习惯,当苏格拉底被问及为何不写书时,他说:我不愿将人脑中的知识置于死去动物的皮上。犹太王国时期和阿拉伯帝国早期,人们在动物熟皮上写字,先知《圣训》《古兰经》便是写在母羚羊皮上,《旧约》也是如此。书中写道:'他们将它写于纸上。'此处的纸是指埃及所使用的莎草纸,这纸由纸莎草制成,许多保留至今的哈里发时期典籍都由它制成,它有着不易发黑、变质、腐烂的特点。中国人所使用的纸,最早是在撒马尔罕出售,随后被传到多个地区,供不应求。"[1] 从那时起,阿拉伯地理典籍中经常提到,阿拉伯人认为中国人心灵手巧、擅长手工艺,甚至形成一种书写习惯。正如本书前文所述,阿拉伯地理古籍中对中国知识的描写非常多,具有连贯性、可靠性,甚至对中国社会风貌的描写内容,成为阿拉伯地理古籍中一种必不可少的"流行"体例。

著有《经行记》的杜环在阿拉伯帝国生活十年后,乘船沿着开始逐渐繁荣的海上航线回到中国。他所在的时期正值阿拉伯帝国政权更替之时,在他的《经行记》中有对"大食"风土人情的描写:

> 大食一名亚俱罗[2] 其大食王号"暮门",都此处。其士女瑰伟长大,衣裳鲜洁,容止闲丽。女子出门,必拥蔽其面。无问贵贱,一日五时礼天,食肉作斋,以杀生为功德。系银带,佩银刀,断饮酒,禁音乐。人相争者,不至殴击。又有礼堂,容数万人。每七日,王出礼拜,登高座为众说法曰:"人生甚难,天道不易。奸非劫窃、细行谩言、安己危人、欺贫虐贱,有一于此,罪莫大焉。凡有征战,为敌所戮,必得升天,杀其敌人,获福无量。"[3]

中阿双方都有对怛罗斯之战的描述,虽然很多记载都有不符的地方,叙述内容、伤亡人数不同,不过从长远来看,这场战争并没有影响两国的关系。

---

[1] [波斯]比鲁尼:《地理志》,黎巴嫩科学书籍出版社2002年版,第66页。
[2] 亚俱罗:大食早期都城之对音 Akula,阿拉伯语称 al-kufah,今之库法。
[3] 陈佳荣、钱江、张广达:《历代中外行纪》,上海辞书出版社2008年版,第311—319页。

被俘的这段时间，杜环通过亲身经历，搜集汇编了当时都城在库法的阿拔斯王朝的社会风貌，其内容对后世影响深远。

唐代的《旧唐书·大食传》《新唐书·大食国传》和《新唐书·南诏传》所记黑衣大食兵，《通典·大食国传》《经行记》以及贾耽的《海内华夷图》与《古今郡国县道四夷述》中所记的大食海道等都更加详细地描述了阿拉伯帝国的社会情况。《新唐书·地理志》中详细说明了贾耽提到的"广州通海夷道"，他对通往阿拉伯帝国的海路有这样的描写：

广州东南海行，二百里至屯门山，乃帆风西行，二日至九州石。又南二日至象石。又西南三日行，至占不劳山，山在环王国东二百里海中。又南二日行至陵山……又西行一日，至乌剌国，乃大食国之弗利剌河，南入于海。小舟溯流，二日至末罗国，大食重镇也。又西北陆行千里，至茂门王所都缚达城。自婆罗门南境，从没来国到乌剌国，皆缘海东岸行；其西岸之西，皆大食国，其西最南谓之三兰国。①

贾耽是当时的宰相，同时也是位地理学家，他本人没有去过阿拉伯帝国，但这本书的内容包含了明显的通往阿拉伯世界的地理知识，这本书是基于那些亲身体验过航海路线的人的叙述而完成的。贾耽描述的从广州到阿拉伯帝国的道路与《中国印度见闻录》中提到的从阿拉伯半岛到中国的海路、驿站等情况基本一致。例如，"越过朗迦婆鲁斯岛，便是两个被海水分隔开的岛屿，叫安达曼。这里的居民是吃活人的，黑色皮肤，头发卷曲，面容凶恶，两眼吓人，两只大脚板"②。安达曼，《诸蕃志》中作晏陀蛮，书中有记载："海中有一大屿，内有两山，一大一小，其小山全无人烟，其大山周围七十里，山中之人，身如黑漆，能生食人。"我们可以将《伊本·白图泰游记》所记载的内容和贾耽所记录的广州入南海道相对照，最终发现，在唐代国人将撒拉赫特海称为"质

---

① （宋）欧阳修、宋祁等撰：《新唐书·地理志》，中华书局1975年版，第1146页。
② 《中国印度见闻录》，穆根来、汶江、黄倬汉译，中华书局1983年版，第5页。

海"，而古代典籍当中所提到的"硖"其实就是马六甲海峡；昆都兰海在唐代被称为军突弄海，其实就是现在爪哇海北部以及暹罗南部；桑吉海其实就是我国的南海。①

贾耽曾任鸿胪卿之职，就是主管朝廷与各族、各国往来之事。因此，他熟悉边疆或域外地理，曾撰写过《海内华夷图》和《皇华四达记》，今已不见。幸赖欧阳修主持修《新唐书》时，摘录《皇华四达记》之要点，归纳七条路线记录在《地理志》中，其中陆道五条，海道两条。海道之一为"登州海行人高丽，渤海道"，另一条即"广州通海夷道"。这条"广州通海夷道"是一条通向印度洋的航线。从其记述中可以了解到中国通向印度洋的具体行程。关于这条远洋航路的地名今释，由于学者已取得较一致的看法，只是对三兰国的今地在东非沿岸的具体地点有异议，或谓在坦桑尼亚首都达累斯萨拉姆，抑或索马里；据孙光圻考订②，在桑给巴尔海峡附近较为可信，故采纳之。这条远洋航线是从中国的广州出发，经南海、印度半岛西海岸、波斯湾阿拉伯半岛南岸，到非洲东海岸的航线。首先，标志着唐代的航海家们在广大的北印度洋上大显身手。其次，这条航线已跨越暹罗湾口和孟加拉湾口，但仍然属于沿岸航行，不过说明它已实行洲际航行了。再则，从这条航线上航船停泊的港口及其物产来看，它是一条联络东西方经济文化的主干线，从而也反映出中国人的航海活动已从过去的政治外交转向经济贸易了。无可否认，这条航线把亚洲的东部、东南部、南部、西部和非洲的东部贯穿在一起，其航线之长，航区之广，港口之多，在当时的世界上是显赫一时的。可以毫无愧言地说，中国与亚非各国的航海者已驾驭了印度洋。③

自唐代起的"广州通海夷道"是中国海上丝绸之路的最早叫法，是当时世界上最长的远洋航线。日益增长的海洋贸易变成了中阿之间一种相对陆上更加和平、安全的商业活动。许多来自巴格达的商人通过海上丝绸之路到达中国港

---

① 张广达：《西域史地丛稿初编》，上海古籍出版社1995年版，第60页。
② 孙光圻：《中国古代航海史》，海洋出版社1989年版，第312页。
③ 耿引曾：《中国人与印度洋》，大象出版社2009年版，第5页。

口城市广州,再继续到达唐朝首都长安,在那里寻找商机。唐朝繁荣的经济促使中国人欢迎外国商人以及他们所带来的商品。随着阿拉伯人的增多,中国人对阿拉伯人以及阿拉伯世界的认知不断增加,激励着中国学者向阿拉伯商人寻访更多的信息。这些内容在中国典籍对阿拉伯世界的描写中体现得十分准确,例如:"大食国本在波斯之西。"[1] "自阿蒲罗拔后,改为黑衣大食,当时,中国人已经可以分清阿拉伯人(大食人)和波斯人,以及白衣大食和黑衣大食了。阿蒲罗拔即阿拔斯王朝第一任哈里发艾布·阿拔斯,《中西交通史料汇编》中称之为阿伯尔·阿拔斯。中国人对阿拉伯人的印象很好,形容他们'男子鼻高,黑而髯。女子白晳,出辄鄣面。日五拜天神'。"[2] "其士女瑰伟长大,衣裳鲜洁,容止闲丽。女子出门,必拥蔽其面。"[3] 伊斯兰教产生之前的对于"条枝"记载道,"大多数人民,则为天然教徒,崇奉各种天然现象,树木、洞穴、全水"[4],这里指的是伊斯兰教产生之前的"偶像崇拜",直到唐朝中国人才对其有更深入的了解,清楚了包括五次礼拜以及女子要求戴面纱等教义。

宋元时期,中国对阿拉伯人以及阿拉伯国家也有美好的印象,《岭外代答》写道:"大食者,诸国之总名也。有国千余,所知名者特数国耳。""诸蕃国之富盛多宝货者,莫如大食国。"[5]《诸蕃志》中也说:"其国雄壮,其地广袤,民俗侈丽,甲于诸蕃。"[6]

借助中世纪阿拉伯地理文献资料,将阿拉伯典籍中的信息与中国汉文典籍的记载进行比勘、验证,以此来考证我国相应年代的道路、地名、历史与文化,是具有非常重要的价值和意义的。张广达指出:

---

[1] (后晋)刘昫等撰:《旧唐书》卷一九八,"列传一百四十八",中华书局1975年版,第5289页。
[2] (宋)欧阳修、宋祁等撰:《新唐书》下卷二二一,"西域传",中华书局1975年版,第6244页。
[3] (唐)杜佑:《通典》卷一九三,"经行记",中华书局1988年版,第5256页。
[4] 白洛克尔曼:《回教古今史》,第131—137页,转引自张星烺编注《中西交通史料汇编》,中华书局2003年版,第123页。
[5] (宋)赵汝适著,冯承钧校注:《诸蕃志校注》,台湾商务印书馆1962年版,第50页。
[6] (宋)赵汝适著,冯承钧校注:《诸蕃志校注》,台湾商务印书馆1962年版,第47页。

唐德宗贞元(785—805)宰相贾耽记载的通西域道路,至少从碎叶到呾逻斯的路段可以与伊本·胡尔达兹比赫、古达玛、嘎尔迪吉等人的相应记载相比勘、对证。例如,伊本·胡尔达兹比赫在书中提到了科帕勒(Kopal)这一城镇的名字,古达玛进一步指出这个科帕勒分科帕勒与萨瓦尔科帕勒两城,10世纪下半叶成书的波斯文《世界境域志》记述说此地有三镇,11世纪上半叶成书的嘎尔迪吉《记述的装饰》十分明确地标出三镇的名称,其中一镇就是碎叶。由此可见,阿拉伯地理文献不仅给我们提供了中外文对比的史料,而且告诉我们某些西域城镇的变化或沿革。又如,唐初玄奘《大唐西域记》卷一、卷十二中涉及大量粟特地区、吐火罗地区的地名,学界历来主要是依靠阿拉伯、波斯古典地理学文献进行考证。我们还可以指出,阿拉伯古典地理文献记载的从美索不达米亚两河河口经法尔斯海(Fars)、拉尔海(Larwi)、哈尔肯德海(Harkand)、撒拉赫特海(Salahit 或 Salaht)、昆都兰海(Kundurang 或 Kardang)、桑夫海(Sanf)、桑吉海(Sangi)等七海到达中国广州的海路及其沿途许多地名,也可以与贾耽记载的广州入南海道对勘,其中撒拉赫特海在唐代称"质海""硖",即今马六甲海峡;昆都兰海当时称军突弄海,相当于今天的苏门答腊、爪哇、加里曼丹之间的三角海域,即今爪哇海北部和暹罗湾南部;桑夫海当时称占不牢海;桑吉海则是涨海的译音,即我国的南海。[①]

由于古代中国地理划分是以航海范围为依据的,在传统的地理学中并没有关于非洲大陆的正式概念。所以,古代中国人把印度以西的阿拉伯海沿岸的波斯湾、阿拉伯半岛和非洲东岸看作同一个地理单元来对待。赵汝适的《诸蕃志》已经提到亚历山大灯塔、地中海西南沿海的阿拉伯马格里布诸国、意大利西西里的火山等。唐朝段成式的《酉阳杂俎》描述了一个位于"西南海"中的"拨拔力国"。这里的"西南海"即阿拉伯海,而"拨拔力国"应为"Barbary"

[①] [阿拉伯]伊本·胡尔达兹比赫:《道里邦国志》,宋岘译注,中华书局1991年版,"译注者前言"第19—20页。

之音译，指今索马里。这是东非地名首见于汉文史籍。①

《中国人与印度洋》一书中介绍了中国典籍中的中阿海上丝路交往印度洋航线的相关城市，我们把西亚和北非的阿拉伯国家进行摘录：

（1）弼斯罗

今地为波斯湾头的巴士拉，该名为赵汝适《诸蕃志》中的称呼。唐人杜环在《经行记》中称它为勃萨罗国，元人汪大渊在《岛夷志略》中称之为波斯离。宋元一代，中国与之有贸易交往，中国输出物品有毡毯、五色缎、云南叶金、白银、倭铁、大风子、牙梳、铁器、达剌斯离香（肉桂）；弼斯罗向中国输出骆驼、绵羊、千年枣、琥珀、软锦、腽肭脐（香狸）、没药等。②

（2）瓮曼

今阿拉伯半岛东南之阿曼。阿曼出土了许多中国瓷器。该地与中国贸易情况在《诸蕃志》中有明确的记载，中国向它输出丁香、豆蔻、脑子，而买回的是马、真珠、千年枣等。③

（3）阿丹国

今南也门的亚丁。郑和随从马欢、费信④、巩珍所著的《瀛涯胜览》《星槎胜览》《西洋番国志》三书中均有阿丹国的地理、气候、民情、物产等的记述。值得注意的是后两书中提到明成祖永乐十九年（1421）皇帝派正使太监李充前往，开展朝贡贸易。李充先到苏门答腊国，又派分舟宗内官周兴领驾宝船三只到达阿丹国。该国国王不仅命令国人"凡有宝物俱许出卖"，还"转造全厢宝带二条，窟嵌珍珠宝石金冠一顶，并雅姑等各样宝石，蛇甬二枚，金叶表文，进贡中国"。从而使我们了解到印度洋上从亚洲东南苏门答腊到西南亚诸国，还保持着友好的政治关系。⑤

---

① 刘迎胜：《丝路文化·海上卷》，浙江人民出版社1995年版，第11页。
② 耿引曾：《中国人与印度洋》，大象出版社2009年版，第32页。
③ 耿引曾：《中国人与印度洋》，大象出版社2009年版，第32页。
④ 费信：曾随郑和四下西洋，在郑和使团中担任通事教谕。
⑤ 耿引曾：《中国人与印度洋》，大象出版社2009年版，第33页。

(4) 弼琶罗

今地在索马里北岸亚丁湾的柏培拉(Berbera)，这是宋人赵汝适在《诸蕃志》中对它的称呼。其实，这个地方唐人对它已有记述，在《酉阳杂俎》中称之为拨拔力。这与唐代和波斯湾的海上交通频繁往来有关。[①]

(5) 中理

今地在索马里东北角沿岸一带，赵汝适在《诸蕃志》中记，该地与弼琶罗国有山隔界，这个地方是波斯湾上的重镇。[②]

(6) 木骨都束与卜剌哇、竹步

木骨都束的今地为索马里首都摩加迪沙，卜剌哇的今地为索马里东南岸布腊瓦(Brava)，竹步在今索马里南部朱巴河口的准博(Giumbo)。《郑和航海图》上都已标明了这几个地方的方位。三个国家与明代关系友好，不仅互通贸易，还有使臣互访。郑和于明成祖永乐十五年(1417)、永乐十九年(1421)和明宣宗宣德六年(1431)三次访问了木骨都束、卜剌哇，并在第三次还去了竹步。木骨都束与卜剌哇于永乐十四年(1416)、永乐十七年(1419年)、永乐二十年(1422)、永乐二十一年(1423)四遣使臣访问中国。在费信的《星槎胜览》中，对这几个国家的地理方位、气候物产、风俗民情，以及与外界的贸易之货都作了记述。特别是对这些地方的自然概貌描绘，与今天东非沿岸还大体相似。如描写木骨都束的诗："木骨名题异，山红土色黄，久晴天不雨，历岁地无粮。宝石连珠索，龙涎及乳香，遥看风物异，得句喜成章。"写卜剌哇的诗："卜剌邦濒海，无田种稻禾。"写竹步国的诗："岛夷名竹步，山赤见应愁，地旱无花草，郊荒有马牛。"[③]

上述印度洋上两簇岛屿群落的相关记载，不仅很好地证实了中国古代对于印度洋的初步探索和基本认知，而且印度洋对于古代中国来说意义也非同

[①] 耿引曾：《中国人与印度洋》，大象出版社2009年版，第33页。
[②] 耿引曾：《中国人与印度洋》，大象出版社2009年版，第33页。
[③] 耿引曾：《中国人与印度洋》，大象出版社2009年版，第34页。

一般。①

关于中世纪阿拉伯地理古籍和古地图中的中国、中国船、中国之路,我们已在上一章节中有过介绍。在世界历史上悠远的古代文明中,在地中海沿岸的希腊和罗马文明基础上发展起来的几个欧洲国家,和在古代西亚和北非文明发展起来的穆斯林诸国,曾在世界历史上留下了许多优秀的著作和科学、哲学观点,作为沟通文明重要桥梁的海上丝绸之路,就在其中有很多的记载。

在宋元时期,随着航海技术的不断发展,远洋更加便利,海外交往也更加频繁。不仅商贾使节的海外交往变得更加普遍,私家商贾的眼界也在不断开拓,中国社会的各个阶层都加深了对世界的认知。一些学者据此撰写了许多记载国外地方奇闻逸事、风土人情的书籍,并受到百姓喜爱。

阿拉伯人逐渐崛起之后,经济的发展带动了文化的传播。前往东方海路的阿拉伯地理学家有不少,例如,比鲁尼曾经访问过印度,他的著作中有关印度以西地区的描述具有很高的史料价值,但远东部分仍然照抄古代希腊、罗马学者的章句;其他杰出的阿拉伯地理学家如伊德里西和阿布·菲达也像他们的希腊、罗马前辈们一样,把印度洋视为一个封闭的大海,认为非洲海岸与中国是相连的。造成这种错误的原因并不是阿拉伯时代西亚的航海家们对远东一无所知,而是那个时代的许多地理学家们企图把地理新知纳入希腊、罗马时代描绘的世界构架中去。②

阿拉伯地理学经典中,有一部重要的典籍,即伊本·胡尔达兹比赫的《道里邦国志》(*Kitāb al-Masālik W' al-Mamālik*)。仔细地研读这部作品,我们不难发现作者思维之开阔,始终站在"世界"的角度来畅谈"世界"与历史,而并非把自己桎梏在先人的经验和本国实际的一方之地。他详细地记录了从波斯湾的巴士拉到中国的海上航线,为我们提供了一幅完整的航线图,其中港口、地名和航路,都可以与汉文史料相对照,为我们后世的研究提供了重要的

---

① 耿引曾:《中国人与印度洋》,大象出版社2009年版,第35页。
② 刘迎胜:《丝路文化·海上卷》,浙江人民出版社1995年版,"绪论"第15页。

参考。①

另一部不可忽视的著作是《苏莱曼东游记》(或译作《中国印度见闻录》)，其中也包含许多关于与中国海外交往与航海的相关记录。本著作将有关中国船舶的几段摘录如下：

> 至于船舶的来处，他们提到货物从巴士拉 Bassorah、阿曼以及其他地方运到尸罗夫 Siraf，大部分中国船在此装货；因为这里巨浪滔滔，在许多地方淡水稀少。巴士拉距尸罗夫水路一百二十法尔萨赫。货物装运上船以后，装上淡水就"抢路"——这是航海的人们常用的一句话，意思是"扬帆开船"——去阿曼北部一个叫马斯喀特的地方。尸罗夫到马斯喀特大约有二百法尔萨赫。在这一海域的东部，介于尸罗夫和马斯喀特之间，除其他地区之外，还要经过巴努—萨发克海岸 Banrou-caffag 和阿巴卡文岛 L'Hed'—Abarkavan。在这片海域中有阿曼暗礁群，当中一处叫漩涡谷，紧夹在两个暗礁之间的航道只有小船才能通过，中国船却是无法通过的。这两个暗礁被命名为折腰和独眼(科萨依和奥瓦依)，只有一小部分露出海面。通过这些暗礁，我们便来到阿曼的苏哈尔 Sohar。我们从马斯喀特的一眼井中装载淡水，在该地可见到成群的阿曼羊。②

此外，阿拉伯著名历史学家、地理学家麦斯欧迪到过中国沿海诸地，约在10世纪中撰写《黄金草原与珠玑宝藏》，其中有关于中国船航行至波斯湾的记载，如下：

> 喀拉城 Killah(今地为马来半岛西岸)今成为西拉甫 Siraf、瓮蛮 Oman 两地回教商人船舶集汇之地。中国之船，亦来此相会，惟以前则不然也。中国之船直航到瓮蛮、波斯湾畔之西拉甫港、八哈剌因 Baharain(今波斯湾内

---

① 刘迎胜：《丝路文化·海上卷》，浙江人民出版社1995年版，"绪论"第15页。
② 耿引曾：《中国人与印度洋》，大象出版社2009年版，第5页。

巴林岛）、俄波拉 Obollah（今幼发拉底河口）、巴士拉 Basrah 等港。而以上诸地之船舶，亦直接航至中国也。

这段非常宝贵的记述，为我们提供了印度洋上中外船只的航行情况。

现在来看一看举世闻名的意大利旅行家马可·波罗（1254—1324）的记述。他幼年随父辈到中国，在中国居住了17年，并供职于元朝。1292年夏，利用护送蒙古公主阔阔真到波斯的机会，踏上返故里的归程。当时元朝政府派14艘四桅帆船，从福建泉州港起航，经南海，过苏门答腊、爪哇、印度等地，花了两年又两个月的时间，到达波斯。在完成使命后，他取道两河流域，再循近东航道返国。《马可·波罗游记》中有关在南印度见到的中国商舶的记述摘录如下：

科拉姆王国——这里，一年中有几个月，气候异常酷热，使人几乎难以忍受。但是来自世界各地——例如蛮子和阿拉伯王国的商人，为了要在这里经营进口商品，牟取暴利，仍然麇集这里。

德里王国——从蛮子来的船，只是在天气晴朗的季节才到达这里，并力争在一个星期之内，或者假如有可能的话，在更短的一点时间内，把货物载回去，因为沿海的沙堤时常发生危险，尽管他们备有很好的坚木制的大锚足以顶住狂风。

马拉巴——这个王国盛产胡椒、生姜、肉桂皮和印度坚果，又出产世界上最精致和最美丽的棉布。来自蛮子省的船只，带着铜作为镇船重物。而且又装运金线织成的锦缎、丝、薄纱、金银块以及许多马拉巴所没有生产的药材，他们用这些货物和这个省的商品作物交换。当地有些商人把这些货物运往亚丁，再由亚丁转运到亚历山大港 Alexandria。①

最后，再来看一下14世纪摩洛哥大旅行家伊本·白图泰关于元代往来于印度洋上的中国船只的描写：

中国船分大、中、小三级，大者有船员千人，即水手六百，卫兵四百。有三帆至十二帆，皆以篾编成，并有随行船相随。随行船有三分半大、三分一大、四分一大三级。此等往来于马拉巴尔海岸与中国间之大船，除泉州、广州外，他处皆无造之者。船底系以三层板，用巨钉接合而成。舱有四层，有公私房间多间，而盥洗与其他便利，无不具备。船员常在木盆中栽种蔬菜、生姜等。橹大如樯，每橹缚有铁链两条，摇橹时有十人至十五人，分两排对立，互相拉送。船长确为一大人物，在登岸时，有本船许多黑人执弓持枪，佩剑击鼓，吹角鸣号为其先导。②

上述记述充分反映出15世纪之前中国人已拥有航行印度洋上装备优良的船舶；中国人掌握了印度洋的水文、气象知识，掌握了直航印度洋的技能；中国人以丰富的商品参与了印度洋的贸易。然而，中国人取得这些远洋航海的成就，又是与中国当时所达到的文明程度分不开的。③

第四节　中阿古地图上的相互关注

古代阿拉伯地图虽然在流通上比不上文字作品更受到青睐，但却体现出社会群体对世界的地理认知。由于"写实"和"写意"绘制过程的不同，阿拉

---

① 陈开俊等译：《马可·波罗游记》，福建科学技术出版社1981年版，第229、231页。
② （元）汪大渊：《岛夷志略校释·叙论》，中华书局1981年版，第7页。
③ 耿引曾：《中国人与印度洋》，大象出版社2009年版，第5页。

伯地图学分为以伊德里西为代表的写实派和以伊斯泰赫里等地图学家（同时也是地理学家）为代表的巴勒希—伊斯泰赫里派。但不管是阿拉伯地图的哪一种形式，都给予了中国极大的重视。天文学家花剌子密在托勒密《地理学》的基础上编写了《地形学》，书中所附的地图被认为是阿拉伯帝国兴起以来第一张地图，这张地图中描绘了天空和地球，虽然这张图现已遗失，但通过文字描述，我们知道它描述了中国的三个城市。最著名的《伊德里西世界地图》首次提出把地球划分为"七大区域"，中国属于第七区域：中国或"中国之中国"最东方的区域。麦斯欧迪在他的《黄金草原与珠玑宝藏》中也提到了"七大海洋，最东方的是中国海"。比鲁尼是第一个区分契丹（Khiāy）和契丹辽帝国（Qitāy）的阿拉伯地理学家，该研究提供了自10世纪初以来阿拉伯对中国政治划分知识最显著的更新。

曹婉如在《近四十年来中国地图学史研究的回顾》中提道，"《华夷图》《禹迹图》《地理图》①三幅之所以珍贵，不仅因为它们距今已近千年，是我国现存最古老的地图"，更是"贾耽绘制《海内华夷图》的轮廓"。② 贾耽的《海内华夷图》不仅在地图中体现了中国地理知识的总和，还"载入域外几百个国家"，可惜原图已经遗失。由于唐代中外经济文化交流的扩大，贾耽详细记录了唐代中外水、陆交通发达的情况。长期以来，《禹迹图》和《华夷图》具有重要的史料价值，一直备受学者们的关注，对中国古代地图学、历史地理学等具有重要意义。关于《禹迹图》的作者，可能是乐史根据贾耽《海内华夷图》简缩而来，这种说法得到了大多数学者的认同，包括王庸《中国地理学史》、侯仁之《中国古代地理学简史》、谭其骧《中国历史地图集》、卢良志编《中国地图学史》等。从思想史角度，《禹迹图》和《华夷图》展现了中国的"天下观"。《禹迹图》被看成古代中国的"世界地图"③，《华夷图》在地图边缘列出了一些外国地名，其

---

① 地理图：宋代石刻地图，现存苏州市文庙内。
② 曹婉如：《近四十年来中国地图学史研究的回顾》，《自然科学史研究》1990年第3期。
③ 葛兆光：《"天下—中国"与"四夷"——作为思想史文献的古代中国的世界地图》，载王元化主编《学术集林》卷十六，上海远东出版社1999年版。

中就有大食，为中国地图的制作奠定了基础，也从另外一个角度证明了唐代欢迎外国人前往经商以及展示了开放的对外政策。

除了《禹迹图》和《华夷图》以外，还有几幅古地图描述过阿拉伯地区的信息。一是《东震旦地理图》，这是收录在《佛祖统纪》[1]中一幅前人所绘制的地图。作者在地图中更新了国外的地理知识，出现了大食、百达和卢眉。该图"是目前所见到的绘制时间较早的一幅西域诸国图及交通图，对研究西域地理沿革有一定的参考价值"[2]。二是《郑和航海图》，该图收录在明朝天启元年（1621）茅元仪的《武备志》中，原名《自宝船厂开船从龙江关出水直抵外国诸番图》，航海图以南京为起点，出海后沿海岸南下，一直到达中南半岛、马来半岛海岸，穿越马六甲海峡，经锡兰山（即今斯里兰卡）到达溜山国（今马尔代夫），在这里开始分为两条航线，一条横渡印度洋到非洲东岸，另一条从溜山国横渡阿拉伯海到霍尔木兹海峡。"《郑和航海图》的重要性在于，其所反映的航海知识和地理知识，促进了中国人对丝路沿线地区地理与人文的了解，为深化中外友好关系提供了便捷、安全与良好的社会基础。"[3]三是《大明混一图》以及《混一疆理历代国都之图》。珍藏于中国第一历史档案馆的《大明混一图》为彩绘绢本，是目前我国保存尺寸最大、最完整的古代世界地图。据考证，该图绘制于明洪武二十二年（1389），图中以大明王朝版图为中心，东起日本，西达欧洲，南括爪哇，北至蒙古。[4]《混一疆理历代国都之图》制作于1402年，由朝鲜当时一品大员左议政金士衡、右议政李茂主导，检详李荟负责，在元代李泽民《声教广被图》和清浚《混一疆理图》的基础上，增加朝鲜图、日本图，是东亚地区留存下来的年代最早的单幅世界地图，集当时中国、阿拉伯世界和朝鲜半岛的地理知识而成。[5]后面所提及的这两幅地图都有"很多中亚、

---

[1] 《佛祖统纪》：南宋景定年间释志磐编撰的一部佛教书籍，全书原54卷，现存36卷。
[2] 孙果清：《东震旦地理图与汉西域诸国图》，《地图》2005年第6期。
[3] 马丽蓉：《"郑和符号"对丝路伊斯兰信仰板块现实影响评估》，《世界宗教研究》2015年第5期。
[4] 哈恩忠、霍华：《明洪武年间绘制的〈大明混一图〉》，《历史档案》2013年第3期。
[5] 杨雨蕾：《〈混一疆理历代国都之图〉的图本性质和绘制目的》，《江海学刊》2019年第2期。

西亚、北非、欧洲的地理讯息,这些资讯都是东方汉地典籍以前没有记载的,想必一定是蒙元时期阿拉伯—波斯地区东传来华的"[1]。

第五节　中阿海上丝路交往中的重要使者和航海家

"符号是最早被用来传递意义的书面表达方式,只有借助符号,意义才能被充分地表达出来。也就是说,没有符号表达不出来的意义,也没有不被用来表达意义的符号。"[2]公元前139年和公元123年,张骞出使西域的凿空之旅以及郑和下西洋的丰功伟绩,都是中国航海史上的空前盛举,在古丝路文明交往史上意义重大而深远。从杨良瑶开始,唐朝正式派遣使臣从海路前往西域诸国,从而带动了唐朝与阿拉伯、波斯地区的贸易往来,我们从唐朝史籍中看到大量中晚唐时斯波斯、大食商胡在东南沿海的活动记录,而多年来海上沉船如黑石号的打捞,也证明了中唐以来经海路的中西贸易往来的频繁与盛大。[3]"张骞符号""郑和符号"成为"携带着意义而接受的感知",在我国早期对外交往方面,提供了可以让后人深入研究的宝贵资料,同时也成为探索中国古丝路沿线国家文明交往的崭新素材,尤其对丝路上的伊斯兰信仰板块产生了深远的影响。

在中世纪时期,阿拉伯世界也有很多举足轻重的"符号",如花剌子密,伊本·胡尔达兹比赫,比鲁尼,摩洛哥著名地理学家、旅行家伊本·白图泰等。他们走遍世界大部分地区,足迹遍及中亚、西亚、北非、中非、东南亚、欧洲南部以及中国。他们对中国的游历记载中,涉及泉州、广州、杭州、北京等城市,记录了中国的政治、经济、文化、历史、地理、道路、城市、宗教、教派、

---

[1] 华涛:《中文和阿拉伯—波斯文古籍中的"一带一路"》,《新世纪图书馆》2016年第11期。
[2] 赵毅衡:《符号学》,南京大学出版社2012年版,第4页。
[3] 参见荣新江《唐朝海上丝绸之路的壮举:再论杨良瑶的聘使大食》,《新丝路学刊》2019年第3期。

民俗、人民生活等各方面的内容,沟通了中阿璀璨文化的交流,在中世纪阿拉伯地理学以及中西交通史上呈献了极其重要的史料。

关于航海活动本身的证据,主要来自关于航海者个人及其训练的零星资料,而非实际运用理论和仪器的资料。10世纪时,达纳帕拉记载了引航员泰拉伽的成就。泰拉伽的父亲也是一名引航员,由于精通航海技术,泰拉伽成为海员行会的领袖。在"学会所有技术"之后,他获得的第一份工作是担任船长,他被人们公认为"精通航海技术"。印度人并不是唯一编写出航海指南的人,已知最早的引航员手册是1010年由波斯人编写的。麦格迪西在其《诸国知识的最好分类》(*The Best Divisions for Knowledge of the World*)一书中,曾提及波斯人的著作及其中所附的地图。麦格迪西在从红海到波斯湾的阿拉伯半岛港口的旅程中,采访了许多"船长、货主、海岸警卫、贸易代理和商人,他们都是最聪明的人""在其拥有的航海指南(他们共同仔细研究并完全依靠该指南)中,他们根据船只停泊处、风向、水深以及港口之间的路程等情况来开展行动"①。

从总体上来说,国外涉及阿拉伯地理学的研究要早于国内,有几部重要的参考书籍。例如,苏联阿拉伯语专家克拉奇可夫斯基的著作《阿拉伯地理文学史》在研究阿拉伯地理学发展中做出了巨大的成就,这部书全面地介绍了从贾希利亚时期到奥斯曼土耳其时期的著名地理学家及其作品。《阿拉伯舆地丛书》②收集了很多中世纪重要地理学家主要作品的片段,并做了专业的研究和考证,添加了注释。英国学者理查德·尼顿的著作《伊斯兰中东地理学家和旅行者》,内容分为三个部分,首先按时间的顺序介绍了阿拉伯地理学的发展,随后挑选了有代表性的几位地理学家及其作品进行分析,最后对中世纪阿拉伯地理学发展中产生的疑问进行解析。由王兰生翻译的德国地理学家阿尔夫雷德·赫特纳的《地理学——它的历史、性质和方法》和由李旭旦翻译的美国地

---

① [美]林肯·佩恩:《海洋与文明》,陈建军、罗燚英译,天津人民出版社2017年版,第296页。
② [荷兰]德·胡耶编:《阿拉伯舆地丛书》(*Bibliotheca Geographorum Arabicorum*, BGA),伦敦,1977年版,第113页。

理学家普雷斯顿·詹姆斯所著《地理学思想史》,在国内地理学研究上占有重要地位。大学地理学专业的学生教材都是根据这两本著作改编的。这两位作者都对中世纪阿拉伯地理学进行了论述,尽管篇幅不算多,但由于写法紧凑,还是提供了相当数量的相关史料。阿拉伯国家的史地学家也对阿拉伯地理学在中世纪的辉煌发展感到自豪,出版多本著作进行研究,比较著名的有:阿拉伯数学地理学家委员会主席穆罕默德·阿里博士所著的《阿拉伯伊斯兰文明中的地理学探寻者》、马格里布·艾哈迈德的著作《9—16世纪阿拉伯伊斯兰地理学史》、埃及地理学家纳菲斯·穆罕默德出版的著作《穆斯林对地理学的贡献》等。

在我们所收集的国内外关于阿拉伯地理学的重要书籍和文章中,大都肯定了阿拉伯地理学在中世纪的重要地位——中世纪阿拉伯地理学对古代地理学的作用是保存、继承、发展和传播,"他们不仅将以亚里士多德和托勒密为代表的希腊地理学加以发挥,再通过西班牙和西西里岛传回西方,而且将有所发展的地图说、地球经纬线的长度、造纸术、天文学、代数学、磁针罗盘和准确的制图术传入西方。这对后来发现新大陆以及新地理学说的产生,起了重大的作用"[①]。国内外的研究者们把眼光不约而同地瞄准了以下6位堪称一流的中世纪地理学家、航海家,他们的作品内容都涉及了海上丝路中阿交往。

一、伊本·胡尔达兹比赫(820—912, Ibn Khordadbeh)

伊本·胡尔达兹比赫,来自呼罗珊地区,但成长于巴格达。他是阿拉伯伊斯兰文明史上的大地理学家之一,在大部分社会科学分支中都有很大的成就。他被公认为阿拉伯地理学的鼻祖,创立了用阿拉伯语撰写地理学文献的风格和模式。"胡尔达兹比赫"的意思是波斯语的"太阳的无上赏赐""无上太阳的创造"。伊本·胡尔达兹比赫原是一名波斯血统的袄教徒,后皈依伊斯兰教。他

---

① 李荣建:《中世纪穆斯林对地理学的重要贡献》,《阿拉伯世界研究》1984年第1期。

曾在巴格达受过良好教育，之后担任伊朗吉巴勒省邮政和驿站长官，后升为巴格达及萨马拉的邮传部长官。"从伊本·纳迪姆的著作《索引》中的部分引文，人们可以知道，伊本·胡尔达兹比赫的著作至少有9部，几乎全是有关阿拉伯文学的作品。此外，他还曾写过一部史书《历史》。据麦斯欧迪说，其内容是伊斯兰教以前诸民族的沿革。"[1]

伊本·胡尔达兹比赫生在知识之家。社会学家所进行的现代研究证实了环境对一个人的成长有着很大的影响。伊本·胡尔达兹比赫获得了哈里发穆尔台米德的敬重、赏识和宠幸，所以穆尔台米德让其负责波斯的邮政，而这个职位只能由哈里发信任的人担任。哈里发穆尔台米德对他的重视源于他的科学地位、渊博知识和闪耀的智慧。毫无疑问，他出身于有着文化底蕴的古老家族，是哈里发穆尔台米德身边最亲近的人之一，也是他的私人朋友。与统治者的紧密关系使他获益颇多。因此，他得到了很多官方的资料，其作品因为包含着详细可信的资料而成为阿拉伯地理学家们传阅研究的重要书目。

伊本·胡尔达兹比赫十分注重研究分类学，阿拉伯人都很重视这一领域。所以他编写了一本名为《分类书》的著作。这本书包含了很多在阿拉伯伊斯兰文化中发挥了重要作用的分类学的准确详尽的资料。他也特别重视历史研究。"他撰写的《波斯世家集》是波斯家谱研究者们所依靠的最重要来源之一。"[2]

伊本·胡尔达兹比赫利用他从托勒密的《天文大成》中得到的大部分地理资料，写成了地理学研究者们的重要参考书之一——《道里邦国志》。这本书收录了他在这个领域长期研究中所得到的珍贵的地理资料。值得一提的是，伊本·胡尔达兹比赫很可能是第一个使用"道里邦国志"这一术语的人，他之后的大部分阿拉伯地理学家们也沿用了这一术语。"古代阿拉伯史地学家编写了几十部同类著作，书名都是《道里邦国志》。其中以伊本·胡尔达兹比赫、伊斯泰

---

[1] 王有勇编著：《阿拉伯文献阅读》，上海外语教育出版社2006年版，第210页。
[2] ［苏联］克拉奇可夫斯基：《阿拉伯地理文学史》，阿盟文化处选送埃及创作翻译传播委员会出版社1957年版，第159页。

赫里、巴克里和伊本·豪盖勒的四部最为著名也最具权威性。"①

《道里邦国志》可以说是地理学史上的一部百科全书。伊本·胡尔达兹比赫在此书中提供了大量有关当时幅员辽阔的阿拔斯帝国的完整资料，尤其是关于地区间距离、贸易和邮政往来的资料。他的著作被阿拉伯古典地理学家们视为典范，受到了几乎所有参阅它的地理学家的称颂。虽然伊本·胡尔达兹比赫不是流传至今的描述地理学作品的最早的撰写者，但《道里邦国志》却是迄今为止最早的专业地理学著作。②

伊本·胡尔达兹比赫大约是在担任吉巴勒省邮政和驿站长官之时着手撰写《道里邦国志》的。他边写边搜集资料，于846年左右完成初稿，885年定稿。《道里邦国志》一书叙事简明，按照传统相关书籍的叙述顺序，以讲述自然地理学知识（如托勒密对大地形状的描述）开篇。他首先记述不同国家朝向的短章，随后对塞瓦德（两河流域南部）的12郡60县进行叙述，详细列举了当时的税收资料（书中的其他部分对此也有涉及）。据此，我们就有可能复原阿拔斯王朝时期的预算情况。这一节以记述古代诸王的名号而结束，诸多王号是根据波斯史料汇集起来的，其中列举了波斯、罗马、尸罗夫、突厥和中国统治者的称号。③

《道里邦国志》在记述道路的同时也提及了行政区划和税收，有时还引用一些有关地名的诗句。书中对通往印度和中国的海路描写较为生动，未受"辛巴达航海"一类故事的影响，其中对海外和岛屿的物产倍加关注，详细叙述了获取樟脑的步骤，介绍了大象和犀牛，还记述了爪哇国王之佞佛以及印度的种姓。书中对往西的道路写到了西班牙，尤其有关拜占庭的部分记述特别详细；往北的道路写到了阿塞拜疆和高加索；往东南记载了从巴格达去麦加、麦地那和阿拉伯半岛南部的道路，并列出了从巴士拉、巴格达和开罗去麦加所经过的

---

① 葛铁鹰：《阿拉伯古籍中的中国（十一）》，《阿拉伯世界研究》2004年第3期。
② ［阿拉伯］伊本·胡尔达兹比赫：《道里邦国志》，宋岘译注，中华书局1991年版，"译注者前言"第13页。
③ 参见张广达《西域史地丛稿初编》，上海古籍出版社1995年版，第396页。

驿站的名称。书中最后提到了两条很重要的路线：一条是欧洲商人经苏伊士地峡和红海，或沿幼发拉底河经安提俄克前往印度和中国的路线；另一条是俄罗斯商人沿顿河和伏尔加河经里海往南的路线。

《道里邦国志》并未以行程路线为结束，书的最后还有一些看似零星补充的内容，如大地分布、世界奇迹和著名建筑、伊本·土伦时期发现的金字塔等，同时还有一些关于奇迹、高山和河流的故事和传说。

《道里邦国志》显然是由两种性质迥然的内容所构成的：一部分是枯燥乏味却非常重要的官方资料汇编，另一部分是各种地理趣闻的汇集。全书没有一个完整的系统，作者收录材料的原则是有闻必录，多多益善。正如作者引用史料时所说，他能够接触国家档案，同时他又从行纪一类记述中引用了很多有益的资料，尤其是一些属于早期（8世纪末9世纪初）的旅行路线的资料。本书内容的驳杂导致阿拉伯地理学家对其评价褒贬不一。但这本书对后来的地理学文献产生了相当大的影响，也备受古代阿拉伯地理学家的重视，其中所收集的材料成为后来许多人著述的基础。①

简而言之，伊本·胡尔达兹比赫集地理学家、历史学家和文学家于一身。他既是阿拉伯伊斯兰文明史上的大科学家，也是出色的阿拉伯地理学家。他在地理学领域所达到的成就在当时无人可超越，得到了与他同时代的阿拉伯人以及世界各国地理学家的赞赏和敬重，其著作《道里邦国志》至今仍是地理学研究者和学习者们的重要参考书。

二、比鲁尼（973—1048，Abu-r-Raihan Mohammedal-Biruny）

比鲁尼全名艾卜·赖哈尼·穆罕默德·本·艾啥迈德·比鲁尼，出生于希瓦，也就是花剌子模的郊区，逝世于阿富汗东部的加兹尼。值得一提的是，现在的希瓦在当时的名字是比鲁尼，所以"比鲁尼"的命名也就是这么来的。这

---

① 王有勇编著：《阿拉伯文献阅读》，上海外语教育出版社2006年版，第212页。

位波斯血统的阿拉伯语著作家（也有人说他是土耳其血统）会说突厥语，除波斯语外，还知道梵语、希伯来语和叙利亚语。他于1030年曾为他的保护人素丹麦斯欧迪（著名的麦哈茂德的儿子）写了一个总结整个天文学的报告，叫作《麦斯欧迪天文学和占星学原理》。他在同一年编写了一部关于算术、几何、天文和占星的简短问答，叫作《占星学入门解答》。他首要的著作是《古代遗迹》，这部书主要是讨论古代各国人民的历法和纪元的。关于地球以地轴为轴而自转的理论，在那个时代还是一个争执不决的问题，比鲁尼在这些著作中聪明地讨论了这个问题，而且对于地球的经度和纬度做出精密的测定。比鲁尼是什叶派的穆斯林，他带有不可知论的倾向，曾在印度侨居多年，而且醉心于印度哲学。①

希提说："他是伊斯兰教在自然科学的领域中所产生的最富于创造性而且学识最渊博的学者。"②他在地理学方面做出了杰出贡献，他关于河流变迁的理论在当时处于世界领先地位。他曾在《印度志》（亦译为《印度考察记》）一书中指出印度河谷曾是一个盆地，被冲击层淤塞后形成了现在的河谷状态。同样的观点也被应用于阿姆河水流变化的论述之中。他的理论不仅远远超出了当时的研究水平，而且与现代科学的理论也十分接近。

比鲁尼早年生活艰难，辗转奔波于各地，想要寻求一个庇护所，以便能在这个庇护所中描写他心灵中的东西。一些学者认为，他不断的旅行为他提供了一个良好的机会，使他能够接触到很多地理学、历史学和其他科学中的理论。

比鲁尼参与了征服印度的战争，这使他有机会学习梵文，因此他能够在《印度志》一书中准确完整地描述印度的宗教和传统习惯。这本书虽是专门描写印度的，但是比鲁尼也没有忽视地理学、数学和天文等其他科学。他非常重视印度地区的降水分布。他在这本书中记录了当时这些科学研究的发展状况，成为后来印度文明研究者们最重要的信息资料来源之一。比鲁尼在其著作中对印度科学的介绍确实比其他阿拉伯地理学家要多，因此他对阿拉伯伊斯兰文明

---

① ［美］希提：《阿拉伯通史》（上册），马坚译，商务印书馆1995年版，第345页。
② ［美］希提：《阿拉伯通史》（上册），马坚译，商务印书馆1995年版，第348页。

有很大功劳。

比鲁尼被一些东方学者看作历史上最睿智、聪慧的人之一。他通晓所有知识，精通数学、历史和地理学。他以其聪明机智、足智多谋和在研究和观察上的惊人能力而流芳百世。比鲁尼学识渊博，通晓与地理学有着密切联系的所有科学。他凭借科学而又精确的研究方法做出清晰的判断，以计算地球地貌和环境。他还利用先进的数学方法来确定礼拜时的方向。科学界至今仍有一些与比鲁尼相关的理论和研究领域，如用尺子和圆规不能将一个角均分成三个角；地理分布估计；证实光速超过声速；天上星体运动的研究；确定地球体积和太阳体积，进而确定太阳是太阳系的中心等。

由于比鲁尼对大部分学科分支所做的重要补充，乔治·萨顿将比鲁尼生活的时代称为"比鲁尼时代"。雅古特在他的百科全书《文学家辞典》中讲述了关于比鲁尼对知识的渴求的故事。这些故事表明比鲁尼不仅学识渊博，他的天赋和对阅读及著书的爱好激励他埋头于研究和探索。他的手指从未离开过笔和纸，他也从不局限于某一种看法。比鲁尼将他的大部分时间都用来想象和描绘大地万物。

比鲁尼著有很多科学研究作品，其中较著名的有《麦斯欧迪法律书》。这是一本集数学、天文学和地理学大成的百科全书式的书籍。牛津图书馆中存留着这本书的古老摹本。"对于地理学的研究者们而言，比鲁尼的《麦斯欧迪法律书》包含了极其重要的信息资料。比如，他用先进的数学方法确定了印度的经纬度。他认为，赤道是没有纬度的，因为纬度源自赤道，也归于赤道，赤道的地平线超过两极。这段话证明了比鲁尼是一位一流的宇宙学家，有着敏锐而准确的判断能力，而这又归功于他在实践科学中的广泛涉猎。"[①]

比鲁尼创造了很多新的科学术语，他在自己的主要作品中运用了这些术语。所以，他对丰富阿拉伯语有着很大的贡献。同样，比鲁尼为避免辞藻华而不实，采取的是完整客观而又公正的科学方法进行研究。他从矿产、农业生产

---

① ［苏联］克拉奇可夫斯基：《阿拉伯地理文学史》，阿盟文化处选送埃及创作翻译传播委员会出版社1957年版，第255页。

和道路这些方面对经济地理学进行了重要论证，展现了一种客观的科学方法。这种方法使人们能够从这些关键论述中获益。比鲁尼的书介绍了从海水中提炼盐的方法，他被认为是第一个带来基本铅碳酸盐知识的人。同时，他还能采用与现代方法没有差别的少见的科学方法来制造彩色玻璃。除此之外，他还熟知希腊、印度和波斯的科学成就，高度赞扬了希腊科学家们在地理学领域中的贡献。

比鲁尼是创建数学地理学和天文地理学的阿拉伯科学家们的领导者，他奠定了这一领域中科学研究的基础，并将地理学和天文学结合起来研究。当然，比鲁尼在天文地理学方面的成就要比他在描述性地理学方面更为优秀。1951 年，苏联科学会出版了一本题为《比鲁尼》的书。这本书中刊登了很多赞扬比鲁尼对人类科学做出贡献的文章。

三、伊本·白图泰（1304—1377, Ibn Baṭūṭāh）

伊本·白图泰出生在大西洋沿岸的北非海滨城市丹吉尔。他是摩洛哥著名地理学家和旅行家。在将近 29 年、12 万公里的漫长旅行生涯中，他游历了欧、亚、非三洲的许多国家和地区，被称为"忠实的旅行家"。他一生的三次游历走遍了世界上大部分地区，足迹遍及中亚、西亚、北非、中非、东南亚、欧洲南部以及中国。在中国的游历中，他到访过泉州、广州、杭州、北京等地，记录了所到之处的政治、经济、文化、历史、地理、道路、城市、宗教、教派、民俗、人民生活等各方面的内容。

摩洛哥苏丹在听完伊本·白图泰周游列国的见闻后很感兴趣，命令秘书伊本·朱赞将伊本·白图泰口述的故事笔录下来，便诞生了《伊本·白图泰游记》（约 1356）。书中描写了很多在中国的见闻："伊本·白图泰曾历尽千辛万苦，乘船来到中国。1346 年，他抵达了中国的海港——刺桐（今泉州）。随后，游历了广州、杭州和元朝的首府——大都（今北京）。据推算，伊本·白图泰在中国逗留的时间并不很长,但他对中国某些方面的观察却十分用心细致。"①

《伊本·白图泰游记》是中世纪时期最著名的地理著作之一,其内容涵盖了作者所到之地的风物、民俗、宗教和社会现状,在对中世纪阿拉伯人的历史研究中,该书的地位是十分重要的。这本著作的学术价值举世公认,并且也是中阿、中摩政治交往的重要见证。②2000年6月8日,联合国教科文组织为纪念伊本·白图泰诞辰700周年,在法国召开的"伊本·白图泰巴黎国际研讨会"上把伊本·白图泰列为世界地理名人之首。③

《伊本·白图泰游记》自19世纪上半叶起就在全世界广泛传播,形成一股研究热潮,先后被译成英、法、德等欧洲主要文字,至今已被译成20多种文字发行。1871年,开罗出版了经过校勘的阿拉伯语原版《伊本·白图泰游记》。中国有两个版本的《伊本·白图泰游记》,其一是1985年中国著名学者马金鹏从埃及出版的阿拉伯语校勘本《伊本·白图泰游记》翻译成的中文全译本;另一部是1999年李光斌将黎巴嫩出版的校订本《旅途各国奇风异俗珍闻记》翻译成的中文本,"将这部奇书翻译成汉语是中阿友好文化交流工作中一件极为重要的事件"④。

《摩洛哥外交史》的作者摩洛哥皇家科学院院士阿布·杜哈迪·塔齐博士,是阿拉伯世界闻名遐迩的大学者,他重新出版了五卷本的《伊本·白图泰游记》。对于重新出版此书的原因,他提道:"当我参加地理相关的国际性会议时,我感受到了它的重要性。在地理领域,大约1000位地理学学者在谈及三大洲的旅程时就会提起它。这是伊本·白图泰为我们带来的一笔巨大的财富,我们应该珍惜它。"⑤

为了配合新版《伊本·白图泰游记》的出版,摩洛哥还举行了国际文化

---

① 王有勇编著:《阿拉伯文献阅读》,上海外语教育出版社2006年版,第298页。
② 朱威烈:《学思刍议——朱威烈文选》,世界知识出版社2017年版,第49页。
③ 木戈:《塔齐博士和〈伊本·白图泰游记〉》,《阿拉伯世界研究》1995年第4期。
④ 李光斌:《论伊本·白图泰和他的〈旅途各国奇风异俗珍闻记〉》,《海交史研究》2003年第1期。
⑤ 木戈:《塔齐博士和〈伊本·白图泰游记〉》,《阿拉伯世界研究》1995年第4期。

节，邀请有关国家代表参加。据统计，伊本·白图泰游历过的国家约占联合国会员国的 66%。摩洛哥国王曾将 2000 年定为"伊本·白图泰年"，一系列纪念活动也随之开展。在 2004 年伊本·白图泰诞辰 700 周年之际，摩洛哥也举办了一系列新的纪念活动。由此可见，摩洛哥对伊本·白图泰本人及其著作《伊本·白图泰游记》是何等重视。

《伊本·白图泰游记》的问世，沟通了中阿璀璨的文化，在中西交通史上呈现了一份极其重要的史料。"伊本·白图泰符号"深深地影响了丝绸之路上的阿拉伯国家，这一符号已成为深化中国与丝路历程中的阿拉伯国家伙伴关系的互信酵母。几百年来的持续发酵，"伊本·白图泰符号"成为中摩乃至中阿友好往来的见证和标志，尤其是对于中东伊斯兰板块来说，该符号已经集中体现为"伊本·白图泰文化"，也使得"伊本·白图泰外交"成功实现了"软着陆"。经济外交、宗教外交、政治外交的互促产生了联动效应，这一包容性外交举措取得了显著的成效。

四、伊本·马吉德（1434—1500，Ahmad Ibn Majid）

伊本·马吉德[①]的全名为艾哈迈德·本·马吉德·本·穆罕默德·本·欧麦尔·本·法德勒·本·杜外伊克·本·优素福·本·哈桑·本·侯赛因·本·艾卜·米阿拉格·塞阿迪·本·艾卜·拉卡伊布·纳季迪，英语著作中通常用 Ahmad Ibn Majid 表示，阿拉伯语著作中通常使用 أحمد بن ماجد\ابن ماجد 指代这位知名的阿拉伯航海家。

关于伊本·马吉德的生卒年份，目前尚未有定论出现。学者们依据对其作品内容的分析，普遍认定伊本·马吉德约于 1434 年出生于阿拉伯联合酋长国的哈伊马角，并于 1500 年去世。据学者考究，伊本·马吉德祖辈系纳季德人士。15 世纪的阿拉伯航海家大多是文盲，只有少数人能识文断字，但伊本·马吉德

---

① ［埃及］阿里·阿卜杜·法塔赫：《阿拉伯穆斯林知名学者》，伊本·哈兹姆出版社 2010 年版，第 1063 页。

却能读会写。作为一位航海经验丰富的航海家，他带领船队往返于印度洋、红海、波斯湾的主要港口，精通各种天文和地理知识，同时也具有极高的语言天赋，掌握泰米尔语、波斯语、梵语、爪哇方言和其他一些他到访过的国家的语言。伊本·马吉德的著作中除了航海路线、所经之地的人文地理，还涉及各种星体、星宿等天文数据知识。伊本·马吉德的父亲和祖父同样是航海家，他们的航海范围主要是在红海区域，伊本·马吉德在著作中多次提及他们的航海事迹。他从他们二位身上学到大量航海知识，并培养了他对海上冒险的热爱，他的航海经验以及学识远甚于他的父亲。他的祖父和父亲主要在红海航行，因为在介绍红海时，伊本·马吉德提到了他们的经历，他们一定也到过阿拉伯半岛的海岸，可能到达了更远的东边，但目前没有任何证据可以证明这一点。在《航海原理及准则》的第十二章中，他提到他父亲被称为"穆阿利姆·阿兰"，即红海两岸阿拉伯国家的领航员。

伊本·马吉德作为阿拉伯冒险家，往来于各港口，穿越大洋，直面风浪，并多次化险为夷，为读者介绍海岸和各海岸之间的距离，并将其汇集成著作，其中包含的各种航海知识为西方航海家提供了颇多助益，因此有很多世界级的航海家向他求助，达·伽马在穿过好望角抵达印度的航行中就曾向他求助。伊本·马吉德的出色和卓越是众所周知的，因为他帮助过葡萄牙海员，所以葡萄牙人在东非的沿海城市马林迪为他立了一块纪念碑。

达·伽马和伊本·马吉德在马林迪会面时在精通阿拉伯语的葡萄牙翻译帮助之下进行讨论。达·伽马为伊本·马吉德的渊博学识而折服。当他看到伊本·马吉德用一个直径为60厘米的大型木质星盘和导航罗盘进行观测时，倍感惊讶。伊本·马吉德介绍了阿拉伯星盘是用金属制成的，是正方形的仪器，而另外一个三角形的木质仪器是观测用的。伊本·马吉德还告诉达·伽马标注有经纬线的阿拉伯航海图，这些航海图与葡萄牙海员所用的托勒密古地图完全不同。伊本·马吉德的发现让葡萄牙人轻松渡过了危险重重的印度洋，他横渡海洋的方法和他对印度洋各种知识的了解，推动着葡萄牙人去探索各大海洋。

伊本·马吉德的航行主要是在红海和阿拉伯海，他的很多著作都保留了下来并且使他享有了极高声誉,19世纪印度洋航海家经常提及他的名字。伊本·马吉德在著作中详细地、科学地介绍了航海中的各种注意事项,因此,葡萄牙人称他为"海上王子"。他最重要的科学创举在于他是首位描述云的学者,比葡萄牙著名航海家麦哲伦更早。而且,他在没有罗盘的情况下,发明了一种使用拳头和手臂确定克尔白天房方向的方法。他制定了一套航海法则,把当时的一种随时可用于确定风向的仪器——风玫瑰分成32个部分,当时所有航海家、船长都在使用这套法则。[1]

伊本·马吉德撰有《航海原理及准则》(الفوائد في أصول علم البحر والقواعد)(*Book of Profitable Things in the Principles of Navigation*)一书,在其著作中有丰富的自称以及别号,例如:哈吉、航海家、海上雄狮等。书中指出航海者应该能够观察日月运行轨迹,确定星辰的位置,知道港口之间的距离和路线,并懂得如何使用各种航海仪器来确定纬度。"你应该知道所有海岸及其登陆地点。对于各种能够提供信息的事物,如淤泥或草、动物或鱼类、海蛇和风,同样也应知晓。你应该熟悉位于每一条路线上的潮汐、洋流及岛屿,确保所有仪器状态良好,并检查为船只、仪器及船员提供保护的装置。"[2]伊本·马吉德关于航海活动的记述追溯到15世纪,但他也提及了许多更早的航海指南,其中"最古老的由12世纪时的波斯人编写,可与《苏帕拉迦本生经》以及地中海与北欧在公元一千纪中的航海活动相媲美"[3]。

《航海原理及准则》的内容分为12个部分,分章明确,但是每个章节内的具体内容却掺杂了很多与主题无关的内容。这本著作成书于1475年,融合了伊本·马吉德数十年的航海经验,极具专业性,是专为水手、海员而写的航海注意事项。伊本·马吉德特地在书中指出,本书不适合初学者,或是想把这本书当作奇闻轶事的读者。伊本·马吉德在书中表明他强烈的求知信念,肩负

---

[1] G.R.Tibbetts:《葡萄牙人到来之前,阿拉伯人在印度洋的航海》,英国和爱尔兰皇家亚洲协会1981年版,第7—12页。

[2] [阿拉伯]伊本·马吉德:《航海原理及准则》,埃及开罗宗教文化出版社1995年版。

[3] [美]林肯·佩恩:《海洋与文明》,陈建军、罗燚英译,天津人民出版社2017年版,第55页。

传播航海知识的使命，并强调求学者应当潜心求学，注重实践并积累经验，擅问好学。他认为三大阿拉伯航海家（阿拔斯王朝的三位知名航海家：穆罕默德·本·夏扎尼、塞赫伦·本·阿巴尼、莱伊苏·本·卡赫兰）的作品乃至前人的作品缺乏准确性，已经过时，不如他自己所创作的作品，原因是他们借鉴了太多他人的作品，缺乏实际航海经验。伊本·马吉德在书中纠正了前人的很多错误，并认为第四位阿拉伯航海家，除他之外别无人选。《航海原理及准则》现存三个版本：巴黎手稿版本（保存于巴黎国立图书馆）、大马士革手稿版本（保存于大马士革扎黑利亚图书馆）、巴林版本（私人所有），其中大马士革版本是巴黎手稿的复本。①

下面详细介绍一下伊本·马吉德的著作《航海原理及准则》。该书各部分内容循序渐进，从求学者应当具备的品质到航海的历史传说再深入到航海所需注意的各项事宜，层层递进。

第一部分主要介绍航海史，首先是伊本·马吉德的全名以及各种称号，随之介绍首位航海者以及第一个造船的人——努哈（即诺亚），随后伊本·马吉德阐述了成书日期，介绍了阿拉伯航海者所使用的磁石、星宿、指南针以及度量单位（先知丹尼尔开始采用星宿的说法，磁石是先知大卫发明的）。

第二部分主要介绍影响航海的因素以及航海家应具备的能力，强调航海家要有过硬的专业素质以及优秀品性。

第三部分进入《航海原理及准则》的主要内容，这一部分主要介绍航海中用以确定方位的28星宿。从白羊座开始，以双鱼座结束。依次介绍每个星宿到达顶峰的时间，该星宿的别名，星宿中的恒星以及附近星的位置。

第四部分介绍的是罗盘（指南针）及其相关航海技术。详细介绍每根指针的方位星，随之介绍该星宿的相关内容。例如：介绍北极星方位的指针时，就补充北极星的别称，以及埃及和马格里布地区人使用的指南针，并对地中海和印度洋的航海家进行比较。伊本·马吉德在这部分内容中谈到"麦哲伦云"。

---

① Marina Tolmacheva：*An unknown manuscript of the Kitāb al-Fawā'id*, Journal of the American Oriental Society, Vol.114, No.2, pp.259–262.

他是首位描述"麦哲伦云"的航海家。

第五部分内容谈及航行的各项事宜。伊本·马吉德在这一部分中介绍了可以指引方向的三颗星,并建议航海者熟知的知名天文、地理书籍内容,比如托勒密等地理学家的著作。

第六部分介绍的是三条航线。第一种是沿海岸线航行,第二种是两个港口之间的直达航行,第三种是(采用前人的数据和方向)有方向、精准数据的航行,并表明本书是汇集他五十年的航海经验编撰而成。

第七部分,介绍星体的测量数值以及这些数值在印度洋航行的实际运用,这一部分内容得到了很多地理学家的重视。

第八部分主要介绍的是航行过程中需要注意的地理标识以及船长与船员交流合作的方式,这部分内容与第二部分内容略有重合。

第九部分介绍的是全球环行路线。从阿曼的拉斯阿尔哈德到曼德海峡,经柏柏尔海湾(亚丁湾)到红海、埃塞俄比亚大陆海岸(非洲沿岸)、大西洋沿岸的非洲海岸,再到地中海,通过陆路抵达中国,从中国海路抵达马六甲、锡兰,从马拉巴尔(南印度)经阿拉伯海到霍尔木兹,至阿拉伯湾。

第十部分主要包括世界知名岛屿的信息。依次介绍阿拉伯半岛,科摩罗群岛、苏门答腊岛、爪哇岛、索科特拉岛等10个知名岛屿的位置以及当地的风土人情。

第十一部分主要介绍的是季风。包括往来阿拉伯地区的季风,从印度前往阿拉伯地区的季风,往来信德地区的季风,从阿拉伯海去往津芝(非洲大陆)的季风,从科摩罗去往津芝的季风,之后插叙介绍各地航行途中可能遇到的危险。

第十二部分介绍红海相关内容,在这一部分中提及他的父亲和祖父以在红海的航行而闻名。

在伊本·马吉德的著作《航海原理及准则》中,从中国至阿拉伯半岛的海上航线如下:中国—占婆—新加坡—马六甲—孟加拉—锡兰(斯里兰卡)—马拉巴尔—坎巴亚—信德—马克兰—霍尔木兹—波斯湾—巴士拉—阿联酋—阿曼—卡塔尔—巴林—苏哈尔—马斯喀特—拉斯哈德（阿曼）。伊本·马吉德在《航海原理及准则》中特意介绍了爪哇岛，但是在中国至阿拉伯半岛的航线中却未提及爪哇岛。

这段航线是截取自伊本·马吉德书中所记载的环球航行，环球航行的始发站即阿曼的拉斯哈德港，经也门、曼德海峡、红海、地中海、中亚、中国、印度洋、波斯湾，回到拉斯哈德港。

该航线与伊本·白图泰的旅行路线正好相反，伊本·白图泰是经海路即红海、印度洋抵达中国。从阿拉伯半岛开始所经重要港口城市有：吉达—亚丁—佐法尔—马斯喀特—尸罗夫—巴林—巴士拉—霍尔木兹—卡利卡特（印度南部港口）—奎隆（Kulam，故临，印度南部）—马尔代夫—爪哇—苏门答腊—广州。

虽然方向不同，但是路线基本一致，《伊本·白图泰游记》的成书时间大致为1356年，比伊本·马吉德的年代早一个世纪，伊本·马吉德在规划印度洋航线时存在参考《伊本·白图泰游记》的可能性。同时，伊本·马吉德为航海者列举应熟读的书目时，提到了雅古特·哈玛维的著作。雅古特的《地名辞典》中涉及了从中亚抵达中国的道路和部分中国前往印度洋的路线。伊本·马吉德身为航海家，常年在海上航行，对陆路旅行缺乏经验，因此他的陆路描写只能是参考了其他学者的著作。所以伊本·马吉德从地中海经中亚抵达中国这部分路线极有可能是参考了雅古特的著作。

五、郑和

郑和是回族人，原姓马，小字三保，或作三宝，生于云南昆阳县和代村。目前关于其家世最可靠的资料是明永乐三年（1405）大学士李至刚受郑和之托，为其父所撰的墓志。[①] 阿拉伯半岛是郑和船队在西印度洋的主要贸易区，半岛地区的忽鲁谟斯为船队的三大贸易据点之一（其他两个为马来半岛的满剌加和

---

① 袁树五：《昆阳马哈只碑跋》，载《郑和研究资料选编》，人民交通出版社1985年版，第30页。

印度西海岸的古里)。郑和下西洋打破了朝贡贸易只来不往的消极局面,中阿经济关系有了较好的发展。①

首先,让我们先回顾一下阿拉伯古籍中对"郑和下西洋"的记载的研究情况。

盖双教授写过《关于郑和船队的一段重要史料——披览阿拉伯古籍札记之二》,通过阿拉伯古籍寻找郑和船队的重要史料。在阿拉伯语古籍中,目前收集到涉及郑和船队的古文献共有四本,都是公元15世纪阿拉伯历史学家所著的史书,分别是《拉苏里王朝历史》(作者佚名)、伊本·戴白伊的《也门历史概要》、伊本·泰格齐·拜尔迪的《埃及和开罗国王眼中的灿烂星辰》、阿卜杜拉·泰伊伯的《历史名人录》。其中《拉苏里王朝历史》对郑和船队的记载最为详尽,内容也更客观,书中记载了郑和船队抵达也门的时间、靠岸地点、接待人物等重要历史要素。剩下几本史书对郑和船队的描述仅有寥寥几笔。

据相关历史学者对《拉苏里王朝历史》(تاريخ الدولة الرسولية في اليمن)(*Tārīkhal-Dawlahal-Rasūlīyah fī al-Yaman*)内容的考究,本书作者是一位伊历9世纪即公元15世纪的历史学家,除此之外,再无作者相关介绍出现。这本史书更像是一本事件录,主要记录伊历5世纪至9世纪期间的国家大事和社会事务,但这本史书具有极其重要的研究价值,包含大量同类史书未曾谈及的史料,经也门史学家验证,其中关于伊历9世纪的史料记载与当时的社会情况相符。根据书中内容,可以推测出作者在伊历840年时仍存活于人世,极有可能是国王的书记官。本书的唯一手稿现存于巴黎国家图书馆,共有4709页,日本学者矢岛彦和(Hikazu Yajima)曾就这份手稿于1976年发表了一些文章。现在我们看到的阿拉伯语版本是由阿卜杜拉·穆罕默德·哈白希参考日本学者的文章对原手稿进行校对,并于1984年由新时代出版社出版。

《拉苏里王朝历史》中涉及郑和船队的材料共有六段,主要涉及郑和船队三次抵达也门亚丁湾,即第五次、第六次以及第七次远航的内容。这本书中与

---

① 郭应德:《中国阿拉伯关系史》,北京大学出版社2015年版,第157—161页。

郑和远航相关的描述段落数量是其他阿拉伯史书远不能及的，大部分阿拉伯史书对郑和船队的描述仅限一小段文字，涉及某一次郑和船队抵达阿拉伯国家的史实，然而《拉苏里王朝历史》却完整地记录了郑和船队三次抵达也门的详细经过，足以看出此书作者以及当权者对郑和船队抵达也门这一事件的重视和关注，同时也能得知作者为王室近臣的地位，只有如此，才能记载下如此详细的事件始末。鉴于伊斯兰历与我们使用的公历之间进行时间换算后会出现一些细微的差距，故这里先大致地罗列出《拉苏里王朝历史》中记载的内容，这六段文字中分别涉及了郑和船队第五次、第六次以及第七次远航的历史事件。

其中，有三段文字描述的是郑和船队第五次出使的内容。具体内容，译文如下：

> 伊历821年（1418）12月，数艘大船抵达亚丁港，船上是中国皇帝的使者们以及中国皇帝赠予纳赛尔素丹的华贵礼物①。
>
> 伊历822年（1419）1月26日，纳赛尔国王莅临亚丁军营，营中堆满了中国皇帝的珍奇礼物。包括各式珍宝，金线和丝绸缝制的华服，高级麝香，以及大量瓷器。这些礼物重量大约为两万砝码（1砝码=4.64克）即92.8千克。法官瓦基弧丁·阿卜杜·拉赫曼受命看守这些礼物。②
>
> 伊历822年（1419）2月，纳赛尔国王命人备好与中国皇帝赠礼等值的礼物并交予中国皇帝的使者，礼物包括各种珍宝，从欧洲舶来的珊瑚树，以及各种珍稀动物：剑羚，斑马（按：《瀛涯胜览》写作"花福鹿"），驯养的雄狮和猎豹。大法官瓦基弧丁·阿卜杜·拉赫曼随后陪同中国使者赴亚丁港。③

《拉苏里王朝历史》中的伊历822年对应的是1419年，依据中方文献的时间，郑和第五次远航的时间是1417年5月至1419年7月，而该书中的时间约

---

① ［埃及］阿卜杜拉·穆罕默德·哈白希：《拉苏里王朝历史》，新时代出版社1984年版，第189页。
② ［埃及］阿卜杜拉·穆罕默德·哈白希：《拉苏里王朝历史》，新时代出版社1984年版，第189页。
③ ［埃及］阿卜杜拉·穆罕默德·哈白希：《拉苏里王朝历史》，新时代出版社1984年版，第190页。

为1419年至1420年，郑和船队此次在也门大约访问了3个月之久。

与郑和船队第六次远航相关的内容有两段文字，其译文如下：

伊历826年（1422）2月18日白日，纳赛尔国王收到消息称：中国使者携中国皇帝的赠礼已经乘船抵达（也门），便命贾麦勒丁·本·伊斯哈格准备一应接待事宜，随后贾麦勒丁从亚丁陪同中国皇帝的太监使者到达"光荣之门"。中国皇帝的赠礼包括诸多珍宝，高级麝香，中国鹅，华美的中国瓷器，各式衣物，家具器皿等。国王于军营中为中国使者举行欢迎仪式，王公贵族共同列席。①

伊历826年（1422）3月，法官贾麦勒丁·穆罕默德·本·艾卜·白克尔·伊斯哈格陪同中国皇帝的使者贾莱勒丁抵达首都塔伊兹。②

与郑和船队第七次航行的相关文字内容有一段：

伊历835年（1431）6月25日，一位中国官员（中国皇帝的部下），带着赠予我们国王的礼物乘船抵达拉赫季（也门城市名），部长夏哈卜丁与贾麦勒长老共同接待其随行人员。③

从郑和船队三次抵达也门的史料记载中，可以感受到也门纳赛尔国王对郑和船队到访的态度变化以及关注程度。

第一，登陆地点：郑和船队前两次抵达也门都是从亚丁港登陆，而船队的第三次登陆，没有直接从亚丁登陆，而是通过河道经过亚丁，在拉赫季登陆。拉赫季城并不是一个沿海城市，它位于图班河沿岸，图班河的入海口即是亚丁。由此可知，郑和一行已经获得了拉苏里王朝统治者的信任，以至于能直

---

① ［埃及］阿卜杜拉·穆罕默德·哈白希：《拉苏里王朝历史》，新时代出版社1984年版，第202页。
② ［埃及］阿卜杜拉·穆罕默德·哈白希：《拉苏里王朝历史》，新时代出版社1984年版，第203页。
③ ［埃及］阿卜杜拉·穆罕默德·哈白希：《拉苏里王朝历史》，新时代出版社1984年版，第247页。

接在内陆河流沿岸城市登陆而非起初的沿海城市亚丁。

第二，接待人员：郑和船队第一次抵达也门的接待人员是法官瓦基弧丁·阿卜杜·拉赫曼，并会见了纳赛尔国王。第二次到达也门时，国王带着众王公贵族一起接待了船队成员，并让法官贾麦勒丁·本·伊斯哈格专程带了礼宾部对他们以示欢迎。到第三次的时候，郑和船队的相关接待人员变成了长老和谢赫，书中并未提及国王是否接见了使团，依据本书作者的记录习惯，凡是参与接待的官员，其职位和姓名都完整地记录在本书之中。由此可以看出，第七次郑和船队抵达也门时，统治者并未接见他们。从接待人员的变化来看，也门统治者对郑和船队的态度是从热烈欢迎到慢慢冷淡。官方态度的变化可以从其他阿拉伯史书中窥得一二，《埃及和开罗国王眼中的灿烂星辰》中写道：郑和第七次远航抵达也门时，也门正处于社会动荡的局面。郑和船队第七次抵达也门的时候，已不再是纳赛尔国王当政，政权更迭，社会动荡，极有可能是当权政府无暇顾及外交的原因。

第三，接待地点：前两次的接待地点都放在了军营之中，这对于历史上的外交事务而言，是比较常见的举措，常用于震慑远方来使，彰显强大国力。第二次国王派人与郑和船队一道去往首都塔伊兹，由此可见，当时的也门执政者对郑和一行人的到访非常重视，在军营中接待有可能是因为郑和船队的随行人员较多，也门统治者对他们的到访目的有所担心和顾虑。第三次则没有提及任何接待地点，可能是由于政权交替，新国王对这次邦交的不重视，也有可能是统治者对他们多次到访表示放心，不需要再用军事力量对其进行震慑。

第四，礼物：第一次郑和船队所带的礼物多是各式珍宝，作者为礼物加上了一个形容词——"华丽的"，而后面两次的礼物是没有形容词的，不难看出，郑和船队的第一次到访让也门统治者惊叹不已，让也门人感受到明朝的国富民强，随后纳赛尔国王与郑和船队交换了等值的礼物。第二次的礼物相比之下就更具中国特色，也更丰富，同样也有珠宝玉石，出于礼尚往来和为了彰显明朝的地大物博，还携带了中国的特色动物，在这一点上，也是明政府主动对外输出中国传统文化的体现。至于第三次抵达也门，关于礼物的内容仅寥寥几笔，只提及中国官员带着礼物而来，未对礼物进行详细描述。纳赛尔国王给中国皇帝的回礼与马欢（跟随郑和参与了第四次、第六次、第七次下西洋）在《瀛涯胜览》中提及的物品大部分相符，但需要注意的是，在《瀛涯胜览》中这些物品并非国王赠予的礼物而是郑和船员购买所得。

综上所述，《拉苏里王朝历史》中的郑和及船队在纳赛尔国王时期备受上层统治阶级欢迎和重视，双方互换各式珍奇异宝，互通有无。显而易见，在这本书的记录中，郑和和他的航海队伍作为联络两国友好往来的文明传播使者，是以一个积极正面的形象出现的。规模庞大的郑和船队让当时的也门统治者领略了明朝的繁盛，同时也让他们有所顾忌，故将接待的地点都安置在了军营之中。

《也门历史概要》（قرة العيون في أخبار اليمن الميمون）（*Qurrat al-'uyūnfianbār al-Yaman al-maymūn*）是也门历史学家伊本·戴伊白（Ibn al-Dayba'）（1461—1537）的一本纪传体史书。伊本·戴伊白熟知前人历史，其著作对历史事件的记述坚持就事论事的中正态度。该书以当政国王为纲，按时间顺序介绍各国王当权期间发生的重大历史事件。书中涉及郑和船队的文字只有一段：时间是伊历823年，即郑和船队第五次或是第六次远航："中国皇帝的使者搭乘3艘巨船，带着价值约为20万金的珍贵礼物到达此地，纳赛尔国王召见使者。"文中还附上了一句当时人们对中国皇帝的描述："中国皇帝认为普天之下皆是他的臣民，其中部分臣民因国家境况和统治者的原因而愚昧不堪。"寥寥几语，描绘出当时阿拉伯人，特别是阿拉伯历史学家心目中的中国形象：国家富强，统治者狂妄自大。

《埃及和开罗国王眼中的灿烂星辰》（النجوم الزاهرة في ملوك مصر والقاهرة）（*Al-Nujūm al-Zāhirahfī Mulūk Misrwaal-Qāhirah*）是埃及著名历史学家伊本·泰格齐·拜尔迪（1410—1470，IbnTaghzīBardī，ابن تغري بردي）的著作。书中涉及郑和船队的史料有一段，时间是伊历835年，即1431年，郑和船队第七次远航的时间。书中写道：有两艘从中国来的船在亚丁靠岸，由于也门社会状况混乱，未来得及将船上瓷器、丝绸和麝香等货物全部售出，遂转而去了吉达。①

《历代名人录》(قلادة النحر في وفيات أعيان الدهر)(Qilādatal-Naḥrfīwafayāta'yān al-dahr）是也门知名学者、历史学家、教法学家阿卜杜拉·泰伊伯（伊历870—947, Muh ammadal-Tayyib）所著的编年体史书，书中介绍了从伊历8世纪至10世纪的知名人物和历史事件。书中有一段文字谈到了郑和船队第七次远航抵达亚丁的事件：伊历833年（1429），在这一年（中国船只）抵达亚丁，众人前去参观（中国）船只和服饰，并购买商品及珍宝，同时将一些动物售卖给他们，（船上的人）对此非常感激。

对这次远航的记载和《明史》中的相关记录相比在时间上略有出入，明史中这样写道："宣德五年，郑和使西洋，分遣使其侪诣古里。闻古里遣人往天方，因使人赍货物附其舟偕行。往返经岁，市奇珍异宝及麒麟、狮子、驼鸡以归。其国王亦遣陪臣随朝使来贡。宣宗喜，赐赉有加。"②宣德五年即1430年，此处的时间差异应是历法换算之间产生的。这段文字也证实了，郑和船队确实在第七次航行的时候有购买动物的行为。

总体看来，在阿拉伯古代文献中，"郑和"以及"郑和船队"作为明朝意识传播的载体，所展现的是明朝的国力强盛、经济繁荣和物种丰富。上述阿拉伯历史著作叙述了"郑和远航"这一历史事件对古代中阿之间的经济、文化交流的促进作用，是双方和平交往的使者。双方都认可"郑和船队"在中阿历史交往中的积极作用。同时，也有阿拉伯史书通过对郑和船队的描述展现出对明朝自认天朝上国这一点颇有微词。

郑和下西洋的壮举在中国乃至世界航海史上具有重大的意义，他"正是循着阿拉伯人已经开辟的航路和积累的知识，由近及远，一个国一个国地拓展航线的"③，具体表现在如下几个方面。

---

① 盖双：《关于郑和船队的一段重要史料——披览阿拉伯古籍札记之二》，《回族研究》2007年第2期。
② （清）张廷玉：《明史》卷三三二，载《二十五史》第10册，中华书局2013年版，第8703页。
③ 葛剑雄：《郑和究竟为何下西洋》，载《天地史谭》，上海辞书出版社2018年版。

(一)郑和下西洋为海上丝绸之路的发展做出了突出的贡献

"文化交流是推动人类社会前进的重要动力之一。"① 中国古代丝绸之路的开辟以及后来的迅速发展都成功地在世界上几个不同的板块之间架起了互通往来的友谊桥梁。遥跨海陆两境的丝绸之路推动世界由分散走向融合,为中国开拓了更广阔的国际舞台,实现了中国历史上的巨大辉煌,使中国成为世界经济发展、文化交流的重要使者,为中国天下观和世界视野的形成奠定了基础。随着"一带一路"的不断推进,丝绸之路、郑和崇拜、郑和文化、郑和精神等一系列公共产品的现实影响力凸显②,"郑和话语被国家强化和升华,成为中华民族精神与中国外交理论的价值观念与认同的重要构成"③。

在明朝时,海上丝绸之路取得了前所未有的成就,创造了海外交流往来的巨大辉煌。从1405年到1433年的几十年时间里,郑和七次下西洋,跨越南海、遥渡印度,远航经西亚直至东非海岸。他的行动成为世界航海历史上的重大创举,成为无数后辈之楷模,是航海历史上当之无愧的先行者和开拓者,使得明朝成为世界航海发展进程中一个重要节点。郑和和他的航海团队在海洋开拓的过程中充当着中国文明与成就的和平传播者,在文明碰撞的同时与其他国家建立了友好的往来关系,促进了与各国的经济文化交流。

郑和的舰队出访海外诸国时,有时整个舰队成一个编队,称为"大䑸",如启程返航时必须整个舰队一起行动。有时分为几个分遣舰队,分别朝不同的目的港驶去,称为"分䑸",派出分舰队去不同的国家和港口执行访问任务。

用中文、泰米尔语、波斯语三种文字记载的郑和访问锡兰的《布施锡兰山佛寺碑》,是"郑和和平宽容精神的体现和象征","表明中国当时已有世界性的眼光",彰显出"一代航海家郑和博大的胸怀、宽容的精神和非凡的世界性眼光"。④

---

① 季羡林:《中外文化交流史丛书》,湖南教育出版社1998年版,"序言"。
② 马丽蓉:《"郑和符号"对丝路伊斯兰信仰板块现实影响评估》,《世界宗教研究》2015年第5期。
③ 马丽蓉:《丝路学研究:基于中国人文外交的阐释框架》,时事出版社2014年版,第49页。
④ 陈占杰:《斯里兰卡:郑和遗迹今尚存 石碑犹在颂海魂》,新华网2005年5月31日。

（二）郑和下西洋加强了使节往来，扩大了使节间的迎送

由郑和受命于明政府的宗教外交活动，实属"利用宗教手段服务于外交使命"，在经贸合作之际开展宗教交流，有助于践行明朝"协和万邦"的对外政策。[①]

在与其他国家的友好往来中，我国一贯奉行"厚往薄来"这一原则，即明朝大多赠予他国各式珍稀昂贵的丝绸锦缎、瓷器物皿等作为礼品，而其他国家更多赠送的是奇珍异兽。郑和下西洋加深了各国之间的友好情谊，第五次返程回国的时候，随同他一起回来的还有17个国家和地区的使臣；到第六次回国的时候有16个国家派遣使臣来到中国进行访问，甚至有1200人之多。有些国家的国王及王妃、陪臣还不止一次来过中国进行访问，这直接有利于两国互通友爱的邦国之交。其中值得一提的是，苏禄国（今菲律宾苏禄群岛）的苏禄王在返回其国家的途中在我国德州病逝，而明朝政府为表达尊敬按照王礼的规格将其厚葬，并为其修建了苏禄国东王墓，成为中菲友好交往历史上的辉煌一笔和最好印证。

（三）郑和下西洋扩大了海外贸易，促进了亚非国家与地区间的经济交流

随同郑和一起进行航海事业的队伍里配备着专门负责贸易的官员，以便更好地与其他国家进行海外贸易，买卖交换各式奇珍异宝和工艺品等。在海外贸易中始终坚持平等互利、诚信互惠的原则，并对极其贫困的地区给予一定的特殊照顾和帮助。郑和船队七下西洋时，曾用许多丝绸、瓷器、农产品和手工业品等产品和享誉世界的茶叶和珠宝等特色物品与东南亚、南海、非洲等地的商人交换得到当地的土特产。所有的贸易都是在开放互惠的环境中开展的，也正因如此，这种贸易关系才能长期延续下来。

中国的铜钱在东南亚曾广为流通，如在爪哇，"行市交易曾用中国的铜钱及布帛之类"[②]；有些国家也采用中国的度量衡，例如在苏门答腊，"国中一应买

[①] 马丽蓉：《"郑和符号"对丝路伊斯兰信仰板块现实影响评估》，《世界宗教研究》2015年第5期。
[②] （明）巩珍：《西洋番国志·旧港国》，中华书局1961年版，第16页。

卖交易，当时皆以十六两为一斤"①。在满剌加修建住房时运用到的砖瓦等建筑材料大多也都是通过郑和的航海队伍从中国带去的。暹罗、满剌加的许多寺庙、宝塔等在修建时，采用的也是郑和来此地贸易时带来的琉璃瓦。郑和的部下还从海外带了一些烧制玻璃的技工来中国。这些均属中外的技术交流。②

（四）郑和下西洋是中国古代航海史上的重要的里程碑

其实，在郑和之前，根据《经世大典·站赤》的相关记录，大德五年（1301），元朝政府就已经派回族人麦术丁为使臣赴木骨都束购买狮、豹等物品，为了支持这次远洋活动，政府调拨给予他们可供两年的粮食和航行所需费用。麦术丁要到达的目的港木骨都束，也就是现在我们所说的索马里首都摩加迪沙。后来郑和远航东非，应当就是麦术丁远航的继续。在同一年，元朝政府又派遣37人到刁吉儿地进行贸易交换获取奇珍异宝，这次更是拨下了可支撑三年之久的粮食和远洋经费。从发放口粮的数目看，刁吉儿要比木骨都束远得多，它应当就是摩洛哥的丹吉尔城。元末摩洛哥丹吉尔人、旅行家伊本·白图泰到中国来之前想必听说过中国的消息。

从规模上说，郑和船舰之大、船型之巨、船体结构之精、航海技术之先进、航海累积里程之多和时间之久、人数之众多，都是当时欧洲许多著名航海家们的事迹和贡献无法比拟的。③

郑和率领的航海队伍区别于其他航海活动的最根本特点就在于，它是由中国明朝政府所支持的规模宏大、历时之久、影响至深的海上活动。元代征日本、占城、爪哇时，动用过大量水师兵力，其规模已经远远超过前代，但其活动范围不出西太平洋。郑和的船队规模十分巨大，第一、三、四、七次出海人数均达2.7万余人，千户以上官员近300人。每次出洋时间长达两三年，堪称

---

① （明）马欢：《瀛涯胜览·苏门答腊》，中华书局1955年版，第38页。
② 刘明翰、陈月清：《郑和七下西洋对海上丝绸之路的贡献——郑和下西洋的伟绩同西欧早期殖民扩张的对比》，《大连大学学报》2017年第5期。
③ 郑一钧：《大航海家郑和丛书·郑和全传》，中国青年出版社2005年版，第458页。

一支强大的远洋舰队。①

郑和船队每次出洋出动船只200余艘，包括许多不同的舰种，堪称一支巨大的特混舰队。其中最大的称为宝船，硕大无比，共有20—30艘，航行时居舰队之中。据郑和的随行人员费信记载，此类宝船有9桅，张12帆。郑和的另一位随员巩珍说，宝船的"篷、帆、锚、舵，非二三百人莫能举动"②。

郑和的航海舰队规模远胜于地理大发现时代的几支著名的欧洲舰队。1492年横渡大西洋到达美洲的西班牙哥伦布船队只有90名水手，3艘轻帆船，其中最大的旗舰"圣玛丽亚号"为250吨。1497年绕过好望角到达印度的葡萄牙达·伽马船队只有160人，4艘小帆船，其主力旗舰不过120吨，全长不到25米。1519年进行环球航行的西班牙麦哲伦船队也只有265人，5艘小帆船，其中2艘130吨、2艘90吨、1艘60吨。③

这样大的一支舰队在海上，须有一定的通信手段保证旗舰对各船的指挥及各船之间的联络，以便于控制各船的航速航向、前进后退、升落帆篷、保持船距、避免碰撞，通报风向风力、测天观星结果和遇海上险情、调动指挥、起航入港时各船的先后顺序，以及起锚抛泊等。喊话是通达信息最普通的手段，但这种方式有其局限性。即使在风平浪静时，随着喊话口令传递次数的增加，也有误传信息的可能。航行时各船之间的距离有大有小，遇到风涛时各船为避碰须保持相当大的船距，各船很难保持通话。④

郑和所立之"天妃灵应之记"碑记载，苏门答腊国为"西洋总路头"。有些学者认为这说明明初的"西洋"不同于明万历年间的《东西洋考》以"文莱即婆罗国"来划分东西洋的地理概念。⑤

郑和的船队在七次远洋的进程中取得了许多世界瞩目的重大成就，例如开

---

① 刘迎胜：《丝路文化·海上卷》，浙江人民出版社1995年版，第208页。
② （明）巩珍：《西洋番国志》，向达校注，中华书局1982年版，第5页。
③ 刘迎胜：《丝路文化·海上卷》，浙江人民出版社1995年版，第208页。
④ 刘迎胜：《丝路文化·海上卷》，浙江人民出版社1995年版，第208页。
⑤ 孙光圻：《中国古代航海史》，海洋出版社2005年版，第498页。

辟了古代海上丝绸之路的航程最长的航线。郑和船队航域东起西太平洋，西北达阿拉伯海、波斯湾与红海。从郑和航海图上看，郑和航迹在西南方越赤道进入东非的南半球水域，到达了位于南纬8°55'的麻林地（今坦桑尼亚的基尔瓦基西亚）。实际上中国的船队在东非并未止于麻林地。李约瑟博士提到，1459年欧洲地图学家弗拉·毛罗（Fra Mauro）在其地图上的一则注记中提道：约在1420年一艘来自印度的中国大帆船，对着迪布角外的男女岛方向，横越印度洋，并经过绿色群岛和黑暗海，朝着西和西南方向航行了40天，除了水天一色，别无他物。据估计，此船已经航行了2000英里。此后情况越发险恶，此船便返航，经过70天才回到迪布角。李约瑟相信这艘中国海船越过非洲南端的厄加勒斯角，进入了大西洋水域。①

六、义净

唐朝与许多国家都保持着良好的往来关系，在贞观年间，与近20个国家有经济贸易往来，到开元、天宝年间甚至一度达到70多个，随着经济往来更加频繁，经由海上航线到印度求法的僧人也逐渐增加。他们通常都是以广州为起点，搭乘商船到达南海的其他国家，在这些虔诚求法的人中，义净（635—713）就是其中一员。咸亨二年（671）十一月，义净携善行乘波斯商船从广州出发，一路上经由了三十多个国家，潜心研究佛学、译经达25年，在佛学上取得了很大的造诣，求得梵本经论约四百部。

义净法师是我国唐代高僧、佛教四大译经家之一，是我国著名的佛学家、翻译家、旅行家，被誉为"海上求法第一人"，与东晋法显大师、唐玄奘大师并称为我国"三大求法高僧"。其所著《大唐西域求法高僧传》与《南海寄归内法传》为中外文化交流史上的经典之作。②

---

① ［英］李约瑟：《中国科学技术史》，汪受琪等译，科学出版社2008年版，卷四，第三分册，图989。

② 刘永忠：《唐高僧义净与齐州山茌县的因缘》，《法音》2018年第3期。

义净法师，俗姓张，字文明，齐州山茌县山庄人（今位于山东省济南市长清区）。635年，出生于济南长清张夏的一个小山村。他在14岁的时候出家，受具足戒后，又用五年的时间研究律部文疏，后来又长途跋涉，外出求学，到洛阳、长安等地认真学习经译。671年，义净大师从齐州南下继续他的求学之路，虽然不停地跋涉，但是始终苦中作乐，刻苦钻研。四至七月间，于扬州结夏安居。解夏后至广州，复至岗州。于十一月左右，他毅然踏上了开往印度的波斯船只。惊涛骇浪中，不到20天便到达室利佛逝国（今印度尼西亚苏门答腊岛上的巨港），在此学习梵语6个月，并得彼国王支持，经末罗瑜国（即今之苏门答腊的占碑埠）、羯荼（马来西亚半岛西北岸的吉打）等国，终于在咸亨四年（673）的二月到达了东印度。义净大师在其《大唐西域求法高僧传》中描述这段行程并感慨："长截洪溟，似山之涛横海；斜通巨壑，如云之浪滔天。"可见当时海上航行的惊心动魄，艰危之状。

随后，义净大师又随同一些商侣去往中印度瞻礼。又往来于世界各地去潜心研究佛学，寻求真知，在那烂陀寺留学将近十一年，躬身求教于那烂陀寺宝师子等当时著名的高僧大师，对瑜伽、中观、因明、俱舍等颇有造诣。

证圣元年（695），义净大师终于完成了长达25年之久的求法历程，回到了东都洛阳。在义净大师学成归来时，不仅从印度带回了将近四百部，总计大约50万颂的佛经，还将得到的一铺金刚座真容、三百粒舍利子这些非常珍贵的藏品一同带回国内。当时的唐朝皇帝武则天亲自出城门迎接，并赐予他"三藏"法师称号。[①]

义净"仰法显之雅操，慕玄奘之高风"[②]，游历南海诸国、印度诸国二十余载，不但携经归唐，而且撰写了《大唐西域求法高僧传》和《南海寄归内法传》等代表性著作。其贡献不仅在佛教领域，也在中外关系史和海上丝绸之路发展史上，具体表现为以下几个方面。

---

① 常净：《弘愿西渡求经典　孤帆劈浪传文明：纪念海上丝绸之路使者、译经巨擘义净大师》，《中国宗教》2019年第11期。

② （宋）释赞宁：《宋高僧传·唐京兆大荐福寺义净传》，中华书局1987年版，第1页。

（一）《大唐西域求法高僧传》较详细地记载了当时通往印度的海上航线，是中印文化交流由以陆上丝绸之路为主向以海上丝绸之路为主转移的重要佐证

义净时期，中印海路通道的发展与兴盛具有代表性意义，其所著《大唐西域求法高僧传》以传记形式记述了61位赴印求法的僧侣事迹，共历唐太宗、唐高宗及武则天时期三朝。东晋高僧法显赴印时走陆路，归国时走海路；早于义净几十年的唐代玄奘则是往返皆从陆路；至义净时往返皆从海路。同时，义净的《大唐西域求法高僧传》时间范围跨域前后46年（自公元645年玄奘归国至本书完稿），其中有37人选择海上交通航线。义净自述其记载顺序"多以去时年代近远存亡而比先后"，从记载中可以看到，前7人往返均经陆路，至第8人开始选择海路者渐多，而至第21人明远开始，几乎全部选择海路。这种渐次变化显示出赴印通道中海路取代陆路而成为首选通道的趋势。义净书中所述僧侣或为义净途中遇到，或听闻所得，虽不免因时间久远和道听途说而有所疏漏，但内容大体翔实可信。王邦维、方豪、汤用彤、释东初等大家均在著作中对其价值予以肯定，也有学者对其记述"代表着中印交通线路的转变"这一说法提出质疑，认为该著作主要是据义净自身经历所写，因其去往皆从海路，所见所闻者也多走海路，并不足以代表海路的兴盛[1]，笔者认为这种看法有失偏颇。固然，义净本人的经历是全书所述僧侣的重要来源，但义净在印度游历十余年，所识所闻僧侣众多，样本广泛，具有相当的代表性，且从义净所记僧侣赴印的时间顺序和所选途径来看，具有较强的规律性。因此，《大唐西域求法高僧传》确实可从一定程度上客观反映该时期海路的兴盛。

汉武帝以来，海上丝绸之路逐渐发展成为沟通中西方，促进中西方政治、经济、文化往来的纽带。并且，随着造船技术的进步、地理知识的丰富以及航海经验的不断丰富，海上航线迅速发展，海上丝绸之路呈现出一种繁盛之势。西行求法者众多，功在千秋者也非义净一人，但是对中印海上丝绸之路如此熟

---

[1] 张云江：《试论唐代西域求法僧侣的求法动机及其"宗教生存困境"》，《宗教与民族》2012年第7辑。

悉,并将自己及所见所闻其他僧侣的亲身经历完整记录下来者,义净当为第一人。他的事迹及著作是考察海上丝绸之路通道上中印交往不可或缺的资料。

唐朝时期,与佛教的极盛相伴随的是僧侣腐化问题的愈发严重。义净出行的主要目的,是在"求取真经"的同时,用印度的"正统"典范纠正中国佛教的偏误。义净的《大唐西域求法高僧传》和《南海寄归内法传》及其所译经籍对"律"的侧重无不表现了这一特征。关于义净及其著作在佛教史上的贡献的研究汗牛充栋,但非本书研究重点。而从义净对沿途及印度境内僧侣生活的描绘中可以窥探当时印度文化发展情况及中印文化的对比和融合状况。

(二)《南海寄归内法传》是以自传体形式记述的,了解印度文化及中印物质文化、非物质文化交流情况的历史文献

《汉书》是已知记载南海、印度洋东西方海路交流情景的最早文献,记述了公元前206年至公元23年两百多年间的史事,并在其中述及汉武帝时期开辟海上丝绸之路的具体情状,其意义弥足珍贵。然而《汉书》并非当事人亲身经历和具体记录,而是介绍性叙述,其视角、具体程度、翔实程度等均与自传体叙述不同。义净作为海上丝绸之路成为主流后的第一位代表性僧侣,以及居于"西国"逾十年的高僧,其著作的意义不容小觑。"寄归传"是义净根据自身在印度和南海诸国的见闻所著,涉及的领域较"高僧传"更为广泛。义净其书或不及玄奘《大唐西域记》[①]翔实,但其记载不仅能对《大唐西域记》中的一些记载予以佐证,更可对其中部分疏漏进行补正。例如关于中印之间的海上通道,玄奘所载甚少,且均为听闻所得,而义净结合自身所见,对其线路进行了细化记述。而且义净对于印度文化的记述领域、方法与玄奘《大唐西域记》也不尽相同。玄奘所记多围绕佛法,而义净除佛法外,对印度有关医疗手段、生活习惯、饮食结构等方面均进行了较为详细的对比记述,其对中印情况的对比是描绘当时中印文化交流图景的宝贵资料。因此,"寄归传"在中印关系史和印度

[①] (唐)玄奘、辩机著,季羡林等校注:《大唐西域记校注》,中华书局1985年版,第123页。

文化史上的价值不可取代。①

（三）对室利佛逝的记载体现出其作为印度洋沿岸的大型中转场所，印度文化东渐的前沿的重要地位

义净辗转于印度与国内都是经由海上航线的，甚至在室利佛逝停留暂居的时间仅仅略次于印度那烂陀寺。虽然河陵、狮子国等国也是当时赴印僧侣的常见中转地之一，但室利佛逝作为印度文化东渐之前沿与南海海上交通总枢纽具有代表地位。室利佛逝（10世纪后常作三佛齐）是当时的南海大国，在今印度尼西亚苏门答腊岛南部，有强大的海陆军控制马六甲海峡与巽他群岛之间的制海权，主宰了印度洋到中国的航道，包括义净和两位来自新罗的僧人善行、志弘等九人经此中转至印度，义净离开广州后曾在此学习梵文和佛教典籍，作为西行赴印的准备阶段。义净在"寄归传"中记载："此佛逝廓下僧众千余，学问为怀，并行多钵；所有寻读，乃与中国不殊；沙门轨仪，悉皆无别。"从义净的记载可以看出，僧人们泛海，多搭乘商舶。僧人们求法的路线其实就是当时商业贸易的路线。义净记载室利佛逝是一个国际化的市集，走在街上便可听到泰米尔语、阿拉伯语、缅甸语、暹罗语、缅甸语及中文，佛教氛围相当浓厚，"寻读""轨仪"等均与印度无二，也从侧面证明了海上丝绸之路南线的兴盛以及印度文化在海上航线的盛行。更有甚者，义净建议后辈赴印求法的僧侣可以在室利佛逝停留"一二载"再行西去，可见该地佛教风气之盛。另外，室利佛逝的官方语言是梵语，国王对佛教推崇有加，支持并资助中国僧侣的求法活动，义净前往印度便得到了当时室利佛逝国王的资助。因此，有印度学者指出整个印度支那半岛和马来群岛的岛屿在当时事实上形成了"印度文化圈"，抑或"大印度"（Greater India）。这些海上国家是中国和印度交流的纽带。

---

① 孟亮：《唐代初期中印文化交流图景——以义净代表作为中心考察》，《重庆交通大学学报（社会科学版）》2019年第1期。

（四）义净及其著作对中印文化交流产生了重要影响

义净其人，继法显"开辟荒途"、玄奘"中开王路"之后，在中印关系史上书写了浓墨重彩的一笔。古代中印文化交流集中体现在佛教的交流上，而佛教的交流又集中体现在印度佛教向中国的传播上。交流本质上具有双向性，以佛教传播为载体的中印文化交流对双方关系产生了深远的影响。

1. 促进中印佛教文化的交流传播和兴盛

唐初是中印交通史的高峰，随着海上丝绸之路进一步兴起，海路在义净时期渐渐成为西行赴印的主要通道。玄奘赴印求法，著《大唐西域记》，虽然也是中外交通史上的不朽丰碑，但囿于路线原因，书中对于海上丝绸之路的描绘十分有限，偶有涉及也为道听途说，地理位置并不精确。而义净《大唐西域求法高僧传》所述经南海至印度海上丝绸之路的路线为其亲身经历，对沿途各国名称、位置、风土人情的介绍更为可信。同时，义净记载的南海—印度洋海上交通线路非常详细，当时的海上线路主要是从广州、交趾或占婆起航，经南海，越马六甲海峡，至印度洋。其后，或在室利佛逝、诃陵、狮子国经转或直抵耽摩立底港口。记载路线的多样性反映了海上丝绸之路线路的不断扩展、中印海上交流日趋频繁的趋势，较《新唐书·地理志》中所载"广州通海夷道"更加具体、翔实。义净居印度 11 年，游历南海各国达 14 年，时间跨度在中外交通史上无出其右。在研习佛经、梵语的同时传播了唐文化，室利佛逝国王多次接见、资助义净之后到达室利佛逝的中国僧侣，并资助他们赴印求法，还曾于 670—741 年间多次派使者赴唐，不得不承认是义净等中国僧侣的突出贡献。另外，在义净的鼓励与支持下，又有部分僧侣踏上了赴印求法的征程。唐代慧日法师是义净感召之下赴印求法的代表人物，其自印归国后传播净土法门，在中印佛教交流史上也颇有地位。

2. 佛教的传播带动文化的全面交流与发展

义净时代，中外之间的交通技术虽然大有进步，但是仍然颇为艰险。义净怀着对"真理"的渴求，艰难跋涉、舍身涉险，传播的虽然主要是佛教，但同时伴随中印两国文化的相互传播。两国之间生活习惯、医疗医药、饮食习惯的交流和沟通能够增进中印两国彼此的了解，并在交流中逐渐进步。

生活习惯方面，中国逐渐接受了一些值得借鉴的经验，在卫生、寝具、饮食方面均有所体现；医疗医药方面，义净在印期间曾采取针灸等中国传统医疗方式为人治病，取得了良好的效果，对中国传统医药身体力行的宣传和对印度医药的细致介绍促进了中印两大文明古国在医药方面的沟通与融合，为医药事业做出了贡献；饮食习惯方面，义净的记载有利于后世僧侣及商人未雨绸缪，了解印度习俗，对于增进中印两国彼此交流起到促进作用。通过精神文化交流建立起的良好国家关系具有稳定性和长期性，这种柔性的手段在两国交往中具有不可替代的重要作用。正是得益于法显、玄奘、义净以及无数知名和不知名的僧侣们前仆后继，中国同印度的传统友谊和交流如涓涓细流般源远流长，从未断绝，这种精神纽带在今日中印关系的发展中仍然有极其重要的意义。

（五）义净、法显等僧人去往印度的行程，反映了中外交通道路的变化及盛衰

法显从印度返程回国时多选择由多摩梨帝国到狮子国，然后又到尼科巴群岛、耶婆提，经过南海最终抵达山东这一航线。唐代的僧侣，特别以义净为代表，大多选择从广州或是交州出发，差不多要花费二十几天才能到达诃陵、室利佛逝、末罗瑜国，北上羯荼国，然后转而向北行进到达裸人国，这将近要花费十几天，出了马六甲海峡，向西北方向继续航行八个月左右就可抵达东印度的耽摩栗底国。在返程归国时，则是沿着从耽摩栗底国到羯荼国，然后再到室利佛逝，最后经过南海到达广州这一航线。

从法显、义净等人的印度求佛之路中隐约得以窥之古代世界许多国家交通要道和海上航线的发展变化。最早期的交通肯定还是以陆上交通为主，东晋僧法显就是从陆路到达印度，再经南海返回国内，然后才又开始从印度走海道而归。咸亨二年（671），义净经由南海前往印度求佛来往辗转两地皆选择海上航线，这条交通线成为唐朝甚至是代表中国通往西亚、非洲和欧洲的重要通行路线，标志着中外交通发展史上由陆路为主导的航线向以海路为主导的航线的

重大转折，推动了海上交通的迅速发展。此时距玄奘赴印（627）仅44年，距玄奘去世（664）仅7年，沟通中外的重要交通方式发生了前所未有的突破性变化。

此后，唐代不断开辟通往南海诸国的新的通道。贞元年间（785—805）贾耽所记"广州通海夷道"，由广州西南海行经越南南部，约20日至新加坡海峡，"蕃人谓之质（新加坡海峡），南北百里。北岸，则罗越国（马来半岛南部）。南岸则佛逝国。佛逝国东水行四五日，至诃陵国（今爪哇岛），南中洲之最大者。又西出峡，三日至葛葛僧祇国（今马来西亚西北部的凌家卫岛，又称浮罗交怡岛），在佛逝西北隅之别岛。国人多钞暴，乘舶者畏惮之。其北岸则个罗国（马来西亚吉打州北部）。个罗西则哥谷罗国（泰国董里，Trang）。又从葛葛僧祇四五日行，至胜邓洲（今苏门答腊岛东北部的棉兰）。又西五日行，至婆露国（苏门答腊西岸的巴鲁斯，Barus）。又六日行至婆国伽蓝洲（今尼科巴群岛）。又北四日行，至狮子国。其北海岸，距南天竺国大岸百里。又西四日行，经没来国（今印度南端的奎隆），南天竺之最南境。又西北经十余小国，至婆罗门西境"①。

唐朝的这条重要的海上航线，主要遵循着从越南东岸到新加坡海峡，又经马来半岛南部、苏门答腊、爪哇，再往西经马六甲海峡到达马来西亚西北部、吉打州及尼科巴群岛，然后横穿孟加拉湾，或者也可以转而向西行进到斯里兰卡，最后到达印度南部和西部边境。唐代经济发展强盛，交通发展的需求也较大，因此中外海上通航变得十分频繁，且线路众多，范围涵盖广阔。如阿拉伯地理学家伊本·胡尔达兹比赫的《道里邦国志》中记录了一条与贾耽所记载的通往印度洋的重要航线相悖而行的航线。关于这条"另辟蹊径"的路线，相关史料中也有大致描述，它是从伊拉克的巴士拉出发，经波斯湾内的哈莱克岛（今哈尔克岛）、拉旺岛、艾布隆岛、钦斯岛，然后到达伊朗阿巴斯港一带的乌尔木兹（即霍尔木兹），再往东沿穆拉（即没来国）、塞兰迪布（斯

---

① （宋）欧阳修、宋祁等撰：《新唐书·地理志七下·岭南道》，中华书局1975年版。

里兰卡），穿过孟加拉湾及艾兰凯巴鲁斯（今尼科巴群岛）而抵凯莱赫岛（即个罗国），又经巴洛斯岛（今加里曼丹岛）、玛仪特（即麻逸国，今菲律宾民都洛岛）、栓府（今占婆）、鲁金而至汉府（广州）。从这些记录中，我们可以看到它虽然和贾耽"通海夷道"有重合的一部分，比如都经过没来国、斯里兰卡、尼科巴群岛等一些重要的节点，但是又有一些细微的差别，多了印尼群岛、菲律宾群岛这几个经由点。

唐大中五年（852），在阿拉伯商人苏莱曼所著《中国印度见闻录》一书中记载道，从尸罗夫出发，经过阿曼的阿巴卡文（Abarkavan）岛、苏哈尔港（Suhar）和马斯喀特后，再向东南方向继续行驶，大概需要一个月的时间到达斯里兰卡，然后还要再花费一个月的时间，经过尼科巴群岛而前往个罗国，最后又十日至马来半岛东岸的潮满岛，经过这一段海上航线之后剩下的路线与贾耽路线大致相同，一月至占不劳山，再一月到广州。

综上所述，以法显和义净为显著代表的这些僧侣在唐朝进行海外求学和求佛的过程中间接地推动了南海一带通行方式的发展和变化，从那之后，中国与其他国家的僧侣文化交流愈发频繁，以至于在一段时期内南海一带交通贸易持续兴盛。因为海域广阔且具有较大的变通性，当时的海上路线并不只有一条固定航线。例如，法显在印度求学后返程归国，是沿着印度东海岸近岸航行，到达斯里兰卡之后，再往东至马来半岛吉打州的。而义净则是选择的另外的一条航线，没有经过斯里兰卡，而是选择直接穿过孟加拉湾，这样可以缩短航距以节省时间和航行经费。但这条路线也面临着很大风险，由于受到当时知识和技术的局限，人们对复杂的季风气候还没有足够的了解，也就是说通行的时间事实上并没有缩短多少。至于贾耽"广州通海夷道"，无论是横穿孟加拉湾，还是西行至斯里兰卡及印度，航线的选择都有更大的空间。9世纪阿拉伯商人伊本·白图泰和苏莱曼从伊拉克、阿曼出发前往中国时，在经过孟加拉湾之后，多沿用法显、义净和贾耽的线路。这不能不说是魏晋至唐代僧人、航海家对世界航海史的巨大贡献。①

7世纪,中国僧人充当了中国与印度和东南亚地区文化交流的友好使者,他们到这些地区后,虚心学习,追求佛教精华,广交朋友,并且把中国的物质文明与传统文化带到印度次大陆及东南亚地区。因此,他们在这些地区的活动得到了当地各阶层人士的热烈欢迎,从义净的著作中也充分反映出他和其他中国僧侣受到当地人民的热情接待与欢迎,谱写了许多中印、中国与东南亚各国人民友谊的佳话。如在东印度就有"支那寺"的记载。"支那寺"建于3世纪,是印度笈多国王为来此的中国人所建。当时"有唐僧二十余人,从蜀川牂牁道而至,向莫河菩提礼拜。王见敬重,遂施此地,以充停息,给大村封二十四所。于后唐僧亡没,村乃割属余人。现有三村入属鹿园寺矣。准量支那寺,至今可五百余年矣"。从义净的这一记载看,这些中国僧人属于西晋时从四川到达印度的中国僧侣,是赴印求法的先驱者,后未再返国。印度当地统治者不仅为他们建寺,而且还赐予村庄、土地,给予优厚待遇,让他们在此安心传经学法。在500余年后,当地人民仍对这些中国僧人怀有深厚情感。该地国王见到义净时,还表示:"若有大唐天子处数僧来者,我当为重兴此寺,还其村封,令不绝也。"寥寥数语,可见其对中国人的情谊非同一般。②

古今文化交流之道不一而足,印度佛教文化在中国的长期传播及彼此僧侣的长期往来,为增进中印了解、维系中印友谊起了巨大的推动作用,间接推动了双方的政治和经贸往来。义净时期中印以佛教为纽带谱写的可歌可泣的历史,是海上丝绸之路及中印关系史上的璀璨篇章。

丝绸之路将古代中国同古代印度连接在一起,丝绸之路的发展是友谊之路、开放之路。今天的印度和中国同样是印太区域首屈一指的大国,中印关系仍然是我国周边关系的重中之重。随着我国"一带一路"倡议的持续推进,21世纪海上丝绸之路继续发展,回顾这段历史,探讨中印历史上的海上丝绸之

---

① 参见李彩霞《法显、义净南海行程与唐代交通的转向》,《吉林大学社会科学学报》2019年第2期。

② 朱亚非:《中外文化交流的使者义净》,《春秋》2019年第2期。

路交流图景，铭记中印友谊之旅、文化之旅具有重要的现实意义。

  西行路上，面向波涛汹涌的大海和前途未卜的漫漫长路，无数僧侣在这片海洋上一往无前、披荆斩棘。正是这种不畏艰险、追求真理的执着精神为今日的我们留下了弥足珍贵的史料和宝贵的文化遗产，也是今日我们建设"一带一路"仍须大力发扬的精神。[①]

[①] 参见孟亮《唐代初期中印文化交流图景——以义净代表作为中心考察》，《重庆交通大学学报（社会科学版）》2019年第1期。

第四章

海上丝绸之路上中阿交往的要素

中国和阿拉伯国家在征服海洋方面都有着令人称羡的记录,不仅有脍炙人口的辛巴达历险、著名航海家伊本·马吉德的发现之旅,更有伟大的航海家郑和七下西洋的伟大壮举,与此同时,海上丝绸之路也为传播中华文明和阿拉伯文明做出了积极贡献。《伊本·白图泰游记》《马可·波罗游记》等中外文献生动而具体地记载了这一历史时期中阿交往的航海文明特征,有力地推动了东西造船文明和航海文明的交流与融汇。

"公元5世纪前半期,中国的船只曾溯幼发拉底河上航到希拉(Hira)。"[1]关于阿拉伯人和波斯人与印度和中国海上交通的最早的阿拉伯语资料,是商人苏莱曼和回历3世纪时代其他商人的航行报告[2]。阿拉伯地理学家伊本·白图泰多次赞叹中国的港口、中国船舶的规模、造船和航行的技术以及中阿交往的盛况,这些都与中阿交往不断深入有着密切的关系。例如,在阿拉伯地理古籍《中国印度见闻录》和《伊本·白图泰游记》中,广州这个城市多次出现,生动地展现了当时广州中阿贸易的繁荣和当时的社会风貌,足见广州在古代海上丝绸之路中所发挥的重要性。"凡出海者,都对风险有过计算:无论是商贸、考察、出使,还是出于军事动机的探险或和平的朝圣,他'活动'的积极后果都会转而作用于陆地,影响其出发港的人们,影响目的地,或同时作用于二者。更进一步说:陆地区域的历史偶尔或可不需考虑海洋,但海洋地区的历史却无法完全舍弃陆地。"[3]本章主要研究海上丝路中阿交往中所涉及的要素:船、路线、港口和岛屿。

---

[1] 南开大学历史系编:《中国和阿拉伯人民的友好关系》,河北人民出版社1958年版,第1页。
[2] [美]希提:《阿拉伯通史》(下册),马坚译,商务印书馆1995年版,第344页。
[3] [德]罗德里希·普塔克:《海上丝绸之路》,史敏岳译,中国友谊出版社2019年版,第67页。

第一节　船的发展与季风的影响

船是人们在从事海上活动时必不可少的交通工具，是海上行动的"双脚"，更是进行贸易往来的重要媒介和途径。为了能在海上活动时顺利安全地到达目的地，掌握基础的海洋地理知识和造船航海技术是非常必要的。印度洋和大西洋沿岸的许多国家都尽量运用所能得到的最优质的材料来造船。为了制造出更安全、性能更好的船只，往往需经过数次的改良设计。只有配备最适合的船桨、桅杆和船帆等精良的装置，加上掌握熟练航海技术和丰富航海知识的船员，才能大规模地推进远洋探索与贸易。

前文提到，中世纪阿拉伯地理古籍虽没有明确提到"海上丝绸之路"，但却频繁提到"中国海""中国船"，密切关注中阿之间国际贸易与人文交流。由于中阿之间的军事冲突，到了唐玄宗天宝以后，东西交通基本以海上丝绸之路为主。陆上丝路受阻，通过海上丝绸之路，可以克服种种局限，并且更方便运输。

为了能更好地从事海上活动，生活在印度洋的人们很早就对船只设备进行改良创新，发展出了独木舟、缝制船（用包裹椰子壳纤维所制的细绳而缝合的船）、外伸支架式船（有伸展材料设计的船）及其他构造的船舶，相比之下，比较落后的传统木造帆船仅仅在阿拉伯海和印度洋的部分岛屿、峡湾及湖泊处存在过。环绕在印度洋的"臂弯"中，得天独厚的自然环境推动了这些新型船舶的产生。

唐朝时期，往返于中国与阿拉伯世界之间的东南沿海港口与东南亚、印度洋诸地的船舶既有外国船，又有中国船。在著名的"广州通海夷道"上，有"南海舶、番舶、西南夷舶、波斯舶、狮子国舶、昆仑乘舶、西域舶、蛮舶、海道舶、南海番舶、婆罗门舶等十二种"[①]。

外国船有很多种，元开《唐大和尚东征记》提到唐代广州珠江中停泊有

---

① 邓端本：《广州港史（古代部分）》，海洋出版社1986年版，第49页。

婆罗门船、昆仑船和波斯船。这大致代表了当时番舶的种类：即东南亚船（昆仑舶）、南亚船（婆罗门舶）和西亚船。这些外国船因多从南海而来，又统称为"南海舶"，即《唐国史补》卷下所谓"南海舶，外国船也，每岁至安南、广州"[1]。在婆罗门船中，有一种"狮子国舶"，即斯里兰卡船。《唐国史补》卷下说它在外国船中最大，"梯而上下数丈，皆积宝货，至则本道奏报，郡邑为之喧闻"[2]。

印度洋的番舶制造工艺与中国船大相径庭。唐代刘恂的《岭表录异》提到，当时番贾的船不用铁钉，只用桄榔须系缚，泥以橄榄糖。糖干后甚坚，入水如漆也。僧人慧琳在《一切经音义》中也说，"昆仑舶"是用椰子皮为索连接，葛览（橄榄）糖灌塞，使水不入，而不用钉。汪大渊曾提到过这种船，他在叙述甘埋里国[3]时说，"其地船名为马船，大于商舶，不使钉灰，用椰索板成片。每舶二三层，用板横栈，渗漏不胜，梢人日夜戽水不使竭"[4]。这种船就是缝合式木船，马可·波罗也提到当时这种船在印度洋上比比皆是。这种式样的船船体强度较差，抗风浪能力弱，易渗漏，汪大渊已经指出了它的弱点。[5]

西亚船中之大者称为"大食巨舰"，其中以"木兰皮"舟为最。"木兰皮"即阿拉伯语"Maghreb"的音译，今译作"马革里布"，意为"极西之地"。所以"木兰皮"舟意为西大食舟。据《诸蕃志》记载"木兰皮"舟"可容数千人，舟中有酒食肆机杼之属"[6]。"木兰皮"舟，周去非称为"木兰舟"，说这种船比在南海（即东南亚）中航行的船更大，"一舟容千人。舟上有机杼市井"，他又说："今世所谓木兰舟者，未必不以至大言也。"[7]

---

[1] 刘迎胜：《丝路文化·海上卷》，浙江人民出版社1995年版，第95页。
[2] 刘迎胜：《丝路文化·海上卷》，浙江人民出版社1995年版，第95页。
[3] 甘埋里国：日本学者藤田丰八认为即今伊朗波斯湾出口处之霍尔木兹岛，见（元）汪大渊《岛夷志略校释》，中华书局1981年版，第365—366页。
[4] （元）汪大渊：《岛夷志略》，汪前进译，辽宁教育出版社1996年版，第178页。
[5] 刘迎胜：《丝路文化·海上卷》，浙江人民出版社1995年版，第97页。
[6] 冯承钧：《诸蕃志校注》，中华书局1956年版，第67页。
[7] 刘迎胜：《丝路文化·海上卷》，浙江人民出版社1995年版，第96页。

一、中国船的发展

前文我们已经从阿拉伯地理古籍对中国船的记载中认识阿拉伯人眼中的中国船在丝绸之路上的重要性。到两汉以后，海上贸易的不断发展推动着中国航海技术的革新与进步。在这个时期里，风帆的改进和创新可以称得上是最重大的进步。这些创新的技术得以实现，是与航海家们长期以来根据季风的风速和风向去驱动船只的航行密切相关的。海员们在实践中逐渐掌握了如何判断和运用季风和信风。此外，天文导航是这一时期里另一项巨大的进步。东晋高僧法显自天竺取经归来，撰《佛国记》，书中记述了他浮海东归的切身经历："大海弥漫无边，不识东西，唯望日、月、星宿。"[1]可以看出来，通过星宿定位的天文导航是当时中国航海的重要方法。

中国远洋海船自汉唐起即已先声夺人，到宋元时期，更以其体势庞硕、船体坚固、结构精良、工艺先进、设施齐备而独步于世。阿拉伯地理古籍对中国船的记载，翔实且独到，足与有关中国古籍或考古发现参相印证和比勘，补缺弥漏。

唐代造船技术在当时居于世界领先地位，造船基地基本上都在东南沿海地区。"当时阿拉伯商人来华，都愿意乘中国船。"[2] "当时的北印度洋上，经常来回穿梭着中国大型远洋船队。"[3]如前文所述，当时的外国商船多为椰索糖泥缝合式的木船，抵抗印度洋的惊涛骇浪能力较差，尚属较原始的造船工艺。直到13世纪意大利旅行家马可·波罗到东方来的时候，他还看到有许多这样的缝合式木船在印度洋上行驶。然而，值得骄傲的是，唐代造船出现了新工艺。这种新工艺就是，造船时船板之间的钉榫连接。从1960年在江苏扬州施桥镇和1973年在江苏如皋发掘到的三艘唐代船只身上，可以发现船板已用铁钉连接了。应该引起注意的是，扬州施桥出土的船是用斜穿铁钉的平接技术，如皋

---

[1] 耿引曾：《中国人与印度洋》，大象出版社2009年版，第50页。

[2] 杜瑜：《海上丝路史话》，社会科学文献出版社2011年版，第38页。

[3] 杜瑜：《海上丝路史话》，社会科学文献出版社2011年版，第42页。

出土的船是用垂穿铁钉的搭接技术。毫无疑问，前者比后者高明。使用铁钉构件后，船体的结构比较牢固。但是如果没有高超的捻缝技术，铁钉一旦接触到海水便会锈蚀。针对这个问题，当时中国的能工巧匠用桐油、灰和竹丝混合，涂在钉榫连接处，解决了缝隙和钉锈的问题。这样的捻缝技术在当时世界上是独一无二的，比之东南亚和印度洋一带所造的船，用竹钉和木钉加椰绳的缝合技术，当是胜人一筹的。①

唐代时期，中国已经能建造巨大的远洋海船。唐代僧人慧琳在《一切经音义》中提到，常见的一种巨型船舶称为"苍舶"，长达20丈，可载六七百人。许多阿拉伯旅行家曾经对其进行过描述。中国海船体积巨大，因其重量不可小觑，也就不可避免地出现吃水深的问题，而波斯湾在幼发拉底河和底格里斯河长期冲击作用下，形成了许多浅滩，这一自然特点正好与中国海船的特点相悖，也就给海船航行造成了许多不便。正如阿拉伯旅行家苏莱曼所说，该地许多海上航行路线都是先由本地航船来进行的，货物商品先运抵尸罗夫港（Siraf），然后再转换成中国航船运向东方。

《唐鉴》记述了贞观年间（627—649）四川曾建造对高丽军事海用的战船，长百尺，宽50尺。后来，在五代的后晋出帝开运二年（945），有一艘浙江商船到日本做生意，乘组百人，载重3000石。②中国船吨位之大，致使不能过阿拉伯的巴努—萨发克海岸和阿巴卡文岛海域，因为那里有暗礁，大船通过不了。所以，宋人周去非的《岭外代答》中有"中国舶商欲往大食，必自故临易小舟而往"的记述。

隋唐时期，水密隔舱的发明对于造船技术来说是一个重大的突破，对船舶的航行安全有着重要意义。早在汉代，船舶制造过程中就已经运用过横隔舱工艺，在现今出土的唐代木船上，发现其拥有多达9个水密隔舱。水密隔舱，顾名思义就是运用隔舱板把船舱分成几个完全严密的封闭隔间，这一发明大大改进了船舶在行驶过程中存在的问题。船舱在一个互通的整体情况下，一旦船

---

① 耿引曾：《中国人与印度洋》，大象出版社2009年版，第45页。

② 参见[日]石井谦治《图说和船史话》，东京至诚堂出版社1983年版，第36页。

舱出现破裂进水，很快就会殃及整艘船舶，在航行安全上有很大风险。而水密隔舱的出现很好地解决了这一隐患，即使其中一个船舱破裂进水，由于每个船舱都被封闭阻断，所以不会出现大的问题，也便于单个船舱的修缮。在这个基础上，隋唐时期的造船技术可谓日趋成熟，钉榫连接船板这一工艺的出现使得唐朝时期就能够建造多道水密隔舱，有效地增强了船舶的横向强度和抵抗海浪的能力，能防止船舶倾覆，提高了安全性能，降低了航船风险，这给航船远洋航行和进行海上贸易往来提供了极大的便利和可靠的安全保障。在此技术的支撑下，船舶能够承载更大的重量，比如当时在广东、福建沿海一带，有商船可以重达50多吨，甚至60吨。

到宋元时期，中国南方的经济得到了迅速发展，继而促进了东南沿海商品贸易的不断繁荣，当地人口数量也得到了快速增长。在国内市场逐渐饱和的情况下，生活在沿海地区的人们很多都开始选择出海远洋，通过跨海贸易以谋求生计。因此，就相应出现了宋元时期造船业的繁荣景象。不过，需要注意的是，造船业的快速发展也离不开国家政策的支持。当时的统治者对民间开展造船的业务持鼓励和支持态度，沿海地区建造起许多造船基地，船舶数量快速增长，造船技艺不断革新，船队规模不断扩大，于是便满足了越来越多的航行需要。

中国宋代的造船基地，除了江西、两湖、四川和华北各地之外，主要集中在东南沿海的两浙、福建和广东一带，它们以制造远洋商船为主。两浙有明州、温州、越州、台州、严州、秀州、苏州、松江、镇江府，其中以明州和温州造船最多，如宋哲宗元祐五年（1090）"正月四日诏，温州、明州每年造船以六百为额"[1]，这个数目约占全国造船总额的20%以上。福建的福州、泉州、漳州和兴化的滨海之民，造船经常"自备财力，兴贩牟利"。泉州是造船业的前沿，宋仁宗嘉祐年间（1056—1063）曾有歌唱道："州南有海浩无穷，每岁造舟

---

[1] （清）徐松：《宋会要辑稿·食货五十》，中华书局1957年影印版，第5658页。

通异域。"① 因此，当时有"海舟以福建为上"②的说法。然而，事有巧合，1974年在泉州后渚港发掘出宋船残骸，船身残长24.20米、宽9.15米、深1.92米，有13个舟舱，是用12道隔板分开的，载重量约在200吨以上。船内装有乳香、龙涎香、朱砂、槟榔等物品，还有宋代铜钱和香料木，香料木重达4700多斤。当时，称与南海各国做生意的商船为"香舶"。观察这艘沉船的情况，可能是"商船"，属于到过东南亚贸易的中型商船。由此更加证明宋代泉州港海外贸易的兴旺。至于广东的造船业，数广州和惠州发达。另外，从《宋会要辑稿》中可以了解到当时官造船只的数量，宋太宗至道末年（997）为3237艘，宋真宗天禧末年（1021）为2916艘。显然这两个数字还不包括民间的造船数量，可想宋代造船业之兴旺了。

宋元时代，中国航海技术由原始航海阶段进入定量航海阶段，马可·波罗在华参与远洋航行适逢其时。《马可·波罗游记》中记录30多个航海地名，当时中国船舶的航行区域非常广泛，已遍涉东亚、东南亚、南亚、西亚与东非的众多水域。诚如西方学者戴维逊所说，自12世纪起，"不管什么地方，只要帆船能去，中国船在技术上也都能去"③。

发源于游牧社会的元朝统治者，在元朝开国之后十分重视海外的贸易往来，此外，由于统治者对高丽、日本、爪哇等地大举征战，致使对船舶的需求量更大了，尤其是可以远航的船舶，这一切都推动着造船业的继续兴旺发展。据《元史·世祖本纪》记载：至元十年（1273）"刘整请教练水军五六万，及于兴元金、洋州、汴梁等处造船二千艘"。又据《续资治通鉴》卷186记载，至元十九年（1282）下令平滦、高丽、耽罗、扬州、泉州，共造大小船3000艘。难怪当时有人写了关于沿海木材被砍伐用去造舟的诗："万木森森截尽时，青山

---

① （宋）谢履：《泉南歌》，转引自（宋）祝穆《方舆胜览》卷十二，"福建路泉州"，中华书局2003年版，第205页。
② （宋）徐梦莘：《三朝北盟汇编》卷一百七十六，上海古籍出版社1987年版，第2010页。
③ ［英］巴兹尔·戴维逊：《古老非洲的再发现》，屠尔康、葛佶译，生活·读书·新知三联书店1973年版，第67页。

无处不伤悲。斧斤若到耶溪上，留个长松啼子规。"① 可见造船数量之多了。元代造船不仅数量多，且船向大型化发展。摩洛哥旅行家伊本·白图泰对航行在印度洋的中国船舶做过描述，在他的游记中曾写道："中国船舶共分三等，大者曰艟克，中者曰艚，小者叫舸舸姆。"②1976 年韩国新安水域中发现了一艘元代沉船。这艘元代木制海船虽然经过数个世纪的严重腐蚀，仍可见其端倪。船体残长 28 米，内部用隔墙分成 8 个舱。船中部宽估计为 9.2 米，高估计为 2.7 米，有一龙骨。船壁是重叠搭造的，每边包括 14 块厚板，用铁钉固定。有两杆主桅，一杆安装在首舱，另一杆安装在第四舱上。③根据止于第八次对该船海上打捞的结果，了解到这艘海船是元英宗至治三年（1323），从浙东庆元路（今宁波）起航，驶往日本的。船上已发现 18000 件各类瓷器以及 57 种铜钱，铜钱最晚的时间是至大通宝，即元武宗至大二年（1309）制造的。特别要指出的是瓷器上的印文"使司帅府公用"，即"宣慰使司都元帅府"的缩写，这是元代地方政府机构的名称。说明这种瓷器是供司帅府官方使用的。从带年号的铜钱和附印文的瓷器上，学者们判断出这是一艘确切无疑的元代沉船，属于中型的海外商船。1995 年，福建省定海湾发现了宋末元初沉船，船上有瓷器、铁制品等近 2000 件各类文物。在此要肯定的是，泉州出土的宋船残骸，为研究宋元的造船技术提供了有力的实物见证。

马可·波罗在对他曾乘坐过的中国船只的描述中提供了相似的细节，他通过详尽的描述，力求给人们留下关于中国船只的深刻印象。他并没有记录中国船只的具体尺寸，但他指出，最大的船"装载的货物量比我们的船要多得多，一艘船能装载五六千担胡椒"。舱壁将船体分成 13 个舱，船上有 4—6 根桅杆，并附带"绑在船两侧的 10 艘小船"。最大的船由 250—300 名船员操纵，船上有 60 个商人客舱。大量其他文献以及从两艘沉船中发现的资料证实了马

---

① ［日］木宫泰彦：《中日交通史》，陈捷译，山西人民出版社 2015 年版，第 120 页。
② ［摩洛哥］伊本·白图泰：《伊本·白图泰游记》，马金鹏译，华文出版社 2015 年版，第 357 页。
③ 《关于新安发现的文物调查报告》，载中外关系史学会编《中外关系史译丛》第 5 辑，上海译文出版社 1991 年。

可·波罗的记述。这两艘沉船一艘在泉州湾沉没（时间不早于1273年），另一艘在韩国新安海域沉没（时间为1323年）。

1974年，在泉州湾沉没的宋代海船于后渚港出土，被称为宋末元初时期的"香料船"，该船长约35米，横梁长10米，满载吃水线为3米。船上的货物包括重达2300千克的降香、檀香。来自爪哇的黑胡椒、来自柬埔寨的沉香、来自印度尼西亚的槟榔、来自阿拉伯半岛中部的乳香、来自索马里的龙涎香和龟壳。这艘泉州沉船可能没有航行到非洲，但这些发现证实了马可·波罗对泉州港的描述，他在这艘船沉没以后的几年内到访了泉州。较之泉州沉船，双桅的新安沉船要稍小一些（长34米，宽11米），但结构大致相似，由冷杉和红松制成；在这只沉船上，发现了包括青瓷瓶、青瓷碟、粗陶器、香炉及瓷片在内的12000多件瓷器。在印度洋西部周边地区以及红海、波斯湾和东非海岸，也发现了大量瓷器，这都是当时最受欢迎的商品。此外，还有大概20000枚中国铜钱和1000多条长达3米的紫檀木被发掘出来。在发掘过程中发现，很多商品依旧是被堆放在货舱里的，上面还标有1323年的年份。巧合的是，正好在这艘船沉没的两年前，伊本·白图泰在另一支船队上开始了他的远洋航行。

中国当代研究航海史的学者孙光圻，对《马可·波罗游记》中的造船航海情况已做过认真的探讨、研究，曾写过《〈马可·波罗游记〉中的中国古代造船文明与航海文明》一文，他认为该书在中国航海史上是一部不可多得的个人实录性文献，是研究13世纪中国造船文明与航海文明的珍贵典籍。这里先就书中有关中国海舶情况的记述，摘录如下[①]：

  诸船舶之最大者，需用船员三百人或二百人或一百五十人，多少随其大小而异，足载胡椒五六千包。

  昔日船舶吨数常较今日为重，但因波浪激烈，曾将不少地方沙滩迁徙，尤其是在诸重要海港之中，吃水量浅，不足以容如是大舟。所以今日造船

[①] 孙光圻:《〈马可·波罗游记〉中的中国古代造船文明与航海文明》,《海交史研究》1992年第2期。

较小。

有一层甲板，上有船房，视船之大小，房数在六十所上下，各房有一船客，居甚安适。

若干最大船舶，有内舱至十三所，互以厚板隔之，其用在防海险，如船身触礁或触饿鲸而海水透入之事。

水由破处浸入，流入船舱，水手发现船身破处，立将浸水舱中之货物徙于邻舱，盖诸舱之壁嵌隔甚坚，水不能透。然后修理破处，复将徙出货物运回舱中。

船体"用枞木（杉木）、松木制造""用好铁钉结合，有二厚板叠加于上，不用松香，盖不知有其物也，然用麻及树油（即桐油）掺合涂壁，使之绝不透水"。与中国船相比，当时海湾地区"船舶极劣，常见沉没，盖国无铁体，用线缝系船舶所致。虽海水浸之不烂，然不能御风暴""所以乘此船者危险堪虞，沉没之数甚多"。

总之，从马可·波罗所记载的内容中可以看出，他对中国海舶的体量与载重、船内设施、水密舱技术、船体选材、用钉榫结构，以及船舶的驱动与操纵工具桅、帆、橹、锚等，还有对海舶的维修情况，都作了真实的描述。同时，有些记述还是用中国海舶与西方海舶相比较得出的。这些描述不但宣传了中国的造船文明，还对当时的西方产生了一定影响[①]。

到了明代，举世闻名的郑和下西洋是发生在明代永乐和宣德年间的海上远航活动，首次航行始于永乐三年（1405），末次航行结束于宣德八年（1433），共计七次。关于郑和远航时所用的船只和人员的数量方面的争议较少。郑和第一次远航时的船队由317艘船组成，其中包括62艘宝船，总人数达到了27870人。第二次远航有249艘船和27000人参加，第三次远航有48艘船和30000人参加，此次远航船队中绝大多数都是规模最大的宝船。第四次远航的

---

① 耿引曾：《中国人与印度洋》，大象出版社2009年版，第23页。

船队由 63 艘船和 28560 人组成，第六次远航则有 41 艘船参加，最后一次远航有超过 100 艘船参加（第五次远航的资料没有留存下来）。郑和船队中的宝船，是每次远洋航行中最重要的船只，因容量巨大且装载着各式各样的奇珍异宝而得名。除此之外，船队中还有许多不同用途的船只相伴而行，比如，护航用的战船，用于提供粮食和生活用品的补给船，专门由士兵们居住的运兵船，以及采用特别工序建造的运马船等。

二、阿拉伯船的发展

阿拉伯语中，关于船长、船员的名称的指称不同，阿拉伯文献中表达"船主"有这几个词语，分别是 sahib al-markab, nakhudhah, rubban, muallim, 这些词受时代和地域的影响，其作用和权限各不相同。sahib al-markab 是船主的意思。nakhudhah 的语源是波斯语的 naw 和 khoda（khudha）的合成语，意为船主。rubban 是波斯语的 rah（道路）和 ban（支配者）的合成语。而 muallim 是阿拉伯语的拥有专门知识的人，一般用作"老师"。希腊文献《红海周航记》中说："沿着整个的阿拉比亚海岸航行，是很危险的，因为那里没有海港，锚地又差，而且有许多暗礁和岩石，故闭塞难入，每条航路，都是可怕的。"[1] 家岛彦一在书中做了解释："Nakhudhah 是用于贸易的航海船的全责任人，船的经营者。在红海上航行有一定的危险，暗礁、浅滩、旋涡遍布，在这片海域精通航海技术的人叫作 rubban。但是在 10 世纪的航海者们的记录和阿拉伯地理古籍中，rubban 和 sahib al-markab 或 nakhudhah 有着相同的意义。从 15 世纪末开始到 16 世纪初的阿拉伯航海家，像伊本·马吉德，被称作 muallim。"[2] 通过中世纪中阿海上丝路的贸易往来，南海、阿拉伯海、印度洋等海域相互连接，作为印度洋海域世界这一整体来发挥作用。

---

[1] ［美］菲利浦·希提：《阿拉伯通史》（上册），马坚译，新世界出版社2008年版，第44页。

[2] ［日］家岛彦一：《郑和分舰访问也门》，载《中外关系史译丛》（第二辑），上海译文出版社1991年版。

阿拉伯人很早就掌握了航海技术。赛伯伊人是南海的腓尼基人。他们对南海有着很详尽的认识，他们不仅熟知南海上航行的路线和港口，还掌握了南海复杂多变的季风和洋流。以这些技术为基础，赛伯伊人在公元前1250年左右，独自控制了南海这片辽阔的海域，垄断了穿越其间的相关贸易。"亚历山大的海军大将尼查斯说，绕阿拉比亚航行在理论上是可能的，在阿拉比亚人却已成为现实了。"[①]

在阿拉伯造船业的发展进程中，穆阿威叶是一位不得不提起的人，他对阿拉伯航海业的发展做出了不可忽视的贡献。在征服叙利亚之后，他在阿克发现了拜占庭那些制造精良、配置齐全的船坞（阿拉伯语叫 dar al-sina'ah，工厂，变成英语的 arsenal）。穆阿威叶利用这些先进的船坞建设了阿拉伯自己的海军。在阿拉伯海军史上，这些船坞被视为仅次于埃及船坞的重要技术进步。据白拉左里（Al-Baladhuri，约820—892）的记载，这些船坞被倭马亚王朝迁移到苏尔（Sur 即 Tyre，提尔），一直到阿拔斯王朝。希腊血统的叙利亚人，血脉中就翻滚着海洋的气息，他们是这支先进舰队的驾驭者。

655年，奥斯曼哈里发时代，穆阿威叶还担任着叙利亚长官的时候，他就已经派遣舰队与阿卜杜拉所率领的埃及舰队进行结盟，同时与列西亚海岸的菲尼克斯（即现代的菲尼克）同希拉克略的儿子君士坦斯二世皇帝所率领的希腊海军相周旋，在激烈的战斗中取得了历史上的首次大捷。这次主要集中在海上的战役被阿拉伯的学者们称为船桅之役（dhat-al-Sawari），顾名思义，即船桅相抵，兵刃相抗的海上战役，阿拉伯人将自己的船只绑在敌方的船上，使得这场海上战役硬生生地演变成纯属肉体的激烈搏击。

中外古籍对阿拉伯船有过很多的描述，主要体现在船无铁钉固定的结构特点上以及阿拉伯船的木质材料来源。在7世纪后半期到10世纪初期，波斯湾的尸罗夫、阿曼的苏哈尔和中国南部的交易窗口广东之间往复航海的"阿曼人和尸罗夫人的船"，在中国的记录中，被称为"索绳船"。所谓索绳船，就是

---

① [美]菲利浦·希提:《阿拉伯通史》（上册），马坚译，新世界出版社2008年版，第43页。

指用椰壳纤维的细带子将船骨架连在一起的缝合型 dhow。勿里洞岛沉船长约 20—22 米，横梁长约 8 米，船体深度超过 3 米。船体通过缝合船板之间的缝隙来加固，船架与船板直接缝合以防止倾斜，缝合所用的绳索从船体外面可以看到。勿里洞岛沉船使用的木材质量很好，柚木的耐久性尤其突出，不过其他木材也可以用于造船。阿布·扎伊特称椰棕树是颇受造船者和商人青睐的商品。

在 13 世纪后半期，马可·波罗访问了霍尔木兹港口，在这里见到了无钉的缝合船并为之惊讶。其叙述如下：

> 他们的船实在是非常寒碜，并且大部分都已经逸失了。这是因为船并不使用铁制品，而是仅以坚果外壳为原料搓制的带子连接。他们敲打坚果的外壳至马毛状，将其捻成绳子，用来缝合船的侧板。虽然完成的很好，绳子也不会被海水腐蚀，但并不十分经得起暴风雨的踩躏。船板上没有涂沥青，而是用鱼油擦拭。只有一根桅杆、一片帆、一枚船舵，并没有甲板，只能在装上货物后蒙上罩子。罩子是兽皮制成的，上面放上将会卖到印度的马。船并不使用铁钉，只使用木制的钉子，因此就像刚刚叙述的那样，是由捻绳缝合船板的。因此，这样的船在航行时是非常危险的，船大多会逸失。[①]

在阿拉伯造船史上，自古以来，各个地区不同的海域上，人们都会充分利用附近可供使用的材料用于造船——尤其是柚木、柳安、芒果树、菠萝蜜树、椰壳纤维、松树、杉树、楠木、橡树等大树，可以制造出各种各样的构造，用于不同用途的船。

船壳的木材是柚木或椰子木。"柚木"在阿拉伯语和波斯语中是 saj，最初是 sag，来自古印度语 saka[②]。《大英百科全书》（第 11 版）将这种木材描述为"所有已知木材中最有价值的"。"椰子"在阿拉伯语中是 narjil 或 nargil，由波

[①] ［意］马可·波罗:《马可·波罗游记》，苏桂梅译，中国对外翻译出版公司2012年版，第479页。
[②] saka：欧洲名字来源于德拉威语的 teka。

斯语的 Prakritnargil 演变而来。它也被称为 Arabs al-jawz al-Hindi，即"印度坚果"，马可·波罗就是用的这个名字。这种树似乎原产于印度南部、印度尼西亚、锡兰、马尔代夫群岛和拉克代夫群岛。它是非常耐用的，"一旦风干，柚木木材不会分裂，不会有裂纹，收缩，或改变其形状。与铁接触，铁和柚木都不会受损"。它不是很硬，很容易加工，有很大的弹性和强度。它生长在印度南部、缅甸、暹罗和印度尼西亚的山区。从古代起，它就从印度进口到波斯湾，并在巴比伦、阿契美尼德和萨珊时期的遗迹中被发现。

根据前面的描述，便可以大致判定提奥弗拉斯特斯（Theophrastus）（约公元前 300 年）提到的木材就是柚木，他说道："在阿拉伯海岸外的提洛斯①岛（Tylus），人们说有一种木材，他们用它来造船，它能浸泡在海水中所以证明了它不会腐烂；如果把它放在水下，它可以保存 200 多年；如果把它放在水外，它会腐烂得更快一点，但也不会快太多。"由于波斯湾地区没有这种耐久木材，这几乎可以肯定是进口自印度的柚木。同样地，椽子和梁作为从巴里加沙的 Omana 进口的货物，可能也包括用于造船的柚木。麦斯欧迪曾明确指出，印度洋上的船只是用柚木建造的。伊本·朱拜尔说，造船用的木材是从印度和也门进口的。

关于造船的其他材料，《中国印度见闻录》中记载："在印度，许多献身于信仰的人，遵从本宗教行善的风俗，到海上新发现的各个岛上。他们种植椰子树。而且，为了获得金钱，他们还开井取水。当船只经过这些岛屿的时候，他们把井水打出来供应给船商。在阿曼，也有许多人带着木匠的工具以及其他工具，渡海到这些出产椰子的岛上去。他们所希冀的，只是砍伐椰树，等到木材干了，再锯成木板。他们把椰子果皮的纤维搓成绳索，用来拴板造船。同时，椰树还可以做成桅杆，它的叶子能织成帆篷，它的纤维能拧成我们现在所使用的船缆。待这一切都竣工了，船就可以满载着椰子，运到阿曼去卖。这样出海，真是无本生利，受惠无穷。因为，利用椰子所制造的一切，都是自己做的，

---

① 提洛斯：现在的巴林。

无需帮手。"①

三、季风的影响

漫长的海上丝绸之路上，各国间的交往具有很大的复杂性和变动性。这是因为，"在受季风规律支配的风帆时代，各地域的航期航向都受到很大限制；其次，经济需求是海交关系的根本驱动力，其表现出的相互依赖性极大；再次，其运行亦受制于各国、各地域政治局面的影响"②。

"季风"一词，其语源来自阿拉伯语词汇 mawsim（موسم），即时令、季节、时节。最初，mawsim 的阿拉伯语语根原义是"给骆驼打上烙印""做标记"，从这个动词派生出的表示场所和时间的名词就是 mawsim。mawsim 这个词在字典当中释义为：一年中，在一定的时期和季节，以及在此时期内的祭典日、大型朝拜祭典、集日、派遣商队的日子、果实和谷物的收获期等盛典的时间和场地。因此，对于穆斯林们来说，非常重要的麦加朝拜这一大祭被称为 mawsim al-hajj。③ 总而言之，mawsim 表示区别于普通日子的神圣时间和行为，在知晓季节的变迁和决定生活的节奏方面有着重大的意义。

在波斯湾、红海、阿曼和也门等阿拉伯海沿岸地区，居住在当地的人们用 mawsim 来描述有规律的季风。他们通过长时间的观察研究发现，每年在固定的时期和固定的方向，存在着交替循环往复的季风。利用季风的周期性，人们选定了合适的日期航行出海，这段时间被称为"开港期"。开港期时，港内外的大量船舶集中出海，此番情景好不热闹。要说对季风洋流等自然规律运用得最好的，就要数印度洋上的海上活动了，那里的航海家通过选择恰当的出航和

---

① 《中国印度见闻录》，穆根来、汶江、黄倬汉译，中华书局1983年版，第128页。
② 高荣盛：《古里佛/故临——宋元时期国际集散/中转交通中心的形成与运作》，载李治安主编《元史论丛》（第十一辑），天津古籍出版社2009年版。
③ ［日］家岛彦一：《郑和分綜访问也门》，载《中外关系史译丛》（第二辑），上海译文出版社1991年版。

返航时间，自如地穿梭在印度洋沿岸各地，安全快速地往返于出发地和目的地之间。

海外交通的基本动力是贸易。红海在古代被称为"厄立特里亚海"，其沿岸诸地与印度洋沿岸地区的贸易有着悠久的历史。埃及人很早就已经驶出红海。公元前1世纪，红海—阿拉伯海诸地的海上贸易已经发展起来。

由于几次偶然的航行经历，罗马商贾发现了前往东方的水路。于是，罗马商人们越来越多地出入于印度洋。据古罗马地理学家、历史学家斯特拉波记载，当时前往印度的船只每年达120艘之多，罗马帝国的海商们从意大利出发，大约需要花费3个月时间，于10月到达印度，在那里逗留至次年4月，再利用季风返回。[①]

从公元前开始，阿拉伯商船上的航海家和水手就掌握了季风的规律，并运用自如地在阿拉伯、东非、印度之间航行，并由此衍生出一整套涵盖着移民移居、商品贸易和文化交流的秩序规范，为形成一个世界范围贸易互通网络的有机整体提供了经验。唐代的船以船身高大、结构坚固、抵御风浪能力强著称，中国的船员也以擅长驾驶和善于利用信风而驰名。[②]

尼古拉斯·塔林主编的《剑桥东南亚史》在谈到风向的作用时说："这一地区的风向变换也使得国际贸易商人难以遇见真正来自香料群岛的岛民，即从马鲁古带来香料的水手。那些出售香料的人带着稻米和其他物品航行回家时乘的是西风，这样的西风也同样吹拂着从事国际贸易的商贾们。当国际贸易商在爪哇等待着风向变换的时候，这些香料群岛的岛民则在远离东爪哇1600公里之外的自己的家中。在他们带着珍贵的肉豆蔻、肉豆蔻干皮和丁香重返爪哇时，乘的是东风，而这同一方向吹来的海风则带着这些国际贸易商返回他们的家乡。风向的变换就这样将这两个群体的人们隔离开来，这无疑有益于东爪哇的

---

① ［法］L. 布尔努瓦：《丝绸之路》，耿昇译，新疆人民出版社1983年版，第51页。
② 杜瑜：《海上丝路史话》，社会科学文献出版社2011年版，第48页。

统治者。"①

  《古兰经》中有关于季风的解释"因为在冬季和夏季的旅行中保护他们"（106：2），在6世纪中期到后半期，麦加的部落每年会进行两次远航，一般在夏季的时候选择前往叙利亚，当冬季的时候则是前往也门，由于两次远行都是经过对季风规律的研究分析而选择的，所以又称为季节之旅（rihlat al-shita' wa' l-sayf），航行的船队也因此得名"季风的商队"。这一商队乘季风之势往返于各地，在印度洋的冬季季风航海期时，他们会带着许多来自东方国度的货物商品，航行至也门和哈德拉毛省的市场来进行买卖贸易。之后，他们会将在这里获得的商品运到叙利亚，与顺着地中海的夏季西风而来的商船进行交易。于是，伴随着季风而成的贸易过程形成了一整条海上的商路。

  对于利用季风航海，《马可·波罗游记》和中国文献中也有明确记载。船舶"来往行程须时一年，盖其以冬季往，以夏季归，缘在此海（指南中国海）之中，年有信风二次，一送其往，一送其归。此二信风，前者亘延全冬，后者亘延全夏"②。中国文献所述，据宋人王十朋在《梅溪后集》中称，其时是"北风航海南风回"③。而元代《通制条格》中也说："每遇冬汛北风发舶"，"夏汛南风回驶"④。这种与航海关系密切的信风，中国人称为"舶䑷风"，以其犹如桨棹可驱动船舶之意而命名之⑤。

---

① ［新西兰］尼古拉斯·塔林主编：《剑桥东南亚史（I）》，贺圣达等译，云南人民出版社2003年版，第150、172—173页。

② ［意］马可·波罗：《马可·波罗游记》，苏桂梅译，中国对外翻译出版公司2012年版，第636页。

③ （宋）王十朋：《梅溪后集》卷二十，文渊阁《四库全书》影印本，台湾商务印书馆1983年版，第428页。

④ （元）拜柱等纂修：《通制条格》卷十八，载《续修四库全书》第787册，上海古籍出版社1995年版，第632页。

⑤ 孙光圻：《〈马可·波罗游记〉中的中国古代造船文明与航海文明》，《海交史研究》1992年第2期。

第二节　海上丝绸之路中阿交往路线

东方和西方之间很早就有间接的往来。古代的中国人已经知道，在西方遥远的地方有灿烂的文化，西王母的传说就反映了古人对西方其他文明的向往。所以尽管路途遥远，人类却不辞艰险，通过长途跋涉来获取和沟通消息。①

到了唐宋时期，海上丝绸之路基本上成为中国与阿拉伯世界唯一的交往纽带，中阿之间的交往也日益频繁，相互的了解更加深刻。中阿之间在海上丝绸之路的交往，促进了沿线航线的开辟与改变，从"直航"到"分航线"，从"驿站"到"港口"，促进了文化交流和地区繁荣。航线的开辟和繁荣，反映了造船和航海技术的进步，从普通船、帆船、艟船到伊本·白图泰笔下的拥有数千房间、多功能的大船，船体结构革新、吃水吨位的增加、风帆的改变进步、功能性的不断丰富、抵御海上风险的能力变强等特点的中国船反映出中国人民战胜海上险恶的智慧和气魄。

最早具体提到东西海路交通的是《汉书·地理志》，它描述了从今广东沿海经中南半岛、东南亚前往"黄支国"和"已程不国"的海路。②《道里邦国志》是阿拉伯地理古籍"王国与路线"一类书的代表，是"记载当时回教徒航行于中国贸易港之事迹，最早而确实者"③，书中最详细的描述之一就是"通往中国的海上航线"。在花剌子密的《地形学》中出现了有关中国三个港口城市的描述。④

阿拉伯古籍对中国的记载由来已久，尤其是地理古籍。罗马帝国和波斯萨珊王朝灭亡后，代之而起的是阿拉伯帝国。中世纪阿拉伯帝国地跨欧洲、非洲与亚洲之间，这一有利的地理位置使其成为航海活动的中心。阿拉伯地理文献

---

① 刘迎胜：《丝路文化·海上卷》，浙江人民出版社1995年版，第3页。
② 刘迎胜：《丝路文化·海上卷》，浙江人民出版社1995年版，第19页。
③ [日]桑原骘藏：《唐宋贸易港研究》，杨鍊译，山西人民出版社2015年版，第55页。
④ Ptolemy, *Geography*, Book 6 : *Middle East, Central and North Asia, China*, trans.Helmut Humbach, Wiesbaden : L.Reichert, 1998-2002, pp.102-104.

中存留并详细记载了阿拉伯航海家通过海上丝绸之路前往东方的路线。唐朝时，中阿海上丝绸之路的路线已经稳定。历史知名的阿拉伯港口城市、东南亚港口城市以及中国港口城市逐渐定型。

与阿拉伯古籍相对应的，中国对海外民族的研究也有着悠久的历史。中国是世界上历史典籍最为丰富的国家，汉文史料中保存了有关海上丝绸之路历史的丰富记载。

古代中国人把"天下"分为几个州，但不是以大地球形理论为基础的。中国人传统上以地域划分海外民族。汉地以东的称为"东夷"包括朝鲜、日本；东南亚为一组，大体上属于"南蛮"，印巴次大陆自成一组，统称天竺或印度；波斯湾、阿拉伯半岛、东非为一组，基本上划入后来的大食范围；地中海沿岸地区为一组，在历史上被分别列入广义的大秦、西域、大食范围。中国人的这种天下观大体上以航路为依据，一直维持到近代殖民主义东来为止。[①]

唐代贾耽的"广州通海夷道"描述了从广州通往波斯湾巴士拉的航线，伊本·胡尔达兹比赫在他的著作《道里邦国志》中记载了反方向的航线——从波斯湾的巴士拉通往中国的航线，其详细程度可与贾耽的记载相媲美。具体如下：

> 巴士拉，乌尔木兹（霍尔木兹），穆拉（没来国），布林（故临），塞兰迪布（斯里兰卡），艾兰凯巴鲁斯（尼科巴群岛），凯莱赫岛（爪哇帝国），巴陆斯岛（即婆罗洲，今加里曼丹），加巴岛（爪哇岛）、舍拉黑脱（苏拉威亚岛）、海尔赖赫（和乐岛），香料园之国（即香料群岛，今马鲁古群岛），栓府（占婆），鲁金（即唐代的龙编），汉府（广州），汉久（可能为杭州），刚突。[②]

具体的途程如下[③]：

---

① 刘迎胜：《丝路文化·海上卷》，浙江人民出版社1995年版，第9页。

② ［阿拉伯］伊本·胡尔达兹比赫：《道里邦国志》，宋岘译注，中华书局1991年版，第64—71页。

③ 法尔萨赫：即1程，farsakh，相当于6.24公里。

巴士拉 <u>50法尔萨赫</u> 哈莱克岛（哈尔克岛）<u>80法尔萨赫</u> 拉旺岛 <u>7法尔萨赫</u> 艾布隆岛 <u>7法尔萨赫</u> 海音岛 <u>7法尔萨赫</u> 钦斯岛 <u>18法尔萨赫</u> 伊本·卡旺岛 <u>7法尔萨赫</u> 乌尔木兹（霍尔木兹）<u>7日</u> 沙拉 <u>8日</u> 代义布勒 <u>2法尔萨赫</u> 米赫朗（信德河）<u>4日</u> 乌特金 <u>2法尔萨赫</u> 库利 <u>18法尔萨赫</u> 信丹 <u>5日</u> 穆拉（没来国）<u>2日</u> 布林 <u>1日</u> 塞兰迪布 <u>10日至15日</u> 艾兰凯巴鲁斯（尼科巴群岛）<u>6日</u> 凯莱赫岛（爪哇帝国）<u>1日</u> 巴陆斯岛（即婆罗洲，今加里曼丹）<u>2法尔萨赫</u> 加巴岛（爪哇岛）、舍拉黑脱（苏拉威亚岛）、海尔赖赫（和乐岛）<u>15日</u> 香料园之国（即香料群岛，今马鲁古群岛）——玛仪特梯优麦赫岛 <u>5日</u> 垓玛尔 <u>3日</u> 栓府（占婆）<u>陆路、海路皆为100法尔萨赫</u> 鲁金 <u>海路4日，陆路20日</u> 汉府 <u>8日</u> 汉久 <u>20日</u> 刚突。

根据刘迎胜教授的总结，航行路线分为三段：

第一段，从末罗（今伊拉克巴士拉）到细兰（今斯里兰卡）；末罗至忽鲁谟斯①，法尔斯沿海至提飔（Daibul）共8日程，由此至弥兰河（今印度河）河口为2程②。再航行17日至没来（Mulay），行2日至副临③，再行1日至细兰。

第二段，从副临向东航行10至15日，横渡孟加拉湾到达朗迦婆鲁斯（Langabalus）（今尼科巴群岛）。复东行6日，至个罗（Kalah）（今泰国所属马来半岛之吉打）。由此行至婆露师（Balus）（今印尼苏门答腊岛北部西海岸大鹿洞附近），再经马六甲海峡（Salahit）至诃陵（Harang）。

第三段，从苏门答腊岛北部不远处的Mayd，航向潮满岛（Tiyuma）（今马来西亚彭亨州东南）。由此岛至吉蔑（Qimar）行5日，复行3日到占婆（Sanf）。再航行一段便到中国。伊本·胡尔达兹比赫甚至提到位于朝鲜半岛的新罗（Sila），说那里盛产黄金。④

唐末到过中国的阿拉伯地理学家苏莱曼在他的《中国印度见闻录》一书中介绍了从今阿曼的马斯喀特（Muscat）到中国的航路。

---

① 《辞海》作"忽里模子"，但史书大多作"忽鲁谟斯"，今霍尔木兹海峡。
② 程：即法尔萨赫farsakh，相当于6.24公里。
③ 副临：Bullin，应为贾耽所记之"南天竺国大岸"。
④ 华涛：《伊本·忽尔答兹贝关于中国海上丝绸之路的记载及其在阿拉伯—伊斯兰地理文献中的地位》，载《中国与海上丝绸之路》，福建人民出版社1991年版，第131—135页。

经过的城市包括：巴士拉、尸罗夫、马斯喀特、苏哈尔、故临、爪哇、占婆、广州。

具体途程为：

巴士拉 —120法尔萨赫→ 尸罗夫 —200法尔萨赫→ 马斯喀特 —1月→ 故临，海尔肯德海朗迦婆鲁斯岛爪哇王国 —10日→ 潮满岛 —10日→ 奔陀浪山 —10日→ 占婆 —10日→ 占不劳山 —1个月→ 广州。

他还详细介绍了当地的情况：

> 至于船舶的来处，他们提到货物从巴士拉（Bassorah）、阿曼以及其他地方运到尸罗夫（Siraf），大部分中国船在此装货：因为这里巨浪滔滔，在许多地方淡水稀少。巴士拉距尸罗夫水路一百二十法尔萨赫。货物装运上船以后，装上淡水，就"抢路"——这是航海的人们常用的一句话，意思是"扬帆开船"——去阿曼北部一个叫作马斯喀特的地方：尸罗夫到马斯喀特大约有二百法尔萨赫。在这一海域的东部，介于尸罗夫和马斯喀特之间，除其他地区之外，还要经过巴努。在这片海域中有阿曼暗礁群，当中一处叫旋涡谷，紧夹在两个暗礁之间的航道只有小船才能通过，中国船却是无法通过的。这两个暗礁被命名为折腰和独眼（科萨依和奥瓦依），只有一小部分露出海面。通过这些暗礁，我们便来到阿曼的苏哈尔（Sohar）。我们从马斯喀特的一眼井中装载淡水，在该地可见到成群的阿曼羊。[①]

《黄金草原》（即麦斯欧迪《黄金草原与珠玑宝藏》）中记载了两条海上丝绸之路的路线。第一条为：撒马尔罕、巴士拉、阿曼、吉达、广州；第二条为：巴士拉、尸罗夫、广州。具体的内容如下：

第一条：

> 这一故事明显借鉴于艾布·宰德书（雷诺：《游记》第102—106页），但

[①] 《中国印度见闻录》，穆根来、汶江、黄倬汉译，中华书局2001年版，第7—9页。

原文被马苏第作了某些修改）古国王们有着一套正常的治国制度，在他们所作的公正判决中受理智的支配。据传说，河中地的城市撒马尔罕的一名商人携带大量小商品离开其国而来到伊拉克；从那里又带走一批方物。他南下到达巴士拉，从那里又乘船前往阿曼；他然后又由海路前往吉达，那里基本上是位于前往中国道路的半程中点。今天，该城是锡拉夫和阿曼穆斯林们的船只航行的终点，他们在那里会遇到中国船。但从前的情况远非如此，当时中国的船只就驶往阿曼、锡拉夫、法尔斯和巴林海岸、乌布拉和巴士拉，而这些地区的人也直接航行中国。

因此，这一名商人乘一艘中国船从吉打前往广州城，正如我们于上文指出的那样，船舶在那里抛锚。①

第二条：

下面又是有关中国国王的一个动人的故事［这一故事几乎是全文借鉴于艾布·宰德的著作（雷诺：《游记》第77—85页）］。在巴士拉发生众所周知的（从255/869年起）僧祇首领从事冒险事件的时代，巴士拉的一位古莱氏族富翁，赫巴尔·本·艾斯韦德的后裔，他前往锡拉夫城。他从那里乘船驶往印度洋，一次次他换船和经过了一个个的国家，他穿越了印度，最终到达了中国并前往广州。后来，他一时心血来潮想参观当时在西安府的皇宫，西安府是这些地方比较大的城市之一。②

《伊本·白图泰游记》中记载的海上丝绸之路的路线为：丹吉尔，亚历山大，开罗，伊兹密尔，安提阿，君士坦丁堡，麦加，吉达，萨那，亚丁，摩加迪沙，蒙卡萨，桑给巴尔，基尔瓦，佐法尔，马斯喀特，尸罗夫，巴林，巴士拉，霍尔木兹，卡利卡特，奎隆，马尔代夫，爪哇，苏门答腊，喀昆赖，广州，

---

① ［阿拉伯］马苏第：《黄金草原》，耿昇译，中国藏学出版社2013年版，第152页。
② ［阿拉伯］马苏第：《黄金草原》，耿昇译，中国藏学出版社2013年版，第154页。

泉州，杭州。①

具体途程为：

喀里古特 ^(10日) 兹贝·埋赫里群岛胡卢里岛 ^(43日) 孟加拉地区，苏德喀万城 ^(1个月) 艾姆鲁山区 ^(长时期) 汗沙城（杭州）汗巴里（北京）哈班格城 ^(航行15日) 素努尔喀万城 ^(15日) 贝赖赫奈尔人地区 ^(25日) 爪哇苏门答腊城 ^(11日) 姆勒爪哇，喀昆赖港 ^(34日) 喀希勒海（静海）^(37日) 塔瓦利西的地区，凯鲁凯尔城 ^(17日) 刺桐城 ^(河上航行27日) 隋尼隋尼城，也叫隋尼克兰刺桐城 ^(10日) 干江府 ^(4日) 拜旺·古图鲁城（拜旺，音与鄱阳相近，地位亦合）^(17日) 汗沙城契丹地区（中国北方）汗巴里、汗沙、干江府、刺桐、爪哇。

从中阿之间的海上丝路路线我们可以了解到，到15世纪末期，阿拉伯航海家已经可以熟练地从波斯湾沿岸的尸罗夫、苏哈尔（Sohar）等港口城市为起点，他们所驾驶的阿拉伯船最大程度地利用并掌握了印度洋海域丰富的季风规律，南部穿越东非海岸、科摩罗群岛、马达加斯加岛北海岸，东部跨越阿拉伯海、波斯湾、马六甲海峡和南海，到达中国的各个港口城市，如海南岛、广州、宁波和扬州等。

从中国航海方面，对濒临西太平洋和南海的中国来说，印度洋已是远洋，故而中国通印度洋的航线，一般被称为远洋航线。查阅汉文典籍可以发现，从汉代以来有关这条航线的记载连续不断。中国古代的海外交往在宋元明时期达到高峰，官方使节、私家商贾的出洋航海极为频繁，中国人对海外的认识也日益加深，记载海外诸番地理方域、风土人情的官私著述大量出现。②

《新唐书·地理志》中有关印度洋航线之记述如下：

广州东南海行，二百里至屯门山（今广东深圳南至九龙西北部一带），乃帆风西行。二日至九州石（今海南岛东北之七州列岛）。又南二日至象石（今海南岛东南岸之独珠山）。又西南三日行至占不劳山（今越南东岸的占婆岛），

---

① ［摩洛哥］伊本·白图泰：《伊本·白图泰游记》，马金鹏译，宁夏人民出版社2000年版，第19—549页。

② 刘迎胜：《丝路文化·海上卷》，浙江人民出版社1995年版，第11页。

山在环王国（今越南中南部，或即占城）东二百里海中。又南二日行至陵山（今越南归仁以南的燕子岬）。又一日行，至门毒国（今越南归仁）。又一日行，至古笪国（今越南衙庄）。又半日行，至奔陀浪洲（即宾童龙，今越南潘朗）。又两日行，到军突弄山（今昆仑岛）。又五日行至海硖（今马六甲海峡），蕃人谓之"质"（马来语"海峡"之意），南北百里，北岸则罗越国（今马来半岛南端），南岸则佛逝国（今印度尼西亚苏门答腊东南部）。佛逝国东水行四五日，至诃陵国（今印度尼西亚爪哇岛），南中洲之最大者。又西出硖，三日至葛葛僧祇国（今马六甲海岸南部伯劳韦 Brouwec 群岛），在佛逝西北隅之别岛，国人多钞暴，乘舶者畏悼之。其北岸则个罗国（今马来半岛西岸之吉打 Kedah 一带）。个罗西则哥谷罗国（今马来半岛克拉地峡附近）。又从葛葛僧祇四五日行，至胜邓洲（今苏门答腊岛东北海中）。又西五日行，至婆露国（今苏门答腊岛西北海中 Breuch 岛）。又六日行，至婆国伽蓝洲（今斯里兰卡东南面，或指尼科巴群岛）。又北四日行，至狮子国（今斯里兰卡），其北海岸距南天竺国（今南印度）大岸百里。又西四日行，经没来国（今印度西南马拉巴海岸之奎隆 Quilon），南天竺之最南境。又西北经十余小国，至婆罗门（指印度）西境。又西北二日行，至拔颱国（今印度西北部之布罗奇 Broach）。又十日行，经天竺西境小国，至提颱国（今印度河口以西，巴基斯坦卡拉奇以东），其国有弥兰大河（阿拉伯人对印度河的称呼），一曰新头河（指印度河），自北渤昆国（今克什米尔西北部）来，西流至提颱国北，入于海（指阿拉伯海）。又自提颱国西二十日行，经小国二十余，至提罗卢和国（今波斯湾头之阿把丹 Abadan 一带），一曰罗和异国，国人于海中立华表，夜则置炬其上，使舶人夜行不迷。又西一日行，至乌剌国（今伊拉克南部巴士拉 Basrah，为古名 al-'Ubullat 的简译，希腊人称之为 Apologos），乃大食国（阿拉伯地区的泛称）之弗利剌河（今幼发拉底河），南入于海。小舟溯流，二日至末罗国（今伊拉克南部巴士拉的西南祖贝尔 Zubair 村），大食重镇也。又西北陆行千里，至茂门王（Amir al Mummenin 之音译，即哈里发，意为

"首领")所都缚达城(今巴格达)。①

自婆罗门南境,从没来国至乌剌国,皆缘海东岸行;其西岸之西,皆大食国,其西最南谓之三兰国(约在今桑给巴尔海峡附近)。自三兰国正北二十日行,经小国十余,至设国(今南也门之席赫 Schehr)。又十日行,经小国六七,至萨伊瞿和竭国(今阿曼哈德角),当海西岸。又西六七日行,经小国六七,至没巽国(今阿曼苏哈尔 Sohar 一带)。又西北十日行,经小国十余,至拔离歌磨难国(今波斯湾巴林 Bahrain 岛麦纳麦)。又一日行,至乌剌国,与东岸路合。②

《新唐书·地理志》载广州通海夷道里,详述船舶由广州出航后前往西域之途,这一点在《旧唐书·地理志》中是没有的,应当是由贾耽《皇华四达记》中记录出来的。贾耽所记的"广州通海夷道",是一份详细的有关西太平洋—印度洋海上东西交通的说明资料。他提到,从广州前往大食的航海路线是:从广州出航后先东南行驶出珠江口,转向西南方经数日绕过海南岛东岸,再西南行贴近越南沿海,至占不劳山(今越南岘港以东之占婆岛),南行经陵山(今越南归仁以北的燕子岬)、门毒(归仁),然后西南行经奔陀浪(今越南藩朗)、军突弄山(今越南昆仑岛),航行5日越暹罗湾至海峡(今马六甲海峡)。沿海峡西北行,出峡后经婆国伽蓝洲(今印度之尼科巴群岛),向西驶过孟加拉湾,抵达狮子国(今斯里兰卡)。

由此往大食有两条道:

一道沿印度西海岸北上,经至弥兰大河(今印度河)河口,复西北行入波斯湾,至弗利剌河(幼发拉底河)河口。

另一道从狮子国西北横渡阿拉伯海至三兰(今也门之亚丁),由此沿阿拉伯半岛南岸东北行,绕阿拉伯半岛东北角达波斯湾口之没巽(今阿曼东北之苏哈尔),驶入波斯湾,沿波斯湾东岸而行,至弗利剌河河口与第一道相汇合。

---

① 耿引曾:《中国人与印度洋》,大象出版社2009年版,第5页。
② 耿引曾:《中国人与印度洋》,大象出版社2009年版,第5页。

贾耽记载的航路中特别值得注意之处，就是中国海船的远洋直航能力得到了极大的提高。早在魏晋时代，法显归国时，所乘海船就有从狮子国横穿孟加拉湾，直航今印尼苏门答腊岛的记录；隋代常骏出使赤土国时，也曾从越南南端的昆仑岛向西横穿暹罗湾直达今马来半岛。贾耽时代中国海船不但在暹罗湾和孟加拉湾继承了前代水手的航海术，而且进一步具备了从狮子国向西横越今阿拉伯海的能力。因此可以说，在唐代西太平洋—北印度洋水域中，已无中国海船不能去之地。[①]

元人陈大震所撰的《大德南海志》又称《南海志》，刊于大德八年（1304）。《南海志》上距《诸蕃志》成书（1225）不过70余年，下迄《岛夷志略》成书（1349）不到半个世纪，恰可补充两者的不足。《南海志》描述的是元代广州地区的外贸情况。广州是华南的门户，与泉州共为我国中古时代最重要的对外贸易港，也是番货集散地。所以《南海志》有关舶货和与广州有贸易关系诸国诸地的记载，反映了元初华南与当时亚非诸国贸易的实际情况，是非常宝贵的记录。

《南海志》原书20卷，唯见《文渊阁书目》著录，其大部分今已亡佚。明《永乐大典》残本中仅存该书所载海外通商番国与地名147个。北京图书馆所藏残本亦仅存卷6至卷10，其中卷7"物产篇"罗列舶货与诸番国，但文字过于简略，难窥全貌，唯其地名之广博可作参勘印证之资料。

通过残存部分，我们可以看出，元代华南海外贸易与宋代相比有很大发展。元代广州司舶部门把海外诸番分为几个区域：一是南海西岸至暹罗湾，以交趾、占城、真腊、暹罗国等国为首。二是小东洋，指菲律宾诸岛和加里曼丹岛北部，以佛坭国（今文莱）为首。三是大东洋，分为两部分，其东部指今菲律宾诸岛、加里曼丹岛东南海域，以单重布罗国为首；其西部指爪哇和小巽他群岛一带，以爪哇国为首。四是小西洋，指今马来半岛顶端和苏门答腊岛一带。五是西方诸国，包括今印度、斯里兰卡、阿拉伯海、波斯湾、红海、地中

[①] 刘迎胜：《丝路文化·海上卷》，浙江人民出版社1995年版，第104页。

海沿岸之地。分区原则为：前四部分基本上以海船航线所经之地为依据，地理概念相当清楚，而最后一区则失之过广。元初广州港的通商范围东起麻里芦（今菲律宾），西迄茶弼沙（Djabulsa），即大食诸国中极西之地，今西班牙一带、马格里布（今摩洛哥）囊括东南亚、南亚、东非、北非及欧洲的一部分，包括意大利和拜占庭帝国。

宋代的《岭外代答》和《诸蕃志》所记尚不出传闻，而《南海志》则是广州元初对外交往实录的总结，其可信性高于上述宋代两书。

《南海志》是研究海上丝绸之路的一份重要资料，以此与宋代记载和明代郑和航海资料相印证，可以窥见宋元以来东西于文化交流的概貌。

在《明史·郑和传》《武备志》中也有对《郑和航海图》的记载，在《瀛涯胜览》《星槎胜览》《西洋番国志》等书中，也有对中国航行的相关记载。这些文献中的文字作为郑和下西洋的所见所闻所感，可以被当作15世纪印度洋沿岸海上活动研究真实有效的第一手资料。对于书中的这些描述记录，其实不用再详细探究最原始的记录，这些信息已经被国内外许多学者考察探究过了。就目前的研究成果来看，中国学者孙光圻以现代航海技术为基础进行的研究较为全面和权威，可以为我们提供许多可借鉴的经验。他根据有关文献记载列表整理出"下西洋"的航路，从而得出六大航行枢纽："如占城，抵达航路2条，启程航路6条；满剌加，抵达航路4条，启程航路4条；苏门答腊，抵达航路1条，启程航路6条；锡兰山，抵达航路3条，启程航路7条；溜山（包括所属各地），抵达航路6条，启程航路7条；古里，抵达航路4条，启程航路6条。"这六大航行枢纽是一个多点纵横交叉的综合航路网络，进出辐射的航路有58条。其中溜山国进出航线之总数，已列诸国之首。可见明初印度洋航行重心已开始向纵深腹域展开。同时横渡印度洋的航线已由宋代的5条扩大到7条：锡兰山至卜剌哇；官屿至木骨都束；小葛兰（今印度西海岸奎隆Quilon）至木骨都束；古里（今印度喀拉拉邦卡利卡特Calicut）至剌撒（今阿拉伯半岛南岸木卡拉Mukalla附近））；古里至阿丹；古里至佐法尔（即祖法儿，今地在阿拉伯半岛阿曼西部沿岸的多法尔Dhufr）；古里至忽鲁谟斯。这

7条航路既有东西走向的,也有南北走向的,它们连续航行的时间,大都在20天左右,航程达到或者超过1400海里。这一切证明了15世纪时,中国人对"怒涛如山、危险至极"的印度洋已能"宁帖无虞",反映出中国人高超航海技术的这段文字中的"秦国"是欧洲各种文字中最先记"秦国"者。[①]

我们可以通过中阿海上丝路交往发现几个特点:(1)航路表显示,中阿文献对航行距离的记载已可以从日期的记载变成定量化,更具科学性,在此之前的中阿航海文献多以航行时间来代替之,如汪大渊的《岛夷志略》"澎湖条"中记述,"自泉州顺风二昼夜可至"。因为通过某一航行距离的航行时间,其长短会受到船舶驱动性能、航海自然条件等多种因素的影响,很难准确表达在某航行时间内所通过的海上距离。(2)在中阿之间远洋航行中,各种航道错综复杂,季风、岛屿、港口以及浅滩、水文情况在书中越来越详细,中阿典籍都反映了中阿海员丰富的远洋航行知识。(3)中阿大小船舶在港口配合运输货物,促使中阿国际贸易网络畅通无比。

第三节 贸易集散中转站、港口与岛屿

港口城市是涉及国家经济建设、贸易往来和海陆交通发展的战略重地,不仅是沿岸地区居民进行商品交易和友好交往的场所,商船定期进行贸易集散的中转站,也是海上和陆上各方势力激烈竞争的要地。从本身具有的基本特点来看,港口城市作为国际贸易海洋互联网络上的节点,发挥着至关重要的作用。

中世纪往返中阿之间的商品贸易,尤其是海路贸易,形成了港口承担集散、中转中心的贸易转口贸易模式。"从中国南海到阿拉伯半岛,大致可分为三个中转阶段,第一阶段在南印度诸港转口,第二阶段在波斯湾转口,第三阶段在瓮

[①] 耿引曾:《中国人与印度洋》,大象出版社2009年版,第5页。

蛮[①]和阿丹[②]等阿拉伯诸地运输。"[③]中阿交往促使海上丝绸之路国际贸易呈现出前所未有的积极、和平的兴旺态势。经过长期的磨合，航海者们在遵循经济和航海规律的基础上逐步寻求到一种最佳的交易模式，这一模式摆脱了此前较为分散的运转状态和追求东西直航为目标的方式。虽然分散和直航等方式仍然存在，但毕竟一种更为合理、更符合经济效益的模式形成了。

岛屿的地理位置更具有特殊性，岛屿虽然处在海洋中，因与陆地隔绝而相对孤立，但在海上交通中却可以作为海上航线网络的重要组成部分，成为连接岛屿之间、陆地之间以及港口之间的重要节点。特别是靠近大陆的岛屿，在保持自身的独立性的同时，更是很好地沟通了陆域与海域，继而成为大陆的天然良港。

海上丝绸之路上的大小岛屿数以千计，像日本、菲律宾、印度尼西亚等这样的岛屿，在东亚大陆的周围海域中还有很多。对于中国船舶频繁出没的南海水域，《马可·波罗游记》亦有与众不同的介绍，说"此海延至东方，据习于航行此海渔夫水手之说，彼等时常往来水道之中，共有七千四百五十九岛，彼等除航海外不做他事，故熟知之"。这段记载，展示了中国海员对这片水域的熟悉程度。[④]东南亚的诸岛在海上丝路之前一直被视为渺无人烟的荒芜之地，但事实上这种看法过于主观片面，这些岛屿在中世纪以前，一直是西太平洋、北印度洋沿岸居民从事海上活动的落脚点。在地理知识和航海技术都得到了普及和发展之后，岛屿渐渐成为海上航行中导航识路的重要标志，沿途的天然补给站。对岛屿认识的加深，为没有现代科技支持的人们提供了在当时进行远航的可能。当时，中国的船员在从事海上活动时使用的基本就是岛屿定位法。[⑤]

[①] 瓮蛮：今阿拉伯半岛东部的阿曼。

[②] 阿丹：今亚丁湾西北岸一带。

[③] 陈春晓：《古代海路贸易中的麝香造假与鉴假》，载《文献记载与考古发现：海上丝绸之路的新探索学术研讨会论文集》，南京大学，2018年，第23页。

[④] 孙光圻：《〈马可·波罗游记〉中的中国古代造船文明与航海文明》，《海交史研究》1992年第2期。

[⑤] 刘迎胜：《丝路文化·海上卷》，浙江人民出版社1995年版，第3页。

岛屿除了被当作航海识途的标志外，还发挥着补给站的重要作用。很多航海家或者水手因为海上航行时间长、补给的有限被饿死或缺少营养而得病。中国古籍记录，中国船员在使用岛屿定位法之后很少在经常往来的西太平洋和印度洋海域航行中生病。这些岛屿不仅可以作为粮食补给和休息调整的中继站，还可以作为船舶运输的货物的中转站。随着人员的增多和贸易的发展，一些较大的岛屿逐渐发展成为重要的港口。[1]

有需要才有发展，在阿拉伯帝国广阔的土地上，统治者想要实现国家更好的发展，具有较高文化水平的人民想要在精神和物质上更加富足，这些都需要不断扩大国际贸易的规模。初期的商人，大多是基督教徒、犹太教徒和祆教徒，但最终轻农重商的阿拉伯人代替了他们的位置，然后快速地发展壮大。

乌剌，今伊拉克幼发拉底河河口巴士拉西侧，在伊斯兰时代到来之前，这里曾是一个重要的交通枢纽，是绝无仅有且不可替代的重要港口。雅古比记述："最好的秦麝香来自广府，那是秦国的第一大港，穆斯林的商船在那里停泊。从那里麝香由海路被运到海峡，当靠近乌剌时，麝香浓郁的香气使商人无法掩盖运载麝香而逃税。"[2] 而1世纪中用希腊文写成的《红海周航记》表明，当时在印度西海岸的四个重要港口中，提毘（今卡拉奇）是经营中国货物——蚕丝产品种类最多、最全的转口外贸港。这些情况，都为早期阿曼与中国的交通交流提供了历史背景和现实可能性。印度地域的重要性，特别是马拉巴尔和印度半岛南部沿海的重要性进一步显现，沿海港口在传统的基础上更加繁荣并出现了一些新的港口。

故临，故地在今印度西南沿岸奎隆一带，高荣盛在《古里佛/故临——宋元时期国际集散/中转交通中心的形成与运作》中分析了故临作为中阿中转重要港口的形成，他写道："宋代的故临可视为东西商舶最大的寄航和中继站。"周去非在《岭外代答》中提到故临："大食之来也，以小舟运而南行，至故临

---

[1] 刘迎胜：《丝路文化·海上卷》，浙江人民出版社1995年版，第10页。
[2] 陈春晓：《古代海路贸易中的麝香造假与鉴假》，载《文献记载与考古发现：海上丝绸之路的新探索学术研讨会论文集》，南京大学，2018年，第22页。

国，易大舟而东行。"

　　阿曼，位于阿拉伯半岛东南端，是西亚最接近东方的地点，这就使它在技术有限（主要是缺乏机械动力）的古代，在传统东西方海路交通中有着无可比拟的优势：就东、西方交通而言，从位于阿拉伯半岛最东南哈德角附近阿曼的苏尔（Sur）港向北偏东直航对岸伊朗的恰赫巴哈尔（ChahBahar）港，这是横渡印度洋阿拉伯海的最便捷航线。苏尔自古就有在印度洋阿拉伯海沿岸从事海上贸易的记录，至今仍以制造阿拉伯传统的单桅三角帆船（داو dhow）而闻名。

　　除此以外，巴格达、巴士拉、尸罗夫、开罗、亚历山大港等港口城市也不断地扩大和发展，逐渐成长为世界舞台上重要的海陆贸易中心。尽管波斯湾的港口乌剌、巴士拉及尸罗夫的繁华在萨珊王朝后期已趋于衰落，但在从萨珊王朝过渡到阿拉伯帝国期间，这些港口仍在长途贸易中保持活力。白拉祖里曾指出，在伊斯兰时代到来之前，乌剌是独一无二的。作为倭马亚王朝的伊拉克行省的两个首府之一（另一个是库法），巴士拉很快就令乌剌相形见绌，尽管巴士拉的成功更多得益于政治因素而非地理因素。起初，在卡拉克斯—斯帕西努的旧址上建起了军营，该地距阿拉伯河15千米，之所以能成为港口是因为这里与乌剌之间有一条运河相连（现代的巴士拉港是18世纪时在乌剌的旧址上重建的）。尽管如此，巴士拉仍吸引了来自阿拉伯世界各地及其之外的船只。在成为巴格达（一个多世纪之后才建城）的入境口岸之前，巴士拉早已蒸蒸日上，并在8世纪至9世纪时达到巅峰。当时，巴士拉是20多万不同信仰、不同种族的居民的聚集地，以其制造业、农业（尤其是海枣）和活跃的文学、艺术及宗教而闻名。

　　伊本·白图泰曾称："亚历山大的港口是巨大的，是世界所罕见的，只有印度的俱蓝和古里港，土耳其人所管辖的苏达克港（位于克里木半岛）和中国的刺桐港堪与相提并论。"[①] 除了阿拉伯帝国的重要港口以外，在许多阿拉伯典籍著作中，也曾有涉及中国繁华的港口城市的相关记载，其中比较著名的有杭

---

① 高荣盛：《古里佛/故临——宋元时期国际集散/中转交通中心的形成与运作》，载李治安主编《元史论丛》（第十一辑），天津古籍出版社2009年版。

州、广州、泉州和扬州等。尽管波斯湾沿岸的港口城市乌剌、巴士拉及尸罗夫等如昙花一现般匆匆由盛转衰，但是，从萨珊王朝过渡到阿拉伯帝国期间，这些港口依旧凭借着不俗的实力在世界贸易竞争中居于重要地位。下面我们详细介绍一下这些在海上丝绸之路上著名的城市、港口和岛屿。

一、杭州

著名旅行家伊本·白图泰这样描述过杭州："一路上，午餐于此村，晚餐于彼镇，行十七日抵达汗沙城（即今之杭州）。该城名完全像是女诗人汗沙[①]的名字，我不知道它是阿拉伯文名字，或是同音巧合呢。该城是我在中国地域所见到的最大城市。"[②]

从隋唐时期开始，随着中国经济重心的南移，南方已逐渐代替北方成为中国新的经济、文化中心。江南经济发达、文化繁茂，这些都成为吸引世界各地宾客、商贾来此贸易、居住的有利条件。北宋末年，宋室南渡后，于1138年正式定都杭州，并更名临安，1276年元灭宋，改临安为杭州路，领江浙行省，杭州建都亦有140多年的历史。宋高宗建都杭州后，更加促进了杭州的繁荣和发展，使之成为全国政治、经济、文化的中心。宋高宗建都杭州的决定反映了统治精英意识到海洋贸易对普通市民和朝廷的重要性。宋高宗认识到："市舶之利最厚，若措置合宜，所得动以万计，岂不胜取之于民？"[③]这里中外商贾云集，店铺、高大庭院比比皆是。苏东坡守杭时，就曾见到外国商人和使者频繁来此，"朝贡踵接"，商队庞大到"两浙骚然"[④]。与此同时，宋代的杭州也是一个著名的贸易海港。杭州的发展模式与其他港口城市有所不同。一般来说，港

---

① 汗沙：生于575年，约卒于668年，有《汗沙诗集》流传，多吊唁诗。
② [摩洛哥]伊本·白图泰：《伊本·白图泰游记》，马金鹏译，华文出版社2015年版，第403页。
③ （宋）李心传：《建炎以来系年要录》，转引自[美]林肯·佩恩《海洋与文明》，陈建军、罗燚英译，天津人民出版社2017年版，第354页。
④ 傅伯模：《唐以来我国浙江海上与阿拉伯的交往》，《阿拉伯世界研究》1997年第4期。

口带动城市的发展，例如广州、泉州、明州等，都是因港兴市，以港口贸易的繁荣带动整个城市各个层面的进步。而杭州恰恰相反，海港功能的强化，很大程度上是出于城市整体影响力及其中心集聚功能的推动。

宋代时期，在这个商品、文化交流形成的国际网络中，杭州虽然因为航道条件限制没有成为明州（宁波）这样的对外贸易枢纽港口，入海受制于"海门中流至狭浅，不可浮大舟"，但通过浙东运河和大运河，近海航路与内河航路建立紧密的联系，其中联系区域最广、最主要的通道是长江、钱塘江、浙东运河和珠江，杭州作为东南交通中心，实际是沟通海运、内河航运的枢纽。以宋代长江三角洲港口体系为视角，很多以杭州为目的地的外洋船舶，为避免自海门钱塘江航道风险，先抵达明州再经浙东运河到达杭州，明州实际担任了杭州外港口的角色。[1]

杭州始终扮演着海上丝绸之路的重要角色，是这个网络中的重要交通节点，是商品和文化交流中心。杭州是丝织品、茶叶、瓷器、纸张的主要产地之一，同时也是药材、木材、盐等重要商品的转运中心，丝织品、瓷器等恰是对外贸易中的大宗，为海上丝绸之路运往其他国家的主要物品。临安成为首都，奠定了它在全国交通的中心地位，也因此成为东南地区连接内河航运与海外航线的中心。临安的繁盛和江南地区经济的发展，成为明州等港口的腹地，无论是产品生产，还是进口物品的消费，文化的交流与传播，临安都是这一腹地的中心。除了明州之外，上海镇、澉浦也可以视作临安的外港。临安因此是南宋时期海上丝绸之路的中心。

元代的杭州，由于居留的外国人越来越多，逐渐形成了如泉州、广州一类的"蕃坊"。伊本·白图泰笔下的杭州："全程长达三日程，在该城旅行需要就餐投宿。该城的布局，正如我们谈过的那样，是每人有自己的花园，有自己的住宅。全城分为六个城市，详情后叙。"[2] 杭州城内开设了一些客栈，专门用来接待前来经商或游历的外国客人，就如意大利旅行家鄂多立克（1265—1331，

---

[1] 魏峰：《宋代杭州与海上丝绸之路》，载《杭州文史》（第十二辑），杭州出版社2020年版。
[2] ［摩洛哥］伊本·白图泰：《伊本·白图泰游记》，马金鹏译，华文出版社2015年版，第403页。

Friar Odoric）所说，"有许多客栈，每栈内设十或十二间房屋"①。也有不少外国人在杭州长期居住，因而形成了一定规模的聚居区。这些外国人按照宗教信仰和生活习惯的不同，居住在不同的街区，主要可分为两大类：一类由犹太人、基督教徒以及拜日教徒组成，居住在伊本·白图泰所称的"第二街区"，即章家桥、崇新门一带；另一类以信仰伊斯兰教的阿拉伯人为主，居住在"第三街区"，伊本·白图泰描述道："住此城内，城市美丽，市街布局如伊斯兰地区一样，内有清真寺和宣礼员，进城时正当为晌礼宣礼时，声闻远近。"② 这里提到的礼拜寺，就是与扬州仙鹤寺、泉州清净寺、广州怀圣寺并称为四大清真寺的杭州凤凰寺。附近有珠宝巷，是阿拉伯商人经营珠宝舶货的主要营业场所。珠宝巷往东，还建有阿拉伯人公墓，这些都是杭州对外经济文化交流的历史见证。

杭州凭借其独特的地理位置以及丰富的物产和发达的贸易基础，沟通了海上丝绸之路与陆上丝绸之路，在丝绸之路对外贸易中占据着非常重要的历史地位。这些特点在许多中世纪阿拉伯地理古籍中都有所体现。

（一）杭州的特殊地位

艾布·菲达出生于叙利亚的大马士革。他是阿拉伯王子，曾在埃及马穆鲁克王朝苏丹纳昔儿部下服役。他精通多门知识，撰写了多部著作。阿拉伯地区的图书馆保留了12部他的书籍，其中，《地理书》被认为是他最著名的作品。《地理书》是一本界定各个国家地理的书籍，在欧洲曾多次出版发行。苏俄阿拉伯语专家克拉奇可夫斯基曾说，在阿拉伯人的心中只有两本书的重要性超过艾布·菲达的《地理书》，它们是《古兰经》和《一千零一夜》。由此可见这部书的重要地位。艾布·菲达的《地理书》是中世纪一部重要的地理书籍，作者游历了大半个中国，时值中国宋朝时期，书中有不少对杭州的描写："游历家归中国者，略告吾人一下诸城邑：一为康府（Khanfu），当今又称曰汉沙。城北有

---

① 《鄂多立克东游录》，何高济译，中华书局1981年版，第67页。
② ［摩洛哥］伊本·白图泰：《伊本·白图泰游记》，马金鹏译，华文出版社2015年版，第403页。

淡水湖，名曰西湖（Si-khu），周围有半日程。"①

张星烺对此给出了注释："汉沙（Khansa）与《马可·波罗游记》之Kinsay相同。皆为京师二字之讹音。""西湖在杭州城西，不在城北。此为艾布·菲达之新知识，以前阿拉伯著作家无有记西湖之名者也。"②

艾布·菲达在他的《地理书》中一共描写了8个城市，分别为杭州、扬州、泉州、广州、新罗、札姆库式、喀州以及肃州。虽然他提到广州是最大、最重要的贸易港口城市，但他在描写中把广州和杭州排在第一个和第二个，二者并称为"中国都城"，而且是"诸门户之冠"。历史上，市舶之制，最早出现在唐朝，始置之地，当为广州。北宋初年的市舶司与唐代有所区别，除广州继续保留它的重要位置外，福州、扬州让位于明州、杭州。③从这些史料可以发现，杭州从北宋时起，在国家中的地位就有所提高，逐渐成为全国政治、经济、文化的中心。中外商贾云集，店铺、高大庭院比比皆是。

（二）对杭州的描写一直是正面的

葛铁鹰在书中写道："以阿拉伯史学著作为例的阿拉伯古籍中对于中国记载的总基调是正面的，对于中国总体形象的描绘是美好的。"④因此，我们可以推断出，阿拉伯人对杭州的印象也是美好的，在有记载的阿拉伯古籍中也是这样表述的。

中世纪阿拉伯地理古籍中对杭州有细致描写的只有两部，一部是上文提到的艾布·菲达的《地理书》，另一部是更广为传播的伊本·白图泰的《伊本·白图泰游记》。后者有大量的关于杭州城市、人文的描写。伊本·白图泰来到中国时正值中国的元朝，他在书中描写杭州是"中国地域所见到的最大的城

---

① 张星烺编注：《中西交通史料汇编》，中华书局2003年版，第242页。
② 张星烺编注：《中西交通史料汇编》，中华书局2003年版，第242页。
③ 马建春：《两宋时期留居杭州的穆斯林蕃商胡贾》，《浙江社会科学》2011年第4期。
④ 葛铁鹰：《阿拉伯古籍中的"中国"研究——以史学著作为例》，博士学位论文，上海外国语大学，2008年。

市""城市美丽，市街布置和伊斯兰地区的一样"。

元朝时中国和阿拉伯国家的关系更加密切，杭州的伊斯兰教进一步兴盛，回民"遍布中国，江南尤多"。因此，从艾布·菲达的《地理志》、伊本·白图泰的《伊本·白图泰游记》中可以看出，阿拉伯人眼中的杭州一直都是正面的、美好的。在当时的西方人眼中，杭州"是全世界最大的城市"[①]"城里除了街道两旁密密麻麻的店铺外，还有十个大广场或集贸市场""每个市场在一个星期的三天中，都有四五万人来赶集，他们可以在市场里买到所有需要的商品""这十个集贸市场的四周环绕着高宅闳宇，楼宇的底层是店铺，经营各种产品，出售各种货物，包括香料、药材、小饰物和珍珠等"[②]。

（三）杭州的港市舶司

杭州虽然入海受制于"海门中流至狭浅，不可浮大舟"，但通过浙东运河和大运河，近海航路与内河航路建立紧密的联系，其中联系区域最广、最主要的通道是长江、钱塘江、浙东运河和珠江，杭州作为东南交通中心，实际是沟通海运、内河航运的枢纽。

浙江是造船和航海最发达的地区之一，在与阿拉伯国家的商贸交往中，浙江不仅提供了丝绸、陶瓷等外销商品来源，同时也提供了外销的运输工具。

隋唐时期，由于造船技术的大幅提高，水上运输十分发达。据《资治通鉴》记载，唐代主要造船基地有：湖州（今浙江湖州）、杭州（今浙江杭州）、越州（今浙江绍兴）、台州（今浙江台州）、婺州（今浙江金华）、江州（今江西九江）、洪州（今江西南昌）等州及剑南道（今四川成都）沿江一带，以及沿海的登州（今山东蓬莱）、莱州（今山东掖县）、扬州、泉州、福州、广州等。当时的外国商人，都愿意乘中国船来到中国，他们甚至愿意延后几天专门等待中国船只。从唐代发展起来的东南地区造船业为丝绸之路海上线路的发展打下了坚实的基础。

---

① 《鄂多立克东游录》，何高济译，中华书局2002年版，第34页。
② 邬国义：《"丝绸之路"名称概念传播的历史考察》，《学术月刊》2019年第5期。

以宋代长江三角洲港口体系为视角,很多以杭州为目的地的外洋船舶,为避免海门、钱塘江航道风险,先抵达明州再经浙东运河到达杭州,明州实际担任了杭州外港口的角色。南宋初年,港市舶司的收入已经达到了杭州财政收入的五分之一。这反映出中国对外经贸交往已发展迅猛,颇具规模,尤其是中阿海上丝绸之路的交往,在国际上具有重要的地位。同时,阿拉伯方面,巴格达、巴士拉、苏哈尔和亚丁等城市在中阿经贸交往中地位逐渐提高,成为重要的港口。这一时期,阿拉伯国家正值倭马亚王朝和阿拔斯王朝,与中国和平、友好、互惠互利的交往促进了整个国家的繁荣和发展。中阿之间的友好交往不仅促进了双方的商贸交往,而且促进了人文、科技等各方面的交往,繁荣了中阿双方的经济,增强了彼此国力,丰富了文化,实现了双方共同互利的发展。

宋元时期,杭州港市舶司的地位大幅提高,在海上丝绸之路贸易中起到了重要作用。杭州是南宋的都城,政治经济地位极高。杭州港位于京杭大运河的南端,紧临杭州湾。宋初太平兴国三年(978),设置路一级的两浙市舶司,统管两浙所有港口的对外贸易。咸平二年(999),又在杭州、明州两地分设府、州级的市舶司,隶属于两浙市舶司。再加上得天独厚的船舶工业基础,更为杭州成为海上线路的重镇创造了条件。当时海上贸易十分兴盛,欧阳修在《居士集》中就写道:"其俗习工巧,邑屋华丽,盖十余万家。环以湖山,左右映带,而闽商海贾,风帆浪舶出入于江涛浩渺,烟云雾霭之间,可谓盛矣。"[1]到了南宋,各国使节前来进贡,理当来到都城杭州。这一时期浙江的海外贸易十分发达,与日本、高丽、大食(阿拉伯)等国的商贸频繁,各种番品南货,珍奇异宝,源源不断地运到临安。

(四)丝绸、陶瓷和茶叶等标志性的中国元素

杭州是丝织品、茶叶、瓷器、纸张的主要产地之一,同时是药材、木材、盐等重要商品的转运中心,丝织品、瓷器等恰是对外贸易中的大宗,为海上丝

---

[1] (宋)欧阳修:《欧阳修全集》,载《居士集》卷四十,中华书局2001年版,第585页。

绸之路运往其他国家的主要物品。

1. 丝绸

从古至今，在阿拉伯人的心中，最重要的中国的物产主要有黄金、白银、珍珠、丝绸、陶瓷。丝绸一般排在瓷器前，中阿交往中最重要的物产之一也是丝绸，丝绸之路因此而得名。通过丝绸之路，中国和西方之间的贸易从两汉时期开始就非常频繁，其中丝绸受到西方人的广泛欢迎。从丝绸的贸易开始，东西方经济和文化的交流得到了极大的促进。

伊本·白图泰提道："城内多能工巧匠，这里织造的绸缎以汗莎绸缎著称。"[①] 书中曾写到，当罗马恺撒大帝穿上中国的丝袍去看戏时，显得尤为华贵，引起全场轰动；罗马的贵妇们都以能穿上中国的丝绸衣裙为荣，中国的丝绸轰动了西方，成为罗马帝国最受欢迎的奢侈品。有这样一个传闻，阿拉伯人看到一位专为中国皇帝采办阿拉伯商品的太监。太监的脖子上长有一颗黑痣。他虽然穿了五层衣衫也没有遮住这颗痣。原因在于，他穿的丝绸薄如蝉翼，质地透明。这是未经漂白的生丝，总督穿的丝绸比这种更加精美，更为名贵。[②] 唐代中叶之后，当时盛产丝织品的地方，除了北方河北、河南等地以外，主要都在江南地区。

浙江自古被誉为丝绸之府，尤其以杭州的丝绸闻名天下。据《元和郡县志》和《新唐书》关于贡赋的记载，江南道每年贡赋丝绸等物的州郡大部分属于盛产蚕丝的苏南和浙江，而浙江又占半数以上。[③] 可见，杭州在丝绸之路运载的货源上拥有得天独厚的条件。

2. 瓷器

丝绸之路还被称为陶瓷之路。日本陶瓷学家三上次男曾对比过丝绸与瓷器的出口，他分析道："尽管中国的丝绸享有盛名，但是却很少作为遗物保存

---

① ［摩洛哥］伊本·白图泰：《伊本·白图泰游记》，马金鹏译，华文出版社2015年版，第405页。
② 郭筠：《宋朝杭州与阿拉伯国家交往特点与意义——以阿布·菲达〈地理书〉为例》，《中国民族博览》2016年第8期。
③ 傅伯模：《唐以来我国浙江海上与阿拉伯的交往》，《阿拉伯世界研究》1997年第4期。

下来的，几乎不能在研究工作中起什么作用。在这方面，陶瓷却是难能可贵的资料。因为陶瓷即使损坏也不至于腐烂，仍能依旧地残留在遗迹里。"[1]

我国的陶瓷业起源很早，历代都有发展，到了唐后期，我国烧制的陶瓷已经达到了世界先进水平。在浙江地区，4世纪初时出现了半瓷体的陶器，这种技术被杭州湾南部的越窑所继承，并有大量的制作。之后，越窑青瓷的生产工艺也传播到了福建地区。到了唐代，北方邢窑的白瓷和南方越窑的青瓷闻名天下，成为向海外大量输出的主要商品。以越州为例，唐开元年间的贡品仅有交绫、白纱，可到了唐代后期，《元和郡县志》中记载："凡贡之外，别进异文吴绫及花皱歇、单丝吴纱、吴朱纱等织丽之物，凡数十品。"[2] 青瓷似玉如冰，釉为翠色，晶莹光亮可以照人。陆羽在《茶经》中，认为越州瓷器为上品，并对青白两瓷做了比较："或以邢州处越州上，殊为不然。若邢瓷类银，越瓷类玉，邢不如越一也；若邢瓷类雪，则越瓷类冰，邢不如越二也；邢瓷白而茶色丹，越瓷青而茶色绿，邢不如越三也。"[3] 从这时开始，杭州就以青瓷闻名于世，阿拉伯人对于青瓷的工艺无比惊叹，他们在中国看到了半透明的超细瓷器，薄似玻璃，"尽管是陶碗，但隔着碗可以看见碗里的水"[4]。阿拉伯作家大马士基（1256—1327）曾讲到，中国有一个地区叫作"瓷器地"。这个瓷器地应指中国沿海诸省区，为元帝国的东南部[5]。青瓷由此成为阿拉伯商人最喜爱的中国商品之一。

在连接中国与阿拉伯世界的海上航线上，到处都有当年遗留下来的陶瓷碎片通过考古被发现。"特别是埃及首都开罗南郊的福斯塔特遗迹，那里是开罗的前身，继巴士拉和库法后，于642年兴建的城市，经1912年和1964年、1966年考古数次挖掘，出土陶瓷碎片有六七十万件。其中中国陶瓷片约有1.2

---

[1] 杜瑜：《海上丝路史话》，社会科学文献出版社2011年版，第51页。
[2] （唐）李吉甫：《元和郡县志》卷二十六，"江南道二"，中华书局1983年版，第720页。
[3] 宋岘：《中国阿拉伯文化交流史话》，社会科学文献出版社2011年版，第76页。
[4] 《中国印度见闻录》，穆根来、汶江、黄倬汉译，中华书局1983年版，第15页。
[5] 宋岘：《中国阿拉伯文化交流史话》，社会科学文献出版社2011年版，第86页。

万片,当中就有许多唐代越窑青瓷,而且是品质极佳的精品。"① "波斯湾以及东非沿岸港口遗迹中,也出土了相当数量的越窑青瓷碎片,其质量不如福斯塔特的好,大都是普通产品。"② "在波斯的萨马拉遗迹也发现了越窑青瓷,该地于838年成为废墟,而这里发现的碎片,经研究被认为与浙江余姚上林湖所发现的完全相同。"③

宋元时期,我国与阿拉伯世界的交往达到顶峰。《岛夷志略》的作者将他两次出海的所见所闻与前人的记载加以校正后结集成书,书中共计220多个海外国家的人名和地名。除了记载各国山水、风土人情以及当地生活等,还提到"许多地方有我国的苏杭无色缎,青白花瓷等,反映了元代贸易的繁盛"④。这本书是我国元代海洋交通和海外贸易中最重要的原始资料,也是唐宋以来对南洋、印度洋的地理知识的总结。

从考古来看,阿拉伯地区出土的瓷片中,大量的瓷器碎片都是宋朝以后的,只有少部分是唐代陶瓷。中国的青瓷直到12—13世纪都是丝绸之路上广受欢迎的畅销品,经常被当作贵重的礼物送给达官贵人。"著名的艾优卜苏丹萨拉丁因为富有青瓷而名噪一时,中国青瓷传到欧洲,欧洲人因为只知道埃及苏丹有这种精美的器皿,因此称它为萨拉东。1171年萨拉丁向大马士革苏丹所赠礼品中就有40件是中国的青瓷。可见当时埃及和大马士革遗迹北非濒临地中海的港口,是中国瓷器传向欧洲的大门。"⑤ 海外考古发现,亚洲各地乃至非洲东岸,都能发现浙江青瓷的使用痕迹。"有位阿拉伯史学家曾经说,中世纪的东非史,可以说是用中国瓷器写成的。"⑥

海上丝绸之路给发展东西方贸易提供更多的可能,因为瓷器本身的特殊

---

① 杜瑜:《海上丝路史话》,社会科学文献出版社2011年版,第48页。
② 杜瑜:《海上丝路史话》,社会科学文献出版社2011年版,第49页。
③ 杜瑜:《海上丝路史话》,社会科学文献出版社2011年版,第50页。
④ 杜瑜:《海上丝路史话》,社会科学文献出版社2011年版,第85页。
⑤ 杜瑜:《海上丝路史话》,社会科学文献出版社2011年版,第110页。
⑥ 杜瑜:《海上丝路史话》,社会科学文献出版社2011年版,第110页。

性，很重又易碎、易损坏，运输不便，而海上运输就可减轻这方面的担心。三上次男说："文化交流的主流，难道只是由西到东吗？从古代到中世纪的中国丝绸贸易和中世纪以后的陶瓷贸易，都是自东到西的文物交流的绝佳例子。"①陶瓷作为东西方交流的代表，成为沟通东西方物质文化交流的通道，充分反映了我国物质文化对人类文明所做出的巨大贡献。杭州作为青瓷的原产地，同时也是货运的中心，确实是丝绸之路中的重要节点。

3. 茶叶

唐代后期，我国产茶地区遍布江南各地，杭州的龙井茶至今享有盛名，从古至今，杭州都是著名的茶叶产地。陆羽的《茶经》列举当时茶的产地有：山南、淮南、浙西、浙东、江南、岭南各道。其中以光州、湖州、越州等地所出之茶为上等。这也为海上丝绸之路的兴盛提供了坚实的物质基础。

《中国印度见闻录》也提到了中国的茶：

> 国王本人的主要收入是全国的盐税以及泡开水喝的一种干草税。在各个城市里，这种干草叶售价都很高，中国人称这种草叶叫"茶"（Skah）。此种干草叶比苜蓿的叶子还多，也略比它香，稍有苦味，用开水冲喝，治百病。盐税和这种植物税就是国王的全部财富。②

阿拉伯人知道唐代中国的税收中还有盐税与茶税，并说得出中国茶叶的性状。至今阿拉伯语"茶叶"一词的读音，基本保持了它的中国称呼的读音。这说明，阿拉伯人在唐代就了解了中国的文化，并且将茶叶介绍到了西方。③两宋时期，中国给予茶叶贸易极大的优惠政策，促进了贸易的快速发展，"大食国蕃客麻思利等回，收买到诸色物，乞免沿路商税"，宋朝廷诏令准予"免沿路

---

① [日]三上次男：《陶瓷之路》，李锡经、高喜美译，文物出版社1984年版，第56页。
② 转引自王有勇编著《阿拉伯文献阅读》，上海外语教育出版社2006年版，第231页。
③ 宋岘：《中国阿拉伯文化交流史话》，社会科学文献出版社2011年版，第36页。

商税之半"①。凡此种种，无不证明杭州与丝绸之路有着非常密切的关系。

杭州与阿拉伯国家之间构建的不仅是贸易之路，更是文化交流之路。"没有一种文明可以毫不流动地存续下去：所有的文明都通过贸易和外来者的激励作用得到丰富。""文明交往就是某一地缘文化对环境的社会生态适应性"，"就是通过开放性和互动型的动态平衡，不断调整和更新文化来适应变化了的环境，以创造和传承民族文明。"②

两宋时期中阿之间的文化交流是双向的，两大民族都在双方的经贸、文化交往中不断获益、共同提高和进步。虽然最初的丝绸之路只是经贸之路，但是更重要的是在双方的交往中，文明、文化的不断交流和传承。

通过艾布·菲达的《地理书》和伊本·白图泰的《伊本·白图泰游记》，我们可以知道阿拉伯人已非常了解杭州。阿拉伯人在杭州建立了清真寺，并有自己专门居住的区域。在阿拉伯伊斯兰文化传到中国的同时，中国的造纸术、针灸学、经络学、炼丹术、临床医学经验也源源不断地输入阿拉伯地区，特别是中国的四大发明，其影响从阿拉伯、波斯传向欧洲，并由此极大地推动了世界文明的进程。唐宋时期数百年的中阿友好交往历程中，中国与阿拉伯国家人民相互学习，两大文化相互吸收，互补共荣，堪称世界史上人类文明交往的典范③。

二、广州

广州作为全国第一大贸易港，号称"雄蕃商之宝货，冠吴越之繁华"④。伊本·瓦尔迪在《奇迹书》中称："中国有一著名城市名叫广州，它是中国最大的城市之一，位于一条比底格里斯河和幼发拉底河还广阔的河岸上，城中居住了

---

① （清）徐松：《宋会要辑稿》，中华书局1957年版。
② 彭树智：《论人类的文明交往》，《史学理论研究》2001年第1期。
③ 参见刘伟《源远流长的中阿文化交流》，《民族艺林》2013年第1期。
④ （清）董诰：《全唐文》卷八百二十七，中华书局1983年版，第8713页。

众多民族,城主防卫警戒,其边界上有一千多大象来防守,有很多士兵驻守在这条大河的入海口处,船只行驶两个月才能进入,此地盛产水稻、优质的香蕉、甘蔗和椰子。"①《中国印度见闻录》称广州"商人云集","据说,中国有二百多个府城……广府就是其中一例,广府是个港口,船只在那里停舶,另有其他近二十个城市归于广府管辖"②。广州是中国历史上第一个设立市舶司管理机构的港口,也是第一个设置外商管理区域的城市。

其实,历史上的海上丝路三个始发港中,最早并不包括广州,而是"黄支国,汉时通焉,去合浦、日南三万里"③,这里提到的日南和合浦,都在汉代南部边境附近。两汉时期的日南、徐闻和合浦,是南海贸易的主要港口,也反映了当时"边境贸易"的特征。④但在两晋以后,则常说去广州若干里。

在魏晋南北朝(220—589)时期,尤其是三国年间,番禺回归岭南政治中心的位置。这里地理形势绝佳,"斯诚海岛膏腴之地,宜为都邑也"⑤。自此,广州港开始崛起,它取代了日南、徐闻和合浦,成为海外贸易中心。"第九地带的一小部分和第十地带的绝大部分在此之后显露出来,那里正是中国的上部(南部)海岸,其中的名城之一是广府城(Khanfu),在它的对面靠东的地方是前面已提及的锡兰群岛。"⑥

魏晋南北朝以后,西南诸国的交通距离,都以与广州的距离作为参照物,采用"去广州数千里""数千里达广州"等表述。此时,与广州通商贸易的国家已有10多个。输入的商品主要有香料、象牙、犀牛角、珠玑、玳瑁、苏合和郁金等,输出的商品主要有绫、绢、丝和锦为大宗。其中,既有官方遣使朝贡

---

① [阿拉伯]伊本·瓦尔迪:《奇迹书》,贝鲁特时代出版社2014年版,第211页。
② 《中国印度见闻录》,穆根来、汶江、黄倬汉译,中华书局1983年版,第14页。
③ (宋)乐史:《太平寰宇记》卷一百七十六,中华书局2007年版,第3420页。
④ 李燕:《古代中国的港口》,广东经济出版社2014年版,第21页。
⑤ (北魏)郦道元:《水经注》卷三十七,"浪水",中华书局2007年版,第686页。
⑥ [阿拉伯]伊本·赫勒敦:《历史绪论》,转引自王有勇编著《阿拉伯文献阅读》,上海外语教育出版社2006年版,第183页。

"行广州货易"①，也有民间商人自发的"久停广州，往来求利"②。广州的海外贸易在六朝时已颇具规模。

隋唐五代（581—960）时期，大唐盛世徐徐展开，前后维持了三百年的时间。大唐的海外交通，以南海贸易为主，与唐王朝朝贡或者贸易往来的国家有20多个，涵盖了东南亚、南亚和阿拉伯地区等。著名的地理学家贾耽，同时也是唐贞元时期的宰相，记载了这条被称作"广州通海夷道"的南海贸易通道。他著有包含多种地图的《海内华夷图》《皇华四达记》《古今郡国县道四夷述》等地理书，可惜原本今已失传。《新唐书·地理志》记载了贾耽所述的唐代交通四邻的七条主要通道，是现在我们研究唐代对外交通的主要参考依据。这七条通道，五条指陆上丝绸之路，两条指海上丝绸之路。两条海路中的一条就是著名的"广州通海夷道"。这条"广州通海夷道"全程历经30多个国家和地区，直到16世纪之前，都是世界上最长的远洋航线，足见当时大唐帝国的航海实力之强盛。沿着这条象征着财富的航线，无数外国商船接踵而至，与唐王朝进行贸易。③这一时期，中国的港口迅速发展，不仅仅在南方，北方的港口也逐渐发展起来，更证明了南海贸易的兴盛。当时著名的贸易港有交州、广州、明州和扬州，"唐代的航海至互市，以南海方面最有意义，盛况空前……往来南海的商船，由波斯湾发航，经印度、锡来、马来半岛、苏门答腊和南海岛，而至中国各港口，如交州、广州、明州、扬州和密州等处，而以交州、广州和扬州为最繁荣，番商胡贾航集"④。

著名的阿拉伯地理学家伊本·胡尔达兹比赫在他的《道里邦国志》中描写道：

> 从栓府至中国的第一个港口鲁金，陆路、海路皆为100法尔萨赫。在鲁

---

① （南朝梁）萧子显：《南齐书》卷五十八，"东南夷传"，中华书局1972年版，第1018页。
② （南朝梁）慧皎：《高僧传》卷一，中华书局1992年版，第10页。
③ 李燕：《古代中国的港口》，广东经济出版社2014年版，第43页。
④ 王洸：《中国航海业》，台湾商务印书馆、海洋出版社1986年版，第18页。

金有中国石头、中国丝绸、中国的优质陶瓷,那里出产稻米。从鲁金至汉府,海路为4日程,陆路为20日程。汉府(广州)是中国最大的港口。汉府有各种水果,并有蔬菜、小麦、大麦、稻米、甘蔗。从汉府至汉久为8日程。汉久的物产与汉府同。从汉久至刚突为20日程。刚突的物产与汉府、汉久相同。中国的这几个港口各临一条大河,海船能在这大河中航行。这些河均有潮汐现象。在刚突的河流可见鹅、鸭、鸡。中国的海疆很长,即从艾尔玛碧勒起始,终至另一端有两个月行程。①

这是伊本·胡尔达兹比赫对中国贸易港的印象。根据日本学者桑原骘藏在《唐宋贸易港研究》中考证,伊本·胡尔达兹比赫在他的书中所述的唐代中国主要贸易港为交州、广州、泉州、扬州四处。"顺序是按照进入中国的路程远近排列,海外商船最先到达交州的龙编,从交州向北航行四日到广州,从广州航行八日到泉州,从泉州航行六日到扬州。""南方的海港除了以上几个著名的大港之外,还有潮州、福州、温州、明州以及苏州的松江,都是当时沿海贸易港和海上航行的港口。"②

伊本·白图泰笔下这样记载广州:"穗城是一大城市,城市美观,最大的街市是瓷器市,由此运往中国各地和印度、也门。"③

此大都市(Sin Kalan,指广州)之一部,有伊斯兰教徒之街。彼等在其地建有寺院旅社宿泊所(Hospiz)及市场(Bazar),彼等更置法官(Kadi)与教长(Seih)。且不仅限于此都市以内,举凡伊斯兰教徒侨居之各中国都市,均有法官与译长。此教长处理关于伊斯兰教徒一切之事项,而法官则担负裁判之责④

---

① [阿拉伯]伊本·胡尔达兹比赫:《道里邦国志》,宋岘译注,中华书局1991年版,第71页。
② [日]桑原骘藏:《蒲寿庚考》,中华书局1929年版,第4页。
③ [摩洛哥]伊本·白图泰:《伊本·白图泰游记》,马金鹏译,华文出版社2015年版,第400页。
④ [日]桑原骘藏:《中国阿拉伯海上交通史》,商务印书馆1934年版,第68页。

上文选自日本学者桑原骘藏的《中国阿拉伯海上交通史》，文中"彼等"二字使法官国籍明朗化，在这一点上，可以感受到当时中国的开放政策是非常开明的。

关于唐代市舶司管理的职责以及税收，《中国印度见闻录》中提道：

> 海船从海上来到他们的国土，中国便把商品存入货栈，保管六个月，直到本季最后一船商到达时为止（其实海船都是根据季风往返），他们提取十分之三的货物，把其他的十分之七交还商人。[①]

这里可见，十分之三是税收，因此中国市舶司的职责就是收纳税收、检查和保管货物等。

生活方面，由于波斯人、大食人来华者众多，因此大唐政府也制定了相关的规定。《中国印度见闻录》对于广州有这样的记载：

> 其处有回教牧师一人，教堂一所……各地回教商贾既多聚康府（广州），中国皇帝因任命回教判官一人，依回教风俗，治理回民。判官每星期必有数日专与惠民共同祈祷，朗读先圣训诫。判官为人正直，听讼公平。一切皆依照《古兰经》圣训及回教习惯行事。故伊拉克商人来此方者，皆颂声载道也。[②]

宋朝赵汝适《诸蕃志》记载，宋代与广州有贸易往来的国家有50多个。元朝陈大震《南海志》则说，元代与广州有贸易往来的国家和地区，达140多个，并称赞广州为"蕃舶凑集之所，宝货丛聚，实为外府，岛夷诸国名不可肆"。可见元朝的海外贸易较之宋朝更加繁荣，贸易范围也更为广大，同时也证明广州在元朝依然是一个繁忙的对外贸易大港，所以其市舶收入"抽赋帑藏，盖不下

---

① 《中国印度见闻录》，穆根来、汶江、黄倬汉译，中华书局1983年版，第15页。

② 张星烺编注：《中西交通史料汇编》（第二册），中华书局1977年版，第201页。

巨万计"①。与马可·波罗齐名的意大利旅行家鄂多立克也在其著作《东游录》中写道，广州是一个比威尼斯大三倍的城市，"该城有数量极其庞大的船舶，以至有人视为不足信，确实，整个意大利都没有这一个城的船只多"②。

宋元时期，从广州出发的海船可通达阿拉伯及非洲东海岸。虽然航程上较唐代的拓展不多，但一路上通航贸易的国家却大为增加，呈现出"东西南数千万里，皆得梯航以达其道路""虽天际穷发不毛之地，无不可通之理"③的鼎盛局面。"凡大食、古逻、阇婆、占城、渤泥、麻逸、三佛齐、宾同胧、沙里亭、丹流眉，并通货易。"④其中，比较重要的通商贸易国家有大食、阇婆⑤、三佛齐⑥，因其物产丰富，宋元的中国商船前往贸易者络绎不绝。此外，还有故临、兰里⑦，因其位于印度洋上的交通要道，所以也是重要的国际贸易口岸。

距离中国最远的大食，是自唐代以来中国最重要的贸易对象。宋元时期，古阿拉伯帝国已经分裂成许多小国，其时的大食是对阿拉伯诸国的统称。《岭外代答》说，"诸蕃国之富盛多宝货者，莫如大食国"；《诸蕃志》也说，"其国雄壮，其地广袤，民俗侈用，甲于诸蕃"。由此可知，宋元的南海贸易诸国中，大食依然是实力最强盛的一个。广州和泉州往来贸易的外国商人，也多以大食人为主。

阿拉伯、波斯侨民在广州的聚居区"蕃坊"的规模，比杭州的规模更大。"广州自唐代以来设立的蕃坊，虽遭到唐末黄巢起义的严重破坏，但在宋元时

---

① （元）吴莱：《南海山水人物古迹记》卷九，"渊颖集"，上海古籍出版社1987年版，第168页。
② 《鄂多立克东游录》，何高济译，中华书局1981年版，第34页。
③ （元）张燮：《岛夷志略·序》，苏继庼校释，中华书局1981年版。
④ （清）徐松：《宋会要辑稿》，"职官四四"，中华书局1957年版，第325页。
⑤ 阇婆：古地名和国名。大约位于今印度尼西亚爪哇岛或苏门答腊岛，或兼称二岛。自南北朝至明代约千年之间（5—14世纪），该地都是古海上丝路的重要节点之一。
⑥ 三佛齐：即室利佛逝（音译自梵文 srivijaya），简称佛逝。宋代后改称三佛齐王国（samboja kingdom），存在于苏门答腊岛上的一个古代王国。
⑦ 兰里：兰里岛，又称延别岛，隶属缅甸，位于孟加拉湾东岸，面积约2300平方公里，是缅甸的第一大岛。

期，因贸易兴盛又重新得到修建，并较之前代更为繁荣。蕃坊的规模有所扩大，附属设施也更加完善，如增加了蕃市、蕃学等。"① 宋代的蕃坊继续沿用唐制，设蕃长一名，"管勾蕃坊公事，专切诏邀蕃商人"。宋元时，居住在蕃坊的外国商人，其人数无从考证。仅《续资治通鉴》记载，熙宁五年（1072），广州城外蕃汉杂居已有数万家之多，其中不少携妻带子女来华侨居者，《萍洲可谈》称其为"住唐"。书中介绍说："北人（华人）过海外是岁不归者，谓之住蕃；诸国人至广州，是岁不归者，谓之住唐。"②《宋会要辑稿·刑法》亦提及，"每年多有蕃客带妻儿过广州居住"③。这些居留在广州的蕃商，不乏大富之家，如阿拉伯商人辛押陀罗，他曾担任广州蕃坊的蕃长，朝廷封其为"归德将军"，不仅在衣着打扮上完全汉化，而且累积家财巨万。苏辙《龙川略志》卷五云："番商辛押陀罗者，居广州数十年矣，家资数百万缗。"④《东南纪闻》卷三云："番禺有海獠杂居。其最豪者蒲姓，本占城之贵人也。后留中国，以通来往之货。居城中，居室侈靡，富盛甲一时。"⑤ 岳珂所著《桯史》也提及这位富豪的"蒲姓商人"，称其居室侈靡逾禁，"宏丽奇伟，益张而大，富盛甲一时"⑥。《宋会要辑稿·职官》记载了阿拉伯商人蒲里亚在广州与华人通婚之事，"市舶司全借蕃商来往货易。而大商蒲里亚者，既至广州，有右武大夫曾纳利其财，以妹嫁之。里亚因留不归"，当时的皇帝宋高祖担心"里亚不归"会影响广州市舶收入，于是诏令广州的地方官员，"劝诱亚里归国，往来干运蕃货"⑦。

---

① 李燕：《古代中国的港口》，广东经济出版社2014年版，第104页。
② （宋）朱彧：《萍洲可谈》卷二，李伟国点校，中华书局2007年版，第133页。
③ （清）徐松：《宋会要辑稿·刑法》，中华书局1957年版，第3375页。
④ （宋）苏辙：《龙川略志 龙川别志》卷五，中华书局1985年版，第18页。
⑤ （元）佚名：《东南纪闻》卷三，上海博古斋1922年影印本。
⑥ （宋）岳珂：《桯史》卷一，中华书局1981年版，第4页。
⑦ （清）徐松：《宋会要辑稿》，"职官四十四之二十"，中华书局1957年版。

三、泉州

整个宋元时代，与广州并列的另一个大港是泉州。宋元时期，泉州凭借与印度洋地区密切的贸易联系一跃成为贸易大港。众多蕃商纷至沓来，"刺桐"之名远播四方。"刺桐音近阿文的宰桐，即油橄榄。按刺桐一词闽南读音近乎宰桐。泉州之所以在当时名为刺桐，因西郊多种刺桐树而得名。"① 随着中国海外贸易的兴起及阿拉伯人的贸易扩张，印度洋贸易迅猛发展，呈现出不可阻挡之势。从每年10月到次年3月间，乘着东北季风向西航行，如广州、泉州出发的海舶皆迎东北季风之便，于冬日顺风至大食等地。北宋时期，泉州港的地位大约相当于一个中等的港口级别，位列广州、明州和杭州港之下。元祐二年（1087），泉州设立市舶司，比广州晚了116年。

正因为刺桐的重要地位，很多地理学家都在书中描写过这个地方。马可·波罗曾言："凡印度之贸易船，来刺桐入港者极众，且输入香料及其他高价之物。"伊本·白图泰也提道："这是一巨大城市，此地制造锦缎和绸缎，也以刺桐命名。该城的港口是世界最大港口之一，甚至就是最大的港口。曾目睹有大帆船百艘，辐其骤地。"② 提到泉州的商品，伊本·白图泰"对泉州生产的绸缎赞不绝口，认为其远胜杭州、北京的丝绸，还提到天鹅绒锦缎及各种缎子都以刺桐城命名"③。关于陶瓷，日本学者三上次男甚至指出从泉州贸易的瓷器连接了东西两个世界，形成了一条沟通东西方文化的"陶瓷之路"。

伊本·白图泰说："刺桐城出产的绸缎，较汉沙（杭州）及汗巴里（北京）二城所产者为优。"④ 这里自然有主观和夸张的成分。张星烺《中西交通史料汇编》中对此加以注释，认为实际上"刺桐城在中国宋时，为丝业中心者，与杭州并称一时之盛"。伊本·白图泰非常欣赏这座城市："该城的港口是世界大港

---

① ［摩洛哥］伊本·白图泰：《伊本·白图泰游记》，马金鹏译，华文出版社2015年版，第399页。
② ［摩洛哥］伊本·白图泰：《伊本·白图泰游记》，马金鹏译，华文出版社2015年版，第399页。
③ 李大伟：《宋元泉州与印度洋文明》，商务印书馆2015年版，第15页。
④ ［摩洛哥］伊本·白图泰：《伊本·白图泰游记》，马金鹏译，华文出版社2015年版，第399页。

之一，甚至是最大的港口。我看到港内停有大艚克越百艘，小船多得无数。这个港口是一个深入陆地的巨大港湾，以至与大江会合。该城花园很多，房舍位于花园中央，这很像我国斯基勒马赛城①的情况。"②

艾布·菲达在他的《地理书》中有这样的描述：

> 刺桐，她是泉州，听一些可信的旅行者讲，她取可以榨油的橄榄（Zaytūn）一词为其名称，刺桐是中国的一个码头，听到过那地方的旅行者讲，她是一个著名的城市。她是一座位于海湾上的城市。诸海船可以从中国海驶入这个被提及的海湾而抵达她。海湾宽约15海里（Mīl）。她（泉州）临一条河，位于河的入海口。一些见过她的人讲，她的区域延伸到与海相距达半日程的地方。她有一个淡水湾，诸海船经过它时可驶抵她。她比哈马（Hamāh，伊拉克的一个城市）略小。她有残断的围墙，是鞑靼人将它毁掉的。她的居民饮用前面提及的那个水湾的水和她的诸井之水。③

宋末元初，泉州与广州迎来的是不同的命运。广州是南宋小皇帝逃亡途中的最后一个堡垒，宋军和元军在此展开激烈的拉锯战。元世祖至元十四年（宋端宗景炎二年，1277），元军攻占广州，后被宋军收复，同年十一月和第二年的正月，元军又两次攻占广州，后均被宋军收复。直至第四次元军攻占广州，宋军反攻失败，这场拉锯战才宣告结束，留下的自然是满目疮痍。城中居民"或罹锋镝，或被驱掠，或死于寇盗，或转徙于他所，不可胜计"④。广州的海外贸易遂遭受沉重打击。与广州的命运相反，泉州安然无恙地实现了政权交接。泉州不管是其"暗礁少，且有乘御季风之便"的水域优势，还是关税优势，均使它成为元世祖眼中的"诸市舶司之首"。"据说，元代中国的航海家汪

---

① 斯基勒马赛城：该城位于马格里布境内，菲斯城以南的地方。
② ［摩洛哥］伊本·白图泰：《伊本·白图泰游记》，马金鹏译，华文出版社2015年版，第399页。
③ 杜瑜：《海上丝路史话》，社会科学文献出版社2011年版，第83页。
④ （元）陈大震：《大德南海志》卷六，"户口"，广东人民出版社1991年版，第3页。

大渊两次浮海,皆自泉州始。明成祖年间,郑和一行也是从泉州直下南洋的。元代的大食商人也直抵泉州,从而使泉州市舶司贸易关税的收入激增。其商业利润超过广州,成为中国的第一大海港。之所以如此成功,乃是因泉州市舶司对大食商货抽的税最少。"① 元世祖至元三十年(1293),"夏四月,己亥,行大司农燕公楠、翰林学士承旨留梦炎言:'杭州、上海、澉浦、温州、庆元、广东、泉州,置市舶司凡七所。唯泉州货物三十取一,余皆十五抽一,乞以泉州为定制。'从之"②。

众多外国商旅给予泉州至高的评价,其实也可以反映,元代泉州是一个非常国际化的城市。在泉州经商、游历、传教的外国人"数以万计",宋元时期的泉州,也以"民夷杂处"著称。当时泉州民间流传着"回半街""半蒲街"等说法,是因为旅居泉州的外来者以阿拉伯人和波斯人居多。据考证,现在泉州居民中的金、丁、夏、马、郭、葛、蒲、卜、哈等姓,其祖先都与阿拉伯人有一定的血缘关系,如泉州《陈江雁沟里丁氏族谱》记载,当地的丁姓一族,是"回回人赛典赤瞻思丁"的后裔。在泉州及其周边地区,已发现了数百座伊斯兰教、古基督教、摩尼教和婆罗门教的墓碑和其他石刻,这些沉默的古代遗存,也都是宋元时期泉州外来与本土文化交会的历史见证。如阿拉伯人的墓葬就有数百座,因阿拉伯人人数众多,贫富不均,在泉州还建有公共墓地。1965年,泉州东郊出土一块石碑,刻有阿拉伯铭文和汉字"蕃客墓",据分析,这可能是一块公墓区的标志。《诸蕃志》记载,"有蕃商曰施那帏,大食人也,侨寓泉南,轻财乐施……作丛冢于城外之东南隅,以掩舶贾之遗骸"③,说明阿拉伯人的公墓自宋代就有。据白寿彝的考证,12—13世纪时,泉州阿拉伯人的公共墓地由阿拉伯人普霞辛和纳只卜·穆兹喜鲁丁经营。④

阿拉伯人所信仰的伊斯兰教及其宗教艺术也在泉州留下珍贵遗产。著名的

---

① 杜瑜:《海上丝路史话》,社会科学文献出版社2011年版,第85页。
② (明)宋濂:《元史》卷九十四,"食货志",中华书局1976年版,第2402页。
③ (南宋)赵汝适著,杨博文校释:《诸蕃志校释》,中华书局2000年版,第91页。
④ 白寿彝:《回回民族底新生》,东方书社1951年版,第15页。

泉州清净寺，始建于北宋大中祥符二年（1009），元至大三年（1310）由耶路撒冷人阿哈玛特重新修葺。元代随使臣来泉州的波斯人不鲁罕丁，长期担任清净寺住持，元人吴鉴在《重立清净寺碑》中称其为"年一百二十岁，博学有才德，精健如中年人"。因为刺桐港的声名远扬，远在欧洲的罗马教皇也多次派遣传教士前来传播基督教。意大利人马里诺里（Marignalli）记述了泉州城内的基督教传播成果，在其游记中是这样写的："有刺桐港为大商港，亦面积广大，人口众庶，吾国僧人在此城有华丽教堂三所，财产富厚，僧人又建浴堂一所，栈房一所，以储存商人来往货物。"[①]意大利传教士安德鲁也在呈交罗马教皇的信中盛赞："泉州教堂雄壮华丽，为一方之冠。"[②] 泉州各种宗教活动的活跃，与宋元时期的政治大环境有关。

四、扬州

扬州古称广陵，唐高祖武德八年（625），广陵享有了扬州的专名，唐朝末年曾又改名江都，宋朝时期定名扬州。《元史》卷《地理志》中写道："唐初改南兖州，又改邗州，又改广陵郡，又复为扬州。"[③] 南京大学蒋赞初教授曾考证，认为此处的"扬州"其实是指现在的南京一带。东汉时行政区划分为四级——中央、州、郡和县，东汉末期扬州的治所（类似于现在的省会）在安徽寿春（今寿县），到了三国时，魏国和吴国都设扬州，魏的扬州治所仍在寿春，而吴国的扬州治所在建业（今南京）。而现在的扬州，当时称作广陵，隶属于当时的徐州（非现在的徐州市）。根据史料记载，魏晋南北朝，广陵从未被纳入扬州版图，在南北朝时期，扬州属于南朝，而广陵属于北朝的吴州。隋开皇九年（589）身为皇子的杨广率军消灭了陈朝，结束了270多年的南北分裂局面，这一年，把原来的扬州改成蒋州，而把吴州改为扬州，现在的扬州才第一

---

① 张星烺编注：《中西交通史料汇编》（第一册），中华书局1977年版，第254—255页。
② 张星烺编注：《中西交通史料汇编》（第一册），中华书局1977年版，第231页。
③ （明）宋濂：《元史》卷五十九，"地理志"，中华书局标点本1974年版，第1398页。

次被称作扬州,而首任扬州总管正是杨广,即后来的隋炀帝。①

扬州是唐代重要的商业城市。"腰缠十万贯,骑鹤上扬州",这句话出自南朝人殷芸。宋代洪迈曾说:"唐盐铁转运使在扬州,尽干利权,判官多至数十人。商贾如织,故谚称扬一益二,谓天下之盛。""江淮之间,广陵(即扬州)大镇,富甲天下","扬州雄富天下"。②

隋唐时期,扬州的重要位置体现它位于南北大运河以及邻近长江入海口,同时是具有江、海会合的综合性国际贸易大港。《元史》称"以瀕河以南、大江以北,其地冲要,又新入版图"③。阿布尔·法拉吉·穆罕默德·布·伊斯哈克的《书目》(另一个名字为伊本·纳迪姆的《索引》)称"中国有三百座人口众多的城市""从阿尔马伊尔城到扬州城两月行,扬州城靠近吐蕃"④。由此可以看出,扬州城是重要的交通枢纽。唐后期已初步形成广州、泉州、明州、扬州四大名港。伊本·胡尔达兹比赫曾提到,阿拉伯商船到访中国的最重要的四个港口是龙编(今越南河内)、广州、泉州、扬州。自唐代以后,我国的经济重心开始向南方转移。安史之乱后,大批北方的有识之士居于江南。南方的水上交通十分便利,造船技术有了大幅提高。据《资治通鉴》记载,扬州也是重要的造船基地。

唐文宗曾发布圣旨:"南海来的外国商船,都是慕名而来,理应对他们宽厚热情接待,使他们感到高兴。对岭南(指广州)、福建(指福州、泉州)及扬州的外来客商,应由当地的最高行政长官节度使或观察使经常加以关心问候。除了应缴纳的税外,不得加重税率,应让他们自由贸易,随意来往流通。"⑤因此,当时沿海的扬州、广州等港口的胡店(波斯与大食并称)更多,很多阿拉

---

① 参见王宏伟《腰缠十万贯,骑鹤下"南京"》,《新华日报》2009年8月27日,http://js.xhby.net/system/2009/08/27/010574537.shtml。

② 杜瑜:《海上丝路史话》,社会科学文献出版社2011年版,第79页。

③ (明)宋濂:《元史》卷五十九,"地理志",中华书局标点本1974年版,第1399页。

④ [法]费琅编:《阿拉伯波斯突厥人东方文献辑注》,耿昇、穆根来译,中华书局2001年版,第148页。

⑤ 杜瑜:《海上丝路史话》,社会科学文献出版社2011年版,第39页。

伯人居住在那里。

伊德里西在《地理书》中说,"蒋库亦在克姆丹河上,距康府有三日程,此城制造玻璃工业,又善织丝货"①。这里的"蒋库"即为扬州。《伊本·白图泰游记》中描写了四大港口,其中交州、广州、泉州都位于南海附近,只有扬州除外。马可·波罗称扬州:"城甚广大,所属二十七城,皆良城也。此扬州城颇强盛。"②唐代的扬州并不是当时最大的对外贸易港,但它的繁华程度要胜过广州。从地理位置上来说,扬州比广州更加适中。因其地处南北要冲,百货所集,交通极为便利,故当时的海外来客,无论是北方的新罗人、日本人,还是南海的蕃商胡人,多在扬州中转,循大运河北上唐都长安,或者有些干脆就在扬州长期居留下来。所以说,广州吸引的大多是从南海前来贸易的波斯人、大食人等蕃商,而在扬州停留的外国人构成更为复杂,其多元性和国际性特征也更为鲜明。另一个原因是,扬州成为广州最大的进口商品内销市场,因为"当时从广州的对外贸易,如果运销内地,大都取道大庾岭,经江西南昌,抵达扬州转卖""从广州来扬州逐利的商人十分活跃,其中包括不少外国商人"③。又根据《唐大和上东征传》记载,鉴真东渡日本时,曾在扬州购买麝香二十剂,包括沉香、甲香、甘松香、龙脑、香胆、安息香等,而这些香料很有可能就是从阿拉伯国家传入中国,通过广州运送到扬州的。"扬州的经济繁荣与广州的海外交通与贸易,实在是有不可分割的关系。"④

扬州的对外经济发展,为中阿经贸发展奠定了很好的基础。范文澜先生在《中国通史简编》中对扬州有一段简要的概括:

> (唐代)扬州是南北交通的枢纽,江淮地区的盐茶、漕米和轻货,先汇集在这里,然后转运到关中和北方各地。扬州有大食、波斯人居住,多是以

① 张星烺编注:《中西交通史料汇编》(第二册),中华书局2003年版,第238页。
② 《马可·波罗行纪》,[法]沙海昂注,冯承钧译,上海古籍出版社2014年版,第284页。
③ 邓端本编著:《广州港史(古代部分)》,海洋出版社1986年版,第65页。
④ 邓端本编著:《广州港史(古代部分)》,海洋出版社1986年版,第65页。

买卖珠宝为业,朝廷在广、扬二州特置市舶使,足见扬州也是一个对外贸易的重要商埠。①

唐贞观十一年(637),波斯已被大食灭国,但唐人仍习惯于将波斯人和大食人分开称呼。扬州一地的波斯人和大食人之多,在《旧唐书·邓景山传》记载的一次动乱事件中可得到证实。书中说,唐肃宗上元元年(760),有刘展作乱,淮南节度使兼扬州刺史邓景山引平卢节度副使田神功的兵马助讨,结果"(田)神功至扬州,大掠居人资产,鞭笞发掘略尽,商胡大食、波斯等商旅死者数千人"②。但随着唐代后期国际贸易的不断发展,还是有更多的阿拉伯商船来中国经商,更多阿拉伯人来此居住。

在扬州居留的胡商,大部分都是从事商业活动,开设"胡店"。《太平广记》的多篇小故事里出现有关胡人在扬州经营珠宝店、药肆、波斯邸等记载。因为波斯人、大食人以从事珠宝交易而闻名,所以他们在扬州还有一个别称——别宝回子。《集异记·李勉》记载,有一个波斯人在扬州经商逾20年,年迈之后仍"思归江都"。杜甫也有诗提及,"商胡离别下扬州,忆上西陵故驿楼"③。唐代阿拉伯人来扬州传教的也为数不少。何乔远《闽书》中记载,穆罕默德的门徒有大贤四人,"唐武德中来朝,遂传教中国,一贤传教广州,二贤传教扬州,三贤、四贤传教泉州"④。

或许是因为唐代扬州的名声过于响亮,宋元时期,仍有不少波斯人、大食人前来扬州经商或传教。名气最大的是在南宋咸淳年间(1265—1274),穆罕默德的十六世裔孙普哈丁不远万里来到扬州传教,并在扬州创建了著名的回教寺仙鹤寺,与广州怀圣寺、泉州清净寺、杭州凤凰寺并称四大清真寺。迄今,

---

① 范文澜:《中国通史简编》,商务印书馆2010年版,第263页。
② (后晋)刘昫等撰:《旧唐书》卷一二四,"田神功传",中华书局1975年版,第1399页。
③ (唐)杜甫著,(清)仇兆鳌注:《杜诗详注》,中华书局1979年版,第1512页。
④ (明)何乔远:《闽书》卷七,"方域·灵山",崇祯刻本,四库全书存目丛书,齐鲁书社1997年版。

仍有普哈丁之墓留存。但是，"扬州仅在唐代盛极一时，经唐末破坏后，因海岸东移，失去昔日得天独厚的地理优势，以后一蹶不振，在海上丝绸之路上消失了它的光彩"[①]。

五、霍尔木兹

从古至今，霍尔木兹（Hormuz）一直具有重要的战略地位。它被认为是连接波斯湾与印度洋的重要港口，毗邻伊朗的霍尔木兹甘省及阿拉伯半岛上的国家阿曼，扼波斯湾和印度洋诸重要港口城市往来之要冲，东接阿曼湾。霍尔木兹海峡中遍布大小不一的各类岛屿，其中霍尔木兹岛位于阿联酋及阿曼的延长线上，即霍尔木兹海峡东北处，与阿曼隔海相望，靠近伊朗阿巴斯港。霍尔木兹作为港口城市多次出现在中阿地理典籍中，生动地展现了中世纪繁荣的中阿贸易、社会风貌以及文明互鉴，体现了霍尔木兹港口在古代海上丝绸之路中的重要性。

（一）7—15世纪中阿地理典籍中的霍尔木兹

在中国典籍中，"霍尔木兹"亦称"忽鲁谟斯""虎六母思"，通常指阿拉伯人建立的古国——霍尔木兹王国，或是霍尔木兹岛。不同古文献中"忽鲁谟斯"所指含义各不相同，具体所指地点需依据各类记载加以确定。据《新编郑和航海图集》所述：忽鲁谟斯就是当今霍尔木兹岛，忽鲁谟斯为古国名，为古代波斯湾主要海港，其原址在陆地上，即今米纳布，13世纪时为通航要地，后因受外敌入侵，迁至岛上，仍名忽鲁谟斯。[②]航海图《自宝船厂开船从龙江关出水直抵外国诸番图》中，"忽鲁谟斯"指的是郑和下西洋时经过的霍尔木兹岛，《西洋朝贡典录》认为郑和下西洋时所经忽鲁谟斯指旧港，即米纳布。"忽鲁谟斯"一词早在15世纪郑和船队记载之前，就已然出现在了刘家港和长

---

① 杜瑜：《海上丝路史话》，社会科学文献出版社2011年版，第80页。
② 大连海运学院等：《新编郑和航海图集》，人民交通出版社1988年版，第82页。

乐的两通著名碑铭中①。

霍尔木兹作为印度洋上的重要交通枢纽，见证了中阿海上交通路线的变迁。中阿地理典籍对途经霍尔木兹的海上航线都有着翔实记载。依据马欢、费信、巩珍所著典籍《瀛涯胜览》《星槎胜览》《西洋番国志》记载，郑和船队在印度洋航行的航线为：中国—占城—爪哇—苏门答腊—锡兰—溜山国—古里—忽鲁谟斯—佐法尔。明祝允明所著《前闻记》记述的路线为：广州—占城—爪哇—旧港—满剌加—苏门答剌—锡兰山—古里国—鲁乙忽谟斯—古里—苏门答剌—满剌加—赤坎—占城—太仓。明黄省曾在《西洋朝贡典录》中又记述"忽鲁谟斯国，其国在古里西北可五千里。其地倚山临海。其国富，以石为城。是多番商"。与路线相关的记载如下：广州—占城—爪哇、满剌加国—苏门答剌国—锡兰山国—别罗里—小葛兰（奎隆）—柯枝（科钦）—古里—忽鲁谟斯。

值得注意的是，部分学者误将汪大渊《岛夷志略》中的甘埋里当作霍尔木兹，经北京大学考古文博学院的林梅村考证，甘埋里是位于阿拉伯半岛南部阿曼苏哈尔附近的一个古海港。

阿拉伯地理典籍对极具战略意义的霍尔木兹港同样有着大量历史记载，著名的阿拉伯地理学家伊德里西的《云游者的娱乐》记载："霍尔木兹是一个沿海城市，是克尔曼城（伊朗城市名）的港口，霍尔木兹自身也是大城市，拥有大量建筑，枣椰林，非常炎热……世界各地的船只都渡海来到该港口。"②伊本·艾西尔的《历史大全》又述：霍尔木兹是波斯湾陆上贸易中心，也门、中国、印度的商船皆泊于此。③雅古特的《地名辞典》记述："霍尔木兹，一个大型沿海城市，是克尔曼城（伊朗城市名）的港口……在此地，将来自印度的商品转销至克尔曼城（伊朗城市名）、呼罗珊等地。"④艾布·菲达的《地理志》有载："霍尔木兹是克尔曼城（伊朗城市名）的港口，是一个有着大量枣椰树的炎

---

① ［德］廉亚明、葡萄鬼：《元明文献中的忽鲁谟斯》，姚继德译，宁夏人民出版社2007年版，第1页。
② ［阿拉伯］伊德里西：《云游者的娱乐》，开罗宗教文化出版社2002年版，第440页。
③ ［阿拉伯］伊本·艾西尔：《历史大全》，利雅得思想出版社2018年版，第1888页。
④ ［阿拉伯］雅古特：《地名辞典》，贝鲁特萨迪尔出版社1977年版，第402页。

热城市。曾去过该地的人告诉我：霍尔木兹是一个从鞑靼人的攻击中存活下来的古老城市……从印度来的船只进入海湾，则在此处停泊。"①

上述典籍皆谈及霍尔木兹是一个沿海重要港口城市，印度、呼罗珊、阿拉伯半岛乃至中国的商人都在该地进行商品采购和销售，城内繁华至极。除此之外，阿拉伯地理典籍对途经霍尔木兹的中阿海上丝路往来航线有着重要的记述。例如9世纪阿拉伯著名地理学家伊本·胡尔达兹比赫在其著作《道里邦国志》中所载通往中国的路线：

巴士拉—乌尔木兹（霍尔木兹）—穆拉（没来国）—布林（故临）—塞兰迪布（斯里兰卡）—艾兰凯巴鲁斯（尼科巴群岛）—凯莱赫岛（爪哇帝国）—巴陆斯岛（即婆罗洲，今加里曼丹）—加巴岛（爪哇岛）—舍拉黑脱（苏拉威亚岛）—海尔赖赫（和乐岛）—香料园之国（即香料群岛，今马鲁古群岛）—栓府（占婆）—鲁金—汉府—汉久—刚突。

14世纪的阿拉伯地理学家伊本·白图泰在著作《伊本·白图泰游记》中详述了从家乡丹吉尔经海路前往中国的路线：

丹吉尔—亚历山大—开罗—伊兹密尔—安提阿—君士坦丁堡—麦加—吉达—萨那—亚丁—摩加迪沙—蒙卡萨—桑给巴尔—基尔瓦—佐法尔—马斯喀特—斯拉夫—巴林—巴士拉—霍尔木兹—卡利卡特—奎隆—马尔代夫—爪哇—苏门答腊—喀昆赖—广州—泉州—杭州②。

15世纪的阿拉伯航海家伊本·马吉德在其著作《航海原理及准则》中描绘了一条环球旅行道路，包含从中国至阿拉伯半岛的海上航线，记载如下：

---

① ［阿拉伯］艾布·菲达：《地理志》，贝鲁特萨迪尔出版社2001年版，第338页。
② ［摩洛哥］伊本·白图泰：《伊本·白图泰游记》，马金鹏译，宁夏人民出版社2000年版，第51—581页。

中国—占婆—新加坡—马六甲—孟加拉—锡兰（斯里兰卡）—马拉巴尔—坎巴亚—信德—马克兰—霍尔木兹—波斯湾—巴士拉—阿联酋—阿曼—卡塔尔—巴林—苏哈尔—马斯喀特—拉斯哈德（阿曼）。

上述典籍中，中阿双方对海上航线的记载各有侧重。中国的相关记载以郑和船队的记载为基础，对途经霍尔木兹的海上航线描述以印度洋东岸至霍尔木兹为主；阿拉伯学者对途经霍尔木兹的航线描述则以阿拉伯半岛沿海港口和南部岛屿至霍尔木兹为主。同时，中阿双方对印度洋海上交往路线的描述除了航海家和旅行家是依据其亲身经历记载，其他历史学家的相关记载多是参考他人的描述内容，故常出现雷同。中阿地理典籍表明，7—15世纪中阿在印度洋往来的航海已经形成固定航线：中国—马来群岛—印度—阿拉伯港口城市。中阿双方的古代航海都以霍尔木兹作为重要中转地，明朝时郑和船队经海路抵达霍尔木兹，并在此分航，一方面直接以霍尔木兹港口作为终点，船队抵达霍尔木兹即在此返航；第二条航线经霍尔木兹进入波斯湾，前往巴士拉等地；第三条航线经霍尔木兹前往阿拉伯半岛南部的港口城市以及红海。古代阿拉伯人同样选择在霍尔木兹分航，航线大致为：波斯湾内部航线、印度洋东部航线（印度、中国）、红海以及非洲东部航线。依据伊本·马吉德和郑和船队的记载，双方在以霍尔木兹为起始点的印度洋西侧航线有重合之处，其间不乏重要古港口。

15世纪初期，郑和担任使团正使率船队自中国南京始发，船队行至婆罗洲以西洋面，故称下西洋。此次海上航行规模之大、船员和船只数量之多、时间之久都堪称历史罕见。使团随行的三位通事即翻译官马欢、费信、巩珍分别就其在航程途中的亲历事件著《瀛涯胜览》《星槎胜览》《西洋番国志》三部作品以飨世人。郑和下西洋这一重大历史事件揭开了世界大航海时代的幕布，并且将中华文明带到了所经之国，与印度洋沿岸国家进行了友好往来，将睦邻友好的中华民族传统贯彻于航海始终。极为巧合的是中国大航海家郑和逝世的第二年，阿拉伯航海领军人物——伊本·马吉德出生。伊本·马吉德经年往来于印度洋、红海、波斯湾，用专业航海家的笔墨记载各种海洋事物，为后辈海员提供诸多航行参考。伊本·马吉德为世人留下大量的航海著作，其中散文5篇，诗歌41首，最知名的著作为《航海原理及准则》（Kitāb al-fawa idfīus ūl ilmal-bah rwa-al-qawā id），书中记载了丰富的航海信息和各类海洋地理要素，是阿拉伯航海史中不可多得的宝贵研究材料。两位航海家都在15世纪驰骋于印度洋及其周边海域，并对霍尔木兹有着详细且珍贵的描述，他们留下的文字为人类的海洋探索以及丰富人类文明史做出了不可磨灭的贡献。

（二）郑和船队对霍尔木兹的记述

郑和率船队在印度洋周边航行时共访问了36个国家和地区，通事马欢曾参与了郑和第四、第六、第七次航海，并于1416年将其在海外的所见所闻编撰成书，即《瀛涯胜览》。通事巩珍于1434年撰书《西洋番国志》记述印度洋沿岸国家的风土人情。通事费信曾四次随郑和出海，后于1436年著有《星槎胜览》一书介绍到访之国的基本情况，内容翔实。上述三本著作是研究郑和下西洋以及明朝海上交通的第一手资料，尤以《瀛涯胜览》的史料价值最高。

鉴于马欢和巩珍的著作中对霍尔木兹的描述有不少相似之处，而马欢编著《瀛涯胜览》一书的时间更早，故文本分析以《瀛涯胜览》《星槎胜览》为主。

马欢在《瀛涯胜览》中对霍尔木兹的描述如下：

> 自古里国开船投西北好风行二十五日可到，其国边海依山，各处番船并早番客商，都到此地赶集买卖，所以国民皆富。……此处各番宝货皆有……①

费信在《星槎胜览》中对霍尔木兹（书中称为忽鲁谟斯）的描述见下文：

> 忽鲁谟斯，其国傍海而居，聚民为市。……田瘠麦广，谷米少收，民下

---

① （明）马欢著，冯承钧校注：《瀛涯胜览校注》，中华书局1955年版，第63页。

富饶。……行使金银钱,产有珍珠、金箔、宝石、龙涎香、撒哈剌、梭眼、绒毯。货用金银、青白花磁器、五色段绢、木香、金银香、檀香、胡椒之属。诗曰:忽鲁谟斯国,边城傍海居。盐山高崒嵂,酋长富盈余。原隰唯收麦,牛羊总食鱼。女缠珠珞索,男坐翠氍毹。玛瑙珊瑚广,龙涎宝石珠。蛮邦成绝域,历览壮怀舒。①

郑和船队通事所著的作品生动描绘了波斯湾重要港口霍尔木兹的风土人情、物产、地理、经济等方面的重要内容,分析了霍尔木兹成为重要贸易节点的两个原因:(1)自然因素,三位通事留下的著作皆点明霍尔木兹的地理位置——依山傍海,表明霍尔木兹是一个自然条件极佳的港口,背靠高山,面临大海,同时位于波斯湾之内,风浪小;(2)社会经济因素,马欢等人目睹了15世纪霍尔木兹的繁荣,外商从世界各地汇集于此,进行商业贸易,在此地可见到各类珍奇商品,民众富裕,同时霍尔木兹受到波斯统治者政治上的保护,具有相对稳定的社会环境,吸引着来往的番商到此地进行商贸活动。

(三)伊本·马吉德对霍尔木兹的记述

伊本·马吉德被阿拉伯人誉为"海上雄狮",他的航海活动推动中世纪阿拉伯航海事业抵达巅峰。他继承了家族以航海为生的祖业,乘风破浪于红海、印度洋和波斯湾。伊本·马吉德一生著述颇丰,创作了大量诗歌和散文,其中最具代表性的是成书于1475年的《航海原理及准则》,该书专业性极高,包含了作者数十年的宝贵航海经验。该书囊括了15世纪航海家出海所需关注的各种注意事项,并详细指出在各地的地理标识,是研究15世纪阿拉伯航海家海上生活的重要文献。

霍尔木兹,阿拉伯语为**هرمز**和هراميز。在阿拉伯语古籍中多指霍尔木兹古王国及其首都——港口城市霍尔木兹。伊本·马吉德对霍尔木兹的描写分为抵

---

① (明)费信著,冯承钧校注:《星槎胜览校注》,中华书局1954年版,第35页。

达霍尔木兹、离开霍尔木兹以及与霍尔木兹的生活三方面内容。

1. 从霍尔木兹出发

适合从霍尔木兹前往曼德海峡、也门、希贾兹的季风开始于第340天……我在三个不同的季风期搭乘三种船只从霍尔木兹到吉达,在此之前没人这样做过,在我之后,大家就开始采用我的做法……前往索拉科特岛的注意事项:在第120天时,从麦加或是也门抵达该岛,不要从该岛北边航行。但是从佐法尔或是霍尔木兹出发前往该岛,则没关系。①

2. 抵达霍尔木兹

从曼德海峡始航,穿过柏柏尔海湾(亚丁湾),抵达马克兰或是霍尔木兹,则必须在该季风期之初的夜晚,将船头朝向双子星……以伴星为指引,轻便的船只可抵达印度和霍尔木兹,也可抵达古吉拉特邦以及康坎……上述建议是提供给那些取道康坎前往霍尔木兹、马克兰、也门、麦加的海员们……从阿拉伯半岛前往霍尔木兹,如果船只状况优良则可以在第100天出发。②

3. 其他

穿过贾斯克港(伊朗港口)就到了霍尔木兹。经过霍尔木兹可到达波斯沿岸,继续西行,则会抵达巴士拉……穿过霍尔木兹,从波斯沿岸向西行抵达巴士拉。横跨波斯湾需航行一个半月。波斯湾沿岸生活着波斯人,其北部生活着伊拉克人。巴士拉是幼发拉底河和底格里斯河的入海口,也是咸水和

---

① [阿拉伯]伊本·马吉德:《航海原理及准则》,大马士革研究出版社1989年版,第217—227页。
② [阿拉伯]伊本·马吉德:《航海原理及准则》,大马士革研究出版社1989年版,第49—74页、第177—229页。

淡水的汇聚点……第九大岛屿即是伊本·卡旺岛（阿巴卡文岛），也被称作格什姆岛，格什姆一个海角的名字，它位于岛上东北部、朝向霍尔木兹，属霍尔木兹统治者管辖……霍尔木兹岛最是繁华的，因为它是伊拉克人和安达卢西亚人的港口，安达卢西亚位于马格里布地区和法兰西南部之间。[1]

伊本·马吉德上述所载与霍尔木兹相关的内容与郑和船队所述内容相比，更专注于对航海季风和航海路线等专业航海内容的描述，与马欢等人著作中更专注于社会状况的内容彼此互补。

首先，伊本·马吉德记述的霍尔木兹港口航线密集，波斯湾沿岸的巴士拉、贾斯克港，印度洋沿岸的阿拉伯半岛港口城市马斯喀特、曼德海峡、希贾兹、也门、吉达、法尔塔克等，以及印度洋东岸的信德、康坎、印度和非洲东部都与霍尔木兹港口之间有着频繁的往来，伊本·马吉德常年往返于上述港口，其笔下详细的航线记载，正是霍尔木兹港口身为15世纪印度洋海上交通枢纽的证明。但是伊本·马吉德所载航线多为印度洋沿岸港口与霍尔木兹之间的航线，波斯湾内部与霍尔木兹之间的航线描述较少，仅有巴士拉的相关描述，换言之，霍尔木兹是波斯湾与印度洋港口商贸的中转站，印度洋沿岸国家的商人将货物运送至霍尔木兹，再从霍尔木兹发往波斯湾的重要商品集散地巴士拉。郑和船队对途经霍尔木兹的航线与伊本·马吉德记载一致，但是较之伊本·马吉德的记载更为粗略。身为明朝使节，郑和出访各国的路线大都为耳熟能详且较为安全、固定的航线，也从侧面印证，中古时期的霍尔木兹港口是印度洋众多航海家首选停泊之处。

其次，伊本·马吉德与郑和船队的记载都描述了霍尔木兹港口在15世纪的繁荣状况，伊本·马吉德笔下繁华的霍尔木兹是岛屿，郑和船队描述中经济发达的是波斯湾沿岸的忽鲁谟斯国，可以看出，霍尔木兹从大陆迁至岛上之后，仍然是波斯湾和印度洋之间的重要贸易关口，繁荣程度不减。同时，中阿

---

[1] ［阿拉伯］伊本·马吉德:《航海原理及准则》，大马士革研究出版社1989年版，第195—212页。

典籍提及霍尔木兹时，都论述该地是世界番商汇集港口、城市富饶、商品种类繁多。

最后，伊本·马吉德将其在霍尔木兹港口的多年航海经验记载下来，标注出霍尔木兹港口往来所需注意的各项内容，其中包括来往霍尔木兹的季风、航行方向等，这一记载为后世航海家在该地区的航行提供了重要的航海依据。将伊本·马吉德的航行技术记载与郑和船队在印度洋的研究成果进行比较研究，可还原中古时期印度洋上航海家将天文、地理方面与航海相结合的实践，重塑印度洋航海盛况，为"一带一路"中海上互通以及文化交流提供历史依据。

（四）霍尔木兹在中阿海上丝路交往中的作用

"凡出海者，都对风险有过计算：无论是商贸、考察、出使，还是出于军事动机的探险或和平的朝圣，他'活动'的积极后果都会转而作用于陆地，影响其出发港的人们，影响目的地，或同时作用于二者。更进一步说：陆地区域的历史偶尔或可不需考虑海洋，但海洋地区的历史却无法完全舍弃陆地。"[①] 霍尔木兹作为古丝绸之路上中国商人和阿拉伯商人交易的重要商品集散地，其对商品运输线路和波斯湾地区的战略通道安全以及中阿文化交流具有重要意义。港口是连接海运和陆地运输以及其他运输方式的纽带，对区域经济发展和区域交通网络构建意义重大。[②]

经济贸易方面：霍尔木兹港口在中古时期作为印度洋沿岸的重要贸易节点，是印度洋沿岸海路贸易网的一个重要站点。"各处番船并旱番客商，都到此地赶集买卖，所以国民皆富。"[③] 霍尔木兹港口在中阿典籍中的形象一致：众多富商大贾聚集的大型国际化商品中转港口，商品种类繁多，船只往来憧憧。现代考古发掘的各项成果也印证了霍尔木兹港口商贸种类的繁多。海上丝绸的建设重现了霍尔木兹的经济活力，将其历史上的繁荣面貌延续至今，当下的霍尔木

---

① ［德］罗德里希·普塔克：《海上丝绸之路》，史敏岳译，中国友谊出版公司2019年版，第4页。
② 孙德刚：《中国港口外交的理论与实践》，《世界经济与政治》2018年第5期。
③ （明）马欢著，冯承钧校注：《瀛涯胜览校注》，中华书局1955年版，第63页。

兹港口仍旧是印度沿岸的重要转运点,其商品国际化程度和战略重要性随着石油的开采日渐提升。

经济繁荣程度同时体现在城市人口的增加上。中古时期霍尔木兹港口流动人口的变化受到季风以及贸易季节的影响。每到贸易季节,从四面八方涌入的人口在港口从事货物装卸等季节性工作[①],贸易季节结束,流动人口则离开霍尔木兹前往内陆居住。霍尔木兹稳定、繁荣的环境吸引了大批信奉伊斯兰教的印度人迁移到霍尔木兹,人口流动加速了文化融合,为该港口成为中古时期多元文化承载地提供了可能。

文化互鉴方面:经济繁荣与多元文化的碰撞共同构成了中古时期印度洋沿岸的重要港口霍尔木兹,持不同信仰和文化的民族在霍尔木兹和谐相处。东方文化经瓷器、丝绸和茶叶传到了阿拉伯国家,乃至全球。同时,阿拉伯国家与东方在天文、医学、地理等方面的融合推动了世界文化的发展。《元史》卷四十八载:世祖至元四年,扎马鲁丁造西域仪象:咱秃哈剌吉、咱秃朔八台、鲁哈麻亦渺凹只、鲁哈麻亦木思塔余、苦来亦撒麻、苦来亦阿儿子、兀速都儿剌不。[②]扎马鲁丁所造7个天文仪器的名字都是直接从其阿拉伯语名称音译而来,分别对应中文的浑天仪、测验周天星曜之仪、春秋分晷影堂、东夏至晷影堂、浑天仪、地球仪、星盘,上述记载是中阿之间天文交流的历史例证。13世纪阿拉伯医学家伊本·白塔尔(1197—1248)的著作《药典》载:Asios(أسيوس),古代的埃及医生称其为"中国雪"(ثلج الصين),马格里布地区的医生常称其为火药。[③]由此可知,古代阿拉伯人认为火药是一种源自中国的医用药物。霍尔木兹作为海陆丝绸之路的交汇点之一,在中阿文化互鉴之间的作用不可小觑,传统中医疗法随着海陆丝绸之路的延伸,与阿拉伯经典医学交融并催生了阿拉伯强大的医学,《太仓州志·郁震传》对明朝御医郁震出使霍尔木兹事件有载:"复以才武从偏师经略西域,出玉门关,逾葱子岭,以至火土罗及五印度,则偕土

---

① 马思:《15—16世纪霍尔木兹贸易发展研究》,硕士学位论文,山西师范大学,2019年。

② (明)宋濂:《元史》卷四十八,中华书局1976年版,第1231—1233页。

③ [阿拉伯]伊本·白塔尔:《医典》,黎巴嫩科学图书出版社2001年版,第41页。

著,遂遵海徇西南夷,与舟师会。"①"西南夷"即明朝的霍尔木兹,"舟师"即郑和船队,郁震抵达霍尔木兹的时间正是郑和船队第五次远航的时间,郁震与陆上丝绸之路沿线国家的使臣经陆路抵达霍尔木兹,并在此地加入郑和船队,跟随郑和出访其他国家后回国。②中国典籍未谈及郁震在霍尔木兹等地的具体事迹,但是中阿医学交流在中世纪处于鼎盛时期,阿拉伯药物和处方经丝绸之路传到中国,演变成了中国特色的"回族医学",中国医学中的炼丹、诊脉、麻醉等反过来丰富了阿拉伯医学的范畴③,数次踏上海陆丝绸之路的医者郁震必然对中阿双方的医学交流做出了贡献。

郑和船队和伊本·马吉德对15世纪霍尔木兹港口的记载,是中阿海上交往史的历史见证,也是对霍尔木兹港口重要性的历史补充。霍尔木兹港口自古以来皆是波斯湾的重要港埠,其形成和发展对现代港口城市的建设有一定的参考价值。就其地理位置而言,霍尔木兹位于波斯湾北岸,等深线密集的海湾地区有利于港口建设,北岸相对于南岸而言,水更深,有利于船只进出港口。再者,霍尔木兹港口位于波斯湾内部,相对于印度洋沿岸港口,风浪较小,便于船舶停泊,且为天然不冻港,具有港口发展的天然优势。从社会经济方面看,霍尔木兹港口处于波斯湾入口处,是波斯湾内部发达港口城市巴格达、巴士拉、尸罗夫等城的商贸中转地,附近城市众多,经济发达。霍尔木兹港口历史悠久,形成众多固定航线,航运便捷,再加上统治者对霍尔木兹港口的保护和支持,等等,都为霍尔木兹港口成为15世纪中阿海上交往的重要枢纽提供了可能。

六、巴格达

希提曾综合诸多史料记载,描述巴格达充斥了从中国、印度、马来群岛、

---

① 王兴伊:《"丝绸之路"视域下的中医外交先行者郁震考》,《中医药文化》2019年第6期。
② 王兴伊:《"丝绸之路"视域下的中医外交先行者郁震考》,《中医药文化》2019年第6期。
③ 俞鼎玲:《从中印、中阿医学交流史实浅论中西医结合的必要性》,《福建中医药》1986年第6期。

中亚、斯堪的纳维亚和俄罗斯、非洲和叙利亚等世界各地运达的货物，商人们也从巴格达和其他中心港口航行到远东、欧洲和非洲。同时指出，巨大的巴格达城的码头，有好几英里长，那里停泊着几百艘各式各样的船只，有战舰和游艇，有中国大船，市场上有从中国运来的瓷器、丝绸和麝香。①

巴格达就是《一千零一夜》中舍海尔萨德绘声绘影描写的许多传奇冒险事件发生的地点。这里原来是萨珊王朝的一个村落，巴格达的本义是"天赐"。阿拔斯王朝最伟大的哈里发曼苏尔曾踏勘过好几个地方，最后才决定在这里建都。他说："这个地方是一个优良的营地。此外，这里有底格里斯河，可以把我们和老远的中国联系起来，可以把各种海产和美索不达米亚、亚美尼亚及其四周的粮食，运来给我们。这里有幼发拉底河，可以把叙利亚、赖盖及其四周的物产，运来给我们。"②

阿拔斯王朝时期的巴格达具有重要的地缘政治地位。它交通便利，商旅不绝。巴格达的邮政起到了很大的作用，阿拔斯王朝的邮政负责全国的通讯和运输工作，掌管路政，邮政大臣兼司侦查和监管地方官吏的职务。"省邮政长官向他或直接向哈里发报告该省官员的情况。省邮政长官由中央直接委任，薪金等级必须呈报哈里发批准。从首都巴格达到全国各大城市有多条邮路干线，沿线重要城市又有支线通往各地，形成遍布帝国境内的交通网。最重要的邮路干线为呼罗珊大道（即著名的'丝绸之路'的中段），它从巴格达经伊朗的哈马丹、内沙布尔到木鹿、布哈拉、撒马尔罕等地，把巴格达和中国边境城市联结起来，在中西交通史上起了极为重要的作用。邮路遍设驿站，各省驿站达九百多处，每个驿站备驿马多匹。巴格达邮政总局编写的旅行指南，对驿站名称及各驿站之间的路程，均有详细记载。"③

阿拉伯人在实用与抽象科学上发展的速度和文学一样快。在实验科学、医学、解剖学、化学、物理、地理、数学、天文各方面，阿拉伯人在当时都是

---

① ［美］菲利浦·希提：《阿拉伯通史》（上册），马坚译，新世界出版社2008年版，第355页。
② ［美］菲利浦·希提：《阿拉伯通史》（上册），马坚译，新世界出版社2008年版，第266页。
③ 郭应德：《阿拔斯朝的政治——读阿拉伯史札记之三》，《阿拉伯世界研究》1984年第2期。

居于世界领先地位。他们发明了一种全新而独特的建筑风格，糅合了典雅和力感，并且采用自然光。这种建筑风格可以在印度、爪哇、中国、苏丹和整个俄罗斯地区看到；他们发展了各式各样的工业，改良了农业和园艺；借助引进、使用航海用的指南针，他们的船通行四海，而商队维系了帝国内各省的贸易，他们运送着印度和中国、土耳其斯坦和俄罗斯、非洲和马来群岛的产品。

辉煌的巴格达市遍布了清真寺与宫廷、学识的殿堂和芬芳的花园，成为其他都市争相模仿的对象，如巴士拉、布卡拉、格拉纳达和哥多华等都市。据载，哥多华在最繁华的时候有20万户上百万的人口。人们在入夜以后可以走在铺设很好、又直又有照明达16公里的街道上，而在欧洲的巴黎，数百年以后还没有铺设路面的街道，伦敦也还没有公共照明。[1]

尽管在传播伊斯兰教方面取得了极大进展，但大马士革的倭马亚王朝哈里发却承受着来自传统派系的压力，以及阿拉伯人与外来皈依者之间的分歧与矛盾。阿拉伯人与波斯人之间的矛盾尤为尖锐。749年，当穆罕默德的旁系后裔阿布·阿拔斯·萨法赫起兵反抗倭马亚王朝的统治时，他得到了来自波斯北部的军队的支持，阿拔斯遂自称哈里发。阿拔斯定都于幼发拉底河下游的库法，而其继承者阿布·加法尔·曼苏尔（Abu Jafar al-Mansur）于761年至762年间在底格里斯河西岸的巴格达建造了一座新都城。国家行政机构自大马士革东迁750千米，这宣告了叙利亚在伊斯兰世界中优势地位的终结，并将伊斯兰世界的注意力从地中海和北非转移到中亚及印度洋，从而对印度洋的贸易产生了巨大的影响。

巴格达一直占据着重要的地理位置。据9世纪的地理学家雅库比（al-Yaqubi）记载，有人曾向曼苏尔展示巴格达的位置，曼苏尔预言巴格达将会成为"世界的海滨"。"沿着底格里斯河，来自瓦西特、巴士拉、阿瓦士、法里斯、乌曼、雅玛那、巴林岛以及邻近地区的所有商船都可以进入这座城市并在此停靠。同样，来自摩苏尔、迪亚拉比耶、阿塞拜疆和亚美尼亚，以及幼发拉

---

[1] 蔡德贵：《中世纪阿拉伯人对哲学和科学的贡献》，《阿拉伯世界研究》2008年第3期。

底河上来自迪亚穆达尔、腊卡、叙利亚、埃及和北非的所有船只，都能到这里卸货。"巴格达更明显的一大优势是易于防守。在雅库比时代的两个世纪之后，地理学家麦格迪西的记载让人回忆起人们曾提供给曼苏尔的建议，他指出巴格达"位于两河之间的地带，因此敌人在取道底格里斯河或幼发拉底河时除了乘船或过桥别无他法"。

巴格达建成之后的50年中，整个城市得到了飞跃式的发展，人口迅速增加，达到了近50万之多，成为当时仅次于中国长安的又一世界级城市。在西方世界中，像这样的城市还有很多，比如君士坦丁堡、亚历山大港、大马士革及巴士拉等。在诸多西方城市中，巴格达之所以发展如此迅速，一跃而起成为后起之秀，其优越的地理条件是最重要的前提。巴格达坐落于伊拉克中部距离幼发拉底河不到50千米的底格里斯河河畔，东临波斯、中亚和印度，西接叙利亚、地中海和北非，是从麦加而来的朝圣之路的终点，发挥着重要的交通枢纽的作用。在这里的河道上，船舶川流不息，既有从摩苏尔丘陵地带前往底格里斯河下游的库法（以芦苇制成的圆形船只），也有从波斯湾和印度洋返航的远洋船只。除此之外，当地所建的运河将巴格达、幼发拉底河和西方的贸易通道一以贯之地联系起来，同时，绵延至波斯湾的底格里斯河又进一步打通了去往印度洋新世界的大门，为巴格达的进一步发展提供了更加广阔的世界舞台。因此，雅库比宣称："正是底格里斯河让我们与中国之间不存在任何障碍，海上的一切都能沿底格里斯河到达巴格达。"这段话让人想起了萨尔贡王朝对"阿卡德码头"的夸耀，尽管此时的水手已航行到比迪尔穆恩（今巴林岛）、玛干（今阿曼）和美路哈（位于印度河流域）远得多的地方。10世纪时，巴格达可能是世界上最忙碌的港口，而它的外港则被称为"印度的边界"，其中包括那些伊朗南部的港口及索科特拉岛。

幼发拉底河与底格里斯河之间被几条可容纳商船航行的运河连通着，几条水系均可以航行至巴格达。这里地处美丽的美索不达米亚平原的中心，人口流量大，农业灌溉的自然条件也十分优越，是一个富饶的膏腴之地。得天独厚的水土孕育出灿烂的文明和繁荣的经济，使得巴格达简直成为一个新的巴比伦。

财富的力量刺激着波斯湾港口到远东通航技术的蓬勃发展。尸罗夫是海上的重要港口和海上通行的交通中心，内河的船只可以很方便地将货物从尸罗夫运到巴格达。正如塔巴里对曼苏尔说的："这是底格里斯河，我们和中国之间没有障碍，所有东西都可以通过海运送到我们这里来。"①

七、尸罗夫

《中国印度见闻录》中这样介绍尸罗夫："至于船舶的来处，他们提到货物从巴士拉、阿曼以及其他地方运到尸罗夫，大部分中国船在此装货：因为这里巨浪滔滔，在许多地方淡水稀少。巴士拉距尸罗夫水路一百二十法尔萨赫。货物装运上船以后，装上淡水，就'抢路'——这是航海的人们常用的一句话，意思是'扬帆开船'——去阿曼北部一个叫作马斯喀特的地方：尸罗夫到马斯喀特大约有二百法尔萨赫。"②

历史上，尸罗夫是巴士拉的主要竞争对手，位于波斯沿海地区，距波斯湾入口处375英里（约603.5千米），4世纪时由萨珊国王沙普尔二世（Shapur II）所建。尸罗夫拥有一处宽阔的锚泊地，比波斯湾北部的港口更适宜停泊吃水较深的船只，不过其自然环境十分恶劣，常年遭受高温炙烤，且缺乏充足的水源以维持庞大的人口，更不必说从事农业生产了。后来，人们通过修建蓄水池和淡水渠解决了缺水问题，同时也润泽了富商们的花园，他们通过与巴格达和设拉子（今伊朗法尔斯省首府）之间的贸易而富裕起来。在整个阿拔斯王朝时期，这个港口备受地理学家和历史学家的颂扬，因为尸罗夫的商人远航到达中国，同时也从印度和东非进口柚木及其他木材来建造房屋、清真寺、船只及灯塔。10世纪的波斯地理学家伊斯泰赫里对尸罗夫与设拉子进行了比较："尸罗夫在规模及华丽程度方面几乎与设拉子相同，其房屋用购自辛吉的柚木建造，

---

① George F. Hourani, *Arab Seafaring in the Indian Ocean in Ancient and Early Medieval Times*, 1951; Princeton University Press, Expanded edition, 1995.

② 《中国印度见闻录》，穆根来、汶江、黄倬汉译，中华书局2001年版，第7—9页。

高达数层，可以俯瞰大海。"

在起义军及哈里发统治边缘地区的自治总督开始挑战巴格达的权威之前，阿拔斯王朝的辉煌继续维持了近一个世纪之久。越是在靠近帝国中心的地区，哈里发政权越要面对从商人到奴隶之间的阶层分歧。在许多行省，由于存在大量奴隶，哈里发政权常常受到奴隶起义的困扰。最早的一次起义是持续14年的辛吉起义（869—883）。一开始，这场起义是因经济上的不满而爆发的，不过很快就转变成对哈里发权威的攻击。在这次起义中，据估计有超过50万人死亡。辛吉起义获得了波斯湾商人的支持，后者怨恨哈里发政权干涉其贸易。他们一起占据了乌剌和阿巴丹，并于871年占领了巴士拉。巴士拉的失守是哈里发政权的巨大失败，尸罗夫和苏法尔等其他港口从中获益，阿拔斯王朝仅在名义上对其实施控制，这些港口很快就利用这一机会发展起来。

10世纪时，阿拔斯王朝哈里发沦落为政治傀儡，波斯什叶派埃米尔（即白益）在巴格达以及波斯湾两岸掌握着绝对权力。在白益王朝崛起的同时，法蒂玛王朝从伊弗里基亚迁至开罗，红海的贸易随之复苏。在拜占庭人占领埃及的后期，红海的贸易发展水平仅次于波斯湾。976年，尸罗夫因地震而遭到严重破坏，这成为海湾地区商业衰退的一个征兆。1062年，来自中亚的塞尔柱突厥人侵占了设拉子，不过他们对海洋贸易毫无兴趣，在尸罗夫以北750千米外的伊斯法罕建都。波斯南部发生了骚乱，随后，霍尔木兹海峡的基什岛上出现了海盗。在法蒂玛王朝的统治下，红海港口的贸易不断发展，从而使得波斯湾对商人越发失去了吸引力。

来自波斯湾著名的尸罗夫商人苏莱曼讲述过很多古老的旅行故事，他曾于850年在中国经商。由于最大的船只无法驶入波斯湾的入口，因此在东方之行的第一阶段，"货物从巴士拉、阿曼及其他港口运到尸罗夫，然后在尸罗夫装上中国船，因为海湾内虽然波涛汹涌，但某些地方的水位却很低"。这里提到的"中国船"不是指在中国建造或来自中国的船，而是指那些前往中国进行贸易的船。同样，在19世纪的茶叶贸易中，欧洲和美洲的横帆船也被称为"中国快船"。船只停靠的第一个港口是穆桑达姆半岛上的马斯喀特，在航行到故临之前，船员在这里补充淡水，为之后1个月的航程做准备。在那里，前往中国的船只需要缴纳1000迪拉姆的税。绕过印度和斯里兰卡后，他们在尼科巴群岛停靠，再次补充淡水。该群岛上有小规模的龙涎香贸易，当地人以此交换铁。接下来，他们将驶往卡剌（可能是塔库巴，位于马来半岛西海岸的克拉地峡以南），然后向南到达苏门答腊岛。在通过马六甲海峡之后，船只可能会在社婆格王国停靠，或者直接穿过南海到达越南南部或广州。在苏莱曼的时代，波斯湾的水手似乎不再仅用一艘船来完成前往中国的长达6000英里（约9656千米）的整段航程，沿海航线上发生的重要变化，使得在南亚的停靠比此前更为必要。

八、东南亚诸岛

东南亚的先民是昆仑人，语言学者们把今东南亚及其周围地区的语言称为"南方语系"，其分布范围东达南太平洋诸岛，西达东非的马达加斯加岛，马来语系诸语言是其中最重要者，这块辽阔地区的原始居民应当是在漫长的历史时期内从东南亚逐渐迁去的[①]。

费瑯在《昆仑及南海古代航行考·苏门答腊古国考》中记载：《后汉书·西域传》所载166年的"安敦遣使"送"象牙、犀角、玳瑁"，可视为西方与中国的首次交往。《后汉书·南蛮西南夷传》载永宁元年（120）掸国王雍由调复遣使者到汉廷送"乐及幻人"，而"掸国西南通大秦"，因而费瑯据此谓"中国与大秦之海上交通，不始于安敦之时。纪元120年，已有大秦幻人至掸国（缅甸）也"[②]。但冯承钧等认为此"大秦"在印度，而不是罗马帝国[③]。

中国古代的海外贸易是当时西太平洋和北印度洋贸易网的一部分。中国商

---

① 刘迎胜：《丝路文化·海上卷》，浙江人民出版社1995年版，第18页。

② ［法］费瑯：《昆仑及南海古代航行考·苏门答腊古国考》，冯承钧译，中华书局2002年版，第25页。

③ 冯承钧：《中国南洋交通史》，上海古籍出版社2005年版，第25页。

人在海外活动必须依靠当地商人，例如在东南亚基本上依靠的是当地的昆仑人；在南亚基本上依靠的是印度人；而在阿拉伯海周围基本上依靠的是波斯人和大食人。商人出海的目的在于赚钱，赚钱以人口众多、商业发达的地方最宜。海上丝绸之路沿线诸国的商人都有自己的传统活动范围，这就决定了旧大陆诸国的航海活动，除了偶然性的漂流以外，在中世纪结束以前不可能出现有目的寻找新商路的"探险"活动[1]。

"昆仑舶"（东南亚船）在东南亚、印度洋航海起着举足轻重的作用。唐代僧人义净赴印度时，从广州启程时乘坐的是波斯船，这可能是指东南亚的"波斯"，即今之缅甸的勃生。[2] 义净到达室利佛逝以后，换乘室利佛逝船前往末罗瑜，即今马来半岛南端，再由此往东印度。他沿途换乘的几乎全是东南亚船。昆仑舶来华数量多，次数频繁，所以《旧唐书·王方庆传》记载，当时在广州每年都有"昆仑舶以珍物与中国交易"[3]。

"昆仑"海商贸易的对象除了东南亚本地以外，主要是北方的中国和西方的印度；印度商人的海外贸易对象主要是东方的中国、东南亚和西方的波斯、大食；而阿拉伯海沿岸波斯、大食诸国海外贸易的对象主要是红海以北的地中海地区和东方的印度、东南亚和中国。由于中国人传统的海外交际对象在千百年中几乎没有变化，所以中国海舶的活动范围基本上限于太平洋西岸和印度洋北部，没有扩展到南太平洋的澳洲、非洲的南部和美洲。[4]

学者们估计最初操马来语的居民迁出马来半岛，航海进入今印尼诸岛、菲律宾诸岛的时间大约在公元前2世纪。在操马来语的居民向太平洋诸岛迁移的同时，起源于我国东南的百越族逐步进入东南亚。[5]

东南亚的中南、马来亚两个半岛插入大洋之中，无数的岛屿分布在辽阔的

---

[1] 刘迎胜：《丝路文化·海上卷》，浙江人民出版社1995年版，第12页。
[2] （唐）义净著，王邦维校注：《大唐西域求法高僧传校注》，中华书局1988年版，第159页注13。
[3] 刘迎胜：《丝路文化·海上卷》，浙江人民出版社1995年版，第95页。
[4] 刘迎胜：《丝路文化·海上卷》，浙江人民出版社1995年版，第6页。
[5] 参见刘迎胜《丝路文化·海上卷》，浙江人民出版社1995年版，第18页。

洋面上，气候温暖，人口众多，物产丰富，是东亚海商进入印度洋、西亚以及印度番客前往中国的必经之地。尤其在航海技术不甚发达，船队尚不具备远航能力，依靠地文导航，必须沿途取得补给的古代，无数的岛屿更是太平洋、印度洋两大洋之间海上交通的理想跳板。世界上许多文明的传播是以武力为后盾的，而古代东南亚却是一块各方商贾汇集的地域。他们不是依靠武力，而是因通商得以发展。[1]

善于航海的东南亚土著居民，即昆仑人们以自己的物产与远道而来的各国海商交易；他们的海舶被称为"昆仑舶"，出入于中国、印度、阿拉伯海各地；他们因自己丰富的地理知识和航海经验而扮演着东西往来的中介人角色。东南亚海商的这种地位，直至15世纪才被欧洲人逐渐取代。[2]

《岭外代答·外国门上》中介绍了"三佛齐国，在南海之中，诸蕃水道之要冲也。东自阇婆（一般认为是印度尼西亚爪哇岛专称）诸国，西自大食、故临诸国，无不由其境而入中国者"。这是一条从广州或泉州通三佛齐国的航线。

还有一些重要的港口和小岛，例如：故临，是中国通西亚、非洲的中转站，"从马斯喀特抢路往印度，先开往故临；从马斯喀特到故临的航程，中等风力需时一月。故临有一个军事哨所，归故临国管辖。那里有水井，供应淡水，并对中国船只征收关税；每艘中国船交税一千个迪尔汗（dirhems），其他船只仅交税十到二十个迪纳尔（dinar）"。《岭外代答·外国门上》中也有记载："故临国，与大食国相迩。广舶四十日到蓝里，住冬，次年再发船，约一月始达……中国舶商欲往大食，必自故临易小舟而往，虽以一月南风至之，然往返经二年矣。"在《诸蕃志》卷上又记述："泉舶四十余日到蓝里住冬，至次年再发，一月始达。"我们了解到，当时有一条从广州或泉州经蓝里通故临的航线。同时，这条航路还可从故临延至大食。朗迦婆鲁斯岛，当地"满载着椰子、甘蔗、香蕉和椰子酒，椰子酒是一种白色饮料，从椰子树上取下来就可以喝，味甜如蜜；但放一段时间后，就变成酒，再过几天，就变成醋"。鲁金，从栓府

---

[1] 参见刘迎胜《丝路文化·海上卷》，浙江人民出版社1995年版，第19页。

[2] 参见刘迎胜《丝路文化·海上卷》，浙江人民出版社1995年版，第4页。

至中国的第一个港口（即唐代的龙编，今越南河内一带），陆路、海路皆为100法尔萨赫。在鲁金，有中国石头（不详，待考，似为玉石）、中国丝绸、中国的优质陶瓷，那里出产稻米。从鲁金至汉府（Khānfū）（即广州）海路为4日程，陆路为20日程。①后来，我出发到亚丁城（意为居住。阿拉伯文读音为"阿丹"——译者），这是也门地区在大海沿岸的港口，群山环绕，进港只有一条道路，是一座无田禾、无树木，亦无淡水的大城，当地积水池甚多。②《剑桥东南亚史》认为，7—10世纪，阿拉伯人和中国人都十分关注东南亚出产的黄金和香料。

东南亚的考古发掘成果显示，在马来半岛北部泰国境内克拉地峡的东西两岸分别发掘出了大量古代产自中东地区的琉璃与陶器。这说明，在9世纪中，克拉地峡东西岸一定是海上丝绸之路中国商人与阿拉伯商人彼此交易的重要贸易集散地。③

---

① ［阿拉伯］伊本·胡尔达兹比赫：《道里邦国志》，宋岘译注，中华书局1991年版，第72页。
② ［阿拉伯］伊本·胡尔达兹比赫：《道里邦国志》，宋岘译注，中华书局1991年版，第71页。
③ 钱江：《古代南海的波斯商人和阿拉伯商人》，载《文献记载与考古发现：海上丝绸之路的新探索学术研讨会论文集》，南京大学，2018年，第175页。

第五章

海上丝绸之路上的中阿贸易交往与人文交流

第一节　繁荣的商贸活动

在中世纪时期，阿拉伯帝国的面积比当时的罗马帝国还要大，当时的阿拉伯地理学家通过充足的史料对这一伟绩进行了证实，而在这些资料当中，同时也证明了阿拉伯人在很早就与东方有贸易上的往来，尤其是与中国的贸易往来。在阿拉伯伊斯兰文化体系的影响下，商人在国内处于较高的地位，也受到政府的重视，阿拉伯帝国哈里发和中国皇帝对商人以礼相待。在当时的文学作品中对于商人也进行了大量描写，赞扬商人的不畏艰险和勤劳勇敢。在此种氛围的鼓励之下，阿拉伯国内、国际贸易合作都取得了繁荣发展，在世界贸易版图上逐渐取代了早期的基督教商人和犹太商人。同时，陆上贸易逐渐转移到海上贸易，海上贸易的中心逐渐发展到印度洋沿岸或附近的港口城市，包括巴格达、尸罗夫、亚历山大、广州、扬州、杭州等。

通往中国的海上贸易之路在古籍中的记载由来已久。"成书于公元1世纪末的拉丁文著作《厄立特里亚航海记》的作者是一位定居亚历山大港的希腊人，他曾到过斯里兰卡。据他记载，中国的丝绸在印度的港口装船，在那里装船的还有来自中国的皮货、胡椒、桂皮、香料、金属、染料和医药产品。在罗马人亲自到达东方以前，欧洲人一直以为桂树生长于阿拉伯半岛某处。桂皮在罗马帝国的需求量很大，当时的美容品、药品、香膏、香脂等都需要加入桂皮，所以桂皮的价格十分昂贵，1罗马镑的优质桂皮价值1500古罗马银币，即便是劣质品也值50银币。"[①]

拉丁文文献中很早就提到罗马帝国与中国的贸易。古罗马作家普林尼

---

① [法]L.布尔努瓦：《丝绸之路》，耿昇译本，新疆人民出版社1963年版，第51页。

（Gaius Plinius Secundus）在其书中描述了罗马贵族的奢侈之风，说他们除了用珠宝装饰自己以外，还用来交换来自中国的丝绸。他们"远赴赛里斯[①]国以换取衣料"。罗马人出口最多的是琉璃（玻璃）制品。罗马帝国控制下的地中海地区是世界琉璃制造业的中心。据普林尼记载，"罗马每年约有1亿赛斯特斯（Sesterces）的金钱流入印度、赛里斯及今阿拉伯半岛三地"[②]。

在阿拉伯帝国不断扩张的背景下，贸易得到了蓬勃的发展，逐渐形成庞大的贸易网，经济的繁荣也促进了文化的进步。阿拉伯商人对于当时世界各国地理信息的收集起到了很好的推动作用，主要有两个方面的原因：一方面，商业活动往往与城市相联系，发展商业就需要对经商涉及的城市的地理和特色产品非常熟悉，尤其是需要了解清楚城市的道路交通状况；另一方面，不同地区的文化风俗、经济、地质和地理等情况也决定了他们的商业特点，于是，这一要求推动商人们逐渐掌握了各地的风俗、经济和地理等方面的知识。总而言之，好的商人也是一位好的地理学家。

一、阿拉伯人的商业观念和商业活动基础

阿拉伯帝国的哈里发向来重商抑农，在这种政策的推崇之下，商人形成了庞大的阶层组织，商人的经商范围也不仅仅局限于国内本土，一度达到了地跨亚、非、欧三大洲的规模。在欧洲，阿拉伯商人主要集中在欧洲中北部，从斯堪的纳维亚地区逐渐扩展到欧洲东部。在非洲，阿拉伯商人跨越了撒哈拉大沙漠，与非洲西部进行贸易往来，直至西撒哈拉地区，他们的海上经商航线也由非洲西海岸延伸至马达加斯加地区。在亚洲，阿拉伯人经商的范围从亚洲北部到亚洲南部（安达卢西亚群岛），再到亚洲西部。就东方而言，中国是阿拉伯人

[①] 赛里斯（拉丁文：Sinae、Serica、Seres），意为丝国、丝国人，是战国至东汉时期古希腊和古罗马地理学家、历史学家对与丝绸相关的国家和民族的称呼，一般认为指当时中国或中国附近地区。

[②] 张星烺编注：《中西交通史料汇编》（第一册），中华书局1977年版，第21页。

经商范围最远的地区。"阿拉伯文献记载,他们远在阿拔斯王朝哈里发曼苏尔时代,就已经从巴士拉到达中国。"①"大的商队有几千头骆驼。""在中国仅广州一地据说有蕃客十多万人,其中大部分是阿拉伯商人。在北欧的许多地区甚至斯堪的纳维亚国家,到本世纪前25年发掘出那时穆斯林使用的古钱多达1000万枚。"②从这些资料,我们就可以想象阿拉伯商人队伍的庞大和经商范围的广阔。

"唐宋时期,我国和阿拉伯帝国的关系有了极大发展,这表现在以贸易往来为先导,然后在政治、经济、军事方面进行了多层次、多领域、多渠道的文化交流。这种交流不仅推动了我国经济、政治、文化的发展,而且对阿拉伯伊斯兰文化的繁荣产生了举足轻重的影响。"③历史上中阿之间的贸易活动十分活跃,也为世界上各民族之间的文化交流做出了很大贡献。

在唐代时期,与大唐几乎同时崛起的,是西方的横贯亚、欧、非的古阿拉伯帝国(古称大食)。大唐和大食是当时东西方最繁荣富强的两个国家。两个大国之间的贸易交往,对双方都是互惠互利。阿拉伯人素习航海,曾控制印度洋、红海、地中海的海上霸权长达数百年;大唐的通海夷道也可以直达波斯湾,并延伸到东非各地。自唐永徽二年(651),阿拉伯第三任哈里发奥斯曼首次派使者入唐起,直到贞元十四年(798),凡148年间,仅新旧唐书的记载,阿拉伯向中国正式派遣的使者就达37次之多。④除了中国的丝绸、瓷器、茶叶、铁器等远销至亚非各国,四大发明之一的造纸术也在此时经由阿拉伯人传入西方,结束了他们用羊皮纸和纸草记录文字的历史。在阿拉伯帝国的首都巴格达,出现了专营唐朝商品的"中国市场";在中国的东南贸易港,也出现外国商人聚集的"蕃坊"。据桑原骘藏《波斯湾的东洋贸易港》的考证,9世纪中叶,大

---

① 纳忠:《阿拉伯通史》,商务印书馆1997年版,第238页。
② 江淳、郭应德:《中阿关系史》,经济日报出版社2001年版,第45页。
③ 丁克家:《唐宋时期我国与阿拉伯帝国的贸易往来及文化交流》,《阿拉伯世界研究》1990年第4期。
④ 沈光耀:《中国古代对外贸易史》,广东人民出版社1985年版,第311页。

约有几万阿拉伯商人往来不绝于阿拉伯与中国。波斯湾著名的尸罗夫港,就是在与大唐的贸易中逐步繁荣发展起来的。可以说,正是东西两大帝国的海上交往,成就了西太平洋和印度航运史上的辉煌一章。[1]据《世界回教史》记载:"唐天授间,泉州、广州、扬州并称为我国南方三大贸易港,与中东交易频繁,阿拉伯人侨居上述三港,数以万计。"[2]

唐时中阿贸易交往日益频繁,唐中期时,由于陆路丝绸之路受阻,中阿海上交通更加兴盛,长安及沿海城市聚居着大量阿拉伯商人。之后"宋朝政府对阿拉伯等地外商实行保护、优待、奖励的政策,充分发挥他们在外贸中的积极作用"[3]。我国史籍中记载的大食舶主臣蒲希密[4]、勿巡(苏哈尔)商人辛押陀罗、大食商人蒲罗辛[5]等,都是来华阿拉伯海商中的著名人物。[6]

对于来华经商的阿拉伯人,自贾希利叶时期起,阿拉伯民间便有一句流传很广的话:每个阿拉伯人都是商人。阿拉伯人善于经商是世所公认的。这类史料,对中阿经济关系与贸易往来的研究,同样具有相当重要的价值和意义。[7]

二、商贸活动中的商品

阿拉伯半岛西南隅,地理位置得天独厚;每年有适量的雨水,土地肥沃,距海很近,扼印度交通的咽喉:这些都是与这个地方的发展有关的决定因素。这里出产乳香、没药等香料,有可供人民调味用的,有可供朝廷大典和教堂仪

---

[1] 李燕:《古代中国的港口——经济、文化与空间嬗变》,广东经济出版社2014年版,第51页。
[2] 刘锡涛:《试述泉州海洋文化的历史特色》,《福建省社会主义学院学报》2017年第3期。
[3] 江淳、郭应德:《中阿关系史》,经济日报出版社2001年版,第72页。
[4] (元)脱脱:《宋史·大食传》卷四九〇,中华书局1977年版,第14121页。
[5] (清)徐松:《宋会要辑稿》蕃夷四之九四,中华书局1957年版,第7724页。
[6] 葛铁鹰:《阿拉伯古籍中的"中国"研究——以史学著作为例》,博士学位论文,上海外国语大学,2008年,第18页。
[7] 葛铁鹰:《阿拉伯古籍中的"中国"研究——以史学著作为例》,博士学位论文,上海外国语大学,2008年,第85页。

式中焚香之用的；制焚香的材料在当时最为重要，那是古代商业上最有价值的货物。那里有很珍贵稀有的产品，如从波斯湾来的珍珠，从印度来的香料、布匹和刀剑，从中国来的丝绸，从埃塞俄比亚来的奴隶、猿猴、象牙、黄金、鸵鸟毛，都是从这里运到西方的市场上去的。①

在许多阿拉伯古籍中，地理学家对于阿拉伯对外商贸活动中的商品进行了比较详细的记述，其中"关于阿拉伯人和波斯人与印度人和中国海上交通最早的阿拉伯语资料，是商人苏莱曼和回历3世纪时代其他商人的航行报告"②。此外，伊本·胡尔达兹比赫在《道里邦国志》中也有记录：

> 由此东方海洋，可以从中国输入丝绸、宝剑、花缎、麝香、沉香、马鞍、貂皮、陶瓷、绥勒宾节（Silibinj③，写为 Al-Taylasaj，意思是"围巾、斗篷、披风"，今称作 Taylasan）、肉桂、高良姜；可以从瓦格瓦格国输入黄金、乌木；可以从印度输入沉香、檀香、樟脑、玛尔富尔（Al-Makafiir）、肉桂蔻（Al-Juzbnwwa）、丁香、小豆蔻、荜澄茄、椰子、黄麻衣服和棉质的天鹅绒衣服、大象；可以从塞兰迪布输入各色各样的宝石、金刚石、珍珠、水晶以及能磨制各种宝石的金刚砂；从南方省区可输入苏木、大兹（Al-Dadhi④）；从信德可输入固斯特（Qust，一说认为它是一种药用的芳香植物，闭鞘姜属；一说是印度沉香）、盖纳和竹子。从也门输入的有装饰品、各种衣服、龙涎香、蔓黄（Wars）、骡、驴。⑤

12世纪时，伊德里西在《云游者的娱乐》中写道：

---

① ［美］菲利浦·希提：《阿拉伯通史》（上册），马坚译，新世界出版社2008年版，第43页。
② ［美］菲利浦·希提：《阿拉伯通史》（上册），马坚译，新世界出版社2008年版，第311页。
③ ［阿拉伯］伊本·胡尔达兹比赫：《道里邦国志》（阿拉伯文版），Journal Asiatique，1865年1—2月号，第68页。
④ Al-Dadhi：即 Baqmal-Dari，意思是"达莱赞吉"苏木。
⑤ ［阿拉伯］伊本·胡尔达兹比赫：《道里邦国志》，转引自王有勇编著《阿拉伯文献阅读》，上海外语教育出版社2006年版，第217页。

来自信德、忻都和秦的船舶往来于此,将秦国的铁、丝绸、金花锦、麝香、沉香、马鞍、荞岭土、胡椒、长胡椒、椰子、Harnuwwa、小豆蔻、肉桂、高良姜、肉豆蔻皮、诃子、乌木、贝母、樟脑、肉豆蔻、丁香、荜澄茄、植物做的衣服、天鹅绒衣服、象牙、锡、邛竹杖等大量商品带来此处。①

对于中国的地大物博、物产丰富,在阿拉伯地理古籍中有许多记载。麦斯欧迪在《时光传闻》中的"中国游记"中写道:

中国人有研究天文学、医学、制造学的智者,中国的很多知识来自印度,中国很宽阔,据说有三百座城市,另有村庄与郊区。其中奇特之处众多。要想出海,需要跨越七道海洋,每个海洋中都有大风,也都有特殊的鱼类。

中国人的黄金很多,甚至他们用黄金制作马的笼头、狗的链子。中国人身穿以金线点缀的丝绸衣服。②

伊本·瓦尔迪在《奇迹书》中这样描述中国:

中国幅员辽阔,自东至西大约需要三个月的行程,南从中国海一直延伸至印度海,北至歌革和玛各地区,据说其南北疆域所跨越的长度比东西更长。它是"七大区域"中的一部分。据说,除了无数的庄田、村庄和岛屿,还有三百座人口稠密的大城镇。这里金矿存储丰富。③

雅古特·哈玛维在《地名辞典》中写道:

曾经去过中国的人告诉我们,中国地方广阔,他们是来自各地的商人,

---

① [阿拉伯]伊德里西:《云游者的娱乐》,开罗宗教文化出版社2002年版。
② [阿拉伯]麦斯欧迪:《时光传闻》,开罗现代伊斯兰思想出版社2000年版,第29页。
③ [阿拉伯]伊本·瓦尔迪:《奇迹书》,贝鲁特时代出版社2014年版,第271页。

都曾在中国稍做旅行。中国多地沿海，与印度相近。①

《中国印度见闻录》中写道：

> 中国人的粮食是大米，有时，也把菜肴放入米饭再吃。王公们则吃上等好面包及动物的肉，甚至猪肉和其他肉类。水果有苹果、桃子、枸橼果实、百籽石榴、榲桲、鸭梨、香蕉、西瓜、无花果、葡萄、黄瓜、睡莲、核桃仁、扁桃、榛子、黄连木、李子、黄杏、花楸核，还有甘露椰子果。②

总的来说，阿拉伯商人从中国进口丝绸、锦缎、木棍、鞍座、芦苇草、高良姜等物产，从印度进口木棍、檀香、樟、香蕉、丁香、砂仁、椰子、大麻以及棉花做的成衣，从费尔进口犀牛角，从萨尔德进口蓝宝石、钻石和水晶，从信德进口竹材和柚木。

唐代对外贸易的商品中，最具代表性的是丝绸。丝绸等丝织品被称为"天上取样人间织"，当时以江南和四川为丝织品纺织业的两大中心。中国古代丝绸被称为"轻货"，还有另一个功能即作为货币在使用，类似阿曼的乳香一样。《史记·大宛列传》中记载道：

> 西北外国使，更来更去。宛以西，皆自以远，尚骄恣晏然，未可诎以礼羁縻而使也。自乌孙以西至安息，以近匈奴，匈奴困月氏也，匈奴使持单于一信，则国国传送食，不敢留苦；及至汉使，非出币帛不得食，不市畜不得骑用。所以然者，远汉，而汉多财物，故必市乃得所欲，然以畏匈奴于汉使焉……其地皆无丝漆，不知铸钱器。及汉使亡卒降，教铸作他兵器。得汉黄白金，辄以为器，不用为币。③

---

① ［阿拉伯］雅古特·哈玛维：《地名辞典》，开罗骑士出版社2011年版，第95页。
② 《中国印度见闻录》，穆根来、汶江、黄倬汉译，中华书局1983年版，第10页。
③ （汉）司马迁：《史记》卷一百二十三，"大宛列传"第六十三，中华书局1982年版，第3161页。

对于丝绸作为货币功能的史实，王小甫分析道：葱岭以远中亚腹地不属都护，不用汉朝金属货币，汉使只有以绢帛丝绸为货币用作市易购买，建立和改善关系，接受中国丝绸自然就形成了丝绸之路经济带。在此之外更远的地方，丝绸未必再作为等价物，但由于其使用价值和需求，仍然是一种热销商品。显然，正是古代西方世界这种广泛而强大的商品需求，支撑了中国丝绸在居间地带具有并维持其等价物的地位，称为"丝绸之路"可谓名正言顺。①

唐代另一个代表性的对外贸易商品是瓷器。制瓷技术在唐朝也处于繁荣发展时期，其技艺之精巧，堪称巧夺天工。阿拉伯地理古籍中对中国瓷器的描写从不吝啬赞美的词汇，《中国印度见闻录》中写道："晶莹如同玻璃杯一样，尽管是瓷碗，但隔着碗可以看见碗里的水。"②

阿拉伯古籍中对于瓷器的表述有许多值得研究的内容。贾希兹（775—868，Jāhiz）在记述"瓷器"一词使用的是"盖达伊尔"（الغضائر, al-Ghadā'ir），而不是人们比较熟悉的"隋尼"（al-Sīn）。"盖达伊尔"这个复数形式名词，在阿拉伯古籍中常有出现，比如，雅古特曾说："某国王遗留下的大批金银财宝和稀世珍品中有14箱中国瓷器和精致豪华的玻璃器皿……"③此句里的"中国瓷器"使用的是：الغضائر الصيني（al-Ghadā'ir al-Sīnī）。从阿拉伯语语法规则讲，该词组形容词与被形容词搭配是错误的，但这也说明它是因长期使用而在约定俗成中被固定下来的。北京大学出版社出版的《阿拉伯语汉语词典》中无"盖达伊尔"一词，只有可能为其单数形式的"盖达尔"（al-Ghadār），解释为：陶土、白土、胶泥、高岭土。而《蒙吉德词典》中对"盖达伊尔"的解释有二：一是一种为免遭毒眼而携带的绿色瓷器——古代阿拉伯人迷信毒眼（凶眼、恶眼）能使人害病；二是来自波斯语，意思是大木盘。以上对"盖达伊尔"浅显的解析，是想引出一个值得我们今后进一步探究考证的问题，即古代阿拉伯

---

① 王小甫：《香丝之路：阿曼与中国的早期交流——兼答对"丝绸之路"的质疑》，《清华大学学报（哲学社会科学版）》2020年第4期。

② 《中国印度见闻录》，穆根来、汶江、黄倬汉译，中华书局1983年版，第15页。

③ ［阿拉伯］雅古特·哈玛维：《地名辞典》，开罗骑士出版社2011年版，第95页。

人是否能够明确区分陶器和瓷器,尽管这一点在现在的阿拉伯语中也有含混之处。

中阿贸易交往中还有一些特殊的商品。例如,以沉香为代表的所谓"香货",双方古籍中都称是从对方进口的。汉籍记载自不必说,阿拉伯古籍中也经常见到这样的记载:"从中国输入麝香、沉香、高良姜和肉桂。"[1] 究其原因,当是中国与阿拉伯都不是沉香的原产地,而彼此间的贸易商品并不局限于本地物品。双方将主要产于今东南亚等地的沉香一类香货,长期互贩于对方谋取利润,从而造成中国人称其为阿拉伯沉香、阿拉伯人称其为中国沉香的局面。"这一方面证明了中国人和阿拉伯人,或更确切地说与包括波斯人在内的大食人,对当年世界上最重要的东西交通路线特别是海上丝绸之路的控制力度,另一方面也证明了中阿两民族善于经商的头脑与能力,十分了解对方的商品需求。"[2]

在由阿拉伯国家输往中国的商品中,还有比较贵重和特殊的犀角和象牙,阿拉伯人对此多有记述。麦斯欧迪在《黄金草原与珠玑宝藏》中记载道:

> 犀牛的角是白色的,其中有些黑色的花纹,其线条和形状组成某种图案:要么像一个人,要么像一只孔雀;有时像一条鱼,有时像犀牛本身或当地所特有的其他动物。人们把这种(犀牛)角锯下来,仿照金银装饰品的样子,拿去做各种各样的腰带。中国的国王们特别喜欢用这种腰带,于是中国的达官贵人也竞相效仿,以致其价格被抬得很高,一条要卖到2000至4000金币(dinār)。[3]

---

[1] [阿拉伯]伊本·焦济:《历代民族与帝王史通纪》(第1卷),贝鲁特学术书籍出版社1993年版,第153页。

[2] 葛铁鹰:《阿拉伯古籍中的"中国"研究——以史学著作为例》,博士学位论文,上海外国语大学,2008年,第90页。

[3] [阿拉伯]麦斯欧迪:《黄金草原与珠玑宝藏》(第1卷),黎巴嫩贝鲁特时代书局1988年版,第172页。

麦斯欧迪所言不仅证明犀角在中国需求量大且价格昂贵，而且也证明阿拉伯人具有精明的经商头脑，即在贸易往来中尽可能贩运那些可带来巨额利润的商品。阿拉伯海商由此暴富而过上阔绰生活的场面，在《伊本·白图泰游记》对居留杭州和广州大食富商的描写中可见其一斑。当年由大食商人贩运到中国的犀角数量之多，有韩愈（768—824）之言为证："外国之货日至，珠、香、象、犀、玳瑁、奇物溢于中国，不可胜用。"①贾希兹在《动物书》中专有"犀角"一节，其中写道：

> 至于犀角，一位我信任其理智、依凭其见闻的人告诉我说，他所见到的犀角棍部很粗，体积很大，足有两拃（Shibr），其长尚不及其粗。犀角顶端非常尖，整体十分光滑，硬度中含有柔韧性。人们在我们巴士拉这里将它备好之后运到中国，因为我们先于他们得到它。他们将其切段后，断面上会出现奇特的图案。此外它还具有一些其他特性，使人们对其有所需求。②

巴士拉是当年中阿贸易往来中国和阿拉伯地区最重要口岸之一，它还是犀角贸易的集散地。阿拉伯人显然了解中国人大量进口犀角的目的，除可制成贵重装饰品外，还有其他作用，比如药用。实际上中国人输入大量犀角也为从事转口贸易，"新旧唐书记载，岭南节度使王锷巧取豪夺，家财甚富，日发十余艘载有犀象珠贝的货船，夹在普通商船中出境做生意"③。

阿拉伯人甚至对当时中国犀角的价格动态也有所了解。11世纪阿拉伯著名书目编纂家伊本·纳迪姆（？—995，Ibn al-Nadim）说：

> （中国）国王的臣民们带往京城的最贵重之物，乃有自然花纹的犀角。一

---

① （唐）韩愈：《送郑尚书序》，载《昌黎先生集》卷二十一，转引自江淳、郭应德《中阿关系史》，经济日报出版社2001年版，第40页。
② [阿拉伯] 贾希兹：《动物书》（第7卷），黎巴嫩吉勒书局1988年版，第129页。
③ 江淳、郭应德：《中阿关系史》，经济日报出版社2001年版，第38页。

盎司的犀角价格高达五个米那的金子。尚且在世的国王废除了（用犀角纳贡的惯例），规定用金御带和其他金首饰向其纳贡。这一规定使得（犀角）价格骤跌，一直下降到一盎司金子，甚至不到一盎司金子的价格。①

在当时的世界贸易中，中国与海外诸国的关系类似于今天发达国家与不发达国家的关系：中国生产力高度发达，产品受到各国人民的喜爱，到处有销路，是制成品的大量输出国；而海外诸国的商品除了香料、药材以外，受到中国市场欢迎的大宗物品不多，所以番商在中国采购要用硬通货支付。这就是南朝至唐代海外金银源源不断地流入岭南的原因。②

三、宋元时期中阿贸易往来的特点

宋元时期我国与阿拉伯世界的交往达到顶峰，与前期的贸易相比，有两个突出的特点。第一个特点就是海上丝路扩展为广阔的贸易网，贸易网的活动范围逐渐扩大，与非洲各国有了新的交往。"元代的交通，是对汉唐大陆交通与两宋海外交通的综合和扩展。元代的海陆交通网络覆盖了亚洲大陆的广阔地区，直达东欧与阿拉伯半岛，也覆盖了渤海、东海、南中国海，并直通孟加拉湾、波斯湾与红海一带，以及非洲东海岸。它使汉唐时代人们就向往着的与欧非人民的直接交往变成了现实。"③ 元代民间航海家汪大渊将他两次出海的所见所闻与前人的记载加以校正后写成《岛夷志略》，书中记载了共计220多个海外国名和地名。此外，元代官方文书中还时常提到我国的船舶通往阿拉伯的"回回田地里"。中国史书另有记载："大食之民，岁航海而来贾于中国者多。"

在阿拉伯地理古籍方面，伊本·白图泰在他的《伊本·白图泰游记》中就

---

① ［法］费瑯编：《阿拉伯波斯突厥人东方文献辑注》，耿昇、穆根来译，中华书局2001年版，第147页。
② 刘迎胜：《丝路文化·海上卷》，浙江人民出版社1995年版，第76页。
③ 陈鸿彝：《中华交通史话》，中华书局1992年版，第209页。

描述了一段他与丹吉尔老乡在中国相遇的故事：

> 一天，我正在佐习伦丁·古尔俩尼家里，突然有一位受他们尊敬的法学家搭船到达，要求会见我，他们说："这是我们的毛拉盖瓦姆丁·休达。"我对他的名字颇觉新奇。会见问候，互相认识以后，我觉得和他曾有一面之识，我便仔细端详了他一番。他对我说："你这样端详我，像是故交老友一般？"我问他说："贵籍何地？"他答："是休达。"我对他说："我是丹吉尔人。"他便重新见礼，他哭了，使我不禁落泪。我问他说："你到过印度吗？"他说："是的，我去过德里京城。"他这么一说，我才想起他来，我说："你就是布史雷吗？"他说："正是。"原来他是随其舅父艾布·卡辛·穆尔西到德里的，那时他年华正茂，两鬓无须，是一聪明学子，能背诵《穆宛塔圣训集》。我曾将其情况汇报印度素丹，赏赐他三千第纳尔，并要求他常住下去，但他志在中国，故予拒绝。他在这中国情况很好，谋得巨大资财。他告诉我说，他现有男女仆婢各五十名。后来，我在苏丹地方，曾遇到他的弟兄。我在干江府住了十五日，后离此出发。①

从这个故事我们可以看出，阿拉伯人到中国经商的路线已从原来的单线变成了贸易网，作为集散中转的港口在海上丝路贸易中的作用更加突出。更多的阿拉伯商人愿意来到中国，并且留在中国。这些阿拉伯商人在中国的港口，例如广州、明州、泉州、临安等沿海地城市聚居，有自己的蕃长，使用伊斯兰教法律法规进行处理。随着他们来到中国的人数日益增多，他们的宗教场所的需求量也增大，因此，在中国各地特别是广州、泉州、扬州等地陆续建造了很多著名的清真寺，保存至今。例如，泉州的清真寺，建于1009年，清真寺原名为艾苏哈卜寺，300年后由艾哈迈德·本·穆罕默德·古德西重修扩建。寺内北墙高处有阿拉伯语石刻："这一寺是居留在这一邦国伊斯兰教信徒的第一圣寺，

---

① ［摩洛哥］伊本·白图泰：《伊本·白图泰游记》，马金鹏译，宁夏人民出版社1985年版，第402页。

最古、最真,众人所重仰,所以取名叫圣友之寺,建于回历四百年。"

当时中国的对外贸易已经拓展到了北非,其中关系最密切的要数埃及。留居中国的阿拉伯人里,就包括很多埃及人。他们主要居住于广州、泉州、杭州、扬州等地。1965年冬,在泉州东岳山西坡发现了一块刻有中文"蕃客墓"的墓碑,下面刻有一行阿拉伯文小字,其意为"埃及",上面刻有三行阿拉伯语字母,这里墓主的名字叫伊本·阿卜杜拉·穆罕默德·伊本哈桑。从墓碑石料和所刻阿拉伯文的字体来看,可推断墓主为11—12世纪的埃及人。[1] 至于非洲其他国家,伊本·白图泰曾在他的书中提到,他遇到了居住在杭州的摩洛哥老乡布什里。《宋会要辑稿》记录,在这年六月:"其王阿苏遣使婆罗钦、三摩泥等来贡方物。"这里的"三摩泥"即"索马里"的译音,其使者在宋受到了隆重的接待。13世纪,《元史》记载,在贾耽出使埃及的第二年,即1283年9月,就有古答奴国"因商人阿畏等来言,自愿效顺"。"这个古答奴国为当时的埃塞俄的古译,可见埃塞俄比亚是与元朝最早结交的非洲国家之一。"[2] "这些都使当时中国人对北非来华阿拉伯商人有了更丰富、更深刻的了解。整个非洲的数百个地点发现了中国古瓷,其分布之广,数量之多,种类之丰富,延续时间之长,实在令人惊叹不已。可以毫不夸张地说,非洲是一座中国古瓷的巨大宝库。"[3] 这些正是宋元时期海上丝路扩展为广阔的贸易网的结果。

第二个特点,中国沿海港口城市空前繁荣。从唐代开始,中国的海外贸易开始逐步扩大。海外贸易持续发展,沿海港口也一直保持着繁荣。韩愈在《送郑尚书序》中描述广州海外贸易之兴盛时说:"外国之货日至,珠、香、玳瑁、奇物溢于中国,不可胜用。"刘禹锡有诗描述锚泊广州港的番船情景曰:"连天浪静长鲸息,映日帆多宝舶来。"[4]

---

[1] 杜瑜:《海上丝路史话》,社会科学文献出版社2011年版,第100页。

[2] 杜瑜:《海上丝路史话》,社会科学文献出版社2011年版,第107页。

[3] 杜瑜:《海上丝路史话》,社会科学文献出版社2011年版,第108页。

[4] (唐)刘禹锡撰:《刘宾客诗集》,载《南海马大夫远示著述兼酬拙诗辄著微诚再有长句时蔡戎未弭故见于篇末》,上海古籍出版社1993年版。

东南亚本土是"昆仑"海商贸易的主要对象，除此之外，北方的中国和西方的印度也是其活动范围；印度的商人则以东方中国、东南亚和西方的波斯大食作为其海外贸易的主要对象；环绕着阿拉伯海的波斯、大食等沿海国家的海外贸易则以地中海、东方的印度、东南亚和中国为主。反观中国，几千年来的传统海外贸易对象几乎没有发生什么大的变化，基本围绕太平洋西岸和印度洋北部，始终没有扩展到南太平洋的澳洲、非洲的南部和美洲等地区。①

宋元时期，海上丝绸之路贸易网初步形成，社会经贸繁荣，国家坚持对外开放的新政策，航海技术也在迅速提高，最终体现在中国沿海港口城市的空前繁荣上。这时期"无论南海航路还是东海航路都很繁荣：东海航路与日本、高丽的交往进一步得到发展；南海航路又有进一步的扩展，各条航路都有相对固定的出海港口"②。这一时期，我国沿海从北到南开放的港口有：北方的山东半岛登州、密州，长江口岸有镇江府、江阴军、平江府的太仓县、秀洲的华亭县、青龙镇、上海港，浙江沿岸有杭州、明州、温州，以及福建的泉州、广东的广州等。最后形成了我国宋元时期著名的三大名港：明州、泉州、广州。

元朝时期，发达的陆上和海上交通为中外贸易往来和多元文化交流提供了极为便利的条件。众多国人跟随远征军或商队而移居国外，同时把技术和文化传播到了异域。而随着航海技术的发展，也使众多西域人入元为官、经商和游历，并有许多人定居于此，为中国带来了多样的文化。中国文化在这个时期大踏步走向世界，元帝国区别于中国其他朝代的一个显著特征就在于它是一个世界帝国，广泛的东西方文化交流与蓬勃发展的对外贸易都是它的显著特征。

从当时的世界海洋贸易角度来看，印度洋贸易网在11—15世纪期间是世界上最完备也最具活力的贸易网络，其路线之长，港口之繁忙，流通商品之多样化，都为当时世界之最。由于优越的地理优势，亚洲南部和东部海岸逐渐发展为世界性的海洋贸易中心。商人在这里定期往来，交易商品的同时也交流观念和思想，与当地土著居民也逐渐融合，最终形成了多元文化交融的村落和城市。

---

① 刘迎胜：《丝路文化·海上卷》，浙江人民出版社1995年版，第12页。
② 杜瑜：《海上丝路史话》，社会科学文献出版社2011年版，第127页。

无论是具有神秘色彩的传说或史料的记载，围绕海洋而发展起来的亚洲确实极富活力，无数地中海沿岸和欧洲的商人慕名而来，他们耳濡目染后传回本国的信息和报道进一步增强了亚洲沿海地区的吸引力，为直航亚洲航线的发现以及美洲大陆的发现奠定了基础，间接推动了历史进程的发展。

四、营商环境

考察历史货币的走向，是探讨古代对外经济文化交流的一个重要方面。南宋著名学者洪遵（1120—1174）所著的《泉志》十五卷，是我国第一部钱币学专著。书中记录了洪遵本人来广州后的亲身经历的史实，而且是记载大食国与宋朝贸易使用金币的事，他说："右大食国钱。《广州记》记曰：'生金出大食国，彼方出金最多。凡诸贸易，并使金钱。'《国朝会要》记曰：'大中祥符九年十一月，大食国以金钱、银钱各千文入贡。'余按，此钱以金为之，面文象形，形制甚小，余至南海尚见之。"中国的钱志中出现多种外国货币，从一个侧面反映了中外对外交流的日益频繁。[①]

唐代海上丝绸之路兴盛的一个重要原因，与隋唐时期中国政府对海外贸易采取的一系列保护、鼓励政策有关。宋元时期，中国不仅对络绎不绝的阿拉伯商人给以优惠的经济利益，还会为促进双边贸易做出突出积极贡献的阿拉伯商人授予官职，以资鼓励。

唐代政府对外国人尤其是商人十分宽容，允许他们在中国自由贸易或开铺经营，即使在唐都长安，也有大量的蕃商、胡商前往开店经营。《长安志》卷十中描写了大食商人在长安的情景，"浮寄流寓，不可胜数"[②]。王国维的《读史》中写道："南海商船来大食，西京祆寺建波斯。远人尽有如归乐，知是唐家全盛时。"其中描写的就是大食人在唐代经商的繁荣景象。唐代海外贸易的兴盛，"对外文化传播之深远，都在历史上创造了一个前所未有，甚至有些地方

[①] 刘迎胜：《丝路文化·海上卷》，浙江人民出版社1995年版，第74页。
[②] （宋）宋敏求：《长安志》，台北成文出版社1980年版，第240页。

绝无仅有的高度"①。

　　海外贸易的繁荣，也与开放的国策有关。开放，似乎是大唐王朝留给世人的第一印象。唐朝政府对于前来通商贸易的外国商人，采取宽容的政策，允许外国商人在大唐境内自由经商贸易。唐玄宗时期，为了打击广州港上贪污盛行的不良之风，在短期内出现了《旧唐书》描述的"遐方之地，贪吏敛迹，中使市舶，亦不干法"②的良好局面。"外国商人可以毫无限制地深入中国内地，他们经常出现在通都大邑，也经常出现在穷乡僻壤，他们足迹遍天下，不管在内地多么偏僻的山村中野店，也可以遇到通商的商胡。"③

　　中国的商贸环境不仅开放、法治严明，还公平、安全、诚信，《中国印度见闻录》记载：

　　　　中国在行政上的卓越成效，实在令人惊叹。其中的一个事例，就是法制，中国人打心底尊重法治。裁判官是经过遴选的，他们必须通晓法律知识；讲究实话；在任何场合都能主持正义；对有权有势的人，不偏袒姑息，不睁一只眼，闭一只眼，而是始终把握他们的事实；对平民百姓的金钱和他们手中的任何财物，要廉洁不苟；总而言之，要选拔在这些方面使中国人感到没有疑虑的人。④

《伊本·白图泰游记》中有关中国安全的商旅环境的记载如下：

　　　　对商旅说来，中国地区是最安全最美好的地区。一个单身旅客，虽携带大量财物，行程9个月也尽可放心。因他们的安排是每一投宿处都设有旅店，有官吏率一批骑步兵驻扎。傍晚或天黑后，官吏率录事来旅店，注意点

---

① 李燕：《古代中国的港口——经济、文化与空间嬗变》，广东经济出版社2014年版，第47页。
② （后晋）刘昫等撰：《旧唐书》卷九十八，"卢怀慎传附子卢奂传"，中华书局1975年版，第3068页。
③ 傅筑夫：《中国封建社会经济史》（第4卷），人民出版社1986年版，第460页。
④ 《中国印度见闻录》，穆根来、汶江、黄倬汉译，中华书局1983年版，第108页。

名查对，并缮具详细报告，派人送往下站，当由下站官吏开具单据证明全体人员到达。如不照此办理，则应对旅客的安全负责。中国各旅站皆如此办理，自隋尼隋尼至汗巴里各旅站皆亦如此。此种旅店内供应旅行者所需的干粮。特别是鸡和米饭。至于绵羊，他们这里较少。[①]

《伊本·白图泰游记》中还记录了阿拉伯商人在中国寄宿时的各种细节：

如愿意寄宿在商人家里，那商人先统计一下他的财物，代为保管，对来客的生活花费妥为安排。来客走时，商人如数送还其财物，如有遗失，由商人赔偿。如愿意住旅馆，将财物交店主保管，旅店代客人购买所需货物，以后算账。如来客想任意挥霍，那是无路可走的。[②]

《中国印度见闻录》中还记载了中国重视教育的特点："每个城市有一个学校，学校里有教员，对穷人及其子女进行教育。这些教员的费用由国库支付。"[③]

综上所述，在阿拉伯地理学古籍中，有关中国城市规模与营商环境的描写相对不是很多，但从已有的描述中可以看出，阿拉伯人眼中的中国是地大物博、物产丰富、政策开明、诚信交易、公平公正的。

第二节 中阿文明互学互鉴：典籍和古地图的比勘，文化、语言和技术的互学

古代的丝绸之路是中阿友好往来的基础，尤其是海上丝路，所汇聚的是

[①] [摩洛哥]伊本·白图泰：《伊本·白图泰游记》，马金鹏译，华文出版社2015年版，第399页。
[②] [摩洛哥]伊本·白图泰：《伊本·白图泰游记》，马金鹏译，华文出版社1985年版，第398页。
[③] 《中国印度见闻录》，穆根来、汶江、黄倬汉译，中华书局2001年版，第11页。

开放、包容、合作、共赢的价值理念。中华民族引以为傲的四大发明正是通过西亚、北非的阿拉伯人传到欧洲去的，7世纪中叶，伊斯兰文明开始进入中国，并逐渐融合到了中华文明之中，已成为中华民族文化不可或缺的内容之一。虽然在有关中国的记载中出现了例如怛罗斯战役以及文化差异等插曲，但中国与阿拉伯国家的关系在中世纪时期就表现出相互理解和相互尊重的特征，这些交往中的插曲并没有影响中阿关系，反而让中阿之间的经贸、政治、文化交往更加密切。直到伊本·白图泰所在的蒙元时代，有更多的阿拉伯人通过更为系统化的海上贸易网络来到中国，这些海上贸易网络通过印度洋连接了欧亚大陆的东西方。因此，和平交往是中华文明与阿拉伯文明交往的历史主轴与交往常态，堪称人类文明交往的典范[1]。中阿自古以来就友好交往不断，双方在丝绸之路上的友谊薪火相传，延续到现当代，又得到更深、更广程度的发扬。[2]

历史上，东西方地理典籍都有关于中阿海上丝绸之路上"文明互鉴"的记载，彰显了人类文明进步的共同价值取向。中阿通过海上丝绸之路有了更加密切的交往和相互交流、学习的机会，阿拉伯国家方面与中国最密切交流的是医药、航海相关的天文学、数学等，中国的科学技术和伟大发明也通过阿拉伯国家西传，中阿文明交往主要体现在以下三个方面。

一、中阿地理典籍对勘与古地图上相互密切地关注

中阿交往源远流长。历史上，中华民族和阿拉伯民族都具有悠久的历史和古老的文明，为人类文明的发展做出了巨大的贡献。双方的文明交往必然留下相互记载的痕迹，特别是在历史、地理典籍中，从而形成双方认知形象的雏形，并随着时代的变迁不断发展和深化。在中阿双方从无到有、由少及多的交往过程中，彼此间开始有所认知和了解是毋庸置疑的。中世纪阿拉伯地理典籍中保存了大量关于中阿丝绸之路交往的历史记录，这些史料有着非常珍贵的价

---

[1] 丁俊：《论中国与伊斯兰国家间的"民心相通"》，《阿拉伯世界研究》2016年第3期。
[2] 朱威烈：《学思刍议——朱威烈文选》，世界知识出版社2017年版，第225页。

值，我们将其与中国历史典籍的内容进行对勘，还可以从阿拉伯人的视角反观中国文化和中国形象。目前已有国内学者进行过此类工作，例如，华涛提到，"《中国印度见闻录》中谈及的从阿拉伯半岛前往中国的海路路线和沿途岛屿，与贾耽描述的第七条大道'广州通海夷道'的情况基本吻合""《中国印度见闻录》的有些记载比较容易与历史对接，如记载了中国使用带孔的铜钱[1]，如中国男人'总是留着满头长发'[2]；再如中国人婚姻注意到'凡是亲属，或同一血统关系的男女不能结婚，只能到本族以外去求亲'"[3] "虽然《中国印度见闻录》的作者很可能并没有到过中国，但其中记载的中国资讯，应该是亲身经历者在巴格达流传开的，有些可以补充中文文献中缺少的内容。"[4] 在本书第三章第三节、第四节分别就中阿地理典籍和古地图中的内容进行了详细比勘。

二、中阿文明交流互鉴

刘迎胜指出："'丝绸之路'的意义在于，不论一个文明的发展程度怎么高，其区域内人们的智慧仍是有限的，因此，跨文化的交往中得到其他文明的启示，从而丰富自己原来的文明是非常重要的。"[5] 文化交流与文明互鉴已成为新时代中阿共建"一带一路"的重要支柱。中国文化和阿拉伯文化是具有悠久历史并影响人类进步的两种重要文化。著名的丝绸之路将两者紧密连接在一起，丝绸之路不仅仅是贸易之路，更是交流之路、文明之路。

在中阿文明交流互鉴中，有两点是不应该忽视的，一种是语言作为交流工具的重要作用，另一种是技术上的相互学习和影响，两者都在推动人类文明进步上具有重要的作用。

---

[1] 《中国印度见闻录》，穆根来、汶江、黄倬汉译，中华书局1983年版，第99页。
[2] 《中国印度见闻录》，穆根来、汶江、黄倬汉译，中华书局1983年版，第20页。
[3] 《中国印度见闻录》，穆根来、汶江、黄倬汉译，中华书局1983年版，第120页。
[4] 华涛：《中文和阿拉伯—波斯文古籍中的"一带一路"》，《新世纪图书馆》2016年第11期。
[5] 孟繁玮、缑梦媛：《从"丝绸之路"到"一带一路"——刘迎胜访谈》，《美术观察》2018年第4期。

在语言方面，许多阿拉伯人迁到中国后，因与汉族交流不便，逐渐学习汉语作为交流的共同语。但由于阿拉伯人宗教活动以及读经学义的需要，他们所说的汉语中也掺杂着一些阿拉伯语词汇，也就是现在的阿拉伯语借词①。汉语里有一些比较特别的姓，也与阿语词汇有着密切的关系。尽管阿拉伯语对汉语的影响不大，借词并不多，比如葫芦巴（حلبة halba）、没药（مر murr）、蒜（ثوم thaum）等，但是阿拉伯语还是对汉语以及我国以回族、维吾尔族为代表的10个主要少数民族的语言产生了重要影响。在与语言密切相关的文学领域，特殊的社会结构和发达的城市经济，哺育了一批用汉文写作的少数民族作家，所谓："有元之兴，西北子弟，尽为横经，涵养既深，异才并出……亦可谓极一时之盛者欤！"②西域作家的大量涌现为元代文学增添了极为独特的风景。随着时间的推移，阿拉伯人对"中国"的认知从传奇表述中逐步走向现实世界。忽必烈的弟弟旭烈兀建立的伊利汗国与元朝往来密切，而阿拉伯文化圈对中国的了解也进一步加深："乞台（契丹）、秦（北方中国）、摩秦（南方中国）以及与之毗邻的其他国家的著作却从未传入我们这里，即使偶有传入，也没有人将其进行翻译，我们也因此无从领略他们发明的各种机械器具的妙用，无从了解他们根据亲身的经验、生活的环境和自己的天性而对许多疑难问题进行思考所得出的精到见解和结论。"③

在技术和工艺方面，中阿双方也有广泛的交流和促进。唐玄宗天宝二年（743）十二月，唐大和尚鉴真法师举帆东下，从扬州东渡日本，所带货物当中"有毕钵、诃黎勒、胡椒、阿魏、石蜜、蔗糖等五百余斤、蜂蜜十斛……"④。阿魏是阿拉伯医方中的树脂。石蜜即冰糖，《回回药方》称之为"锭子砂糖""法

---

① 借词：借入外语词是阿拉伯语中仅次于派生构词的主要构词手段，是阿拉伯语词汇发展的重要途径。阿拉伯人借入外语词的主要方法有音译、意译和阿拉伯化，这些词合起来统称为借词。

② （清）顾嗣立：《元诗选·戊集·萨经历都剌》，中华书局1987年版，第1186页。

③ 邱江宁：《13—14世纪纪行文学中的丝路书写》，《中国社会科学报》2019年5月6日。

④ ［日］真人元开：《唐大和上东征传》，中华书局1979年版。

尼的砂糖"。这两者都是阿拉伯方剂中的常用药。我国的火药发明于唐朝,到宋代已经正式用于制造火器了;这种火药约于13世纪下半叶传入埃及,他们把硝石称为"中国雪"[①]。"这个时期(宋元时期)埃及也有不少成就,随着大批阿拉伯人来到中国而将这些成就传来。诸如埃及天文学家伊本·尤尼斯的历表,对我国历法制作有很大的影响。元代以后,我国天文仪巨型化,也是受埃及影响的结果。""难怪伊本·白图泰在中国看到中国制糖术后说道'中国制糖之多,一如埃及;其糖之质,比埃及尤佳'[②]。"可见中阿经济文化相互交流、相互吸收,推动人类文明的不断发展。

众所周知,中国人发明的纸取代了易撕碎的莎草纸和昂贵的羊皮纸,促进了阿拉伯帝国甚至全世界书籍和图书馆的发展,如李约瑟所说,造纸技术"为欧洲的文艺复兴铺平了道路"。8世纪中叶,怛罗斯战役之后,阿拉伯军队带回撒马尔罕的唐军俘虏中有几个造纸工匠,造纸术从中国传入撒马尔罕。怛罗斯战役之后,杜环被俘后经中亚到中东,在阿拉伯世界的中心区域中东、北非、东非等地游历十来年,才通过海上丝绸之路搭商船经海路返回中国,写成的《经行记》记录了在阿拉伯的唐人工匠:"绫绢机杼,金银匠、画匠、汉匠起作画者,京兆人樊淑、刘泚,织络者河东人乐环、吕礼。"到8世纪末,巴格达建立了阿拉伯国家第一座造纸厂。随后,造纸厂相继出现,大约在900年或更早一点,埃及建设了造纸厂,摩洛哥大约在1100年,西班牙大约在1150年,先后设厂造纸。各种纸张,白纸和彩色纸,都制造出来了。在巴格达、萨马拉[③]等城市创设了肥皂厂和玻璃厂的穆耳台绥木,据说曾奖励造纸工业。"写在纸上的最古老的阿拉伯语手稿,流传到现在的,是一本关于圣训学的论文,书名是《奇异的圣训》(*Gharib al-H aduh*),著者是艾卜·欧拜德·嘎西木·伊本·赛拉木(837年卒),写作的年月是回历252年11月(866年11月13日—

[①] 杜瑜:《海上丝路史话》,社会科学文献出版社2011年版,第105页。
[②] 杜瑜:《海上丝路史话》,社会科学文献出版社2011年版,第105页。
[③] 萨马拉:伊拉克古城,曾是9世纪阿拔斯王朝的首都。

12月12日），藏于莱登大学图书馆。"① "一位基督教的作家所写作的最古老的著作，是关于神学的，著者是艾卜·古赖（约在820年卒）"② 10世纪的阿拉伯地理学家伊本·纳迪姆在其文献学著作《群书类述》中讲道："呼罗珊纸是用亚麻制作的，有人说始于倭马亚时代，也有人说始于阿拔斯时代，有人说很古老，也有人说是近期才有的。据说是中国工匠到呼罗珊造出来的。"阿拉伯地理学家麦格迪西在《各地知识的最佳分类》里提道："花剌子模之弓箭，石国之陶盘，撒马尔罕之纸张，均可谓举世无匹。"12世纪末，造纸术从阿拉伯国家通过西班牙和意大利传入欧洲。后来，欧洲又发明了活字印刷术（1450—1455）。因此，现在欧美两洲的人民才有可能受到普及的教育。

关于与造纸术密切相关的印刷术，中国比欧洲早400多年，其成品很快就流通至阿拉伯国家。"阿拉伯人用它印刷了《古兰经》，保存至今的最早的印刷品是埃及在10世纪的制品。20世纪50年代，在埃及出土了30块雕刻着阿拉伯文的木板，其阳刻方法和板框式样同中国的雕版完全相仿。"③

此外，对阿拉伯国家影响最长久、最广泛的是中国的陶瓷业。在今天开罗前身的福斯塔特、亚历山大港、苏丹的苏哈尔港、黎巴嫩的巴勒贝克城、叙利亚的哈马等阿拉伯城市都发现了中国瓷器的残片，这都是中阿海上陶瓷之路的历史见证。

旧大陆各民族通过海上丝绸之路相互交流的不仅是物质文化，而且也包括精神文化。印度的佛教、印度教，西亚的摩尼教、犹太教、伊斯兰教，欧洲的天主教和基督教先后传入中国，印度的语言学以及印度、阿拉伯的星历学对中国产生过重大影响。长达2000多年的中国文化在东亚北至日本、南抵越南的范围内形成了一个有强大生命力的汉文化圈，中国的磁针导航术、绘画、历史知识、纸币等均传至旧大陆各国。④ 通过海上丝绸之路，中阿之间频繁密切

---

① ［美］菲利浦·希提:《阿拉伯通史》（上册），马坚译，新世界出版社2008年版，第314页。
② ［美］菲利浦·希提:《阿拉伯通史》（上册），马坚译，新世界出版社2008年版，第314页。
③ 宋岘:《中国阿拉伯文化交流史话》，社会科学文献出版社2011年版，第84页。
④ 刘迎胜:《丝路文化·海上卷》，浙江人民出版社1995年版，"绪论"第6页。

的往来促进文明互鉴。中国的医学、农学、造纸术、印刷术、指南针技术等，经由阿拉伯地理学家、历史学家等学者翻译、传播，被广泛介绍到中亚、西亚，最终传播到西方，从而对世界文明的发展产生了重要影响。

第三节 留居中国的阿拉伯商人

海上丝绸之路中阿文明交流的重要体现因素之一是伊斯兰教入华。研究回族史的中国学者一直长期关注着伊斯兰教传入中国的时间问题。刘迎胜称："在明代以来的汉文文献中，伊斯兰教入华的时间有隋开皇年、隋大业年、唐武德年、唐贞观年和唐永徽年诸说。其中隋开皇年说因其时穆罕默德尚未创立伊斯兰教，不足为信。隋大业年伊斯兰教尚处于初创阶段，传入中国的可能性甚微。其他诸说从伊斯兰教本身发展的角度来看，均已在可能的范围之内。"[①]

《闽书》[②]中载麦地那国穆罕默德有四大贤人，武德年间（618—626）入唐，其中一位贤人传教于广州，另一位贤人传教于扬州，还有两位贤人传教于泉州。泉州之灵山即此两位贤人的墓地。其实，泉州灵山圣墓的阿拉伯文题记系书于元代，墓本身可能是宋代的。唐贞观年说的根据是广州的斡葛思墓碑。斡葛思即上述四位贤人中到广州传教的那一位贤人。唐永徽二年（651）一般被学者视为伊斯兰教传入中国之始，其根据是《旧唐书·大食传》的记载，传说永徽二年，大食"始遣使朝贡"。其实这是把唐与大食通使建立外交联系的时间与伊斯兰教传入的时间混淆起来了。这并不是说在大食使者来华之前就没有穆斯林来中国，只是说明在此之后来华的穆斯林人数日益增多了。[③]

从留居中国的阿拉伯商人的生活状况来看中阿人文交往与文化融合。杨怀

---

① 刘迎胜：《丝路文化·海上卷》，浙江人民出版社1995年版，第122页。
② 《闽书》：明代何乔远撰，是福建现存最早的完整省志，保存了许多有关福建地方史以及中国古代政治、经济、军事、文化、中外关系等诸多方面的珍罕记载。
③ 王怀德：《唐代中国与阿拉伯的友好关系》，《西北民族研究》1998年第1期。

中曾在《唐代的番客》一文中描写了阿拉伯商人的来华生活:"丝绸之路的商道受到朝廷保护,来往的阿拉伯贡使、商人可在驿站投宿,可乘骑驿马。"[①]还有谈到阿拉伯商人的形象:"阿拉伯的贡使、商人骑着高高的骆驼越过中亚草原、新疆戈壁,来到了黄河绿洲——灵州、兰州城下或六盘山下萧关古城(今固原),在这里洗去塞外风尘,然后再缓缓进入长安或洛阳。"谈到南方海港的景象是"经商云集,云帆遮天,一派繁荣昌盛的景象"[②]。由此可见在中国人眼中的来华阿拉伯商人的生活状态。

留居中国的阿拉伯商人最初是由于受到季风规律、货品储存等因素的影响,暂时居住在中国东南沿海的港口城市,特别是前文提到的广州、泉州、杭州、扬州等。后来有些阿拉伯商人长期居住在中国,甚至有些外国人居住十年之久,外国人居住区被称为蕃坊。"蕃坊"这个名称初见于唐文宗大和年间(827—835)房千里所著之《投荒杂录》,其文曰:"顷年在广州蕃坊时,献食多用糖蜜、脑麝,有鱼俎,虽甘香而腥臭自若也。"[③]至唐代,已经有不少大食、波斯、天竺、狮子国、真腊、诃陵等国蕃客留居广州,所以宋人说广州汉人"与海中蕃夷、四方之商贾杂居"[④]。至唐末,广州已经发展成为一个国际性的大城,外国人占据城中居民的相当大比例,其绝对数量已经发展到极其惊人的程度。据大食地理学家记载,当时那里有蕃人12万人,又说有20万人。[⑤]

宋元时期,中国与阿拉伯国家在海上丝绸之路上的交往达到了顶峰,相互之间的经济文化交流也达到了高峰。这一时期,留居在中国的大量的阿拉伯商人里,有很多是埃及人,他们主要居住在诸如广州、泉州、杭州、扬州这样的南方海港城市。前文提到,伊本·白图泰就是在杭州遇到了自己的摩洛哥商

---

① 杨怀中:《唐代的番客》,载《伊斯兰教在中国》,宁夏人民出版社1982年版,第107页。
② 杨占武:《回族语言文化》,宁夏人民出版社1996年版,第11页。
③ (清)顾炎武:《天下郡国利病书》卷140,上海古籍出版社2012年版。
④ (宋)章望之:《重修南海庙碑》,载《全宋文》卷1275,第29册,上海辞书出版社2006年版,第355页。
⑤ 《中国印度见闻录》,穆根来、汶江、黄倬汉译,中华书局1983年版,第96页;并见同书第140页中译者所引马苏第(即麦斯欧迪)之《黄金草原》的记载。

人老乡。这说明他们已经很好地适应了不同的文化之间的差异。这在《岭外代答》和《诸蕃志》的记载中可以得到证明，很多北非的阿拉伯人来中国居住，使两者的文化有更多、更深的了解。有些大食人由于在中国久居或通晓中国事务，成为"中国通"以后，他们因在名字后面获得"中国"附名而感到荣耀，例如雅古特的《地名辞典》中提到这样一个人，他因长期在中国经商而获得"中国"附名："伊布拉欣·本·伊斯哈格·中国人（隋尼），是伊拉克库法人，他曾经航海来到中国，遂以中国为姓。""出身于西班牙的教法官阿卜勒·哈散·萨阿德·哈依尔·安萨里从马格里布来到中国，因其才华出众，死后也得到了'中国'附名。著名圣训学家阿卜·阿姆尔·哈米德在华也常被称作'中国的哈米德'。"[1]

自唐宋以来，不少波斯、大食商人从南海坐船来中国贸易，寄居在南方的对外贸易港。入元以来，回回人继续从海路入华，并定居于沿海港市。例如至大年间重修泉州"圣友之寺"的阿合马，即为耶路撒冷人。与从陆路入华的回回人不同，他们的文化更多地体现了阿拉伯色彩。近数十年来在泉州发现了许多元代伊斯兰教文物如回回人墓碑、礼拜寺碑铭等，有相当一部分是阿拉伯文的。[2]在其他地方也发现过阿拉伯文的元代伊斯兰教文物，如广州怀圣寺的元末阿拉伯文碑铭、扬州的元代阿拉伯文墓碑、北京牛街清真寺内的元代阿拉伯文墓碑等。至正年间的泉州《重修清净寺碑记》，提到了清净寺内的四种教职："……摄思廉（Shaikh al-Islam），犹华言主教也；……益棉（Amin Imam），犹言主持也；没塔完里（Mutawalli），犹言都寺也；谟阿津（Mu'azzin），犹言唱拜也。"[3]这些均为阿拉伯语的音译，与沿陆路入华的回回人习用波斯语明显有异。

在《中国印度见闻录》和《伊本·白图泰游记》中也有不少对于来华阿拉伯人生活状态的生动记载。

---

[1] 杜瑜：《海上丝路史话》，社会科学文献出版社2011年版，第97页。

[2] 吴文良：《泉州宗教石刻》，科学出版社1957年版，第1—26页。

[3] 吴文良：《泉州宗教石刻》，科学出版社1957年版，第22—24页。

一、《中国印度见闻录》中的来华阿拉伯人形象

《中国印度见闻录》中提及来华阿拉伯人的情况较少，只有两处。

一是商人苏莱曼记述的关于当时广州蕃坊的情形。

> 阿拉伯商人苏莱曼提到，在商人云集之地广州，中国官长委任一个阿拉伯人，授权他解决这个地区各阿拉伯人之间的纠纷；这是照中国君主的特殊旨意办的。每逢节日，总是他带领全体阿拉伯人作祷告，宣讲教义，并为阿拉伯人的苏丹祈祷。此人行使职权，并未引起伊拉克商人的任何异议。因为他的判决是合乎正义的，是合乎尊严无上的真主的经典的，是符合伊斯兰法度的。①

杨怀中提道："在唐代，侨居中国的阿拉伯人有自己的教长、法官的职权，不仅限于广州，其他中国城市，有阿拉伯人的地方，就有阿拉伯人的法官、教长。"②

二是广州居民抵抗黄巢。事件发生在伊历264年（879），黄巢军将广州居民困在城内，攻打了好些时日。最后，黄巢军攻破城池，屠杀居民。熟悉中国情形的人都知道，这场战役死伤无数，除去中国人，仅居住在广州城中各种宗教的商人包括伊斯兰教徒、犹太教徒、基督教徒、拜火教徒，死亡的人数将近12万。虽然这个数字有可能被夸大，但是这也间接地反映出唐代广州就已经有很多阿拉伯人居住和生活了。

唐宋时代，包括阿拉伯、波斯诸国商人在内的蕃商入华经商，不仅进一步沟通了东西方的交往，增进了相互间的了解和友谊。同时，诸多蕃商频繁来华，以至侨居中国，更为经济的繁荣和阿拉伯文化以及伊斯兰教在中国的传播做出了极为重要的贡献。伊斯兰教在两宋时期的传播，其实跟唐代一样，主要是在

---

① 《中国印度见闻录》，穆根来、汶江、黄倬汉译，中华书局2001年版，第7页。
② 杨怀中：《回族史论稿》，宁夏人民出版社1991年版，第69页。

留居和侨居的阿拉伯人、波斯人以及后裔中间传播,这是伊斯兰教在中国初步传播的一大特点。

二、《伊本·白图泰游记》中居住于中国的阿拉伯人形象

伊本·白图泰到达中国时,正值中国的元代。他到中国后,每到一地即有当地阿拉伯人接待,同时,他还拜访当地的教长、法官和富商。他说:

> 我们到达刺桐之日,遇到了那位携带礼品出使印度的使节,他曾同我们结伴,他所乘的船沉没。见面后他向我问好,并把我介绍给衙门的主管,承蒙他把我安置在一座美丽的住宅里。穆斯林的法官塔准丁·艾尔代威里来看望我,他是一位好义的高尚人士。巨商们来看望我,其中有舍赖奋丁·大不里士,他是我去印度时曾借钱给我的一位商人,待人甚好。他能背诵《古兰经》,并常诵不断。这些商人因久居异教徒地区,如有穆斯林来,都欢喜若狂地说:"他是从伊斯兰地区来的呀!"便把应交纳的天课交给他,他立即成了像他们一样的富翁。①

提到城市里的阿拉伯人居住的社区时,伊本·白图泰说:

> 城里有一地区是穆斯林区,内有清真寺和道堂,以及街市,还有法官、教长各一人。中国每一城市都有教长一人,总管穆斯林事物。另有法官一人,处理穆斯林间的诉讼。②
> 我们寄住在奥哈德丁·希贾勒处,他是一位家资富有的善良人士,共住

---

① [摩洛哥]伊本·白图泰:《伊本·白图泰游记》,马金鹏译,宁夏人民出版社1985年版,第399页。
② [摩洛哥]伊本·白图泰:《伊本·白图泰游记》,马金鹏译,宁夏人民出版社1985年版,第543页。

了十四天，法官和其他穆斯林在此期间络绎不绝地送来了珍奇礼品，每天举行宴会，请来歌手助兴。①

到达汗沙城（即今日杭州）时，伊本·白图泰说：

我们到达时，有法官赫伦丁、当地的谢赫伊斯兰，以及当地的阿拉伯要人埃及人士欧斯曼·伊本·安法尼德儿子们，都出城迎接，他们打着白色旗帜，携带鼓号。城长也列队出迎。

第三日进第三城，阿拉伯人们住在此城内，城市美丽，市街布局如伊斯兰地区一样。内有清真寺和宣礼员，进城时正当为晌礼宣礼时，声闻远近。

在此城，我们寄宿于埃及人士欧斯曼·伊本·安法尼之子孙的家中。他是当地一大巨商，他十分欣赏此地，因而安居于此，该城亦以此而出名。他的子孙在此继承了他的声望，他们一仍其父辈的怜贫济困之风。他们有一道堂，亦以欧斯曼尼亚著名，建筑美丽，慈善基金很多，内有一批苏菲修道者。欧斯曼还在该城修建了一座清真大寺，捐赠该寺和道堂大量慈善基金，该城的阿拉伯人很多。②

关于中国的民俗习惯，在《中国印度见闻录》和《伊本·白图泰游记》中都有很多描写。

《中国印度见闻录》中的描写有："中国人不带头巾。""中国人吃死牲畜。女人的头发露在外面，中国女人让其头发随意飘动。""中国人崇拜偶像，他们在偶像前做祷告，对偶像毕恭毕敬。中国人有宗教书籍。中国人和印度人屠宰

---

① ［摩洛哥］伊本·白图泰：《伊本·白图泰游记》，马金鹏译，宁夏人民出版社1985年版，第400页。

② ［摩洛哥］伊本·白图泰：《伊本·白图泰游记》，马金鹏译，宁夏人民出版社1985年版，第404页。

牲畜时，不是割其喉让血流出，而是击其头致死。"①

《伊本·白图泰游记》中描写的中国的民俗习惯有："中国人是膜拜偶像的异教徒，像印度人一样火化尸体。""中国的异教徒食用猪狗之肉，并在市街上出售。他们生活富裕，但不讲究吃喝。你看他们中的一位资财富有的巨商，却披着一件粗布大衣。"②

从这些民俗习惯的描写中，我们可以看出，阿拉伯人眼中的中国人安居乐业、家道殷实，但是却十分勤俭。对于日常生活中的有些事情，由于宗教的原因，阿拉伯人是不能理解的。从这几本著作的描写中，我们发现，阿拉伯人对于中国民俗习惯的描写都是非常随意松散的，甚至有夸大夸张的嫌疑。伊本·白图泰描写中国的鸡，体格非常大，"只得分两锅煮"，他说"我以为它是一只鸵鸟"，甚至鸡主人告诉他"在中国还有比这更大的呢"③。

对比《中国印度见闻录》，我们从《伊本·白图泰游记》中可以得到以下的认识：

（1）自唐代初期阿拉伯人进入中国境内以来，由于往返时间太长，他们中的很多人都以来华贸易的"蕃商"的身份定居在中国，并形成"聚集地"。《宋史·大食传》中记载："熙宁中，其使辛押陁罗乞统察蕃长司公事，诏广州裁度。"④可见，当时已经设有蕃长司这一机构，地方政府对它直接进行管辖。

居住于中国的阿拉伯人在两宋时期相对于以往来说，无论是在居民数量、拥有的财富数量，还是居住环境、社会影响力等各方面，都有明显的提高。《伊本·白图泰游记》中提到的在华生活的阿拉伯人都是上层人物，他们不仅是当地具有影响力的巨商，而且拥有一定的职务，如教长、法官。他们定居于此，

---

① 《中国印度见闻录》，穆根来、汶江、黄倬汉译，中华书局2001年版，第10、20、23页。

② ［摩洛哥］伊本·白图泰：《伊本·白图泰游记》，马金鹏译，宁夏人民出版社1985年版，第546、547页。

③ ［摩洛哥］伊本·白图泰：《伊本·白图泰游记》，马金鹏译，宁夏人民出版社1985年版，第555页。

④ （元）脱脱等：《宋史·大食传》，中华书局1977年版，第14121页。

在当地有着重要的地位，该地区也因为他们而出名。和《中国印度见闻录》中来华居住的阿拉伯人相比，他们来自更多的国家和地区，如阿拉伯、波斯、埃及、摩洛哥、伊朗等。

（2）元朝对各种宗教采取兼容并蓄政策，伊斯兰教在中国各地可以自由地进行宗教活动并传播、发展。从唐到宋，伊斯兰教在中国传播的区域不断扩大。《伊本·白图泰游记》中提道："中国各个城市都有阿拉伯人居住的地区。"[①] 这一描写是非常真实的，与伊本·白图泰访华几乎同时期撰写的中山府（今河北定县）《重建礼拜寺记》中也有类似的记载。伊本·白图泰还提到，各地都有清真寺、宣礼员以及谢赫·伊斯兰（意为"伊斯兰之长"或者主教、宗教长）。而且元代时居住在中国的阿拉伯人的地位非常重要。从这几点我们可以看到：首先，伊本·白图泰到达中国后，中国的可汗和地方长官对他表现出了热烈的欢迎并进行了高规格的接待；其次，阿拉伯商人在中国经商非常安全。伊本·白图泰称中国为"最安全最美好的地区"。居住在中国的阿拉伯人之所以能够安全地经商甚至成为当地的巨富，与政府的保护和支持是分不开的。所以，相比于唐宋时期，元朝时居住在中国的阿拉伯商人占有更加重要的地位。

---

① 邱树森：《伊本·白图泰眼里的中国穆斯林》，《西北第二民族学院学报（哲学社会科学版）》1993年第1期。

第六章

海上丝绸之路上的中阿交往对深化中阿共建"一带一路"的意义与启示

第一节　打造中阿"一带一路"蓝色经济通道

探究历史，会形成一种文化经验的共鸣，现实是历史的延续，国家发展战略的制定要立足于历史的客观规律和总结。"古代丝绸之路深厚的历史积淀，具有重要的实践价值，它不仅是'一带一路'倡议的思想源头，而且是共建'一带一路'的行动基础。古代丝绸之路的历史，不只是人们的记忆，更是'一带一路'建设继往开来的底蕴所在。习近平总书记指出，我们必须以更高的站位、更广的视野，在吸取和借鉴历史经验的基础上，以创新的理念和创新的思维，扎扎实实做好各项工作，使沿线各国人民实实在在感受到'一带一路'给他们带来的好处。"[①] 习近平总书记在中阿合作论坛第八届部长级会议开幕式上的讲话中提道："中阿两大民族虽相隔遥远，却亲如一家。我们在古丝绸之路上'舟舶继路、商使交属'，在争取民族独立和人民解放的斗争中并肩奋斗、患难与共，在各自国家建设事业中相互支持、互利合作，谱写了合作共赢的灿烂篇章。历史和实践证明，无论国际风云如何变幻，无论面临怎样的艰难险阻，中阿始终是互惠互利的好伙伴、同甘共苦的好兄弟。""实现复兴梦想……要牢牢抓住互联互通这个'龙头'……我们要携手打造蓝色经济通道，共建海洋合作中心，促进海洋产业发展，提升海洋公共服务能力。"[②] 中世纪阿拉伯地理古籍中记载的海上丝路中阿友好交往的历史，提供了大量有关中国的

---

① 李国强:《古代丝绸之路的历史价值及对共建"一带一路"的启示》,《大陆桥视野》2019 年第 2 期。

② 习近平:《携手推进新时代中阿战略伙伴关系——在中阿合作论坛第八届部长级会议开幕式上的讲话》, 新华社北京 2018 年 7 月 10 日电, http://www.gov.cn/xinwen/2018-07/10/content_5305377.htm。

地理信息，其中的许多信息已经成为中阿交往的重要历史文化见证，同样也是"一带一路"倡议的思想源头。

海上丝绸之路发展时间慢于陆上丝绸之路，陆上丝绸之路多依靠牲畜和陆上驿站补给完成长时间的旅行，因此古代陆上丝绸之路最大的受制因素是战乱和瘟疫导致的道路不畅通。海上丝绸之路的发展是伴随着人类生产力的发展、航海技术的成熟和各国人民之间相互交往的深入而逐渐走向繁荣，贩运东方的商品至中东甚至远销欧洲带来可观的收益吸引着商人们，对于商人、传教士和旅行家来说，都要借助他们时代最先进的港口建设、造船和航海技术作为基础，不断开拓中国与波斯、阿拉伯地区之间的航线。一些沿海城市渐渐成为海上丝绸之路的"驿站"，不仅作为船队补给必要场所，也因为商品贸易的变迁而发展成印度洋贸易网络中重要的港口城市。古代海上丝路中阿交往对深化中阿共建"一带一路"的启示主要体现在三个方面。

一、贸易推动中阿海上丝绸之路繁荣发展，在文化和技术传播方面发挥重要作用

古往今来，中国与阿拉伯国家之间的交往都是通过海陆并举的方式进行的。从唐朝开始，来自大食的商人通过贸易、传教、游学等方式建立起中国与阿拉伯世界、波斯世界的往来。《南海志》对元朝进口货物进行了记载："圣朝奄有四海，尽日月出入之地，无不奉珍效贡，稽颡称臣。故海人山兽之奇，龙珠犀贝之异，莫不充储于内府，畜玩于上林，其来者昔视有加焉。而珍货之盛亦倍于前志之所书者。"[①] 运往中国的货物多为上层阶级享用的奢侈品，其中还有很多活物，中途的补给工作至关重要。陆路交通一旦进入戈壁沙漠地区可用的补给站很少，而且不能发展物流业。海运代替陆运后，由于与沿海各国达成约定，沿岸各国港口提供充足的补给，同时还可以借元朝商船和阿拉伯商船发

---

① （元）汪大渊著，苏继庼校释：《岛夷志略校释》，中华书局1981年版，第385页。

展自身的商业贸易和物流贸易。

　　印度洋作为海上丝绸之路的重要通道和航段，在文化和技术传播过程中发挥着重要的作用。海洋文明的进步和发展离不开各国技术和文化交流，复旦大学邹振环对郑和、阿拉伯国家以及欧洲航海技术的关系作了完整的总结："我们知道，郑和曾经利用了阿拉伯的航海指南，几乎可以肯定《郑和航海图》至少部分总结了当时在许多亚洲港口已知的早期航海知识，而欧洲人正是通过土耳其军人本·胡赛因（？—1562，Sidi Reis Ibn Husain）于1553年在印度收集的资料所写的阿拉伯航海手册《海洋》（Mahit）才了解到中国牵星术的，而该书又主要取材于阿拉伯人西哈卜丁·阿赫迈德·本·马基德（Shihān al-Din Ahmad ibn Mājid）（前文提到的伊本·马吉德）于1475年写的《航海原理及准则》等著述，马基德1498年作为导航人员参加了葡萄牙航海家达·伽马的航海探险队。有关中国、阿拉伯和欧洲世界之间的知识互动还有许多值得研究的问题。可以说，郑和下西洋所使用的航海罗盘和牵星术，不仅使中国航海者开辟了一条通往亚非各国的航线，也通过阿拉伯文化这一中介，为欧洲和世界远洋航海的发展，提供了重要的技术准备。"[1]

二、古代海上丝绸之路上港口的重要性

　　古代海上丝绸之路上繁荣的港口城市促进了中国与世界进行商品、贸易、人员、文化交流，港口的兴衰也直接影响了海上丝绸之路是否畅通。港口是海上丝绸之路航行的起点和终点，港口功能决定了其在历史进程中的地位。一些港口在古代航海长途运输史上成为货物中转以及下船补给的战略要地，加之人员、货物、文化、军事等因素的叠加，港口逐渐成为连接世界海运的一个跳板，港口城市拓宽了海上丝绸之路的长度。1283年，元朝使者孛罗出使伊利汗国，经印度洋，过霍尔木兹海峡，再借道伊朗的法尔斯北上，于1285年初

---

[1] 邹振环：《际天极地云帆竞：作为"大航海时代"前奏的郑和下西洋》，《江海学刊》2020年第2期。

在波斯西北部的阿尔兰（今阿塞拜疆境内）的曼苏里亚觐见伊尔汗王阿鲁浑。元朝官方与阿拉伯海、红海周围国家和地区建立密切的联系，派遣使者前往祖法儿（今阿曼佐法尔）、摩加迪沙（今索马里首都）、层摇罗（今坦桑尼亚的桑给巴尔）等地。到了明代，郑和七下西洋都停靠印度洋沿岸的古里国（今印度西南部喀拉拉邦的科泽科德），根据费信的《星槎胜览》记载，古里国"亦西洋诸番之马头也"①，作为重要的海上交通枢纽，连通了中国与阿拉伯国家。根据记载，"郑和通番自古里始"，以古里为始点，然后至忽鲁谟斯（霍尔木兹）、祖法儿（今阿曼佐法尔）、阿丹（今亚丁湾北部一带）、刺撒（今索马里西北部的泽拉）、天方国（今麦加）。

港口城市的繁荣对整个海上丝绸之路畅通和贸易来往有重要影响，海上丝绸之路从古至今都依靠港口与经济腹地之间的联动。"安史之乱"后陆路因战乱阻塞，广州、泉州、宁波港成为中国连接阿拉伯世界的门户，海路成为中国与阿拉伯地区重要的交流方式。唐代的"广州通海夷道"成为中国海上丝绸之路的最早叫法，是当时世界上最长的远洋航线。②"由于海陆交通开始向海路倾斜，从唐朝开始，在沿海的大的通商口岸建立市舶司制度成为中原王朝管理海运和税收的官方组织。到了宋朝时期，泉州已成为与埃及的亚历山大港并肩的世界第一大港。"经过唐宋两代对于市舶司的实践，元朝继续沿用了市舶司制度，"立市舶司一于泉州，令孟古岱领之；立市舶司三于庆元、上海、澉浦令福建安抚使杨发督之。每岁招集舶商，于蕃邦博易珠翠、香货等物"③。此外，还颁布相关政策对外鼓励通商，"自世祖定江南，凡临海诸郡国与蕃国往还互易舶货者，其货以十分取一，粗者十五分取一，以市舶官主之"④；对内通过市舶司管理港口税收"官自具船给本，选人入蕃贸易诸货，其所获之息以十分为率，官取其七，所易人得其三"。

---

① （明）费信著，冯承钧校注：《星槎胜览校注》，华文出版社2019年版，第53页。
② 郭筠：《阿拉伯地理典籍中的中国》，商务印书馆2020年版，第301页。
③ （明）宋濂：《元史》卷九十四《食货志二》，中华书局1976年版，第2402页。
④ （明）宋濂：《元史》卷九十四《食货志》，中华书局1976年版，第2398页。

日益增长的海洋贸易变成了中阿之间一种与陆上相比更加和平、安全的商业活动。① 阿拉伯、波斯商人在运送商品来中国后,一部分商人选择定居在中国,如"大贾善水陆利,天下名城巨邑,必居其津要,专其膏腴"②。因此,在中国的港口城市形成了阿拉伯人经商的聚集区,到了宋朝后由于聚集区规模越来越大,逐渐建成了"蕃坊",以供阿拉伯人在城市里经商和定居生活。如伊本·白图泰总结道:"中国是商旅们最好的归宿。"③ 中阿之间海上丝绸之路不仅便利了两个地区的商品的流通,而且带动了中阿之间人文的流通、文化的不断交融,双方逐渐建立了海上丝绸之路相依共存的"合作伙伴"关系。

三、中阿海上丝绸之路促进海洋文明的发展

海上丝绸之路上船舶的制造水平关乎海陆联通的便捷与安全。自古以来,中国是船舶制造的大国,唐朝时中国制造的远洋船舶长达20丈,可载六七百人,货载万斗。④ 同时船舶可以远洋至波斯湾内航行,但是只能停靠于阿拉伯河下游及今阿巴丹港一带,如再向西至幼发拉底河,须小船转运。⑤ 宋朝绍兴四年(1134)的《宋会要辑稿》载:"知州程昌禹造下车船通长三十丈或二十余丈,每支可容战士七八百人。"中国古代船舶制造有当时的生产力作为保障,使得中阿之间海上丝绸之路可以携带载重百吨的货物,为海上香料之路提供了便利的交通工具。

中阿之间很早就有关于天文导航和仪器导航技术上的交流。宋朝时期,关于航海导航仪器的使用有记载:"舟师识地理,夜则观星,昼则观日,阴晦则

---

① 郭筠:《阿拉伯地理典籍中的中国》,商务印书馆2020年版,第301页。
② (元)许有壬:《至正集》卷五三,"西域使者哈扎哈津碑",明崇道堂抄本。
③ [摩洛哥]伊本·白图泰:《伊本·白图泰游记》,马金鹏译,华文出版社2015年版,第399页。
④ 曲金良:《中国海洋文化发展报告(2014年卷)》,社会科学文献出版社2015年版,第86页。
⑤ 章巽:《我国古代的海上交通》,商务印书馆1986年版,第48页。

观指南针。"[1] 到了元代，由于官方大量引入阿拉伯、波斯天文学知识，特别是波斯天文学者扎马鲁丁发明的用于航海的天球仪，还翻译了大量阿拉伯语和波斯语天文书籍，使中阿之间天文导航技术在元朝时有了相互学习的机会。与此同时，海上丝绸之路的旅行家也在不断完善航海地图，进一步便利了中阿间的海路运输。古籍记载唐代高僧义净从陆上丝绸之路西行，又转从海路回国，回国后编写《南海寄归内法传》，其中便记录了海上航线。唐朝贞元年间宰相贾耽在《边州入四夷道里记》中详细介绍了"广州通海夷道"的航线路线。元朝文献学家王士点在《元秘书监志》中记载了元朝政府下令福建省在沿海港口的阿拉伯人和波斯人船队中寻找回文"剌那麻"，在阿拉伯语中意思是"行路指南"，说明波斯、阿拉伯商人已经使用航海图导航来到中国，中国人借鉴了色目人[2]的航海图，开始独立绘制。明朝时期，郑和七下西洋的过程中，郑和的副手费信、马欢、巩珍在回国后著书时都对航海技术进行了总结。其中《郑和航海图》和巩珍的《西洋番国志郑和航海图两种海道针经》(《顺风相送》和《指南正法》)记载了"针路"、"更数"、星辰定位等元朝时期由西亚东传的航海技术，特别是中国船只航行到印度洋时，由于印度洋与东亚海域的海洋面貌、季风和星座都不尽相同的客观原因，船只远洋必须充分学习阿拉伯、波斯的航海技术才能保证船只的正常航行。

中阿海上交往的历史不断塑造着中阿海上文明，特别是中阿之间著名的旅行家、地理学家以及航海家通过游记、地理典籍以及航海图等方式记录的沿线所见所闻，更加促进了两大文明体的交往。古代历史上中阿的航海活动，推动东西方相互认知达到历史的新境界，拓展了文明对话发展的新视野。[3] 伊

---

[1] (宋)朱彧：《萍洲可谈》，载《后山谈丛·萍洲可谈》，中华书局2007年版，第133页。

[2] 色目人(各色名目之人)：是元代时对来自中亚、西亚和欧洲各民族人的统称，元代人民的四种位阶之一，广义上来讲，包括突厥人、粟特人、吐蕃人、党项人、波斯人(花剌子模人)、阿拉伯人等。

[3] 万明：《中国与非洲海上丝绸之路的故事——伊本·白图泰与郑和的航海记忆》，《海交史研究》2019年第3期。

本·白图泰游历至中国,在《伊本·白图泰游记》中记述了一个繁荣安全的帝国,打破了阿拉伯人固有的"精美的手工艺品大国"的记忆方式,详细描述了中国全景、城市面貌、经济商贸情况等,游记中对中国的记载,体现了中阿双方在外交、政治、经济、人文等方面的联系更加频繁,充分说明在整个中世纪,相互尊重、和睦相处、互利共赢是中阿两大民族交往的主旋律。[1]唐朝时期,怛罗斯之战中被俘虏十年的杜环回国所著的《经行记》,对陆上丝绸之路和海上丝绸之路进行了叙述,他游历阿拔斯王朝阿拉伯帝国全境,并通过海路回国,其中翔实记录了在拔汗那国、康国、狮子国、波斯国、碎叶国、石国、大食国等地的地理环境、土产风物、宗教文化等。元朝航海家汪大渊,一生曾两次远航。第一次于至顺元年(1330),年仅20岁的汪大渊首次从泉州搭乘商船出海远航,历经海南岛、占城、马六甲、爪哇、苏门答腊、缅甸、印度、波斯、阿拉伯海、埃及,横渡地中海到摩洛哥,再回到埃及,出红海到索马里、莫桑比克,横渡印度洋回到斯里兰卡、苏门答腊、爪哇,经澳洲到加里曼丹、菲律宾返回泉州,前后历时5年。第二次于至元三年(1337),汪大渊再次从泉州出航,历经南洋群岛、阿拉伯海、波斯湾、红海、地中海、非洲的莫桑比克海峡及澳大利亚各地,至元五年(1339)返回泉州。回国后,汪大渊编纂的《岛夷志略》被翻译成多国文字,被人们称为"东方的马可·波罗"。汪大渊是中国吸收借鉴阿拉伯、波斯天文航海之后,通过航海开眼看世界的代表,欧洲人正是通过《岛夷志略》才知道澳大利亚的位置,这间接为欧洲人地理大发现提供了理论支持。明初永乐、宣德年间郑和下西洋,郑和的随从人员多有著书,马欢的《瀛涯胜览》、费信的《星槎胜览》和巩珍的《西洋番国志》是记载下西洋的三部最重要的史籍,他们的足迹遍及30多个国家和地区,形成了儒家特有的"宣德化,柔远人"的文化观念,还传达了"劝善、戒恶、普慈的多元宗教'文化信息'以及互惠、包容、合作的丝路意识等"[2]。

---

[1] 郭筠:《阿拉伯地理典籍中的中国》,商务印书馆2020年版,第345页。
[2] 马丽蓉:《"郑和符号"对丝路伊斯兰信仰板块现实影响评估》,《世界宗教文化》2015年第5期。

第二节　和平稳定是必要前提

中国与阿拉伯之间绵延千年的"丝路记忆"展现出"开放、包容、合作、共赢"的精神内涵成为双方的合作基础，是促成双方合作的润滑剂和催化剂。习近平主席在多个重要讲话中提出中阿之间是天然合作伙伴，在2014年中阿合作论坛第六届部长级会议上的讲话中还提道："回顾中阿人民交往历史，我们就会想起陆上丝绸之路和海上香料之路。""中国同阿拉伯国家因为丝绸之路相知相交，我们是共建'一带一路'的天然合作伙伴。"[①] 又因"古代的丝绸之路是由波斯、阿拉伯等国共同开通的，中国只是其中之一"[②]，可见中阿之间古今丝路发展过程中海路与陆路相互融通，共同塑造了中阿之间共同的丝路记忆。

一、海上丝路的记载是中阿友好和平交往的历史力证

笔者通过对《伊本·白图泰游记》和《道里邦国志》等中世纪阿拉伯地理典籍中有关中国的记载，对海上丝路中阿友好交往的记录进行总结，其主要特点体现在以下四个方面。

（1）阿拉伯地理古籍中对中国的记载，整体的基调是正面的、赞赏的，代表了中世纪阿拉伯地理学家对中国记载逐渐形成的定式，进而构成一种话语体系。

中世纪阿拉伯地理古籍中对中国的记载，以正面描述为基础。其对中国最初并没有清晰的认知，随着双方交往的频繁，对中国的了解也就越来越深入，一个更加丰满和清晰的中国开始展现在他们面前。"中古时期，随着中阿关系的正式建立，阿拉伯与中国的交往日益密切。到中国访问的阿拉伯使节，到中国经商的阿拉伯商人，以及到中国观光的阿拉伯旅行家络绎不绝，其中一些人

---

① 习近平：《在中阿合作第六届部长级会议开幕式上的讲话》，新华社北京2014年6月5日电。
② 王义桅：《"一带一路"：再造中国，再造世界》，《新丝路学刊》2017年第2期。

记录了他们对中国的观感和印象,在流传至今的大多数阿拉伯文献中,对中国的正面评价居多,如中国地大物博、国泰民安、行政管理卓有成效等。"[1] "阿拉伯古籍中有关中国的种种传说,尽管其中不乏将其他传说张冠李戴,安在中国国王的头上,但这些传说中的中国,一般都是强大的、富庶的、美好的。至于中国国王,则往往是善良仁义的、聪明机智的、慷慨大方的。这多少反映出古代阿拉伯人对于中国这样一个遥远而神秘的国度,普遍存有的美好有时甚至是理想化了的印象。"[2] 从中世纪阿拉伯地理古籍中对中国的描写中,我们可以发现:中国幅员辽阔、物产丰富、港口众多,非常适合经商;政府制度严明,财产安全,商人们公正、守信;中国人心灵手巧,精于手工艺品;君主在阿拉伯人眼中是贤明智慧之人,他拥有至高无上的权力,并且秉公办事。中世纪阿拉伯地理学著作关于中国的记载,体现出持续的善意,对中国总体形象的描述是正面和友好的。

阿拉伯世界对中国最初的印象是神秘而遥远的国度,对中国的了解也仅限于"精美的手工艺品大国"等。随着双方交往的深入,一个富饶、强大而又友好的中国开始走进阿拉伯世界的视野,这种对中国的良好印象最终形成一种思维定式,在话语中也时不时地流露出来,进而形成了一种话语体系。[3] 这一话语体系直到今天,还深深地影响着阿拉伯作家和学者们。《伊本·白图泰游记》为历史学家提供了极有价值的跨文化交流的信息,对中国各个方面都有较为详细的描述。例如,在阿拉伯国家久负盛名的瓷器,在对中国有很多记载的第一本阿拉伯地理古籍《道里邦国志》中并没有相关的描写,但《伊本·白图泰游记》却用了很大的篇幅,多次提到中国的瓷器以及手工艺品:"中国人是最精于手工艺的,这是远近驰名的。"而且中国的瓷器销售"直至我国马格里布,这

---

[1] 李荣建:《阿拉伯视野中的中国形象评估》,《阿拉伯世界研究》2014年第4期。
[2] 葛铁鹰:《阿拉伯古籍中的中国(六)》,《阿拉伯世界研究》2003年第4期。
[3] 葛铁鹰:《阿拉伯古籍中的"中国"研究——以史学著作为例》,博士学位论文,上海外国语大学,2008年,第133页。

是瓷器种类中最好的"①。《伊本·白图泰游记》里还提道："中国人中有船只多艘者，则委派船总管分赴各国，世上没有比中国人更富有的了。"书中并没有对君主容貌和形象的直接描写，但是通过他描写的"七座城门"的戒备森严的皇宫以及在他到达汗巴里京城时所见到的皇帝陵墓的布局，"在一座庞大的地下宫殿里，精美的地毯铺满了地面，各种皇帝生前使用的金银器皿和武器到处都是，并有皇帝生前的使女和亲近奴隶一起殉葬"②，一个强大而威严的国度跃然纸上。

中国是世界上最早使用纸币的国家，其历史可以追溯到9世纪，蒙古人也沿袭使用了纸币和硬币。马可·波罗在对中国社会的文化方面的介绍中曾多次提及纸币。但是毫无疑问，伊本·白图泰关于此方面的记录，既是最新的，也是最可靠的。"《伊本·白图泰游记》是记录中国纸币使用的第一本书"③，在他的书中还出现了有关中国的管理制度，如有关船舶管理登记的记录，以及船舶必须"由船主进行核对货物"之后才能下船等。伊本·白图泰总结道："中国是商旅们最好的归宿。"④

本书前述章节中诸如此类的材料都可以证明，在那段时期，中国与阿拉伯世界的接触与交往不断扩大，为来自不同地区的阿拉伯人了解中国提供了无与伦比的机会，同时也让中国人更多地了解神秘的阿拉伯世界。

《伊本·白图泰游记》证明了中阿两个世界之间不断扩大和紧密的联系，并且间接地拓展了中国人的知识面和眼界，他们从与阿拉伯人的接触中获得了对外部世界更广泛的认知。通过这个摩洛哥旅行者的故事以及更多中阿地理学家的史料反观中国文化，可以发现，这些资料生动地说明了中国的贸易不断扩大，人们对这个世界的认知开始深化。除此之外，伊本·白图泰的游记强调了

---

① [摩洛哥]伊本·白图泰:《伊本·白图泰游记》，马金鹏译，华文出版社2015年版，第395页。
② [摩洛哥]伊本·白图泰:《伊本·白图泰游记》，马金鹏译，华文出版社2015年版，第408页。
③ Hyunhee Park, *Mapping the Chinese and Islamic Worlds: Cross-Cultural Exchange in Pre-Modern Asia*, Cambridge University Press, 2012, p.200.
④ [摩洛哥]伊本·白图泰:《伊本·白图泰游记》，马金鹏译，华文出版社2015年版，第399页。

国际海上贸易以及管理制度的重要性。作为蒙古帝国一部分的伊利汗国与元朝有着直接而密切的关系和相互交流,这种情况更有助于加深阿拉伯世界对中国的了解。伊本·白图泰的叙述中还记录了"在中国定居的阿拉伯人和那些在中国和阿拉伯世界的海岸线上游荡的人之间的动态互动。阿拉伯人第一次可以用相同的速度更新有关中国的信息"[1]。阿拉伯人民对中国社会的美好印象是两个民族间良好关系的必然结果,而长久以来人类的这种文明交流则使这一成果日趋丰硕。这一良好的民族关系展示了双方文化往来与文明交融的丰富内容。在这一交往中,两个民族各取所需,互通有无。中阿之间偶尔的军事冲突也并没有影响相互之间的总体关系。"纵观历史上中国和阿拉伯之间发生的战争或军事冲突,都是在特定时期双方为扩大势力范围或争夺政治利益而出现的短暂行为,在中阿两大民族友好交往的历史长河中从未形成主流,也从未影响双方官方与民间的频繁往来。被我国研究中阿关系史权威形象地比喻为'军事插曲'的这些战争与冲突,丝毫没有损及两千多年来中阿友好交往的主旋律。"[2] "总体来说,阿拉伯民族和中华民族的交往历史是友好的,虽然偶尔也有冲突,如唐朝的怛罗斯之战,但总体来说一直是和平与友好的。"[3]

中国古籍中同样有对阿拉伯国家的美好印象的记载:"中国第一个到达阿拉伯半岛的是唐代的达奚弘通,他在唐高宗上元年间(674—675)曾从马来半岛的吉达港出发西航,历经36个国家,直抵阿拉伯半岛的希辛戈拉港。"[4] 说到第一个到达非洲的中国旅行家,不得不提到杜环,他回国后写成《经行记》,内容部分收录在杜佑《通典》中,它是我国最早对阿拉伯世界亲身见闻进行记

---

[1] Hyunhee Park, *Mapping the Chinese and Islamic Worlds: Cross-Cultural Exchange in Pre-Modern Asia*, Cambridge University Press, 2012, p.216.

[2] 葛铁鹰:《阿拉伯古籍中的"中国"研究——以史学著作为例》,博士学位论文,上海外国语大学,2008年,第79页。

[3] 薛庆国:《阿拉伯国家与"一带一路"》,《光明日报》2015年7月21日,http://www.cssn.cn/xwcbx/xwcbx_xsqy/201507/t20150721_2087864.shtml。

[4] 杜瑜:《海上丝路史话》,社会科学文献出版社2011年版,第45页。

录的史料。"大食，大唐永徽中，遣使朝贡云。"①"亦有文字，与波斯不同。"②宋元时期，中国对阿拉伯人以及阿拉伯国家也有美好的印象，《岭外代答》写道："大食者，诸国之总名也。有国千余，所知名者特数国耳。""诸蕃国之富盛多宝货者，莫如大食国。"③《诸蕃志》中也说："其国雄壮，其地广袤，民俗侈丽，甲于诸蕃。"④

中世纪阿拉伯地理学家对中国记载逐渐形成的定式，体现了中阿双方在外交、政治、经济、人文各方面联系更加频繁，充分说明在整个中世纪，相互尊重、和睦相处、互利共赢是中阿两大民族交往的主旋律，进而构成一种话语体系。这一话语体系直到今天，还深深地影响着阿拉伯作家和学者们。"阿拉伯文化典籍里面对中国的记载汗牛充栋，总体来说是正面的；哪怕没来过中国的学者在著作中想象中国，这种想象也是正面的，这种正面的基调一直延续到当代。总体而言，阿拉伯世界主流的知识分子、文学家、思想家都对中国怀有良好的印象。中阿双方的交往没有历史的包袱。"⑤

（2）阿拉伯地理古籍中对中国的记载，保持了从7世纪到13世纪以来阿拉伯地理学家对中国记述的一贯性和持续性，证明了中国一直是阿拉伯国家关注的对象，中阿友好交往源远流长。

自从张骞凿空西域后，中阿两大民族通过陆地丝绸之路开始较为频繁的交往，这种交往在海上丝绸之路开辟后达到高潮，尤其以经商、传教等为目的来华的阿拉伯人的数量迅速增长。阿拉伯人在中国的所见所闻必然反映在他们的历史、地理和文学等方面的著作之中，特别是阿拉伯史地学家通常

---

① （后晋）刘昫等撰：《旧唐书》卷四，"高宗上"，中华书局1975年版，第75页。
② 李锦绣、余太山：《〈通典〉西域文献要注》，上海人民出版社2009年版，第246页。
③ （宋）赵汝适著，冯承钧校注：《诸蕃志校注》，商务印书馆1962年版，第50页。
④ （宋）赵汝适著，冯承钧校注：《诸蕃志校注》，商务印书馆1962年版，第47页。
⑤ 薛庆国：《阿拉伯国家与"一带一路"》，《光明日报》2015年7月21日。

都很热衷于对异国形象的描述与描绘。①

中世纪阿拉伯学者在地理学方面做出的贡献是举世认可的,很多专业性的地理书籍被阿拉伯学者们整理了出来。在这些书籍中,谈到中国的内容有很多。这类书籍的准确数量目前已经无法统计,但中国古代文化确实借助这些书籍得到了更广泛的传播。冯承钧研究发现,在出自大食、波斯和突厥的地理学著作中,提到了东方的就有五六十部之多。②张星烺在《中西交通史料汇编》中,对阿拉伯国家重要的十部地理学作品进行了详细的叙述,他认为此类书籍对研究中国古代史意义重大。③费瑯在《阿拉伯波斯突厥人东方文献辑注》中指出,对传播东方文明做出较大贡献的阿拉伯作家共有44名,他们几乎都生活在中世纪。④在《蒙吉德词典》中,曾经罗列出的在7—15世纪的历史地理古籍大概有60本之多,通过研究现存的手抄本,发现这些地理古籍提到中国的大概有32本。目前,这些手抄本大多存放在中东各国和部分西方国家的博物馆中。埃及开罗大学著名学者侯赛因·穆艾尼斯和地理学家克拉奇可夫斯基在自己的学术著作中,把7—15世纪所有的阿拉伯地理学家都罗列了出来,这些有关地理学和地图学古籍中(部分已遗失),涉及中国的古籍大概有50本。由此可见,在阿拉伯地理古籍中,已经频繁地提到了中国这一东方的文明古国。有很多学者认为中世纪阿拉伯地理古籍抄袭情况严重,但也可以从另一个角度认为,他们熟悉前人的研究,并进行了增补,提供了前人没有的新信息。

(3)阿拉伯地理古籍中对中国的记载,体现了中阿双方记载的真实性,具有重要的意义,可以比勘、验证汉文典籍的记载。

---

① 葛铁鹰:《阿拉伯古籍中的"中国"研究——以史学著作为例》,博士学位论文,上海外国语大学,2008年,第5页。

② 张广达:《出土文书与穆斯林地理著作对于研究中亚历史地理的意义(上)》,《新疆大学学报(哲学·人文社会科学版)》1984年第1期。

③ 张星烺编注:《中西交通史料汇编》(第二册),中华书局2003年版,第98页。

④ [法]费瑯编:《阿拉伯波斯突厥人东方文献辑注》,耿昇、穆根来译,中华书局2001年版,第45页。

阿拉伯地理学家们在地理学中不仅仅满足于口耳相传，还依靠实地经验和观察使用地图作为途径来解释说明，他们从所交往国家的贸易联系中获益。阿拉伯地理学家一直运用"亲自考察"（al-Mu'ayenah, المعيّنة）的原则去各地收集第一手的资料。圣训学派原是最早遵循这种"亲自考察"的原则的，然后被阿拉伯地理学学者们发扬光大。"当时语言学家的工作只是记录从阿拉伯人那里听到的一切。记录的最主要途径是学术旅行。阿拉伯人到伊拉克去，或者是伊拉克的学者到沙漠中去求教，语言学家将直接或间接听到的材料进行整理归纳。"[①] 阿拉伯学者们在地理学领域中依靠实地旅行来获得不可估价的个人经验。通过旅行，他们了解了地球上广阔的地区，如赤道、极地等。

雅古比在《列国志》一书的"序言"中写道：

> 我在年轻时期用尽脑力专心去了解各国信息和地区与地区之间的距离，因为我在盛年时期四处旅行在外游历，当我看到那些国家的人时，我就向他打听他的国家和城市，他要是向我提到了他的住处和所在地，我就会向他询问那个地区，问他那里种什么，那里的居民是阿拉伯人还是外邦人，人民都喝些什么，甚至还向他打听他们的口音、宗教、文章和战胜并统治他们的人，以及那个地方有多远，附近都有哪些地方，有的人我相信他是诚实的，他告诉我一些事情，我会自己去游历，以此来证实他说的那些。我向一群又一群人问问题，直到我问到了很多，了解他们是东方人还是西方人，我写下他们（告诉我）的信息，讲述他们的故事，还谈到是哪位哈里发或亲王征服和统治了一个个地区和城市，还讲到了土地税和他们财富的增加，我仍然花很长时间来写下这些信息，编著这本书，我把每条属于这个地区的信息和我从各地的人们那里听来的确切的信息都补充到我的理解和知识之中。我知道万物是无极的，而人类也达不到这个尽头，它不是必须完整的教法，它没有

---

① ［埃及］艾哈迈德·爱敏：《阿拉伯—伊斯兰文化史》，纳忠等译，商务印书馆1982年版，第277页。

宗教(在其中),只有当(你)彻底了解它时,它才能完整。①

麦斯欧迪也是实地考察和继承前人思想原则的实践者。"麦斯欧迪出生于巴格达,一生爱好学问和学术旅行,足迹遍及巴勒斯坦、叙利亚、伊朗、亚美尼亚、西班牙、印度、锡兰、东南亚、埃及、马达加斯加和桑给巴尔等地。据说,他还曾到过中国。每到一地,他必访寻历史遗迹,考察当地风俗民情,搜罗有关旧闻轶事,实地考察和校订史料的正确性。在《黄金草原与珠玑宝藏》中,他不仅引证前人世代因袭的100多部史料传述,更热衷于记录自己亲身目睹、实地考察的直接经验,以大量阅读、深入地分析对所引证的史料进行考订。这使得记述内容翔实、可信,为人们留下一幅色彩缤纷的历史画卷。"② 这种游历的生活以及记录的游记使中世纪阿拉伯地理学有了另一条发展的脉络,那就是具有其自身特色的描述地理学的发展脉络。换句话说,描述地理学来源于阿拉伯地理学家们亲自考察所写出的游记。世界上最早记录中亚陆路行程的是塔米姆的游记,他是阿拉伯帝国的士兵,曾因任务远赴中国。摩洛哥旅行家伊本·白图泰的《伊本·白图泰游记》是最被中国人民熟知的游记,书中对中国的记录较为详尽。

中世纪阿拉伯地理书籍有着独特的使用价值,我们可以将其与中国史料进行比勘,并且从阿拉伯人眼中反观中国文化。我们从研究中发现,很多阿拉伯地理古籍中对中国的记述和描写与中国典籍的记述是一致的,并相互补充、相互借鉴。"拿有关唐末广州贸易的记载来说吧,桑原骘藏在《蒲寿庚考》一书中,通过对比研究中国史料,就曾证实了该书记载的准确性。"③ 如唐贞元年间(785—804)朝廷官员贾耽在书中记录了我国通往西域的道路问题,对于碎叶至咀逻斯路段的描述和阿拉伯人的记载是一致的。我们可以将《伊本·白图

---

① [埃及]艾哈迈德·爱敏:《阿拉伯—伊斯兰文化史》(第2册),纳忠等译,商务印书馆1982年版,第91页。
② 许序雅:《阿拉伯—伊斯兰舆地学与历史学》,《史学理论研究》1996年第4期。
③ 《中国印度见闻录》,穆根来、汶江、黄倬汉译,中华书局2001年版,"法译本序言",第32页。

泰游记》所记载和贾耽所记录的广州入南海道相对照，最终发现，在唐朝时国人将撒拉赫特海称为"质海"，而古代典籍当中所提到的"硖"其实就是马六甲海峡；昆都兰海在唐代被称为"军突弄海"，其实就是现在爪哇海北部以及暹罗南部；桑吉海其实就是我国的南海。① 阿拉伯地理古籍中提到的留居中国的阿拉伯人的情况，也成为那个时代阿拉伯人在华生活的例证。《宋史·大食传》中记载："熙宁中，其使辛押陁罗乞统察蕃长司公事，诏广州裁度。"②《伊本·白图泰游记》中提道："城里有一地区是穆斯林区，内有清真寺和道堂，以及街市，还有法官、教长各一人。中国每一城市都有教长一人，总管穆斯林事务。另有法官一人，处理穆斯林间的诉讼。"③ 书中描述的景象，在与其同时期的中山府（今河北定县）《重建礼拜寺记》中就有对应的话："回回人遍天下。"④ 唐、宋时期的中国经济已经非常繁荣，阿拉伯、波斯等国的商人纷纷入华淘金，将东西方的交往推向了新的高度，两国人民彼此更加了解，建立了深厚的友谊。南宋、北宋时期，伊斯兰教主要是在留居、侨居中国的阿拉伯人、波斯人及其后裔之间传播，这与唐朝时期并无二致，也是伊斯兰教在我国初步传播的特征之一。宋代周去非《岭外代答》说："大食之来也，以小舟运而南行，至故临国，易大舟而东行。"⑤ 那为什么要在这个地方换船呢？"当然，当地政权政治军事力量的原因重要，但从航海技术上讲，这里是东西航海技术的分界线，因为印度洋与东亚海域地理海洋面貌不同，季风不同，星座不同。所以我们看到郑和船队在苏门答腊岛以西的航行中，使用了'牵星过洋'的技术。而这个航海技术不是中国人自己的，是蒙古元朝时期色目人从丝绸之路带来的。"⑥

综上所述，阿拉伯地理古籍的"真实性"使它具有了新的作用，就是"阿

---

① 张广达：《西域史地丛稿初编》，上海古籍出版社1995年版，第393页。
② （元）脱脱等：《宋史·大食传》，中华书局1977年版，第87页。
③ （元）脱脱等：《宋史·大食传》，中华书局1977年版，第89页。
④ 邱树森：《伊本·白图泰眼里的中国穆斯林》，《西北第二民族学院学报（哲学社会科学版）》1993年第1期。
⑤ （宋）周去非：《岭外代答》卷三，"航海外夷"，商务印书馆1936年版。
⑥ 华涛：《中文和阿拉伯—波斯文古籍中的"一带一路"》，《新世纪图书馆》2016年第11期。

拉伯古典地理文献对于我国学者说来一个重要的用途，其中许多记载可以用来比勘、验证汉文典籍的记载"①。

（4）阿拉伯地理古籍中对中国的记载，体现了中阿双方认知的不断丰富和拓展，中阿双方在外交、政治、经济、人文等方面的联系更加频繁，相互尊重、和睦相处、互利共赢成为中阿两大民族交往的主旋律。

在中阿双方从无到有、由少及多的交往过程中，彼此间开始有所认知和了解。阿拉伯地理学家对于中国的认识，也是从模糊、想象、神秘的故事到地理、海岸线、路线以及形象的逐渐清晰、真实和丰满，甚至是情感的更加亲近以及文化的相互交融。

"在所谓中世纪，至少在其早期和中期，阿拉伯人，即便是其中的博学多才之士，对中国的了解也很有限。这些了解不少都是来自得不到确凿史料印证的传说故事。虽然那时也有一些阿拉伯商人到过中国，但正如雅古特所说，'那是一个幅员辽阔的国度，我们不曾见到过深入其内地的人，商人们到过的只是边缘地带，至于中国，我们未曾见过一个到那里的人'。"②

"远在古代，中国和阿拉伯各国互有往来。据《史记》的《大宛列传》记载，汉武帝时已派使者前往，此后历时2000年，双方关系从未中断。"③ "伊斯兰教之前，早从公元5世纪上半叶起，中国就已经开始与阿拉伯人通商。"④ 因此，经商是阿拉伯人来华的基本动力。伊斯兰教产生之后，双方在政治、贸易交往上更加频繁。前文已回答了阿拉伯人为什么选择记录中国的情况这一疑问——中阿之间路途遥远，阿拉伯人却不畏险阻，冒着财产与生命的巨大风险，行至中国并有些人选择在中国生活，亲自观察记录。"学问虽远在中国，亦当求之"这条圣训，使阿拉伯地理学家对中国产生了潜移默化的感情。阿拉伯伊斯兰文化是一种包罗万象的实用文化，是一种生活方式。追求知识是这种文

---

① ［阿拉伯］伊本·胡尔达兹比赫：《道里邦国志》，宋岘译注，中华书局1991年版，第19页。
② 葛铁鹰：《阿拉伯古籍中的中国（六）》，《阿拉伯世界研究》2003年第4期。
③ 江淳、郭应德：《中阿关系史》，经济日报出版社2001年版，第15页。
④ ［法］安田朴：《中国文化西传欧洲史》，商务印书馆2000年版，第79页。

化所倡导的其中一种，这种精神也是对阿拉伯地理学家去中国求知的鼓励和鞭策。遥远的中国给一些阿拉伯地理学家提供了这样一个"几乎天然"的故事发生的对象，既不用证明故事的真实性，也没有任何争议，比起地形地貌、交通道路、奇异的建筑、隐藏的瑰宝、当地居民的生活习惯、独特的动植物，甚至长生不老药等更容易引起人们的兴趣和关注。因此，阿拉伯地理学家更关注中国人文社会的描写，而不是对其进行学术探讨，这类著作都是以"游记""见闻录"或"奇闻逸事"的形式留存于世的。

在阿拔斯王朝时期，阿拉伯世界的政治和商业扩张促使阿拉伯地理学领域的发展超越了从希腊、伊朗和印度继承来的知识。阿拔斯地理学家把阿拉伯世界确定为已知世界的中心。他们通过"亲自观察"的原则引入了希腊前辈未知的最新信息，其中包含中国的详细信息。9—10世纪，航行在印度洋的阿拉伯商人和水手们带回了珍贵的货物，提供了关于中国及其社会的丰富、详细、更准确的信息，以及贸易路线。他们的故事讲述了东方社会的异域风情和文化，包括一些文学作品的故事，例如《一千零一夜》中发生在中国的故事。《中国印度见闻录》就是在这种背景下诞生的，它根据旅居中国的阿拉伯商人苏莱曼的亲身见闻写成，索瓦杰称据它"所提供的史料价值就目前来看，是任何别种著作无法比拟的，这部著作比马可·波罗的著作早四个世纪，给我们留下了一部现存最古老的中国游记"[1]。

由于与中国的接触越来越频繁和密切，通过来往于阿拉伯和中国港口城市之间或直接或驿站间接航行的船只，阿拉伯世界对已知世界的地理知识不断增长，他们对中国的认识从未知领域转变为已知领域。这一早期的地理学描述为后辈知识的进一步扩展打下了重要的基础。"据说早在公元4世纪海湾地区一个叫'达巴尼亚'的地方，就有中国市场，有学者考证此地位于阿曼境内。其实，亚丁、希拉、俄波拉和巴士拉等常年有中国商船停泊之地，都有可能形成此类市场，只是规模不同而已。"[2] 阿拔斯王朝是阿拉伯帝国最灿烂的时代，其

---

[1] 《中国印度见闻录》，穆根来、汶江、黄倬汉译，中华书局2001年版，"法译本序言"。
[2] 葛铁鹰：《阿拉伯古籍中的中国（一）》，《阿拉伯世界研究》2002年第3期。

都城巴格达是一个"惊人的财富的中心和国际意义的都市,只有拜占庭可以与它抗衡",当时的巴格达已经成为"一个举世无匹的城市了"[1]。希提在其《阿拉伯通史》第24章写道:"巴格达城的码头,有好几英里长,那里停泊着几百艘各式各样的船只,有战舰和游艇,有中国大船,也有本地的羊皮筏子。""市场上有从中国运来的瓷器、丝绸和麝香。""城里有专卖中国货的市场。"[2]

中阿之间在海上丝绸之路的交往,促进了沿线航线的开辟与改变,从"直航"到"分航线",从"驿站"到"港口",促进了交流和地区繁荣。航线的开辟和繁荣,反映了造船和航海技术的进步,从普通船、帆船、艟船,到伊本·白图泰笔下的拥有数千房间、多功能的大船,船体结构的革新、吃水吨位的增加、风帆的改变进步、功能性的不断丰富、抵御海上风险的能力变强等反映出中阿人民战胜海上险恶环境的智慧和气魄。这些航线的开辟和改变既是中阿人民相互交流、友好往来不断增加的客观要求和必然结果,又反过来促进了中阿民间贸易的发展和繁荣以及文化交流和文明交往。《伊本·白图泰游记》中写到他和老乡的偶遇,"在9000海里以外的太平洋沿岸的一个中国港口城市,同样来自大西洋沿岸的摩洛哥的两个人偶然相遇,这证明了航海网络的规模和范围。在欧洲扩张的几个世纪以前,这一网络已经沟通了非洲和欧亚大陆的海洋"[3]。商业的活跃,促进了各地的产品进入国际市场,促进了地区的开发,从而促进了当地的社会进步。

我们从阿拉伯地理学家对中国称谓的改变以及内容翔实的记载上发现,从10世纪开始,阿拉伯地理学家已经知道中国的政权变化以及南北分裂的情况。随着信息的聚合和传播,阿拉伯地理学家通过将新的信息融入他们的地理专著中,并以创造性的方式绘制地图,从而发展出了更加多样化的世界和中国的形象。即使在阿拔斯帝国分裂成多个地区政权后,阿拉伯地理学家仍然通过不断的旅行和交流继续了解中国。所有这些积累的地理知识为阿拉伯地理学

---

[1] [美]希提:《阿拉伯通史》(上册),马坚译,商务印书馆1995年版,第351页。
[2] [美]希提:《阿拉伯通史》(上册),马坚译,商务印书馆1995年版,第355页。
[3] [美]林肯·佩恩:《海洋与文明》,陈建军、罗燚英译,天津人民出版社2017年版,第365页。

家描述、认识、了解中国以及促进中阿交往奠定了基础。在这个时期，伊德里西创造了他那个时代最复杂的世界地图，它清楚地展示了中国在世界的东方边缘，描绘了中国与阿拉伯世界的联系。这张地图在之后几个世纪都对阿拉伯乃至整个世界产生持久的影响。

之后，蒙古逐渐崛起，在蒙古大军西征时，从东到西先后攻灭了金朝、西夏、畏兀儿、西辽、花剌子模、木剌夷和哈里发等几大政权，以及在花剌子模沙摩诃末（1200—1220年在位）松散地统治下的河中、呼罗珊、起儿漫地方的半独立小政权。由分裂带来的通讯壁垒也随之被打破了。伴随着军事征伐，商人、旅行家、宗教人士踊跃起来，他们往来之间带来信息的交流和知识的更新。整个亚洲大陆呈现出一种信息快速流动的状态。[1]

这一特点突出反映在这一时期的东西方文献上。这一时期，中国的汉文文献中关于西域的知识前所未有地新颖而充沛；同样，阿拉伯世界对东方的理解也较前代大大地增加了。尤其是元朝和伊利汗国建立后，两国友好而亲密的关系促使双方信息往来、物质交流十分频繁。伊利汗国时期的历史书、地理书等各类作品中关于"中国"的记载，呈现突破性的进步。另一个突出的特点是，对中国内部区域的认知也有了一定的进步，对中国城市知识的认知也有了很大的拓展。

元朝时期，由于阿拉伯世界与中国交往更加紧密和直接，使得阿拉伯世界对中国的地理知识突破性地发展。中国对于阿拉伯世界来说，不再是一个仅有少数感兴趣的商人前往贸易的外国场所，而是更加完整的互动、融入、广泛交往的世界。

此后，阿拉伯地理古籍中也更新了关于中国的地理认知的新信息，关于汗巴里（北京）、扬州、杭州和泉州等重要城市有了更多的细节描述。除了一开始在阿拉伯地理古籍中出现的几个著名城市之外，例如广州、泉州、杭州等，被记载下来的其他中国城市名字随着相互了解的不断加深、不断增多，数量和了

---

[1] 陈春晓：《蒙元时代伊斯兰世界关于"中国"认知的拓展》，"13—14世纪'丝路'纪行文学文献整理与研究"研讨会，2018年12月15日，浙江金华。

解程度远远超过前代。伴随着交往的密切以及对中国包括城市在内的其他信息的增长,阿拉伯世界获知的中国内部区域的自然状况、土产商品、动植物品种、民族生活等诸多信息也逐渐丰富起来。

虽然这一时期阿拉伯世界并没有在世界地图和中国地图方面取得突破的成就,但他们继续改进了地理内容和制图技术。与日俱增的联系激励了地理知识的更新。在中国和阿拉伯世界之间旅行的商人和旅行者为阿拉伯地理学家提供了更多有关中国的新信息。尽管中国当时缺乏政治上的团结,但阿拉伯世界的商人仍然利用中阿之间的海上丝绸之路开发了横跨印度洋的国际贸易网路,沿印度和东南亚的海上航线建立了商业社区。南亚和东南亚大部分地区的逐渐伊斯兰化以及元朝统治下的中国阿拉伯社区日益繁荣,鼓励了大批阿拉伯人前往中国。伊本·白图泰描述了阿拉伯人可能选择的旅程,从南亚和东南亚到中国的港口城市以及元朝的首都北京,通过水路从大海到河流到大运河。一直以来,阿拉伯旅行者都可以在中国社区居住,在那里他们可以获得必要的资源和信息,以便他们继续旅行。

伊本·白图泰的出访可以说是出于政治和宗教目的。他多次朝觐圣地,并以旅游为名,寻找机会拜访了各处的行政长官乃至国王,尤其需要指出的是,他曾经代表印度国王作为钦差访问中国。这就不仅仅是简单的旅行了,而是国与国之间的外交活动,带有政治色彩。在伊本·白图泰的笔下,中国是一个非常美好的国度,我们很难想象,在600年前,居然有一位阿拉伯旅行家如此热情客观地描写中国。难怪著名学者马金鹏穷毕生之力来研究这本著作。[①]

历史上,中国与阿拉伯国家确有数次兵戎相见,尤其是著名的怛罗斯之战,中国和阿拉伯的资料都记录了很多关于怛罗斯之战的信息。但是,从长远来看,这场战争并没有影响两国的关系。《伊本·白图泰游记》中显示,大约在1000年或者更早,这一时期的特点是,中国对阿拉伯世界的了解和世界认知不断地增加,而在长期、稳定的接触和交流中,这一态势的传播更加广泛。两

---

① 杨怀中、马博忠、杨进:《古老而又年轻的中阿友谊之树长青——记〈伊本·白图泰游记〉中文译本在宁夏编辑出版的经过》,《回族研究》2015年第4期。

大民族的关系在更多的知识和更强的相互作用之间加强，于是促使这一时期经济的急剧增长，特别是在海上贸易方面。虽然这两个社会并没有显著的政治和外交关系，但他们持续的商业联系使中阿经济和文化，特别是世界观受到了很大影响。总的来说，元朝的统治使中国和阿拉伯世界以及其他国家的接触与了解达到更高的水平。

阿拉伯教科文组织总干事穆罕默德·米里在第三届中国阿拉伯文化研讨会上，通过《阿拉伯—中国文化关系及其前景》一文，提到了包括伊本·白图泰在内的中世纪历史学家、地理学家。他讲道："在古代阿拉伯人的著作中，对中国人的描写是非常友好的，他们指出中国人不仅公正，严守纪律，而且能工巧匠辈出。"① 古代阿拉伯人关于中国的这些描述，在阿拉伯人民心目中树立起了一个强大的、欣欣向荣的中国形象。因此，阿拉伯人历来对中国都十分尊重，他们总是以赞扬、尊敬和钦佩的目光来看待中国。自古以来，阿拉伯人坚信，人类中最智慧的民族就是阿拉伯民族、中华民族和希腊民族。

目光转到现代，中国一如既往地重视发展与阿拉伯各国的传统友谊，阿拉伯各国对发展对华关系也有迫切愿望。"新中国建立后，中阿双方的交往更加密切，一套共同话语应在双方形成，那就是讲传统友谊，讲共同遭遇和任务，讲文化价值观中的相似点。"② 中阿交往合作的50年，双方在政治领域互相认可、互相支持，民间的文化、经贸往来也得到了长足的发展。辉煌的阿拉伯文明，既是广大阿拉伯民族引为骄傲的辉煌业绩，更是阿拉伯社会核心价值观的根基。③

正是由于古代海上丝绸之路对于贸易、航路、航海技术以及港口等海洋文化的传承，阿拉伯国家成为与中国休戚相关的"丝绸之路天然合作伙伴"。根据历史经验和现实需求，中国国家发改委、外交部、商务部联合发布了《推动共建丝绸之路经济带和21世纪海上丝绸之路的愿景与行动》，其中提到，21

---

① ［阿拉伯］穆罕默德·米里：《阿拉伯—中国文化关系及其前景》，《西亚非洲》1997年第1期。
② 朱威烈：《学思刍议——朱威烈文选》，世界知识出版社2017年版，第215页。
③ 朱威烈：《学思刍议——朱威烈文选》，世界知识出版社2017年版，第220页。

世纪海上丝绸之路建设重点之一是从南海到印度洋,延伸至欧洲。其中波斯湾沿岸分布着海湾产油国沙特、伊拉克、卡塔尔、阿联酋和伊朗,而霍尔木兹海峡是这些产油国出口原油的通道,中国大量依赖来自波斯湾的石油资源。红海沿岸国家全部都是阿盟成员国,贯穿红海南北两端的曼德海峡与苏伊士运河联通了全球最繁忙的海上贸易通道,也是从中国通往欧洲航运最便捷的航线。

目前,我国"一带一路"的倡议得到世界众多国家的响应,沿线国家与中国形成了"利益和命运共同体"的关系,"一带一路"倡议强调不同文明之间的融合与借鉴,在尊重各国对不同道路选择的基础上,以合作共赢为目标,以和平对话为手段,对新时期的"丝路精神"进行了大力弘扬。这种求同存异、提倡通过文明交往促进各国发展的新理念,不仅符合广大阿拉伯国家的期盼和愿望,也顺应了和平发展的历史潮流,必将推动中国与阿拉伯各国人民在今后的交往中获得更大的成绩。需要强调的是,中国对阿拉伯国家的外交话语体系与某些西方大国截然不同。这一套共同话语体系已经在双方之间形成,那就是求同存异,在共同发展的基础上寻找双方在文化和价值观方面的共同点。在中东事务中,"中国作用彰显正义力量"[①]。

二、和平稳定是中阿友好交往的必要前提

和平稳定是中阿友好交往的必要前提,其体现在两个方面。

(一)基于和谐的政治氛围、融洽的民族关系、安定的沿线环境

古代丝绸之路从形成伊始,就与沿线国家政治的稳定度、彼此关系的和谐度息息相关。我国始终以和为贵、以诚相待,与沿线国家维系了长期和平稳定的政治关系。"国之交在于民相亲",这一关系在中国与沿线国家人民持久友好的交往中得到体现和印证。

---

① 刘中民、朱威烈:《中东地区发展报告:聚焦中东热点问题(2014年卷)》,时事出版社2015年版,第235页。

汉唐宋元时期国家统一、社会稳定，先后与沿线上百个国家或民族和睦相处。古罗马、波斯、大食相继兴盛一时，它们与我国相互尊重、友善交往。"使者相望于道"，"商旅不绝于途"，丝绸之路获得了大发展、大繁荣。

我们简要回顾一下这段历史。张骞是出使西域第一人。"如果说张骞是探险家、开拓家，那么班超除了继续探险、开拓外，更是苦心孤诣经营的实干家。丝绸之路虽由张骞开辟，但张骞本人以及所派副使向西大约只到达大月氏附近一带。而班超却遣使甘英出使大秦，此行虽未达最终目的地，然中国使节出现于波斯湾头，此乃第一次。"[①] 另一位旅行家"杜环的最大贡献乃在他亲自观察阿拉伯国家，作了第一手的详细记载。他的《经行记》成为关于伊斯兰教最早的记载"[②]。

东汉末到隋朝、晚唐到元初，中原内乱、民族分裂、社会动荡，对外关系交恶、战事冲突频发，沿线安全无保障，商贸活动被冲击，丝绸之路不可避免地陷入萧条和萎缩。尽管如此，唐代仍是中阿交往的重要时期。中国人赴印度、西亚甚至欧洲、非洲的记录在唐代陆续出现。广州海船云集并首设市舶使。"随着海陆交通与海外贸易的日益发展，一种专管海上对外贸易的官职——市舶使，在唐朝应运而生。广州，自古以来中国南方最重要之对外交通贸易港口，故唐代于其地首先设立了市舶使。"[③]

宋朝于开宝四年（971）在广州设置市舶司，至北宋末市舶司增设至六处，南宋又另开三地。"较之唐代，宋代之市舶司不仅设立的地点大增，其体制、职能等亦趋于完善。"[④] 元朝对发展海外交通高度重视，不断遣使至海外，招揽各国前来朝贡；又广建市舶司，以拓展海外贸易。元代是古代中国海外贸易蓬勃发展的一个时期。当时的市舶管理在南宋的基础上而又日益完善。宋世祖在统一全国后即诏令"可因蕃舶诸人宣布朕意，诚能来朝，朕将宠礼之。其往来

[①] 陈佳荣、钱江、张广达：《历代中外行纪》，上海辞书出版社2008年版，第50页。
[②] 陈佳荣、钱江、张广达：《历代中外行纪》，上海辞书出版社2008年版，第319页。
[③] 陈佳荣、钱江、张广达：《历代中外行纪》，上海辞书出版社2008年版，第330页。
[④] 陈佳荣、钱江、张广达：《历代中外行纪》，上海辞书出版社2008年版，第400页。

互市，各从所欲"①。

时至今日，新时代中国外交定义下的中阿关系，在双方的共同努力下正在不断迈向新的高度。2004年9月，中阿合作论坛首届部长级会议为中阿关系确立了"平等、全面合作的新型伙伴关系"。2010年5月，在天津召开的中阿合作论坛第四届部长级会议提出"建立全面合作、共同发展的中阿战略合作关系"，标志着中阿关系进入了全面提质升级的新阶段，在中阿关系史上具有里程碑的意义。2016年，中阿合作论坛第七届部长级会议在卡塔尔多哈召开，会议期待下一阶段能成为彼此间"全面战略伙伴关系"的新起点。2018年7月10日，中阿合作论坛第八届部长级会议在北京召开，习近平主席在开幕式上发表了《携手推进新时代中阿战略伙伴关系》重要讲话，宣布中阿双方建立全面合作、共同发展、面向未来的中阿战略伙伴关系。"新形势下，中国要准确判断形势，既要深刻认识地区形势复杂多变的一面，也要看到地区国家求稳求治的一面。既要理解阿拉伯国家在转型过程中对自身价值的内在追求，也要主动引领理念，凝聚共识。双方开展积极有效的合作，扩大和平发展理念在阿拉伯国家的社会基础，携手推进新时代中阿战略伙伴关系。"②

（二）政府主导与民间参与的共同作用

政府和民间这两方面是不可或缺的。在古代丝绸之路上的中阿交往中，中阿历代政府都在丝绸之路的发展中发挥了不可或缺的作用。历史表明，政府支持与多元主体参与的共同作用，是丝绸之路繁荣发展的基本保障，二者缺一不可。

中阿之间的正式交往就是源于官方的交往。中国学者普遍认为，中阿之间的正式通交是在7世纪中叶，其根据是"唐高宗永徽二年（651），大食王噉密莫末腻（哈里发徽号，意为：穆民的领袖）遣使中国，'自云有国已三十四年，

---

① 陈佳荣、钱江、张广达：《历代中外行纪》，上海辞书出版社2008年版，第673页。
② 李伟建：《中阿战略伙伴关系：基础、现状与趋势》，《西亚非洲》2018年第4期。

历三主矣'"①。651年至798年的148年中，见于中国史籍的大食人遣使来华记载达40次。与此同时，民间的交往的历史力证体现在各类游记当中。中阿之间的友谊千百年来在丝绸之路上薪火相传，延续到现代和当代，得到了更深、更广程度的发扬。两大民族也通过双方的贸易交往，取得了互惠互利的成果。

我们细数一下汉唐宋元时期中国官方对于对外交往而设定的官职和制度：西汉时期，国家设置了"大鸿胪"一职，专门负责外国贡使和商人的接待工作，同时还建立了"过所"制度，对过往人员也加强了管理。北魏朝廷设立了"四夷馆"，也是用来款待外国商人和使节的公职。到了唐朝时期，政府对外商实施了保护政策，任由外商贸易往来，"不得重加率税"，并在广州设立了市舶司。宋朝起，朝廷在杭州、明州（今宁波）、泉州等多处设立了市舶司负责掌管海上贸易。元朝时期，保护船商的"市舶则法"面试，出台了由国家出资，船商进行海上贸易的"官本船"制度。由此可见，历代政府设置官职、制定规则政策，为丝绸之路贸易提供了制度支持；同时，建立驿站、稳定边疆、军事戍守，为丝绸之路的畅通提供了安全保障；与沿线国家和各民族讲信用、修和睦、互相守望相助，为丝绸之路的发展营造出良性的外部环境。

阿拉伯方面，古代阿拉伯人关于中国的这些描述，很多时候都是汇报给国王的旅行内容以及中国故事，这些记载在阿拉伯人民心目中树立起了一个强大的、欣欣向荣的中国形象。无论国王、王公大臣，还是阿拉伯人民，历来对中国都十分尊重，他们总是以赞扬、尊敬和钦佩的目光来看待中国。自古以来，阿拉伯人坚信，人类最智慧的民族就是阿拉伯民族、中华民族和希腊民族。

当然，古代丝绸之路贸易往来最活跃的元素主要来自民间，民间贸易始终占据着古代丝绸之路最显著位置。往来于丝绸之路的群体，几乎囊括了沿线各国各地区各民族，包括了僧侣、学者、工匠、商队、贩客等，呈现出参与群体多元化、贸易行业多类型、贸易形式多样化的特征。往来于陆、海丝绸之路上的中阿商贸之旅，蕴含着丰富的人文理念和人文精神，为中阿文明交往提供了

---

① 江淳、郭应德：《中阿关系史》，经济日报出版社2001年版，第29页。

原动力。

时至今日,"一带一路"倡议的推进离不开政府引导和参与主体的有机结合、相互协调,只有使两者形成合力,才能激发出持续推动"一带一路"建设的活力。作为政府,既要发挥把握方向、统筹协调的作用,又要发挥市场作用,同时要着力构建以市场为基础、以企业为主体的区域经济合作机制,广泛调动各类企业参与,引导更多社会力量投入"一带一路"建设。各类企业要进一步顺应"一带一路"倡议之大势,充分发挥市场主体的主观能动性,更好地融入"一带一路"建设,更好地对接自身发展与阿拉伯国家的需求紧密结合起来。

三、深化政治互信,携手打造中阿合作伙伴关系

在复杂的国际政治环境中,在2008年国际经济危机后持续疲软的国际经济背景下,中国与阿拉伯国家不断发展双方的伙伴关系,提高双方的合作层级,共同应对后金融危机时代的发展问题。自2013年习近平主席提出共建"丝绸之路经济带"和"21世纪海上丝绸之路"的倡议以来,中国与各个阿拉伯国家友好合作进入了快车道,从政策对接到能源、贸易、金融等众多领域的合作不断密切,实践证明中阿不仅是"丝路天然合作伙伴",而且是"一带一路"重要的合作伙伴。

中国和阿拉伯国家在政治上高度互信是共建合作伙伴的基础,中国不仅要针对当前国际形势制定"一带一路"发展政策,还要根据当前阿拉伯国家发展需要,积极推动中阿之间政治对话,在做好中阿合作顶层设计的基础上有力推动中阿围绕"一带一路"倡议的合作。2019年4月,习近平主席提出了"海洋命运共同体"重要理念,极大地拓展了海洋政治研究的维度,把海洋政治研究推向了一个全新的阶段。2019年10月,习近平主席在中国海洋经济博览会开幕式贺信中提道:"海洋是高质量发展战略要地。要加快海洋科技创新步伐,提高海洋资源开发能力,培育壮大海洋战略性新兴产业。要促进海上互联互通

和各领域务实合作,积极发展'蓝色伙伴关系'。"①2020 年,中阿人民在政府的积极支持下,传承弘扬丝路精神,携手共建"一带一路",推动建设中阿命运共同体的成效显著②。

中阿加速双方的政策对接,形成从区域组织到国家相关部门的自上而下的合作对话机制。从国内政策规划角度看,"一带一路"倡议提出以来,关于21世纪海上丝绸之路的政策规划框架和实施机构建设逐渐完善。中国与阿拉伯国家关于"一带一路"合作的整体布局不断清晰。2014年6月5日,中国国家主席习近平在中国—阿拉伯国家合作论坛第六届部长级会议上提出构建以能源合作为主轴,以基础设施建设、贸易和投资便利化为两翼,以核能、航天卫星、新能源三大高新领域为突破口的中阿"1+2+3"合作格局。③2015年由国家发展改革委、外交部、商务部联合发布的《推动共建丝绸之路经济带和21世纪海上丝绸之路的愿景与行动》是"一带一路"建设的顶层设计,提出了"六廊六路多国多港"合作框架,为21世纪海上丝绸之路建设起到了"统领作用"。④2017年5月发布的《共建"一带一路":理念、实践与中国的贡献》中,前期政策规划逐渐明晰为实践方案,对顶层框架进行逐步细化,提出"有序推进海上合作"相关规划。2017年7月多部委发布《"一带一路"建设海上合作设想》,提出"建立全方位、多层次、宽领域的蓝色伙伴关系"⑤,把21世纪海上丝绸之路建设同我国的"伙伴关系"外交进行深入对接,政策的引导性和适用性。2020年6月,中国召开"一带一路"国际合作高级别视频会议,首次提出"建设健康丝绸之路"理念,致力于通过"一带一路"为全球防疫和经济复苏提供更多公共产品。

---

① 《习近平致2019中国海洋经济博览会的贺信》,新华社北京2019年10月15日电。
② 王广大:《携手抗疫推动中阿合作达到新高度》,《光明日报》2020年6月22日,第12版。
③ 推进"一带一路"建设工作领导小组办公室:《共建"一带一路":理念、实践与中国的贡献》,载《"一带一路"国际合作高峰论坛重要文辑》,人民出版社2017年版,第78页。
④ 孙德刚:《合而治之:论新时代中国的整体外交》,《世界经济与政治》2020年第4期。
⑤ 《"一带一路"建设海上合作设想》,新华社北京2017年6月26日电,http://www.xinhuanet.com/politics/2017-06/20/c_1121176798.htm。

从中国与阿拉伯国家关于21世纪海上丝绸之路合作机制上来看,中国通过对海上丝绸之路沿线的阿拉伯国家及相关政府间合作组织进行政策沟通,不断培养政治共识,增信释疑,从而实现发展规划的对接。中国与各阿拉伯国家主要从"一带一路"框架下合作机制建设和区域合作机制建设以及重点国家"伙伴关系"机制建设三级构成。中国利用主场外交的优势,发挥"一带一路"总体规划的优势,于2017年和2019年成功举办两届"一带一路"国际合作高峰论坛,其中第一届总共签署了5大类76大项279项具体项目,第二届签署6大类283项务实成果。中国同沙特、苏丹、伊拉克、阿曼、卡塔尔、科威特、黎巴嫩、埃及、摩洛哥等9个阿拉伯国家签署了"一带一路"合作文件,同阿联酋、阿尔及利亚、沙特、苏丹和埃及等5个阿拉伯国家签署了产能合作文件,阿联酋、沙特、约旦、阿曼、卡塔尔、科威特和埃及等7个阿拉伯国家成为亚洲基础设施投资银行创始成员国。阿拉伯国家和阿盟积极参与2017年5月在北京举行的第一届"一带一路"国际合作高峰论坛。[①] 包括与沙特签署关于共建"一带一路"倡议与"2030愿景"对接实施方案;与科威特共同编制双边合作规划纲要,做好"一带一路"同其他发展战略的对接协调;包括卡塔尔"2030国家愿景"、巴林"2030经济发展愿景"、埃及"2030愿景可持续发展战略"、摩洛哥王国"经济起飞计划和2014—2020工业振兴计划发展战略"等。突尼斯同中国政府签署谅解备忘录,加入"一带一路"倡议。约旦政府愿同中国政府签署共建"一带一路"谅解备忘录。

中国以"合而治之"的整体外交方式,寻求与地区国家群体建立不同层级的合作关系,制定差别化的战略发展目标。[②] 中国长期与阿拉伯国家间重要的国际组织保持密切的联系,与阿盟、非盟在建立21世纪海上丝绸之路方面达成实质性的成果。阿拉伯国家分布在西亚与北非,主要是阿拉伯国家联盟、非洲联盟、海湾阿拉伯国家合作委员会(海合会)、伊斯兰合作组织等政府间国

---

① 《中国和阿拉伯国家合作共建"一带一路"行动宣言》,中阿合作论坛,2018年7月13日,http://www.chinaarabcf.org/chn/lthyjwx/bzjhywj/dbjbzjhy/t1577010.htm。

② 孙德刚:《合而治之:论新时代中国的整体外交》,《世界经济与政治》2020年第4期。

际组织成员。2013年"一带一路"倡议提出后,中国通过召开部长级战略论坛与组织成员国磋商相关政策,不断推进21世纪海上丝绸之路的建设。中国与海合会在2010年重启贸易谈判,截至2016年已经完成9轮自贸区谈判。[1] 中国与伊斯兰合作组织长期保持密切联络,2016年中国国家主席习近平访问中东三国期间,专程会见了伊斯兰合作组织秘书长伊亚德。

表1 中国与阿拉伯国家政府间组织就"一带一路"政策推进情况[2]

组织名称	合作区域	形成机制	签署文件	指导性文件
阿拉伯国家联盟	北非、中东、西亚	2014年第六届中阿合作论坛部长级会议;2016年第七届中阿合作论坛部长级会议;2018年第八届中阿合作论坛部长级会议	《北京宣言》《2014年至2016年行动执行计划》《2014年至2024年发展规划》(2014);《多哈宣言》和《2016年至2018年行动执行计划》(2016);《北京宣言》《2018年至2020年行动执行计划》以及《中阿合作共建"一带一路"行动宣言》	《中国对阿拉伯国家政策文件》(2016)
非洲联盟	非洲	2015年中非合作论坛约翰内斯堡峰会;2018年中非合作论坛北京峰会	《关于构建更加紧密的中非命运共同体的北京宣言》和《中非合作论坛——北京行动计划》(2019—2021)》	《中国对非洲政策文件》(2015)

---

[1] [巴林]安瓦尔·尤素福·艾勒·阿卜杜拉:《"一带一路"框架下中国—海合会的经济合作》,王畅译,《新丝路学刊》2017年第2期。

[2] 表格由作者根据外交部相关文件整理而成。

（续表）

组织名称	合作区域	形成机制	签署文件	指导性文件
海湾阿拉伯国家合作委员会	阿拉伯国家、海湾地区	2014年1月，中国—海合会第三轮战略对话；2016年中国—海合会第七轮自由贸易协定谈判；2016年中国与海合会举行战略对话政治工作组高官会	无实质文件	《中国对阿拉伯国家政策文件》（2016）
伊斯兰合作组织	伊斯兰国家	2016年中国国家主席习近平在利雅得会见伊斯兰合作组织秘书长伊亚德	无实质文件	

中国与海上丝绸之路沿线的阿拉伯国家之间在"一带一路"倡议提出后频繁进行高层互访，元首外交有力推动了"一带一路"的政策沟通与对接国家的战略对接。元首外交是"一带一路"框架下总体规划"组合拳"中重要的一部分，对于海上丝绸之路沿线支点国家进行战略对接作用明显，对于区域性多边合作也有推动作用。自2014年以来，中国国家主席习近平先后访问伊朗、沙特、埃及、阿联酋等海上丝绸之路沿线国家，同时，科威特、卡塔尔、埃及、土耳其、阿联酋、以色列、巴勒斯坦、伊朗、沙特的国家元首或政府首脑先后访华。

表2 中国与阿拉伯国家就"一带一路"政策推进情况[①]

时间	事件	"一带一路"相关进展	签署项目
2014年6月	科威特首相贾比尔访华	"一带一路"建设和亚洲基础设施投资银行筹建工作	
2014年11月	卡塔尔埃米尔塔米姆访华	作为创始成员国积极参与亚洲基础设施投资银行筹建工作	发表了两国建立战略伙伴关系的联合声明;"一带一路"、金融、教育、文化等领域合作文件签署
2014年12月	埃及总统塞西访华		中埃全面战略合作伙伴关系联合声明
2015年12月	阿联酋阿布扎比王储穆罕默德		签署《关于设立中国—阿联酋投资合作基金(有限合伙)的备忘录》、续签了双边本币互换协议、在阿联酋建立人民币清算安排的合作备忘录
2016年1月	习近平主席访问沙特阿拉伯	《中华人民共和国政府与沙特阿拉伯王国政府关于共同推进丝绸之路经济带和21世纪海上丝绸之路以及开展产能合作的谅解备忘录》以及能源、通信、环境、文化、航天、科技等领域双边合作文件的签署;中沙延布炼厂项目投产启动	发表了《中华人民共和国和沙特阿拉伯王国关于建立全面战略伙伴关系的联合声明》
2016年1月	习近平主席访问伊朗		

---

① 表格由作者根据外交部相关文件整理而成。

（续表）

时间	事件	"一带一路"相关进展	签署项目
2016年1月	习近平主席访问埃及	签署了《中华人民共和国政府和阿拉伯埃及共和国政府关于共同推进丝绸之路经济带和21世纪海上丝绸之路建设的谅解备忘录》以及电力、基础设施建设、经贸、能源、金融、航空航天、文化、新闻、科技、气候变化等领域多项双边的合作文件；中埃苏伊士经贸合作区二期揭牌	发表了《中华人民共和国和阿拉伯埃及共和国关于加强两国全面战略伙伴关系的五年实施纲要》
2016年5月	摩洛哥国王穆罕默德六世访华		签署了《中华人民共和国与摩洛哥王国关于建立两国战略伙伴关系的联合声明》
2017年3月	巴勒斯坦国总统阿巴斯访华		签署了价值约650亿美元的谅解备忘录和合作意向书
2017年7月	沙特阿拉伯国王萨勒曼访华		
2018年7月	习近平主席访问阿联酋		发表了《中华人民共和国和阿拉伯联合酋长国关于建立全面战略伙伴关系的联合声明》
2019年2月	沙特阿拉伯王国王储访华	宣布参与"中巴经济走廊"建设的第三方	

在中国"一带一路"倡议的布局中，与支点国家建成战略伙伴关系是双方合作的基础。自2014年以来，中国同海上丝绸之路支点国家的"伙伴关系"不断升级，与摩洛哥、卡塔尔建成战略合作伙伴关系；与沙特、阿联酋、埃及升级为全面战略合作伙伴关系。与此同时，以平等合作为前提的伙伴关系成为作为中国与对象国推进"一带一路"倡议的基础。在与多国发表的联合声明

中，都出现了共建"丝绸之路经济带"和"21世纪海上丝绸之路"的表述。特别是在建成和升级"伙伴关系"后，在顶层设计上出现明显突破，如中国与埃及签署了《中华人民共和国政府和阿拉伯埃及共和国政府关于共同推进丝绸之路经济带和21世纪海上丝绸之路建设的谅解备忘录》、中国与沙特阿拉伯签署了《中华人民共和国政府与沙特阿拉伯王国政府关于共同推进丝绸之路经济带和21世纪海上丝绸之路以及开展产能合作的谅解备忘录》，双方还建立"一带一路"的全球合作伙伴关系。与"一带一路"支点国家在政治上保持合作确保了双方合作项目的快速落地。中国与沙特之间以能源为合作基石，同时，经贸、能源、产能、文化、教育、科技项目推进快速。截至2019年，双方共同确定了总金额约550亿美元的首批产能与投资合作重点项目，中沙吉赞产业聚集区建设稳步推进，沙特延布炼厂、辽宁盘锦炼厂、拉比格电厂、"大陆桥"铁路等一系列能源、基础设施大项目合作正在稳步推进或加紧商谈。[①] 阿联酋作为亚洲基础设施投资银行的创始成员国，奠定了双方近年来发展丝路基金的基础。2015年中国—阿联酋建立共同投资基金，当前规模达到100亿美元，在此基础上双方在再生能源、金融、人工智能等领域合作密切。中国与埃及之间，开罗新首都建设、"苏伊士运河走廊经济带"都纳入了"一带一路"框架下进行建设。

第三节　经济社会繁荣是基本动因

自古以来，中阿之间频繁的商业往来和贸易活动，可以促进两国各方面文化的交往，加强交流，推动两国友好关系向前发展[②]，"中阿间以互惠型经贸合

[①]《王毅接受〈中东报〉采访》，外交部网站，2019年2月22日，http：//www.fmprc.gov.cn/web/wjbzhd/t1640247.shtml。

[②] 张阳：《沙特驻华参赞：中沙友谊从丝绸之路时代开始》，环球网2013年5月23日，http：//world.huanqiu.com/article/9CaKmJACJQ。

作带动包容型人文交流的独特相处模式,赢得了丝路中东国家民众的普遍欢迎。据马欢回忆,郑和曾三次到访的佐法尔,当地居民欣闻郑和船队的到来便齐聚码头、敲着传统阿拉伯大鼓欢迎"①。时至今日,随着中国综合国力的迅速提升和国际地位的不断提高,中国已经处于世界舞台的中央,中国再一次受到阿拉伯的青睐,双方合作领域不断拓宽,合作关系不断深入。

一、经济繁荣是国运昌盛的缩影,是古代丝绸之路中阿友好交往形成发展的先决条件

郑和以及伊本·白图泰等中阿友好交往的使者用"以经促文"的丝路相处模式,加深了"中国人民和阿拉伯等亚非人民的相互了解,促进双方的经济文化交流。为发展彼此间的友好关系,作出了重大贡献,产生了深远的影响"②。"尽管其交往的媒介表面上是商品和服务,但却创造了诸多途径,使善意、信息、友谊和互相尊重得以自由流动。"③

从历史上看,丝绸之路兴盛之时大都是古代中国最强盛之时。从汉唐到宋元,从明代到清中叶,我国综合国力强盛,为丝绸之路的发展奠定了基础,提供了可能。

众多的通道使得人畅其行、物畅其流,中阿两大民族在丝绸之路上贸易互通有无。东西方使节、商队、僧侣、学者、工匠川流不息、络绎不绝,中阿商贸与人文交流的半径由此被大大扩展,带动着沿线国家的发展,贸易市场半径由此被大大拓宽。古代丝绸之路极大地促进了中阿贸易的互通与经济往来。"通过丝绸古道传入中国的胡桃、胡椒、胡萝卜等,早已成为中国人喜爱的食物。阿拉伯鼎盛时期的文学经典《一千零一夜》,在中国家喻户晓。阿拉伯风

---

① 马丽蓉:《"郑和符号"对丝路伊斯兰信仰板块现实影响评估》,《世界宗教研究》2015年第5期。
② 江淳、郭应德:《中阿关系史》,经济日报出版社2001年版,第110—111页。
③ [美]路易丝·戴蒙德、约翰·麦克唐纳:《多轨外交》,李永辉等译,北京大学出版社2006年版,第105页。

格的音乐、舞蹈和服饰、建筑，在中国深受欢迎。同样，中国古代文化和技术，也传到了阿拉伯国家。中国的瓷器、丝绸、茶叶、造纸术，就是通过阿拉伯国家传入欧洲的。六百年前，中国航海家郑和七下西洋，多次到达阿拉伯地区，成为传播友谊和知识的使者。"[①]

经济的高度繁荣，使我国成为丝绸之路发展史上当之无愧的引领者。而古代丝绸之路聚合了沿线国家和地区的商贸、产业、资源配置，成为各方利益交汇的经济走廊。历史表明，经济的进步和繁荣既是丝绸之路形成的基础，也是丝绸之路持久兴旺的动力源泉。改革开放以来，我国经济社会发展取得令世人瞩目的成就，成为世界第二大经济体。一个国家强盛才能充满信心开放，而开放促进一个国家进一步强盛。历史新起点带来发展新机遇，"一带一路"倡议乘国家改革开放之势而上，顺中华民族伟大复兴之势而为，为我国更好、更持续地走向世界、融入世界，开辟了崭新路径。中阿间经贸的繁荣发展促进了丝路上中阿和平文明交往的发展。

"一带一路"倡议顺应阿拉伯国家发展经济、维护稳定、改善民生的现实需求，顺应全球治理体系变革的内在要求，彰显同舟共济、权责共担的命运共同体意识，成为推动当今国际合作以及完善全球治理体系变革的"中国方案"。

阿拉伯国家是古代"丝绸之路"的参与者和缔造者，也是今日共建"一带一路"的天然合作伙伴。中阿合作论坛第八届部长级会议上签署了《中阿共建"一带一路"行动宣言》，推进双方实现更深层次、更广领域的相知相交与多元合作，为新时代中阿共建"一带一路"的合作支点，建成共商、共建、共享的合作平台，促进双方有效实现战略对接与行动对接，以改革创新精神打破现实瓶颈，释放合作潜能，谋求互利共赢，实现复兴梦想，通过共建"一带一路"推动两大民族复兴，形成更多利益交汇，推动构建新型国际关系与人类命运共同体，合力打造中阿利益和命运共同体。

---

① 《温家宝在开罗阿拉伯国家联盟总部的演讲（全文）》，中国广播网 2009 年 11 月 8 日，http：//qtznh.cnr.cn/wjb/200911/t20091108_505591375.html。

二、开放包容、安全诚信的经济价值理念夯实了中阿交往的认知基础

丝绸之路上中阿贸易交往繁荣发展的另一个原因是中阿具有共同的开放包容、安全诚信的经济理念。"中阿共生观的话语表述虽各有侧重，但其承认共存、包容异己、慈爱行善、劝善戒恶、中道行事、和合与共等朴素的'人类命运共同体'意识是相通的。"① 在古代丝绸之路贸易中，我们一向推崇讲情重义、先义后利、互惠互利。例如，唐代政府就要求各地官员对胡商"常加存问""接以仁恩，使其感悦"。"公正、公平、正义，历来是伊斯兰教强调的重要价值观原则。"② 讲诚信、重公平，始终是古代中阿贸易交往的行为规范。

阿拉伯经济理念中也有着重视商业、讲诚信、重公平的经济价值理念。在阿拉伯经济理念中，商业活动被赋予一种神圣性，这是对商业活动中合法性的界定③，也是伊斯兰教的重要特点。阿拉伯人从来不鄙视商业活动，相反，他们视此为实践信仰、获取主悦的一种重要方式。当礼拜完毕的时候，他们就散布在大地的各个角落，积极地投身各种经营活动，寻求真主赐予人的丰富的恩惠。《古兰经》说："真主说：'谁为主道而迁移，谁在大地上发现许多出路和丰富的财源……真主必报酬谁。'"（4：100）伊斯兰教鼓励人们通过合法途径去争取财富，满足自己的物质需求，并把它用于正道，大力发展经济。但同时，伊斯兰教又禁止人们以不正当的手段获取财富。④《古兰经》和《圣训》中有大量关于经济思想中的合法和非法事物的界定。例如："真主准许买卖，而禁止利息。"（2：275）伊斯兰教把诚信经营定为合法，而把虚伪和欺诈行为定为非法。《古兰经》说："你们应当使用充足的斗和秤，不要克扣别人应得的货物。"（7：85）"信道的人们啊！你们不要借诈术而侵蚀别人的财产，唯借双方同

---

① 马丽蓉：《中阿"共生观"：从理念到实践的成功建构》，《世界宗教文化》2014年第4期。
② 薛庆国：《阿拉伯伊斯兰核心价值观的内涵及其当代审视》，《阿拉伯世界研究》2018年第2期。
③ 陆培勇、郭筠：《伊斯兰教经济理念中的和谐观》，《济南大学学报》（社会科学版）2009年第1期。
④ 马利强、海一岚：《试论伊斯兰经济文化理念与激发社会活力》，《中国穆斯林》2007年第3期。

意的交易而获得的例外。"(4∶29)在《圣训》中,哈基姆·本·希扎姆传述使者的话:"买卖双方只要未分开(或直到他们分开),皆有自由权。倘若他们在买卖时彼此诚实,不隐瞒交易物的缺陷,则他们的买卖定会兴隆吉祥;反之,如果他们隐瞒作假,则买卖的吉祥定会毁掉。"这些商业行为中非常重要的观念和原则,在规范和约束正当的贸易关系的同时,也推动了社会经济的发展和社会文明的进步。

公平、公正、公道,是阿拉伯文化反复强调的最基本的社会规范之一。《古兰经》说:"你说:'我确信真主所降示的经典,我奉命公平待遇你们。'"(42∶15)"信道的人们啊!你们不要吃重复加倍的利息,你们当敬畏真主,以便你们成功。"(3∶130)"你们应当使用充足的斗和公平的秤,你们不要克扣他人应得的财物,不要在地方上为非作歹。"(11∶85)"当你们卖粮的时候,应当量足分量,你们应当使用公平的秤称货物,这是善事,是结局最优的。"(17∶35)这里的公平交易主要是指度量公平。先知穆罕默德也曾说:"商人犹如世界上的信使,是真主在大地上的可信赖的奴仆。""诚实的商人在报应日将坐在主的影子之下。"(4∶100)阿拉伯人也把办事是否公道、待人是否公平作为衡量一个人品行的重要尺度。

伊斯兰教将人与人之间的诚信提高到信仰高度来对待。[①]至于信守契约,《古兰经》规定:"信道的人们啊!你们要敬畏真主,要和诚实的人在一起。"(9∶119)"当你们缔结盟约的时候,你们应当履行真主的盟约。你们既以真主为你们的保证者,则缔结盟约之后就不要违背誓言。"(16∶91)《圣训》警示后代:"不忠的人没有信仰,不履行诺言的人没有宗教。"《圣训》中还提到欧格白·本·阿米尔说:"卖主明知货物有缺点,而依然出售,这是不合法的,除非他向买主指明那个缺点。"要求买卖双方要以诚相待,要人们警惕和防范说谎、爽约、背信弃义等。

正是在中阿双方共同具有的开放包容、安全诚信的经济理念引导下,中阿

---

① 马利强、海一岚:《试论伊斯兰经济文化理念与激发社会活力》,《中国穆斯林》2007年第3期。

贸易交往通过丝绸之路不断繁荣发展，从古代一直持续到现在。

历史上的经历一次次证明，没有哪一个民族能独立支撑、一直引领整个人类的进步和发展，世界上所有的国家和民族唯有相互尊重和包容，才有可能引领时代，创造出新的文明硕果。"因为开放，才有自由的经贸活动，从而使多种经济要素兼容并包、商品流通取长补短、市场交易更取所需；因为包容，才有多样性文明的交融。"①

对外开放、合作共赢是使得国家更加强大、社会更加进步的前提；封闭和妄自尊大，只会导致落后。要超越文明的属性、制度和发展水平的差异，坚持开放、包容、合作和交流，是解决"一带一路"建设中可能出现的难题的最重要途径。阿拉伯国家积极支持和响应"一带一路"倡议，2015 年中国成为阿拉伯国家第二大贸易伙伴，到 2019 年，已有 18 个国家与中国签署了共建"一带一路"合作文件，同所有 22 个阿拉伯国家和海合会建有经贸联委会机制，同所有阿拉伯国家签署了双边政府经济、贸易和技术合作协定。截至 2018 年，双边贸易额 2443 亿美元，同比增长 28%。阿联酋经济部长曼苏里在 2019 年 7 月 22 日表示："'一带一路'是中国送给世界的礼物，阿方愿积极参与其中并发挥更大作用。"②"丝绸之路"作为中阿两大民族共同的文化遗产和精神印记，正焕发新的勃勃生机，共建"一带一路"也逐渐成为中阿集体合作最鲜明的时代特色，映射到中阿交往的方方面面。习近平在开罗阿盟总部演说时强调："中东动荡，根源出在发展，出路最终也要靠发展。"中阿同为发展中国家，均面临改革、发展和稳定的重任，中国提出的"一带一路"倡议与阿拉伯国家的发展战略目标高度契合，成为阿拉伯国家能源、基础设施、产业园区等重要投资者；中国与阿拉伯国家积极分享新能源、和平利用核能、航空航天、"北斗"等高科技。可以说，中国就是阿拉伯国家经济的重要建设者。

改革开放是我国重新屹立于世界民族之林、繁荣发展的根源，中华民族

---

① 李国强：《古代丝绸之路的历史价值及对共建"一带一路"的启示》，《大陆桥视野》2019 年第 2 期。

② 《一带一路是中国送给世界的礼物》，《人民日报》2019 年 7 月 23 日。

的伟大复兴离不开改革开放，而"一带一路"倡议最显著的特征就是开放。习近平总书记指出："中国开放的大门不会关闭，只会越开越大。""一带一路"倡议无疑是我国敞开对外开放大门的重要标志，是我国对外开放的新引擎。通过"一带一路"倡议，形成参与和引领国际合作竞争新优势，建立国际合作的开放型经济新体制，与沿线尤其是阿拉伯国家共同打造特色经济带，实现中国发展与世界发展的良性互动，从而构建起陆海内外联动、东西双向互济的开放新格局。

"万隆会议"至今，由于中国与部分阿拉伯国家开始建立外交关系，中阿经贸发展经历了从无到有，从简单的初级农、渔产品进出口到当今以能源为基础的贸易往来。进入 21 世纪，中阿经贸合作延展和深化中国与阿拉伯国家的经贸来往，2004 年中阿双方贸易额为 364 亿美元，2015 年中国成了阿拉伯国家第二大贸易伙伴，到 2019 年，中国与阿拉伯国家贸易额达 2664 亿美元。

三、新时代背景下中阿经贸合作的基础和动力

在当今建立中阿全面战略伙伴关系的新时代背景下，中阿经贸合作需要高度重视能源合作和贸易投资便利化这两个方面，具体体现为：

（一）能源合作是中阿经贸合作的基础

中国经济腾飞离不开与世界产油大国之间稳定的石油贸易。中国作为世界第二大经济体和世界第一大原油进口国，中国的能源安全与国家发展密切相关。2010 年的中国进口石油总量为 23768.2 万吨，2018 年中国石油进口量翻了一番，达到 46190 万吨。2019 年国内原油总消费达到 58902.17 万吨，进口量高达 50572 万吨。其中，中国与阿拉伯国家之间的能源贸易占双方贸易总额比重最大，占中国总进口石油的 48.46%。中阿经贸的发展加深了双方政治互信，也带动了中阿之间人文交往，增添了中阿人民之间的友谊。

由于中东地区持续的战乱动荡，加之美国对中东石油资源的强大控制力，

导致中国的能源安全开始受到中东地区地缘政治波动的影响。随着近年来美国大力扶持本国页岩气行业发展，自身从石油进口国转为石油出口国，作为原欧佩克国家的海湾国家因油价持续下跌经济不断下行，因此国际社会对于欧佩克用减产的方式控制油价的争议持续不断。加之由于全球疫情背景下全球经济持续低迷，世界各国对石油的需求持续减少，欧佩克对于石油的减产力度继续加大，在2020年7月有媒体称欧佩克组织将有可能在同年8月每日减产200万桶来刺激持续低走的油价。中国的能源安全本身受到世界石油出口国对于全球石油价格调控的影响，特别是当前沙特、俄罗斯是当前石油减产呼声最高的国家，同时也是中国重要的石油供给国，因此，中国需要与主要的能源合作伙伴建立密切的联系，以保证在国际石油产量和价格波动时自身石油安全得到保证。

在这种背景下，中国长期以来通过与阿拉伯产油国之间建立高层政治磋商的方式提高中国与阿拉伯国家能源合作的共识，并不断拓展中阿能源合作维度和深度。具体的举措体现在以下几个方面。

1.中阿之间通过长期以来建立的政治互信，确保中阿之间能源贸易平稳增长。中阿双方高层沟通对中阿之间能源合作提供了政策保障，进一步推动了中阿能源企业之间落实合作项目。与此同时，中国政府积极与沙特、阿联酋、苏丹、伊拉克等阿拉伯产油国签订石油开发协议，提供能源运输的安全性和便捷性。1998年10月，沙特王储阿卜杜拉访华，两国决定将政治、经济领域的关系提高到战略性合作水平，确立了能源战略伙伴关系，并签署了在石油投资及贸易领域进行合作的谅解备忘录。[①]1999年，中沙签署《两国能源合作备忘录》。2004年中国与科威特政府签署了《中华人民共和国政府和科威特国政府在油气领域开展合作的框架协议》。2006年3月，中国中化集团与阿联酋乌姆盖万酋长国政府、哈伊马角酋长国天然气委员会签署了联合开发阿联酋乌姆盖万海上气田的合作协议，这是中国公司在中东地区从勘探直接进入开发的第一

---

① 郭依峰：《世界能源战略与能源外交（中东卷）》，知识产权出版社2011年版，第191页。

个油气田。①2006 年，在第二届中阿合作论坛部长级会议中召开了第一届中阿能源合作大会，中国政府由国家发改委、外交部牵头与阿拉伯国家能源主管部门负责人、阿盟秘书处、阿拉伯国家石油输出国组织、阿拉伯原子能机构以及阿拉伯国家石油公司在内的高管讨论加强石油、天然气以及电力行业的合作等议题。2008 年，中国与伊拉克签署《艾哈代布油田项目开发与服务合同》；次年中国石油与伊拉克签署鲁迈拉油田开发项目；2008 年中国与卡塔尔签署《中国发改委与卡塔尔能源工业部关于加强能源合作的谅解备忘录》。2010 年，中国与伊拉克签署为期 20 年的《哈法亚油田开发生产服务合同》。②2012 年国务院总理温家宝访问沙特后，中国石化与沙特阿美石油公司签订沙特延布炼厂项目，该项目总投资近 100 亿美元，也是中国在沙特最大的投资项目。

2. 中阿之间的能源合作从能源贸易向重视与产油国石油中下游产业链合作进行转变，把能源开采、技术人员培训、运输、基础设施建设等合作囊括进能源合作之中，继续加深双方互利共赢的能源合作关系。中国企业开始与沙特、阿联酋、科威特、伊拉克、埃及等阿拉伯产油国不断进行深度战略合作。2011 年，中石油与阿美石油公司签署《云南炼油项目谅解备忘录》和《原油销售协议补充协议》，协议确定了中国与沙特通过合作确保中缅油气通道将油气资源运送至云南进行加工销售。2012 年第三届中阿能源大会上，中阿石油、天然气合作提升为勘探、开采、运输和炼化方面的合作。③

3. 中国与阿盟国家在清洁能源、核能可再生能源方面进行深入的合作。在第二届中阿能源大会上，提出在能源合作深度上，中阿双方都强调应加强在和

---

① 朱雄关：《"一带一路"背景下中国与沿线国家能源合作问题研究》，博士学位论文，云南大学，2016 年，第122页。

② 朱雄关：《"一带一路"背景下中国与沿线国家能源合作问题研究》，博士学位论文，云南大学，2016 年，第117页。

③ 《第三届中国—阿盟能源合作大会联合声明》，国家能源局2012年9月20日，http：//www.nea.gov.cn/2012-09/20/c_131861466.htm。

平利用核能领域的合作与能力建设,尤其是在发电和海水淡化领域的合作。[①] 近年来,中阿围绕可再生能源领域合作逐渐落地成型。2016 年,中国核工业建设集团公司与沙特能源城签订了《沙特高温气冷堆项目合作谅解备忘录》。2017 年,中国能源企业晶科能源和日本能源企业组成的联合体中标阿布扎比光伏发电项目,这是中阿双边在清洁能源领域合作的一个重要清洁能源项目。[②] 中国政府还注重双方在清洁能源和核能合作领域加强人员培训,在中阿能源合作框架下,中核集团为阿盟成员国核能机构决策者组织培训班;2018 年 11 月,在埃及开罗召开的第六届中国与阿拉伯国家能源合作大会上,中阿双方达成协议在中阿双边成立清洁能源培训中心,在光热、风电、光伏、智能电网等能源领域开展清洁能源建设合作活动。由此可见,中阿之间多领域的合作都是以能源合作为基础,带动中阿之间金融、技术、基础设施建设等多个领域共同向前发展。

(二)贸易和投资便利化成为中阿官民双方共同推进的动力

中阿博览会是当前中阿官方和民间重要的经贸合作平台。2004 年,中阿合作论坛成立之后,论坛框架下的十余项机制已成为双方多领域、多层次交流与合作的机制性平台,为推动中阿务实合作发挥了重要作用。[③] 宁夏于 2006 年举办的中国(宁夏)国际投资贸易洽谈会成为中阿经贸论坛的前身,2010 年宁洽会升级为中阿经贸论坛,2013 年升格为中国—阿拉伯国家博览会。借助中阿博览会平台作用,双方扩大了在农业、工业、园区建设、现代服务业、金融业领域的发展,特别是 2013 年"一带一路"倡议提出后,中阿经贸合作领域进一步拓展,基础设施建设和金融合作开始进入落实阶段。2015 年中国—阿拉伯国

[①]《第三届中国——阿盟能源合作大会联合声明》,国家能源局 2012 年 9 月 20 日, http://www.nea.gov.cn/2012-09/20/c_131861466.htm。

[②] 郭丹丹:《中国与阿拉伯国家能源合作现状与前景探析》,《对外经贸实务》2019 年第 5 期。

[③] 杨言洪、田冉冉:《"一带一路"倡议背景下中国与阿拉伯国家经贸合作研究》,《国际商务(对外经贸大学学报)》2018 年第 3 期。

家博览会期间，宁夏人民政府与阿曼（杜古姆经济特区）签署投资合作框架协议，次年中国—阿曼（杜古姆）产业园投产，至今该项目已有9个项目落地投产，总投资达32亿美元。2015年，中国与沙特启动了产能合作，中国—沙特（吉赞）产业园作为中国与"沙特愿景2030"对接的旗舰项目，在中阿博览会期间推动迅速，该项目于2015年下半年正式启动，2016年1月，习近平主席访沙特期间与沙特萨勒曼国王共同见证谅解备忘录的签订，该项目成为中阿产能合作的标志项目。2019年，中国与阿拉伯国家贸易额达2664亿美元，同比增长9%。2019年全年，中国对阿全行业直接投资14.2亿美元，国内企业在阿新签承包工程合同额达325亿美元。

中阿经贸合作同时也促进了双方海洋经济的发展。"一带一路"倡议提出后，中国和阿拉伯国家的海洋经济迅速发展，各国制定和实施了海洋经济发展战略与政策，与其他国家寻求发展对接，推动海洋经济的发展，促进海洋经济结构的调整。中国与阿拉伯国家之间的海洋贸易、海洋金融、海洋油气业、海洋交通运输、船舶制造业、海滨旅游是双方海洋合作的重点，也是海洋经济的主要增长点。中国与海湾国家在海洋油气资源开采合作较多，中国能源公司多参与到海外国家海上油气资源的开采、勘探等项目中。

当前，中国与阿盟发展海洋贸易的关键是推动中阿之间建立中国—海湾合作委员会自由贸易区谈判。中国—海合会自贸区致力于建立一个互利共赢的涵盖贸易服务、服务贸易、投资领域和贸易便利化的总体协定。对中国和海合会国家的优惠不仅在商品贸易税费减免，还在于中国与阿拉伯国家之间金融服务、投资、人员往来等方面的便利化。

中国—海合会自贸区谈判最早始于2004年，2009年双方取得实质性的进展。2008年金融危机后，海合会国家在对世界经济走势的判断后，决定终止其对全球所有贸易伙伴就建立自贸易事宜的谈判，其中就包括即将落地的中国—海合会自贸区谈判。2015年12月，海湾国家外长理事会在仍然维系对全球的谈判终止的决定下，单独重新启动和中国的自由贸易协定谈判。[①]2016年1月，习近平主席访问沙特后，中国—海合会自贸区谈判确定尽快重新进行实质性谈判。2017年，沙特国王萨勒曼访华，中国和沙特重申愿共同努力，尽早建立中国—海合会自贸区。2019年2月22日，习近平会见沙特王储穆罕默德，两国要共同推动中国—海合会自贸区建设。[②]尽管当前自贸区谈判尚无结果，但中国与海合会国家在推动海洋贸易发展上已经突破很多限制。当前世界经济持续低迷，海湾国家在内的欧佩克石油输出国组织内部对于石油价格的定价和减产问题上分歧明显，中国与海合会自贸区谈判因此受到巨大影响。双方当前有共同意愿推进自贸区谈判进程前进的同时，还需要依据实际的国际经济大局进行必要的谈判内容调整。实际上，中阿双方以能源作为合作的主轴，同时能源贸易量在总贸易量占最大比重的情况下，仍需寻找更多的共识，推动谈判尽快落地。中国作为海湾国家第二大贸易伙伴，双方在货物贸易、服务贸易、投资领域和贸易便利化领域合作前景广阔，中国—海合会自贸区将会成为中国与阿拉伯国家之间海上经济发展的强力助推器。

第四节 港口合作是核心动力

一、中国与阿拉伯国家发展港口合作的必要性

建设海上丝绸之路经济带的重要节点是港口建设。[③]中国作为世界第二大

[①]《中国与海合会恢复自贸协定谈判 货物贸易谈判已实质性结束》，国际在线2016年1月22日，http://news.cri.cn/2016120/48029cc2-7b2b-d99a-be0e-b9e198f77745.html。

[②]《习近平会见沙特阿拉伯王国王储穆罕默德》，新华网2019年2月22日，http://www.xinhuanet.com/world/2019-02/22/c_1124152558.htm。

[③] 赵山花：《21世纪海上丝绸之路背景下的港口建设》，《中国港口》2016年第2期。

经济体，当前对外贸易70%—90%依靠海上运输，从国家利益角度来讲，通往印度洋的航道安全和国家能源运输安全，对保障国民经济正常运行至关重要。中国处于经济转型期，改革开放以来中国大力引进外资。中国在21世纪海上丝绸之路的建设中，需要有优势项目作为抓手，如港口、公路、桥梁、高铁等基础设施建设、核电站、石油化工再生能源技术和航空航天等。我国在推进"一带一路"的同时，通过"高铁外交""港口外交""核能外交""北斗外交""基建外交"等外交方式与对象国进行对接。其中，"港口外交"是指国家之间着眼于发展战略对接，在港口建设中充分发挥各方优势，通过中央与地方、政府各部门与企业相互配合，有资质的企业在参与海外港口交往过程中服务于外交战略目标。[1] 在中国外交的"工具箱"中，"港口外交"更加注重发展海洋经济领域。2013年9月，中国与东盟签署《中国—东盟港口城市合作网络论坛宣言》，提出建立网络合作机制，形成友好城市合作圈，加快推进双方共47个港口的海上互联互通。[2]

同时，港口建设还是推进21世纪海上丝绸之路的重要合作平台。在国家三部委推动的"愿景与行动"中就提到"海上以重点港口为节点，共同建设通畅安全高效的运输大通道"[3]，其中的港口建设是承接中国"一带一路"的重要支撑。我国与拉美国家、东盟国家以及阿盟成员国不断通过拓展在港口基建方面的合作，推行"港口外交""高铁外交"，从而全面推动21世纪海上丝绸之路整体向前。2016年5月，中国外长王毅在出席多哈举办的中阿合作论坛第七届部长级会议开幕式上提出："要让铁路和港口成为中阿交往的标志。中方支持中国企业参与阿拉伯半岛和北非铁路网建设，支持中国有关省区与阿拉伯重要港口城市共建友港。中方愿与阿拉伯国家共同推动产港融合，按照'港口+工业园区'模式，把地区条件优良的港口建成集经济开发、贸易合作、工业生

---

[1] 孙德刚：《中国港口外交的理论与实践》，《世界经济与政治》2018年第5期。

[2] 陈祝康：《中国与东盟友好港口建设探析》，《国际研究参考》2020年第2期。

[3] 国家发展改革委、外交部、商务部：《推动共建丝绸之路经济带和21世纪海上丝绸之路的愿景与行动》，2015年3月。

产等的一体的综合基地。"① 在"一带一路"框架下，港口外交是一个推动中国与阿拉伯国家之间合作的切入点，通过利用港口功能的延伸性和港口经济辐射性特点形成"以点带面"的合作框架。可以看出，中国向全球展示的"中国经验"不是以笼统的基础设施建设作为基础介绍给世界各国，而是通过类似港口建设中"港口+工业园区"模式，推行的是一种可持续发展的经济社会治理模式。

从沿线国家分布角度看，海上丝绸之路沿线国家是中国建设海外港口的重点地区。中国特色的港口外交根植于中资企业参与海外港口建设的丰富实践，与中国外交决策体制、中国国有港口企业占主体地位、中国优势产能进入对外转移阶段存在重要关联。② 将港口作为中国海上丝绸之路的桥头堡，港口是"一带一路"背景下推动区域经济一体化的重要引擎。③ 港口外交包括投资建港、兼并收购或投资控股、友好港口建设、港口网络合作等形式，不同形式的港口外交分别反映出双方港口不同的发展目标、发展现状与利益诉求。④

二、21 世纪海上丝绸之路背景下的中阿港口合作现状

（一）港口合作已经在中阿双方达成共识，并成为推动"一带一路"建设的助推器

中国与阿拉伯国家之间的港口合作最早在 1998 年，中国港湾工程公司通过码头建设项目进驻苏丹港，两国携手合作使苏丹港务局已成为红海上具有较强硬件优势的海运港口之一，也是东非重要的能源输出和货运集散基地。20 年来，中国企业在阿拉伯国家参与投资运营的港口有吉布提的吉布提港以及

---

① 《王毅：让铁路和港口成为中阿交往的标志》，新华社多哈 2016 年 5 月 12 日电，http://www.xinhuanet.com/world/2016-05/13/c_128979169.htm。
② 参见孙德刚《中国港口外交的理论与实践》，《世界经济与政治》2018 年第 5 期。
③ 参见管清友《一带一路港口：中国经济的"海上马车夫"》，《中国水运报》2015 年 5 月 11 日。
④ 参见陈祝康《中国与东盟友好港口建设探析》，《国际研究参考》2020 年第 2 期。

港口后方的吉布提自由贸易园区、亚吉铁路和埃及的苏伊士运河码头、达米埃塔港、阿联酋哈利法港二期集装箱码头。在中阿之间长达20年的合作历程中，阿拉伯国家对于中国参与到本国港口基建、投资运营呈现欢迎态度。中国与阿拉伯国家进入共建"一带一路"快车道后，双方密切通过部长级论坛的方式将港口合作加以落实。2014年第六届中阿合作论坛部长级会议发布的"中国—阿拉伯国家合作论坛2014年至2016年行动执行计划"和2016年第七届中阿合作论坛部长级会议发布的"中国—阿拉伯国家合作论坛2016年至2018年行动执行计划"中，都在工业和交通运输合作部分中强调，要加强双方在提升海港运输效率方面开展合作，借鉴中国在建设方面的经验。2018年第八届中阿合作论坛部长级会议上发表的"中国—阿拉伯国家合作论坛2018年至2020年行动执行计划"中，对港口合作的表述为："加强双方在港口、海事管理部门、机场、陆路运输站场、物流中心、铁路经营管理方面的合作；支持中国企业参与阿拉伯国家铁路、机场、港口、公路、能源、电力、电信、水务等领域基础设施建设，合作建设一个或多个面向非洲和拉丁美洲的海洋经济园区。"[1]中阿之间在港口建设合作的表述中出现了港口合作→中国港口模式、经验交流推广→中国企业参与建设经营港口的转变的递进合作关系。同时，阿方希望吸收中国在港口基建、港口运营、金融投资方面的优势，这促使中阿双方促进了双方"伙伴关系"的合作领域。在中阿双方同期发表的《中国和阿拉伯国家合作共建"一带一路"行动宣言》中，在合作重点方面提到"实施好中阿已经开展的务实合作项目，促进海上丝绸之路合作不断走深走实"[2]。虽未在宣言中直接提到港口建设合作，但当前中方正在筹划的中阿"一带一路"重点项目中，包括多个港口类项目，例如阿尔及利亚中心港的项目、阿联酋哈利法港二期集装箱码头、毛里塔尼亚友谊港扩建等。因此，不难判断中阿之间的港口

---

[1]《中国—阿拉伯国家合作论坛2018年至2020年行动执行计划》，中阿合作论坛，2018年7月13日，http：//www.chinaarabcf.org/chn/lthyjwx/bzjhywj/dbjbzjhy/t1577009.htm。

[2]《中国和阿拉伯国家合作共建"一带一路"行动宣言》，中阿合作论坛，2020年7月13日，http：//www.chinaarabcf.org/chn/lthyjwx/bzjhywj/dbjbzjhy/t1577010.htm。

建设已经寓于中阿之间的务实合作的范畴中，双方更加注重港口建设落地成效和在海上丝绸之路合作中所扮演的重要角色。

与此同时，中国与阿拉伯国家在提升"伙伴关系"合作层级中，港口合作同样是中国与对象国关切的焦点。中国与埃及在多个文件中对接埃及重点发展项目，支持开发苏伊士运河走廊项目，合作建设港口基础设施和配套的中埃苏伊士经贸合作区。2016年，中国与沙特建成全面战略合作伙伴关系后，双方在2018年落实了有关港口建设的合作项目，中国电建与沙特方面签订了30亿美元的沙特萨勒曼国王国际综合港务设施项目。2016年，阿联酋在与中国建设全面战略合作伙伴关系后，同年，中国远洋海运集团有限公司与阿布扎比港务局签署特许权，协议合资共营阿联酋哈利法港二期集装箱码头项目。该项目已于2019年第一季度投入运营，作为"一带一路"的重点项目，已成为海湾合作委员会中最大的集装箱货运站。

综上所述，港口建设能成为推动中阿双边发展助推器的原因有三个方面。第一，中阿之间作为"丝路天然合作伙伴"，在近20年来持续稳定地推动阿拉伯地区港口建设合作，提倡通过双方共有的"海上丝绸之路共同记忆"的方式增信释疑，以合作伙伴方式谋求共同发展。第二，中国提出的"21世纪海上丝绸之路"倡议与各国海洋发展战略的进行对接，双方顶层设计上对港口建设合作进行对接，并把港口建设和城市建设、工业园区建设、经济走廊建设、水路交通建设等多方面融合在一起，港口促使双方从单一的项目合作建设升级为战略合作。第三，阿拉伯国家从自身发展角度出发，西方国家表面上与阿拉伯国家在军事、经济上关系密切，但区域大国之间的博弈严重影响阿拉伯国家之间的团结。中国是中东和平稳定的维护者，愿意与阿方打造中阿命运共同体，在很大程度上能够打破西方现有的利益布局，而港口项目关乎能源、货运以及阿拉伯国家未来发展前景，因此中国成为阿拉伯国家的共同选择。

（二）中国不断推动国内、国际联动以积极促成阿拉伯国家进行港口建设合作

中国1.8万千米长的海岸线上分布了87个港口，全国有五大港口群，其中包括环渤海港口群、长江三角洲港口群、东南沿海港口群、珠江三角洲港口群和西南沿海港口群，这些港口群与京津冀经济区、长三角经济带、珠三角经济带紧密相连。而这三个经济发展区域半数以上是面向海外市场，长期以来，海港对接区域发展方向，根据区域内经济情况建立海、陆、空交通网络，从全局上实现优势互补、相互协作、实现效益最大化。"一带一路"倡议提出后，国内港口之间主动进行协同作业，提高运力。当前，在国内港口协作方面，有横向战略联动和纵向战略联动两种模式。下面详细介绍一下这两种战略联动模式。

1.根据港口联盟理论，横向联动是指两个或两个以上的处于平行位置的港口企业为了实现资源互补和防止恶性竞争而结成的利益共同体。[①] 关于横向战略联动模式，我们以天津港举例说明。在"一带一路"倡议提出后，天津港深度融入了京津冀协同发展国家重大战略，突出海陆枢纽地位，主导建设环渤海和京津冀经济圈，并以此为依托进行区域战略联盟联动。2014年以来，天津港对接京津冀经济圈，先后推进了以下工作：与河北港务局共同出资组建津冀国际集装箱码头公司，与唐山港集团合资成立津唐国际集装箱码头公司，与沧州港务集团签署合作框架以建立能源、钢铁、矿石之间的航运协作，与唐山曹妃甸综合保税区港务有限公司签署协议，推动开通曹妃甸保税区至天津港的集装箱外贸内支线班轮。2018年底，天津港已经开通了天津至秦皇岛、京唐、曹妃甸、黄骅等港口的多条定期环渤海内支线，共计投入运营船舶13条，每月航班达到90余艘次。2019年，天津港年吞吐量达到1730万标准箱，增幅8.1%，位于全球港口增幅前十位。以津冀港口为主的环渤海内支线年集装箱中转吞吐量跃上120万标箱。由于区域联动强调同一区域内所有港口为了提

[①] 杨建国：《21世纪海上丝绸之路背景下浙江省港口参与国际港口联盟建设问题研究》，海洋出版社2018年版，第107—108页。

高整个区域的港口竞争力而结成的战略联盟，因此根据区域的大小不同，战略联盟的规模相差巨大。例如，福建省于2019年12月19日在厦门成立了"丝路海运"联盟，2020年5月，厦门港务控股集团与天津港集团签订了《建设世界一流港口全面战略合作框架协议》，天津港也借势加入这个以丝路命名的海运联盟。因此，天津港通过"丝路海运"使京津冀经济区向东南沿海进行辐射，随着"丝路海运"联盟逐渐覆盖东盟国家，天津港的作用不再只是北方第一大海上枢纽，而成为京津冀地区与东盟国家经济联动的跳板。

2. 纵向战略联动是针对经济腹地和内陆无港口地区发展的联动模式。无水港是指在内陆地区建立的具有报关、报验、签发提单等港口服务功能的物流中心。当前中国沿海港口利用铁路、公路、内河航运等方式与内地工业园、内地集装箱货运站进行衔接，同时升级自身仓储、配送、流通加工等专业物流服务水平，为内地经济带提供无水港口服务。关于纵向战略联动模式，我们以宁夏为例说明。作为中阿合作"桥头堡"的宁夏在2008年建成了石嘴山惠农二类陆路口岸，通过铁路运输与东部港口相连通；2009年，宁夏与天津港合作建成第二个"无水港"银川集装箱场站；到2011年，宁夏出口货值的80%经天津港进出口，同年天津港建成第一家面向青海、甘肃、内蒙古、陕西地区的出港服务中心；2020年5月，中共中央、国务院下发《中共中央国务院关于新时代推进西部大开发形成新格局的指导意见》，明确提出"支持在西部地区建设无水港"①。宁夏无水港从为本地区解决出海口问题转化为深化津银两地合作总体布局的重要节点，又因为宁夏作为中国与阿拉伯国家重要的合作桥头堡作用而提升到构建中国与阿拉伯国家21世纪海上丝绸之路的战略高度。在未来，天津港很有可能扮演沟通中国华北、东北地区与印度洋、阿拉伯海国家之间航运"二传手"的角色。在"一带一路"背景下，国内航运联盟资源整合不再是中国内部港口资源的整合，而是通过一系列内部整合来对接更为复杂的国际航运联盟体系，实现横向港口集群的优势互补、资源共享，以及港口与内陆纵深区

---

① 《银川市与天津港集团"牵手"》，宁夏新闻网2020年5月29日，https://www.nxnews.net/ds/sxld/202005/t20200529_6728723.html。

域通过"无水港"进而让航运发展不仅仅是单纯的运力提升，而且是港口联盟辐射地区的不断拓展。

（三）中国与阿拉伯国家建立"友好港口"促进双方建立海上丝绸之路共同体

在一系列合作共识与稳定合作基础之上，近些年来，中国与阿拉伯国家友好港口建设稳步进行。友好港口与国际海运联盟存在很大的差异性，国际海运联盟主要是航运、航天企业自发组成的商业联盟。友好港口是一种政府性的行为，是由行使政府职能的港口管理当局作为主体来进行交流的，其目的强调友好交往、增进国际相互了解。[1]也有学者认为友好港口是指港口之间通过签署友好港协议、意向书以及备忘录等形式，缔结为友好港口关系并开展后续港务合作的系列行为。[2]因此，在友好港口的签署中，政府导向对于友好港口的缔结产生直接作用，如2014年福建泉州打造的21世纪海上丝绸之路先行区，将沙特的曼达港、巴基斯坦的瓜达尔港在内的十多个海丝沿线港口缔结"友好港口"关系。友好港口的缔结也是根植于中国与阿拉伯国家总体外交战略之上的，2018年，习近平主席访问阿联酋时与阿方签署了共建"一带一路"的谅解备忘录，随着两国间友好关系的加深，双方开始着力于推进友好港口的对接。阿联酋阿布扎比港务局主席苏尔坦在2018年会见中国交通运输部副部长时称："两国交通运输主管部门应传承友谊，加强在海运、港口和物流等领域的深度友好交流与合作。"在"一带一路"倡议下，友好港口的缔结本身是两个国家战略互信的表现，在此基础上战略互信促进了友好港口合作的进一步深化。在中国与阿拉伯国家共同推进21世纪海上丝绸之路的大背景下，2016年，青岛港与吉布提港、埃及的塞得港达成友好港意向，与阿联酋迪拜环球港务集团签署战略合作伙伴备忘录；2019年，广州港、连云港顺利与阿联酋拉斯海马港在港口中心签署了友好港关系协议书和友好港口关系合作备忘录。随着中国与

---

[1] 顾泉林：《从"友好港"到"港口战略联盟"》，《中国港口》2000年第12期。
[2] 陈祝康：《中国与东盟友好港口建设探析》，《国际研究参考》2020年第2期。

阿拉伯国家间缔结友好港口数量不断增多，其合作议题逐渐明确，合作方式灵活多样。

三、21世纪海上丝绸之路背景下的中阿港口合作未来发展前景与挑战

自古以来，港口建设一定是伴随着港口地区商贸规模的扩大逐步发展起来的。中国古代的广州港、泉州港、宁波港均是古代海上丝绸繁荣的直接产物。改革开放之后，中国的港口城市经济发展速度高于内陆城市，也得益于港口对于城市经济发展的推动作用。在全球化发展进程中，阿拉伯国家对外商贸特别是能源贸易都依赖于港口，如迪拜、亚历山大、菲斯等港口城市依托港口成为本国的经济和金融中心。

今后，中国与阿拉伯国家之间更加紧密的经贸合作需要双方重视港口相关建设的配套升级。当前中国与阿拉伯国家在21世纪海上丝绸之路建设的核心，是如何更好地搭建中国与阿拉伯国家之间海上交通的桥梁，为经贸合作提供更多的可能性和便利性。

中国与阿拉伯国家将建立新型友好港口关系，助力中阿海上丝绸之路建设，以规划和推动区域经济合作为主，兼顾人文与社会交流，从而通过构建区域经济一体化的新格局，把中国建设成为经济贸易和投资的大国。[1] 经过六年的实践操作，"一带一路"正从政策引领转向中国与各国之间的双方、多边的具体合作机制。

当前，中国与东盟国家在"友好港口"建设上有所突破。2013年9月，中国与东盟国家联合发布《中国—东盟互联互通交通部长特别会议联合声明》，强调均衡推进中国—东盟互联互通合作，责成互联互通促进工作组尽快推出重点落实项目。[2] 这一声明为中国与东盟国家建立"友好港口"奠定了基础，之后中国港口集团纷纷与东盟国家重要港口建立"友好港口"关系。2019年，在

---

[1] 郑永年：《新丝绸之路：做什么、怎么做？》，《中国经贸》2014年第16期。

[2] 陈祝康：《中国与东盟友好港口建设探析》，《国际研究参考》2020年第2期。

第四次中国—东盟港口城市合作网络工作会议上,北部湾港与仰光港正式缔结为姊妹港。在此基础上,中国与东盟国家围绕港口进行项目建设、人员培训、信息交流、技术支持等方面的合作,在"友好港口"的发展基础上,中国与东盟国家推行以国家主导的港口联盟。例如,中国与马来西亚在2015年签订《建立港口联盟关系的谅解备忘录》,双方签订协约将两国16个港口组建为中马港口联盟;与此同时,在港口联盟框架之下,双方在承建马六甲海峡深水码头、合建贸易性港口、打造中马钦州产业园、开通新航线、开发东海岸沿线铁路等方面完成一系列实质性合作。[①] 可以看出,中国与东盟国家共同致力于建设21世纪海上丝绸之路的港口联盟是建立在国家和区域组织政治深度互信和互利共赢基础上的,通过国家之间缔结相关文书的方式确定合作的合法性。

当前,中国与阿拉伯国家之间港口合作在不断发展中,中阿之间执政互信也达到了历史最好时期。中国与阿拉伯国家以及"一带一路"沿线国家缔结"友好港口",做到广交朋友,利用港口为抓手讲述中国与21世纪海上丝绸之路国家的丝路故事,从而为围绕港口进行的中国与阿拉伯国家之间的"21世纪海上丝绸之路"合作提供合适的"软环境"。

第五节　文明互鉴、民心相通是思想源泉和精神支柱

一、文明互鉴:推动中阿文明进步与和平发展的重要动力

古代丝绸之路是人类文明交流的重要通道,持续的跨文明交流对话、记录也见证了沿线不同国家、众多民族的成长历程,丝绸之路成为全人类的集体记忆。丝绸之路沿线不同国度有各具特色的灿烂文化和文明因子,比如埃及的

[①] 《中马港口联盟信息交流(2020年第2期)》,中国港口,2020年8月4日,http://www.port.org.cn/info/2020/206131.htm。

金字塔建筑艺术，古希腊的哲学、文学和史学，两河流域的城市建筑、艺术、天文学等。宗教则是古代丝绸之路不同文明互动交融的又一重要元素，诸多宗教在丝绸之路沿线诞生，在丝绸之路沿线传播，对人们的思想意识、对沿线各国的社会发展产生了直接而深远的影响。丝绸之路之所以持续时间长、富有生命力，原因就在于思想文化纽带的联结、精神力量的支撑和多元文明的传承。不同地区的文化发展有各自的内在逻辑，不同文化之间没有高低优劣之分。丝绸之路沿线不同国家、不同民族在文化的交流、交融甚至交锋中，相互尊重、相互学习、相互理解，哲学思想、教化思想、人文精神、道德理念得到充分展示、深入交流，缔造出和而不同的价值取向。

中国与阿拉伯上千年的交往史，实际上也是一部从"互学互鉴""共存共识"到构建"命运共同体"的历史。其中，中阿交往与和平共处的基础是"共识观"的形成，中国与阿拉伯之间的传统友谊是中阿文明相互依存与支持的情感基础。[①]互相尊重和理解是中国与阿拉伯国家的关系的基石，中阿之间的这种友好关系的历史人文底蕴是非常深厚的。"实现'一带一路'建设的宏大目标，必须在中国和沿线各国人民中形成相互欣赏、相互理解、相互尊重的人文格局，从而给'一带一路'建设提供强大的精神动力、营造和谐融洽的人文环境，使'一带一路'成为文化交流之路、文明对话之路。"[②]

中阿之间海上丝绸之路的发展更好地促进了中阿之间的文明互鉴，海上丝绸之路是以中阿间人员往来为基础，以经贸往来为载体，以文化、技术之间交流为目的的海上文明体交往模式。国之交在于民相亲，民相亲在于往来勤。在丝绸之路上就有很多中阿友好交往的"使者"，或者我们可以称之为"符号"。"符号是最早被用来传递意义的书面表达方式：只有借助符号，意义才能被充分地表达出来。也就是说，没有符号表达不出来的意义，也没有不被用来表

---

① 参见马丽蓉《中阿"共生观"：从理念到实践的成功建构》，《世界宗教文化》2014年第4期。
② 李国强：《古代丝绸之路的历史价值及对共建"一带一路"的启示》，《大陆桥视野》2019年第2期。

达意义的符号。"①中阿人员交往历史中，中阿之间具有符号意义的是郑和与伊本·白图泰。伊本·白图泰来到中国后，游历了广州、泉州、北京，对阿拉伯人在中国经商、生活、融入儒家文化等方面进行了详细的记载，因此当摩洛哥苏丹听完伊本·白图泰周游列国的见闻后很感兴趣，命令秘书伊本·朱赞将伊本·白图泰口述的故事笔录下来。世界名著《伊本·白图泰游记》问世后，其价值不仅是对于14世纪中国与阿拉伯国家交往的写实，而且对中阿之间文明继续交融起到了催化剂的作用。"伊本·白图泰符号"成为中摩乃至中阿友好往来的见证和标志。郑和七下西洋，同样是利用中国与阿拉伯之间由唐、宋、元三朝积累的丝路积淀，不仅给沿途国家带去了商品、技术、制度、思想，还通过和平的方式进行"柔性外交"，促进中阿之间官方的密切联系，最终做到促进中阿间海上丝路往来的效果。双方在古丝路上传达了两国人民平等交往、互动有无、同促友谊的精神。有学者认为"没有一种文明可以毫不流动地存续下来，所有文明都通过贸易和外来者的激励作用得到了丰富"②。因此，中国与阿拉伯国家之间应该注重双方文化的交流，通过多种媒介提高双方文明的交流层次。中国与阿拉伯国家正不断加强文化合作，特别是共同挖掘海上丝绸之路遗址。2018年，中国国家文物局与沙特6名考古人员共同成立"中沙联合考古"，对沙特阿拉伯王国红海之滨的塞林港遗址（Al Serrian）进行联合考古，这就是中阿国家之间进行深度文化交流和合作的良好例证。

当前，伴随着中阿经贸热的浪潮，中阿官方主导下在教育领域、学术交流领域、图书出版领域等文化领域进行深入交流。中国在阿拉伯国家当前设有17家孔子学院，中国与阿拉伯国家围绕孔子学院促进双方在汉语教学上的合作。当前在中阿合作论坛框架下，中国成立了中阿改革发展研究中心，专门招收阿拉伯国家中国学专业硕士、博士研究生和"中阿汉语翻译联合培养项目"译员班学员；同时还举办了阿拉伯国家中高级政府官员、智库学者和主流媒体人士的研修班。《中国—阿拉伯国家合作论坛2018年至2020年行动执行计划》提

---

① 赵毅衡：《符号学》，南京大学出版社2012年版，第27页。
② 韩文慧：《20世纪以来"丝绸之路"研究述评》，《渭南师范学院学报》2014年第14期。

出,中方将为阿拉伯国家提供核专业研究生学历教育①,成为中阿双方通过教育合作加强和平利用核能的新尝试。《中国—阿拉伯国家合作论坛2018年至2020年行动执行计划》中还规划了建立中阿清洁能源培训中心、阿拉伯和平利用核能培训中心、中阿旅游和酒店业培训中心、专业技术教育中心。在本计划中详细规划了中阿之间文化合作机制,中方在华举办的"丝绸之路国际艺术节""海上丝绸之路国际艺术节"和"丝绸之路(敦煌)国际文化博览会",以及"丝绸之路国际剧院联盟""丝绸之路国际艺术节联盟""丝绸之路国际博物馆联盟""丝绸之路国际美术馆联盟""丝绸之路国际图书馆联盟"等"一带一路"重要文化交流合作活动和机制;加强文化领域的交流与合作,包括举办"意会中国——阿拉伯知名艺术家访华采风创作活动""中阿丝绸之路文化之旅"和"中阿丝绸之路文化论坛",积极签署建立双方文化合作机制的谅解备忘录。②因此,中阿之间发展海上丝绸之路不仅仅带来双方在经贸领域的突破,而且双方都注重通过经贸这一交往形式密切中阿之间人文交流,最终达到中华文明与阿拉伯伊斯兰文明之间包容互鉴的效果。

历史表明,多种文明汇聚而成的价值底蕴,是古代丝绸之路充满活力的动力源泉。文化的互学互鉴,是丝绸之路生生不息的精神支点,是丝绸之路魅力永恒的精髓所在。在"一带一路"建设中,只要坚持丝路精神,不同种族、不同信仰、不同文化背景的国家完全可以共享和平,共同发展。

"为了世界的和平,也为了建设'一带一路'和人类命运共同体,习近平总书记不仅是'文明交流互鉴'思想的提出者,更是这一思想的践行者。"③

习近平总书记在以下多个重要场合倡导中阿文明互鉴:

2014年3月,巴黎联合国教科文组织总部:阐述了各种文明应交流互鉴的

---

① 《中国—阿拉伯国家合作论坛2018年至2020年行动执行计划》,中阿合作论坛,2018年7月13日,http://www.chinaarabcf.org/chn/lthyjwx/bzjhywj/dbjbzjhy/t1577009.htm。

② 《中国—阿拉伯国家合作论坛2018年至2020年行动执行计划》,中阿合作论坛,2018年7月13日,http://www.chinaarabcf.org/chn/lthyjwx/bzjhywj/dbjbzjhy/t1577009.htm。

③ 李希光:《与伊斯兰世界的文明互鉴与包合》,《全球传媒学刊》2018年第3期。

观点；文明因交流而多彩，文明因互鉴而丰富；不要从"文明冲突论"看待不同文明，要基于文明交流、互鉴的事实。①

2014年6月，中阿合作论坛第六届部长级会议开幕式：弘扬丝路精神，就是要促进文明互鉴；人类文明因交流而变得丰富多彩，"五色交辉，相得益彰；八音合奏，终和且平"。②

2015年4月，习近平主席赴巴基斯坦伊斯兰堡：中国和南亚国家都拥有悠久历史，都崇尚向善友爱、包容互鉴、和谐共生。③

2016年1月，习近平主席赴沙特进行国事访问：中沙两国人民友好交往源远流长，2000多年前，古丝绸之路上，往来于双方的驼队络绎不绝。中华文明与伊斯兰文明交流互鉴，在人类文明交流史上留下了深刻印记。④

2017年5月，北京"一带一路"高峰论坛开幕式："一带一路"建设植根于丝绸之路的历史土壤，重点面向亚欧非大陆，同时向所有朋友开放。不同文明、宗教、种族求同存异、开放包容，并肩书写相互尊重的壮丽诗篇，携手绘就共同发展的美好画卷。宁波、泉州、广州、北海、科伦坡、吉达、亚历山大等地的古港，就是记载这段历史的"活化石"。历史告诉我们：文明在开放中发展，民族在融合中共存。⑤

2018年7月，在阿布扎比与阿联酋副总统兼总理穆罕默德会谈：再次强调不同宗教和不同文化包容互鉴。中阿是共建"一带一路"的天然合作伙伴，赞赏王储殿下提出"重振丝绸之路"的设想。⑥

2018年7月，中阿合作论坛第八届部长级会议在北京召开，习近平主席在开幕式上发表了题为《携手推进新时代中阿战略伙伴关系》的重要讲话，他指

---

① 《习近平在联合国教科文组织总部的演讲》，新华社巴黎2014年3月27日电。
② 《习近平在中阿合作论坛第六届部长级会议开幕式上的讲话》，新华社2014年6月5日电。
③ 《习近平在巴基斯坦议会的演讲》，新华社伊斯兰堡2015年4月21日电。
④ 《习近平在沙特媒体发表署名文章》，新华社北京2016年1月18日电。
⑤ 《习近平在"一带一路"国际合作高峰论坛开幕式上的演讲》，新华社北京2017年5月14日电。
⑥ 《习近平同阿联酋总统兼总理穆罕默德、阿布扎比王储穆罕默德举行会谈》，新华社阿布扎比2018年7月20日电。

出:"中方愿同阿方加强战略和行动对接,携手推进'一带一路'建设,共同做中东和平稳定的维护者、公平正义的捍卫者、共同发展的推动者、互学互鉴的好朋友,努力打造中阿命运共同体,为推动构建人类命运共同体作出贡献。"①

"文明的活力在于交往交流交融,中阿合作论坛秉持和弘扬和平合作、开放包容、互学互鉴、互利共赢的丝路精神,是中阿文明交往互鉴、汲取对方智慧的宽阔平台。"②论坛下设立的多种文化交流机制有效推动了中阿人文交流全面、快速发展,双方在各个领域的人文交流活动精彩纷呈,为中阿人民情感交流、心灵沟通提供了源源不断的精神滋养与智慧支持。"在中阿共建'一带一路'背景下,双方日益增强的政治互信与日趋密切的经贸合作无疑将为中阿文化交流注入源源不断的动力。中阿人民都有充分的理由相信,新时代中阿文化交流与文明互鉴的伟大实践,必将在世界文明交往史上谱写出和合共生的新乐章,为中阿共建'一带一路'、携手合作推进中东地区之路、推动构建人类命运共同体奉献出更多的智慧,做出更大的贡献。"③

不过,我们也应清醒地看到,中阿文化交流依然存在不少困难和问题,面临诸多挑战。如"双方对对方文化与文明的了解和研究都还不充分,双方都需培养更多的专家学者,社会认知赤字依然突出,文明对话内涵亟待拓展深入,双方交流的文化产品也需不断提高质量,更接地气;此外,各种极端势力仍在不同文明之间制造断层线,国际话语霸权还在鼓噪'中国威胁论''中国扩张''威胁论''恐惧症'等,从外部干扰妨碍中阿文化的交流合作"④。

"在漫长的历史长河中,和平合作、开放包容、互学互鉴、互利共赢始终是中阿文明交往的主旋律。以和为贵,不同的文化品质使两大文明始终能够交而不恶、交而互通、交而能合、和合共生。在穿越时空的往来中,中阿两个民

---

① 《习近平在中阿合作论坛第八届部长级会议开幕式上的讲话》,新华社北京2018年7月10日电。
② 丁俊:《中阿合作论坛为中阿合作注入新动力》,新华网2018年7月12日,http://www.xinhuanet.com/world/2018-07/12/c_129911832.html。
③ 朱威烈、丁俊:《中阿文化交流超越"文明冲突"》,《参考消息》2018年7月6日,第11版。
④ 朱威烈、丁俊:《中阿文化交流超越"文明冲突"》,《参考消息》2018年7月6日,第11版。

族彼此真诚相待,在古丝绸之路上出入相友,在争取民族独立的斗争中甘苦与共,在建设国家的征程上守望相助,在深化人文交流、繁荣民族文化的事业中相互借鉴。"①

历史上,中世纪阿拉伯地理古籍中有关中国的记载正是中阿在丝绸之路上互通有无、相知相交的真实写照,凸显中阿"民心相通",强调中阿历史情感基础"传统友谊",坚持"开放包容",升华"丝路精神",进一步打造"中阿命运共同体",将是今后中阿文明交往的新目标。进入21世纪以来,中国与阿拉伯国家民众间的相互了解与交往还处于较浅的层次,甚至在认知和了解方面还有误解,以至于给双方"民心相通""互学互鉴"造成了一定的障碍,双方进一步加深沟通与加深合作面临着很大的挑战,这些实际问题都是发展过程中必然会遇到的。中华文明与阿拉伯伊斯兰文明是亚洲最主要的文明组成部分,双方的交流虽由来已久,但两大文明间的交往同预期值仍有较大差异,没有构建出相应的合作平台和机制。"'一带一路'建设将推动中华文明与阿拉伯文明形成新的交集交汇,留下的不是恃强而骄、唯我独尊,而是持盈保泰、泽被世界。我们要携手解决人类共同面临的各种挑战,推动不同文明相互尊重、和谐共处,从不同文明中寻求智慧、汲取营养,让文明交流互鉴成为推动人类社会进步的动力、维护世界和平的纽带。"②因此,我们要互学互鉴,巩固人民传统友谊。正如习近平主席在阿盟总部的讲话中特别强调的,虽然阿拉伯与中华文明各自具有自身的特色和体系,但全人类发展进步的追求和理念是一致的,中道平和、忠恕宽容、自我约束等价值观念得到了一致认同。具有强大的兼容性与吸纳性的两大智慧的文明"都为人类社会贡献了丰富的公共产品,促进人类和谐、均衡与互助,推动发展和创新"③。不同文明之间应该开展对话,倡导兼容

---

① 朱威烈、丁俊:《中阿文化交流超越"文明冲突"》,《参考消息》2018年7月6日,第11版。
② 王毅:《携手共创中阿关系更加美好的未来——写在〈中国对阿拉伯国家政策文件〉发表之际》,《人民日报》2016年1月14日。
③ [沙特]哈穆德·本·穆罕默德·阿里·纳吉迪:《伊斯兰文明与中华文明的交流互鉴》(阿拉伯语),费萨尔国王伊斯兰研究中心,2007年。

并包,各自把自己民族文化传统中优秀的内容在时代发展中发扬光大。[①] 我们相信,"只要中阿双方坚持秉承'和平合作、开放包容、互学互鉴、互利共赢'的丝路精神,面向未来,精诚合作,中阿文化交流的前景一定会无比广阔"[②]。

二、民心相通:深化中国和阿拉伯国家伙伴关系的互信酵母

古代丝绸之路的中阿友好交往的历史,成为深化中国和阿拉伯国家伙伴关系的互信酵母,对今天中阿关系的进一步发展以及对世界不同文明之间的对话与交流、促进互学互鉴、民心相通都有可资借鉴的启示,使得"丝路精神"薪火相传,并在21世纪焕发出新的生机和活力,成为今天"一带一路"建设中共有精神家园的思想源泉和精神支柱,合力打造中阿利益和命运共同体。

马丽蓉以"郑和符号"为例做了解释,借助"郑和符号",往来于丝路上的人们"共享"了和合、仁爱、协和万邦的儒家文化观,劝善、戒恶、普慈的多元宗教"文化信息"以及互惠、包容、合作的丝路意识等,进而能以"大致相似的方法"去思考、感受、解释世界,逐渐形成郑和"符号现实",不同程度地影响丝路沿线的国家和地区。[③] 公元前139年和公元前119年,张骞两次出使西域的凿空之旅以及郑和下西洋的丰功伟绩,都是中国航海史上的空前盛举,在中阿关系史上意义重大而深远。"张骞符号""郑和符号"成为"携带着意义而接受的感知",在我国早期对外交往方面,提供了可以让后人深入研究的宝贵资料,同时也成为探索中国与阿拉伯文明交往的崭新素材。

以伊本·白图泰为例,在交往的近60年中,中国和阿拉伯国家领导人在多种场合都提到"伊本·白图泰"。中华人民共和国成立以来,中阿双方国家领导人提及"伊本·白图泰"的重要讲话及主要会议如表3所示。

---

① 习近平:《共同开创中阿关系的美好未来——在阿拉伯国家联盟总部的演讲》,《人民日报》2016年1月22日。

② 朱威烈、丁俊:《中阿文化交流超越"文明冲突"》,《参考消息》2018年7月6日,第11版。

③ 马丽蓉:《"郑和符号"对丝路伊斯兰信仰板块现实影响评估》,《世界宗教研究》2015年第5期。

表3 历史上中阿双方国家领导人提及"伊本·白图泰"的重要讲话及主要会议表

时间	会议	讲话
1963年	周恩来总理在七国之行中会见摩洛哥哈桑二世国王	哈桑二世国王拿出《伊本·白图泰游记》让周总理看,周总理希望把这本书翻译成中文
1987年	中国伊斯兰学者前往摩洛哥出席哈桑国王斋月讲学会	中国学者李华英携带《伊本·白图泰游记》中译本并作为礼物之一赠给哈桑二世国王
1999年	江泽民出席沙特阿拉伯社会各界知名人士座谈会	江泽民提到:阿拉伯旅行家撰写的《苏来曼游记》《伊本·白图泰游记》,向阿拉伯人和欧洲人介绍了当时中国的社会生活、文化、科技和商业等情况
2001年	中国全国政协主席李瑞环访问摩洛哥	李瑞环在会见摩洛哥首相尤素福时提道:14世纪时,中国航海家汪大渊和摩洛哥的大旅行家伊本·白图泰在同一时期对中摩两国进行了"互访"
2014年	中国国家主席习近平在中阿合作论坛第六届部长级会议开幕式上的讲话	习近平在讲话中提道:甘英、郑和、伊本·白图泰是我们熟悉的中阿友好交流的使者
2016年	国家主席习近平在北京人民大会堂同摩洛哥国王穆罕默德六世举行会谈	习近平提道:福建省泉州市在14世纪的时候是中摩交往的一个先驱。那里是摩洛哥大旅行家伊本·白图泰在中国的第一站
2017年	中国国家主席习近平出席"一带一路"高峰论坛开幕式并发表《携手推进"一带一路"建设》主旨演讲	习近平提道:中国、意大利、摩洛哥的旅行家杜环、马可·波罗、伊本·白图泰都在陆上和海上丝绸之路留下了历史印记

除了上文总结的国家领导人提及的情况外,朱威烈教授在他发表于《文汇报》的随笔《访问伊本·白图泰的故乡》里还谈道:"在摩访问的八天里,摩文化大臣、处长无不与我谈论伊本·白图泰,报刊、电台、电视台采访时也都提及伊本·白图泰。"[1] 摩洛哥老国王哈桑二世已经把塔齐博士花费了25年、走遍世界著名图书馆收集手抄本的《伊本·白图泰游记》考证本作为赠送外国贵宾

---

[1] 朱威烈:《访问伊本·白图泰的故乡》,《阿拉伯世界研究》1999年第3期。

的礼物。除此之外，为了增进中阿友谊，在中国和阿拉伯的大学、孔子学院的重要场合以及很多活动都冠以"伊本·白图泰"的名字。

伊本·白图泰来到中国后，受到了来自中国人和生活在中国的阿拉伯人的热烈欢迎和热情的招待，甚至遇到了摩洛哥老乡，证明了"民心相通"是"伊本·白图泰符号"影响中阿丝路交往的根源所在。习近平总书记多次强调"民心相通"的重要性，指出"国之交在于民相亲，搞好上述领域合作，必须得到各国人民支持，必须加强人民友好往来，增进相互了解和传统友谊，为开展区域合作奠定坚实的民意基础和社会基础"[1]。早在2014年6月，习近平主席在中阿合作论坛第六届部长级会议开幕式上的讲话中就曾指出："中国同阿拉伯国家因为丝绸之路相知相交，我们是共建'一带一路'的天然合作伙伴。""中阿共建'一带一路'，应该依托并增进中阿传统友谊。民心相通是'一带一路'建设的重要内容，也是关键基础。"[2] "不同文化、文明间的交流对话、互学互鉴，不仅有助于加深彼此的了解，消除误解和隔阂，更能拉近不同国家的人民'心的距离'，增进互信互谅，凝聚发展共识。"[3]

中阿之间的友谊千百年来在丝绸之路上薪火相传，延续到现当代，得到更深、更广程度的发扬。伊本·白图泰的行走路线是中西交通史研究中最有价值的参考资料之一，说明了中国自古就与阿拉伯世界，特别是摩洛哥人民有着极其深厚的友谊。"丝绸之路的基本价值在于各国、各民族间的平等交往，互通有无，增进相互理解，因而是文明文化和平互动之路，各族人民平等交往的友谊之路。对国际社会而言，丝绸之路的概念具有共享性，没有排他性。它由各个国家携手共建，要以点带面，从线到片，逐步形成区域大合作，逐步实现'政策沟通，道路联通，贸易畅通，货币流通，民心相通'。这是一种顺应时代

---

[1] 《习近平在纳扎尔巴耶夫大学的演讲》，新华社阿斯塔纳2013年9月7日电。
[2] 《弘扬丝路精神　深化中阿合作——习近平出席中阿合作论坛第六届部长级会议开幕式上的讲话》，新华社北京2014年6月5日电。
[3] 陈凌：《人民日报评论员观察：架设不同文明互学互鉴的桥梁——聚焦互联互通　共建一带一路⑤》，《人民日报》2019年5月15日。

潮流、深富创新含义的新型国际合作模式。"①

　　坚持对外开放的国策，努力实现"五通"，要尊重世界的丰富性和多样性，只有以文明交流超越文明冲突，以文明共存超越文明优越，才能夯实世界和平发展的基础。真正对外民心相通的过程中，一定要注意这种相互的吸引力、相互的欣赏以及互学互鉴，才能提高传播的质量。这正是习近平总书记提到的"一带一路"共建需要有一种历史的经验和历史的记忆。而今天的"一带一路"共建是一个多行为主体建设的过程。"一带一路确实不是中方的独奏曲，而是中国与阿拉伯国家乃至世界的合奏曲。"② 历史上的丝绸之路也是多个主体的塑造过程，历史上的丝绸之路在得到强调的时候之所以能够引起共鸣，很大程度上是依赖于塑造丝绸之路这种共同的历史记忆。因此在我们强调中阿民心相通的时候，需要明白这个"通"究竟从何处而来，怎么才能通。通过历史上这种交往的记忆，加深文明对话，促进相互理解，共同挖掘文明交融共存、和谐进步的共同记忆，才能找到民心相通的路径。正如2016年1月中国国家主席习近平在埃及首都开罗阿盟总部发表讲话时所强调的："在穿越时空的往来中，中阿两个民族彼此真诚相待，在古丝绸之路上出入相友，在争取民族独立的斗争中甘苦与共，在建设国家的征程上守望相助。"而地理古籍当中挖掘的丝绸之路上中阿友好交往的历史就是这种历史记忆以及相互吸引和欣赏的历史例证，是促使今天中阿人民民心相通、互学互鉴的催化剂，加深了中国与阿拉伯世界的联系。新旧"丝绸之路"上，中阿文明友好往来世代相传，积淀着深厚的丝路情感，还形成了独有的丝路精神。丝绸之路上中阿友好交往的历史所蕴含的资源优势必须被充分利用，中阿"传统友谊"才能向纵深发展，从而"促进不同文明之间的对话、交流与互鉴，铆足劲夯实'一带一路'建设的社会

---

① 杨公振：《中东前特使吴思科：中海共建'一带一路''升级版'》，中国网2014年12月4日，http：//www.china.com.cn/opinion/think/2014-12/04/content_34230640.html。

② 薛小乐：《中东为一带一路做规划：科威特300亿建"丝绸城"阿曼建郑和纪念园区》，2015年4月1日，https://finance.huanqiu.com/article/9CaKrnJJsaC。

基础与民意基础"①。"民心相通是最基础、最坚实、最持久的互联互通。不断扩大的人文交流，不断深化的交往合作，既让'一带一路'倡议越来越深入人心，也将为'一带一路'建设提供持久的精神动力。"②

除了中国使者张骞、郑和、杜环，阿拉伯使者伊本·白图泰等以外，历史上还有很多中阿丝路交往的"使者"，他们为中阿友好交往以及"一带一路""民心相通"做出了巨大的贡献。我们借用马丽蓉对"郑和符号"的总结：这些"符号"，不仅关乎丝路伙伴关系之深化，还关乎丝路"命运共同体"意识之构建，更关乎"一带一路"倡议软环境之优化。③因此，"激活"这些"符号"迫在眉睫，而"善用"这些"符号"更具战略意义。

2020年6月18日，"一带一路"国际合作高级别视频会议在北京成功举行，会议发表了联合声明。习近平主席在向此次会议发表的书面致辞中强调："中国始终坚持和平发展、坚持互利共赢。我们愿同合作伙伴一道，把'一带一路'打造成团结应对挑战的合作之路、维护人民健康安全的健康之路、促进经济社会恢复的复苏之路、释放发展潜力的增长之路。"④未来，中国和阿拉伯国家作为战略伙伴，将在各自国家发展和民族复兴进程中携手同行，共同推进中阿友谊与合作，共同开创和平安宁、共同繁荣的美好未来，高质量共建"一带一路"，携手推动构建人类命运共同体。

---

① 丁俊：《论中国与伊斯兰国家间的"民心相通"》，《阿拉伯世界研究》2016年第3期。
② 陈凌：《人民日报评论员观察：架设不同文明互学互鉴的桥梁——聚焦互联互通 共建一带一路⑤》，《人民日报》2019年5月15日。
③ 马丽蓉：《"郑和符号"对丝路伊斯兰信仰板块现实影响评估》，《世界宗教研究》2015年第5期。
④ 《习近平向"一带一路"国际合作高级别视频会议发表书面致辞》，新华社北京2020年6月18日电。

附录

地理学家译名表

序号	中文名	其他译名			
		《阿拉伯文献阅读》	《阿拉伯波斯突厥人东方文献辑注》	《中西交通史料汇编》	《阿拉伯—伊斯兰文化史》
1	花拉子密	花剌子密	花剌子米	穆罕默德·伊本·穆萨·花拉子密	
2	塔密姆				
3	苏莱曼	苏莱曼·塔吉尔	苏莱曼		
4	艾卜·载德·斯拉菲	艾卜·载德·哈桑·西拉菲	阿布·泽德		
5	伊本·胡尔达兹比赫	伊本·胡尔达兹比赫	伊本·库达特拔		伊本·库尔达才白
6	伊本·瓦迪哈·雅古比	伊本·瓦迪哈·叶耳孤比	雅库比	伊本·瓦迪哈·叶耳孤比	
7	拜拉祖里				白拉祖里
8	伊本·法基赫			伊本·法基	伊本·法基希
9	古达玛·本·贾法尔			古达麦	
10	哈姆丹尼	哈木丹尼		哈桑·伊本·艾哈迈德·哈木丹尼	
11	麦斯欧迪		马苏第	艾卜·哈桑·阿里·麦斯欧迪	
12	艾布·载德·巴勒希				
13	伊本·豪盖勒				
14	阿卜杜拉·麦格迪西		穆卡迪西		白沙里/麦格迪西
15	马特哈鲁·麦格迪西		穆塔哈尔·本·塔希尔·马克迪西		

续表

序号	中文名	其他译名				
		《阿拉伯文献阅读》	《阿拉伯波斯突厥人东方文献辑注》	《中西交通史料汇编》	《阿拉伯—伊斯兰文化史》
16	伊本·纳迪姆		阿布尔·法拉吉·穆罕默德·本·伊斯哈克/纳迪姆		
17	艾卜·阿卜杜拉·穆罕默德·本·艾哈迈德·本·尤素夫·花拉子米				
18	比鲁尼				
19	巴克里				伯克里
20	伊德里斯	伊德里西	埃德里奇	易德里希	易德里斯
21	伊本·朱拜尔			伊本·祝拜尔	
22	伊本·巴勒希				
23	雅古特·哈玛维		雅库特		
24	匝加利亚·卡兹维尼				
25	艾布·菲达		阿布尔·菲达		艾布·费达
26	哈马达拉·加兹维尼				
27	穆罕迈德·本·也哈耶				
28	伊本·白图泰		伊本·巴图塔		
29	伊本·赫勒敦		伊本·哈勒敦		伊本·赫尔东
30	突尼斯				
31	伊本·瓦尔迪				
32	艾哈迈德·本·穆罕默德·麦格迪西				

索引

人名索引

艾布·菲达
077, 078, 081, 094, 101, 120, 226, 227, 228, 234, 242, 249

艾布·载德
050, 098, 104, 131

巴勒希
041, 042, 044, 045, 049, 050, 055, 103, 104, 105, 151

比鲁尼
036, 039, 044, 048, 049, 051, 057, 060, 063, 072, 074, 075, 079, 098, 104, 105, 139, 147, 151, 153, 158, 159, 160, 161

法显
133, 179, 180, 181, 184, 185, 187, 196, 218

佛国记
133

哥伦布
056, 062, 178

古达玛·本·贾法尔
055

关于伊本·马吉德
163

花剌子密
005, 009, 031, 038, 039, 041, 043, 047, 048, 054, 055, 057, 060, 069, 103, 104, 151, 153, 210

贾耽
005, 006, 088, 119, 133, 137, 138, 141, 142, 144, 151, 186, 187, 211, 217, 218, 236, 283, 289, 308, 317, 318

马可·波罗
054, 064, 065, 084, 095, 098, 100, 116, 121, 122, 149, 193, 195, 196, 199, 200, 201, 202, 205, 206, 209, 221, 227, 239, 241, 246, 309, 312, 320, 364

麦格迪西
029, 030, 044, 050, 064, 074, 104, 113, 154, 261, 292

麦格里齐
110, 111, 112

麦斯欧迪
031, 034, 036, 038, 043, 044, 047, 048, 050, 052, 057, 059, 060, 061, 074, 080, 081, 084, 089, 093, 099, 103, 104, 110, 111, 120, 131, 135, 148, 151, 156, 159, 160, 206, 213, 276, 279, 280, 317

苏莱曼
005, 010, 069, 074, 095, 097, 098,

106, 135, 136, 187, 193, 197, 212, 263, 264, 275, 296, 320

塔米姆
058, 317, 334

托勒密
009, 031, 034, 037, 038, 040, 041, 042, 043, 045, 047, 048, 054, 055, 056, 057, 059, 065, 103, 151, 155, 156, 157, 164, 167

雅古比
048, 058, 060, 222, 316

雅古特
031, 048, 057, 059, 060, 074, 077, 090, 102, 111, 160, 168, 249, 276, 278, 295, 319

伊本·白图泰
006, 022, 023, 033, 054, 058, 069, 072, 074, 099, 100, 118, 119, 121, 122, 124, 130, 150, 153, 161, 162, 163, 168, 177, 187, 193, 200, 201, 210, 223, 224, 225, 226, 227, 228, 230, 234, 237, 241, 250, 281, 283, 288, 291, 294, 297, 298, 299, 300, 307, 308, 312, 313, 317, 321, 323, 324, 337, 358, 363, 364, 365, 367

伊本·法基赫
049

伊本·豪盖勒
041, 044, 050, 098, 157

伊本·赫勒敦
017, 055, 079, 100

伊本·胡尔达兹比赫
006, 016, 031, 034, 039, 047, 048, 055, 057, 059, 069, 074, 080, 081, 089, 093, 098, 099, 101, 102, 105, 144, 147, 153, 155, 156, 157, 158, 186, 211, 212, 236, 237, 245, 250, 275

伊本·马吉德
031, 163, 164, 165, 166, 167, 168, 193, 203, 250, 251, 252, 253, 255, 256, 258, 305

伊本·纳迪姆
156, 245, 280, 292

伊本·瓦尔迪
041, 051, 078, 079, 093, 234, 276

伊本·朱拜尔
033, 053, 206

伊德里西
006, 009, 042, 045, 046, 048, 051, 052, 059, 061, 065, 072, 074, 076, 081, 082, 103, 105, 147, 151, 246, 249, 275, 322

伊斯泰赫里
038, 041, 044, 050, 051, 059, 098, 104, 105, 151, 156, 262

义净
133, 135, 179, 180, 181, 182, 183,

184, 185, 187, 188, 265

张骞

004, 010, 012, 022, 087, 119, 139, 153, 314, 326, 363, 367

郑和

006, 007, 022, 136, 137, 138, 145, 146, 152, 153, 168, 170, 171, 172, 173, 174, 175, 176, 177, 178, 179, 193, 202, 219, 243, 248, 251, 252, 255, 258, 305, 306, 308, 309, 337, 338, 358, 363, 364, 367

地名索引

阿比西尼亚

111

阿拉伯

147

阿拉伯半岛

005, 027, 028, 107, 110, 124, 132, 136, 138, 141, 144, 145, 154, 157, 164, 167, 168, 201, 211, 217, 219, 220, 223, 248, 249, 250, 251, 254, 255, 271, 272, 274, 281, 289, 313, 348

阿拉伯半岛阿曼

219

阿拉伯海

028, 031, 083, 121, 130, 144, 164, 167, 179, 194, 203, 204, 206, 207, 208, 215, 216, 217, 218, 223, 238, 265, 266, 274, 280, 284, 306, 309, 353

阿曼

028, 040, 083, 084, 089, 120, 121, 131, 145, 148, 167, 168, 187, 204, 206, 207, 212, 213, 214, 217, 222, 223, 248, 249, 251, 261, 262, 263, 277, 306, 320, 331, 346

埃及

018, 030, 039, 049, 050, 057, 059, 092, 110, 112, 123, 129, 131, 133, 140, 155, 162, 166, 173, 204, 208, 226, 231, 232, 257, 261, 263, 283, 291, 292, 294, 298, 300, 306, 309, 315, 317, 331, 333, 334, 335, 336, 344, 345, 350, 351, 354, 357, 366

安达卢西亚

032, 059, 255, 272

安达曼

141

巴格达

023, 032, 034, 040, 043, 044, 046,

048，065，079，095，102，108，120，138，142，155，156，157，217，223，229，258，259，260，261，262，263，271，273，289，291，317，321

巴士拉
069，083，084，089，097，120，145，147，148，149，157，167，168，186，211，212，213，214，216，222，223，224，229，231，250，251，254，255，258，260，261，262，263，273，280，320

拜占庭
084，120，157，204，219，263，321

波斯湾
029，083，084，085，088，117，120，124，132，133，144，145，146，147，148，154，164，167，168，179，186，197，201，204，206，207，211，215，216，217，218，220，223，224，232，236，248，249，251，252，253，254，255，256，258，261，262，263，264，273，274，275，281，307，309，325，326

波斯湾阿拉伯半岛
142

波斯湾巴士拉
211

卜剌哇
146，219

刺桐
074，086，121，161，215，223，241，242，244，297

怛罗斯
113，114，115，120，139，140，288，291，309，313，323

大马士革
048，065，123，166，226，232，260，261

大食
006，018，073，088，090，109，110，112，114，120，121，124，132，139，140，141，143，152，153，195，197，211，216，217，219，222，229，233，238，239，241，243，245，246，247，265，266，273，274，279，280，281，284，285，293，294，295，299，304，309，314，315，318，326，327，328

丹吉尔
161，177，214，250，282

地中海
006，021，028，029，031，038，049，054，084，104，107，129，132，136，144，147，165，166，167，168，209，211，218，232，260，261，265，272，273，284，285，309

底格里斯河
029，197，234，254，259，260，261，262

索 引

阇婆
239，266

法尔斯
084，144，212，214，305

菲斯
155，355

刚突
089，211，212，237，250

葛格
078

古答奴国
283

古里
169，174，219，222，223，249，252，306

故临
168，197，211，213，222，239，250，263，266，318

汉府
111，187，211，212，237，250，267

汉久
089，211，212，237，250

汉沙
075，226，227，241

汗巴里
096，322

汗府
089

合浦
087，235

黑海
031，052，084

红海
006，028，029，031，083，124，132，154，158，164，167，168，179，201，203，207，208，218，222，251，252，253，263，265，273，281，306，309，325，349，358

忽鲁谟斯
168，212，219，248，249，252，253，255，306

霍尔木兹
152，167，168，186，205，211，212，214，248，249，250，251，252，253，254，255，256，257，258，263，305，306，325

吉达
110，131，132，168，174，213，214，250，254，255，313，360

加里曼丹
144，187，211，212，218，250，309

加兹尼
158

咀逻斯
144, 317

君士坦丁堡
214, 250, 261

科摩罗
080, 167, 215

昆都兰海
142, 144, 318

拉赫季
171

里海
031, 081, 141, 158, 216

溜山
152, 219, 249

鲁金
089, 187, 211, 212, 236, 237, 250,
266, 267

马格里布
111, 144, 155, 166, 219, 255, 257,
295, 311

马来群岛
062, 183, 251, 258, 260

马六甲海峡
142, 144, 152, 183, 184, 185, 186,
212, 215, 216, 217, 264, 318, 356

马秦
070, 076

麦加
030, 033, 041, 043, 049, 057, 065,
100, 157, 207, 209, 214, 250, 254,
261, 306

满剌加
168, 177, 219, 249

美索不达米亚
129, 144, 259, 261

孟加拉湾
142, 186, 187, 212, 217, 218, 281

摩诃秦
072

摩诃支那
074, 075

木骨都束
146, 177, 219

尼罗河
031, 041, 046, 061, 129, 132

尼塔什海
081

契丹
004, 070, 075, 076, 077, 079, 094,
104, 151, 215, 290

撒哈拉沙漠
051

撒马尔罕
059, 089, 114, 140, 213, 214, 291,
292

索　引

桑吉海
142, 144, 318

沙姆
059, 112

尸罗夫
023, 083, 084, 120, 131, 135, 148, 157, 168, 187, 197, 204, 213, 214, 215, 223, 224, 258, 262, 263, 271, 274

室利佛逝
180, 183, 184, 185, 265

斯堪的纳维亚
041, 259, 272, 273

斯里兰卡
057, 152, 167, 186, 187, 195, 211, 212, 216, 217, 218, 250, 251, 264, 271, 309

苏门答腊
144, 145, 149, 167, 168, 176, 178, 180, 183, 186, 212, 214, 216, 218, 219, 236, 249, 250, 264, 309, 318

苏伊士海峡
049

碎叶
144, 309, 317

太平洋
049, 096, 121, 129, 133, 136, 137, 177, 179, 215, 217, 218, 221, 222, 264, 265, 266, 274, 284, 321

条枝
139, 143

突厥
018, 060, 078, 111, 157, 263, 315

吐火罗
144

乌剌
222, 223, 224, 263

乌剌国
141, 216, 217

西伯利亚
051

西拉夫
084

希拉
004, 193, 204, 320

锡兰
064, 079, 152, 167, 175, 206, 219, 235, 249, 251, 317

暹罗
177, 183, 206

暹罗湾
142, 144, 217, 218

信德
112, 120, 167, 212, 251, 255, 275, 276, 277

徐闻
087，235

叙利亚
030，047，049，057，084，159，204，
209，226，259，260，261，292，317

亚丁
030，120，145，150，168，170，171，
172，173，174，214，217，229，250，
267，320

亚历山大
023，029，078，144，150，204，214，
223，250，261，271，292，306，355，
360

伊拉克
019，046，049，050，053，057，089，
101，186，187，214，216，223，238，
242，254，255，261，295，296，316，
325，331，343，344

伊拉克巴士拉
212

伊拉克幼发拉底河
222

伊朗
009，018，029，035，043，048，049，
057，092，095，156，186，223，248，
249，254，259，261，300，305，317，
320，325，333，334

伊朗法尔斯
262

印度
006，009，016，030，031，035，036，
041，043，044，049，050，056，057，
059，060，061，062，069，072，074，
075，077，078，084，085，088，093，
094，095，098，099，104，106，111，
112，118，120，121，124，132，133，
135，136，137，140，142，144，147，
149，154，157，158，159，160，161，
164，167，168，169，175，178，179，
180，181，182，183，184，185，186，
187，188，193，201，205，206，208，
211，212，214，216，217，218，219，
220，221，222，223，236，237，241，
249，250，251，254，255，257，258，
260，261，262，264，265，266，271，
272，274，275，276，277，282，284，
292，297，298，299，305，306，309，
317，320，323，326

幼发拉底河
004，029，129，135，149，158，193，
197，216，217，234，254，259，260，
261，307

占城
117，177，216，218，219，239，240，
249，309

占婆
167，184，187，211，212，213，215，
217，250，251

涨海

080，081，135，136，144

爪哇

077，142，144，149，152，157，164，167，168，176，177，186，199，201，208，211，212，213，214，215，216，218，249，250，260，266，309，318

爪哇苏门答腊

215

时期索引

阿拔斯王朝

031，032，035，040，043，059，069，086，095，110，113，114，115，120，143，157，166，204，229，259，262，263，273，309，320

法蒂玛王朝

263

哈里发时代

204

贾希利亚时期

107，154

马穆鲁克王朝

112，226

曼苏尔时代

031，273

萨珊王朝

210，223，224，259

倭马亚王朝

032，204，223，229，260

参考文献

古籍文献

[1][波斯]比鲁尼:《地理志》,黎巴嫩科学书籍出版社2002年版。

[2][阿拉伯]艾布·菲达:《地理志》,贝鲁特萨迪尔出版社2001年版。

[3][阿拉伯]贾希兹:《动物书》(第7卷),黎巴嫩吉勒书局1988年版。

[4][阿拉伯]麦格迪西:《肇始与历史》,黎巴嫩萨迪尔书局。

[5][阿拉伯]麦格迪西:《各地知识的最佳分类》。

[6][阿拉伯]马苏第:《黄金草原》,耿昇译,中国藏学出版社2013年版。

[7][阿拉伯]麦斯欧迪:《黄金草原与珠玑宝藏》(第1卷),贝鲁特时代书局1988年版。

[8][阿拉伯]麦斯欧迪:《时光传闻》,开罗现代伊斯兰思想出版社2000年版。

[9][阿拉伯]雅古特·哈玛维:《地名辞典》,开罗骑士出版社2011年版。

[10][阿拉伯]伊本·艾西尔:《历史大全》,利雅得思想出版社2018年版。

[11][阿拉伯]伊本·白塔尔:《医典》,黎巴嫩科学图书出版社2001年版。

[12][阿拉伯]伊本·马吉德:《航海原理及准则》,大马士革研究出版社1989年版。

[13][阿拉伯]伊本·马吉德:《航海原理及准则》,埃及开罗宗教文化出版社1995年版。

[14][阿拉伯]伊本·赫勒敦:《历史绪论》,载王有勇编著《阿拉伯文献阅读》,上海外语教育出版社2006年版。

[15][阿拉伯]伊本·胡尔达兹比赫:《道里邦国志》(阿拉伯文版),《亚洲学报》,1865年1—2月号。

[16][阿拉伯]伊本·胡尔达兹比赫:《道里邦国志》,宋岘译注,中华书局1991年版。

[17][阿拉伯]伊本·焦济:《历代民族与帝王史通纪》,贝鲁特学术书籍出版社1993年版。

[18][阿拉伯]伊本·瓦尔迪:《奇迹书》,贝鲁特时代出版社2014年版。

[19][阿拉伯]伊本·瓦尔迪:《异境珠玑与胜景宝藏》(手抄本),存于沙特阿拉伯国王大学。

[20][阿拉伯]伊德里西:《云游者的娱乐》,开罗宗教文化出版社2002年版。

[21][摩洛哥]伊本·白图泰:《伊本·白图泰游记》,马金鹏译,华文出版社2015年版。

[22][摩洛哥]伊本·白图泰:《伊本·白图泰游记》,马金鹏译,宁夏人民出版社2000年版。

[23][意]马可·波罗:《东方见闻录》,青木一夫译,东京校仓书房1960年版。

[24][意]马可·波罗:《马可·波罗行纪》,冯承钧译,中华书局2004年版。

[25][意]马可·波罗:《马可·波罗行纪》,冯承钧译,上海书店出版社2002年版。

[26][意]马可·波罗:《马可·波罗游记》,苏桂梅译,中国对外翻译出版公司2012年版。

[27][意]鄂多立克:《鄂多立克东游录》,何高济译,中华书局1981年版。

[28][意]鄂多立克:《鄂多立克东游录》,何高济译,中华书局2002年版。

[29]《古兰经》,马坚译,中国社会科学出版社1981年版。

[30](北魏)郦道元:《水经注》卷三十七,"浪水",中华书局2007年版。

[31](东汉)班固编:《汉书》卷二十八,"地理志",中华书局2007年版。

[32](汉)司马迁:《史记》,中华书局1982年版。

[33](后晋)刘昫等撰:《旧唐书》,中华书局1975年版。

[34](晋)陈寿:《三国志·吴志·士燮传》,中华书局1982年版。

[35](南朝梁)慧皎:《高僧传》,中华书局1992年版。

[36](南朝梁)萧子显:《南齐书》,中华书局1972年版。

[37]（唐）杜甫著，（清）仇兆鳌注：《杜诗详注》，中华书局1979年版。

[38]（唐）杜佑：《通典》，中华书局1988年版。

[39]（唐）韩愈：《韩昌黎文集注释》，三秦出版社2004年版。

[40]（唐）李吉甫：《元和郡县志》，中华书局1983年版。

[41]（唐）刘禹锡撰：《刘宾客诗集》，上海古籍出版社1993年版。

[42]（唐）义净著，王邦维校注：《大唐西域求法高僧传校注》，中华书局1988年版。

[43]（宋）岳珂：《桯史》卷一，中华书局1981年版。

[44]（宋）李昉等撰：《太平御览》，中华书局1960年版。

[45]（宋）李昉主编：《太平广记》，中华书局1961年版。

[46]（宋）欧阳修、宋祁等撰：《新唐书》，中华书局1975年版。

[47]（宋）欧阳修：《欧阳修全集》，中华书局2001年版。

[48]（宋）释赞宁：《宋高僧传·唐京兆大荐福寺义净传》，中华书局1987年版。

[49]（宋）宋敏求：《长安志》，台北成文出版社1980年版。

[50]（宋）苏辙：《龙川略志》，中华书局1985年版。

[51]（宋）王十朋：《梅溪后集》，文渊阁《四库全书》影印本，台湾商务印书馆1983年版。

[52]（宋）徐梦莘：《三朝北盟汇编》，上海古籍出版社1987年版。

[53]（宋）乐史：《太平寰宇记》，中华书局2007年版。

[54]（宋）章望之：《重修南海庙碑》，载《全宋文》卷1275，第29册，上海辞书出版社2006年版。

[55]（宋）赵汝适著，冯承钧校注：《诸蕃志校注》，台湾商务印书馆1962年版。

[56]（宋）周去非：《岭外代答》，商务印书馆1936年版。

[57]（宋）朱彧：《萍洲可谈》，中华书局2007年版。

[58]（宋）祝穆：《方舆胜览》卷十二，"福建路泉州"，中华书局2003年版。

[59]（南宋）赵汝适著，杨博文校释：《诸蕃志校释》，中华书局2000年版。

[60]（元）脱脱：《宋史·食货志》，中华书局1976年版。

[61]（元）拜柱等纂修：《通制条格》，上海古籍出版社1995年版。

[62]（元）陈大震：《大德南海志》，广东人民出版社1991年版。

[63]（元）脱脱：《宋史·大食传》，中华书局1977年版。

[64]（元）汪大渊：《岛夷志略校释》，苏继庼校释，中华书局1981年版。

[65]（元）吴莱：《南海山水人物古迹记》，上海古籍出版社1987年版。

[66]（元）许有壬：《至正集》卷五三"西域使者哈扎哈津碑"，明崇道堂抄本。

[67]（元）佚名：《东南纪闻》，上海博古斋1922年影印本。

[68]（明）费信著，冯承钧校注：《星槎胜览校注》，华文出版社2019年版。

[69]（明）费信著，冯承钧校注：《星槎胜览校注》，中华书局1954年版。

[70]（明）巩珍著，向达校注：《西洋番国志》，中华书局1982年版。

[71]（明）何乔远：《闽书》，崇祯刻本，四库全书存目丛书，齐鲁书社1997年版。

[72]（明）马欢著，冯承钧校注：《瀛涯胜览校注》，中华书局1955年版。

[73]（明）宋濂：《元史》，中华书局标点本1974年版。

[74]（清）董诰：《全唐文》，中华书局1983年版。

[75]（清）顾嗣立：《元诗选·戊集·萨经历都剌》，中华书局1987年版。

[76]（清）顾炎武：《天下郡国利病书》，上海古籍出版社2012年版。

[77]（清）徐松：《宋会要辑稿》，中华书局1957年版。

[78]（清）张廷玉：《明史》卷三三二，载《二十五史》第10册，中华书局2013年版。

[79]（清）郑沄修：乾隆《杭州府志》，上海古籍出版社1995年版。

研究著作、报告

[1][埃及]阿拔斯·艾哈迈德：《伊斯兰文明对西方文明的影响》，开罗骑士出版社1965年版。

[2][埃及]阿卜杜拉·穆罕默德·哈白希：《拉苏里王朝历史》，新时代出版社

1984年版。

[3][埃及]阿里·阿卜杜·法塔赫:《阿拉伯穆斯林知名学者》,伊本·哈兹姆出版社2010年版。

[4][埃及]艾哈迈德·爱敏:《阿拉伯—伊斯兰文化史》,纳忠等译,商务印书馆1982年版。

[5][埃及]哈桑:《阿拉伯地理文化史》,开罗文化出版社1981年版。

[6][埃及]穆斯塔法·萨尔特:《走进阿拉伯文化史》,开罗科学知识出版社1985年版。

[7][德]阿尔夫雷德·赫特纳:《地理学——它的历史、性质和方法》,王兰生译,商务印书馆1986年版。

[8][德]廉亚明、葡萄鬼:《元明文献中的忽鲁谟斯》,姚继德译,宁夏人民出版社2007年版。

[9][德]罗德里希·普塔克:《海上丝绸之路》,史敏岳译,中国友谊出版社2019年版。

[10][苏联]克拉奇可夫斯基:《阿拉伯地理文学史》,阿盟文化处选送埃及创作翻译传播委员会出版社1957年版。

[11][法]L.布尔努瓦:《丝绸之路》,耿昇译,新疆人民出版社1963年版。

[12][法]费瑯辑注:《八至十八世纪阿拉伯波斯突厥人东方游记及地理文献辑注》卷1,巴黎,1914年。

[13][法]费瑯:《昆仑及南海古代航行考·苏门答腊古国考》,冯承钧译,中华书局2002年版。

[14][法]费瑯编:《阿拉伯波斯突厥人东方文献辑注》,耿昇、穆根来译,中华书局2001年版。

[15][法]沙海昂:《马可·波罗行纪》,冯承钧译注集,上海古籍出版社2014年版。

[16][法]沙畹:《西突厥史料》,冯承钧译,中华书局2004年版。

[17][荷兰]戴文达:《非洲的再发现》,生活·读书·新知三联书店1973年版。

[18][荷兰]德·胡耶编:《阿拉伯舆地丛书》(Bibliotheca Geographorum Arabicorum,BGA),伦敦,1977年版。

[19][荷兰]穆·胡茨玛编:《伊斯兰百科全书(第2版)》,博睿出版社1983年版。

[20][美]林肯·佩恩:《海洋与文明》,陈建军、罗燚英译,天津人民出版社2017年版。

[21][美]路易斯·戴蒙德等:《多轨外交》,李永辉等译,北京大学出版社2006年版。

[22][美]诺曼·思罗尔:《地图的文明史》,陈丹阳、张佳静译,商务印书馆2016年版。

[23][美]乔纳森·莱昂斯:《智慧宫:阿拉伯人如何改变了西方文明》,刘榜离、李洁、杨宏译,新星出版社2013年版。

[24][美]菲利浦·希提:《阿拉伯通史》,马坚译,新世界出版社2008年版。

[25][美]希提:《阿拉伯通史》,马坚译,商务印书馆1995年版。

[26][日]家岛彦一:《郑和分艅访问也门》,载《中外关系史译丛》(第二辑),上海译文出版社1991年版。

[27][日]木宫泰彦著,陈捷译:《中日交通史》,山西人民出版社2015年版。

[28][日]三上次男:《陶瓷之路》,李锡经、高喜美译,文物出版社1984年版。

[29][日]桑原骘藏:《蒲寿庚考》,中华书局1929年版。

[30][日]桑原骘藏:《唐宋贸易港研究》,杨鍊译,山西人民出版社2015年版。

[31][日]桑原骘藏:《中国阿拉伯海上交通史》,商务印书馆1934年版。

[32][日]石井谦治:《图说和船史话》,东京至诚堂出版社1983年版。

[33][日]真人元开:《唐大和上东征传》,中华书局1979年版。

[34][沙特]哈穆德·本·穆罕默德·阿里·纳吉迪:《伊斯兰文明与中华文明的交流互鉴》(阿拉伯语),费萨尔国王伊斯兰研究中心,2007年。

[35][苏联]波德纳尔斯基编:《古代的地理学》,梁昭锡译,商务印书馆1986年版。

[36][新西兰]尼古拉斯·塔林主编:《剑桥东南亚史(Ⅰ)》,贺圣达等译,云南人民出版社2003年版。

[37][英]W.C.丹皮尔:《科学史及其与哲学和宗教的关系》,李珩译,商务印书馆1994年版。

[38][英]汉密尔顿·阿·基布:《阿拉伯文学简史》,陆孝修等译,人民文学出版社1980年版。

[39][英]巴兹尔·戴维逊:《古老非洲的再发现》,屠尔康、葛佶译,生活·读书·新知三联书店1973年版。

[40][英]赫德逊:《欧洲与中国》,李申、王遵仲、张毅译,何兆武校,中华书局2004年版。

[41][英]裕尔:《东域纪程录丛:古代中国闻见录》,[法]考迪埃修订,张绪山译,中华书局2008年版。

[42]《阿拉伯伊斯兰文明百科全书》,开罗骑士出版社1995年版。

[43]G.R.Tibbetts:《葡萄牙人到来之前,阿拉伯人在印度洋的航海》,英国和爱尔兰皇家亚洲协会1981年版。

[44]Amitav Ghosh, *The Horizons of al-Idrisi in the Eleventh Century*, Other Routes: *1500 Years of African and Asian Travel Writing*, eds. Tabish Khair and others, Bloomington: Indiana University Press, 2005.

[45]Curtis, *Roger of Sicily*, Cambridge University Press, 2002.

[46]George F.Hourani, *Arab Seafaring in the Indian Ocean in Ancient and Early Medieval Times*, 1951; Princeton University Press, Expanded edition, 1995.

[47]George H. T. Kimble, *Geography in the Middle Ages*, London: Methuen and Co., 1938.

[48]Hyunhee Park, *Mapping the Chinese and Islamic Worlds: Cross-Cultural Exchange in PreModern Asia*, Cambridge University Press, 2012.

[49]Ptolemy, *Geography, Book 6: Middle East, Central and North Asia,*

  China, trans.Helmut Humbach, Wiesbaden : L.Reichert, 1998－2002.

［50］*The Conservation and Restoration of Shinan Ship, the 20 Years History*, Mokpo : National Maritime Museum, 2004.

［51］安田朴:《中国文化西传欧洲史》,商务印书馆2000年版。

［52］白寿彝:《回回民族底新生》,东方书社1951年版。

［53］蔡伟良:《中世纪阿拉伯伊斯兰文化》,上海外语教育出版社2006年版。

［54］陈鸿彝:《中华交通史话》,中华书局1992年版。

［55］陈佳荣、钱江、张广达编:《历代中外行纪》,上海辞书出版社2008年版。

［56］邓端本编著:《广州港史(古代部分)》,海洋出版社1986年版。

［57］杜瑜:《海上丝路史话》,社会科学文献出版社2011年版。

［58］范文澜:《中国通史简编》,商务印书馆2010年版。

［59］冯承钧:《〈诸蕃志〉校注》,中华书局1956年版。

［60］冯承钧:《西域南海史地考证论著汇辑》,中华书局1957年版。

［61］冯承钧:《中国南洋交通史》,上海古籍出版社2005年版。

［62］傅筑夫:《中国封建社会经济史》(第4卷),人民出版社1986年版。

［63］葛剑雄:《郑和究竟为何下西洋》,载《天地史谭》,上海辞书出版社2018年版。

［64］耿引曾:《中国人与印度洋》,大象出版社2009年版。

［65］郭筠:《阿拉伯地理典籍中的中国》,商务印书馆2020年版。

［66］郭依峰:《世界能源战略与能源外交(中东卷)》,知识产权出版社2011年版。

［67］郭应德:《中国阿拉伯关系史》,北京大学出版社2015年版。

［68］国家发展改革委、外交部、商务部:《推动共建丝绸之路经济带和21世纪海上丝绸之路的愿景与行动》,2015年3月。

［69］季羡林:《大唐西域记校注》,中华书局1985年版。

［70］季羡林:《中外文化交流史丛书》,湖南教育出版社1998年版。

［71］江淳、郭应德:《中阿关系史》,经济日报出版社2001年版。

[72] 李大伟:《宋元泉州与印度洋文明》,商务印书馆2015年版。

[73] 李冀平、朱学群、王连茂:《泉州文化与海上丝绸之路》,社会科学文献出版社2007年版。

[74] 李锦绣、余太山:《〈通典〉西域文献要注》,上海人民出版社2009年版。

[75] 李明伟主编:《丝绸之路贸易史》,甘肃人民出版社1997年版。

[76] 李荣建:《阿拉伯的中国形象》,人民出版社2010年版。

[77] 李燕:《古代中国的港口》,广东经济出版社2014年版。

[78] 李约瑟:《中国科学技术史》,科学出版社2003年版。

[79] 刘迎胜:《从西太平洋到北印度洋——古代中国与亚非海域》,南京大学出版社2017年版。

[80] 刘迎胜:《丝路文化·海上卷》,浙江人民出版社1995年版。

[81] 刘迎胜:《丝绸之路史研究论稿》,中国大百科全书出版社2018年版。

[82] 刘中民、朱威烈:《中东地区发展报告:聚焦中东热点问题》,时事出版社2015年版。

[83] 马丽蓉:《"丝路战略"与中阿民间交往的机制化建设》,载《丝路新篇》,世界知识出版社2014年版。

[84] 马丽蓉:《丝路学研究:基于中国人文外交的阐释框架》,时事出版社2014年版。

[85] 纳忠:《阿拉伯通史》,商务印书馆1997年版。

[86] 南开大学历史系编:《中国和阿拉伯人民的友好关系》,河北人民出版社1958年版。

[87] 邱轶皓:《蒙古帝国视野下的元史与东西文化交流》,上海古籍出版社2019年版。

[88] 曲金良:《"郑和下西洋"之前的中国造船与航海技术发展概述》,《中国海洋文化发展报告(2014年卷)》,社会科学文献出版社2015年版。

[89] 沈光耀:《中国古代对外贸易史》,广东人民出版社1985年版。

[90] 史学双周刊社编:《中国和亚非各国友好关系史论丛》,生活·读书·新知

三联书店1957年版。

[91] 宋岘:《中国阿拉伯文化交流史话》,社会科学文献出版社2011年版。

[92] 孙光圻:《中国古代航海史》,海洋出版社1989年版。

[93] 王洸:《中国航海业》,台湾商务印书馆、海洋出版社1986年版。

[94] 王有勇编著:《阿拉伯文献阅读》,上海外语教育出版社2006年版。

[95] 王有勇:《新编阿拉伯语教程》(第5册),上海外语教育出版社2007年版。

[96] 吴文良:《泉州宗教石刻》,科学出版社1957年版。

[97] 许晓光:《天方神韵:伊斯兰古典文明》,四川人民出版社2002年版。

[98] 杨怀中:《回族史论稿》,宁夏人民出版社1991年版。

[99] 杨建国:《21世纪海上丝绸之路背景下浙江省港口参与国际港口联盟建设问题研究》,海军出版社2018年版。

[100] 杨占武:《回族语言文化》,宁夏人民出版社1996年版。

[101] 袁树五:《昆阳马哈只碑跋》,载《郑和研究资料选编》,人民交通出版社1985年版。

[102] 张广达:《西域史地丛稿初编》,上海古籍出版社1995年版。

[103] 张星烺编注:《中西交通史料汇编》(第一册),中华书局1977年版。

[104] 张星烺编注:《中西交通史料汇编》(第二册),中华书局2003年版。

[105] 章巽:《我国古代的海上交通》,商务印书馆1986年版。

[106] 赵毅衡:《符号学》,南京大学出版社2012年版。

[107] 郑一钧:《大航海家郑和丛书·郑和全传》,中国青年出版社2005年版。

[108] 周一良:《中国与亚洲各国和平友好的历史》,上海人民出版社1955年版。

[109] 朱鉴秋、李万权:《郑和航海图集》,人民交通出版社1988年版。

[110] 朱威烈译:《岁月留痕:朱威烈译作选(文学卷2)》,宁夏人民出版社2013年版。

[111] 朱威烈:《学思刍议——朱威烈文选》,世界知识出版社2017年版。

论文

[1] Al-Masudi, "Kitab al-Tanbihwa 'l-Israf", quoted in *Sezgin*, *Mathematical Geography*, p.78.

[2] 安瓦尔·尤素福·艾勒·阿卜杜拉:《"一带一路"框架下中国—海合会的经济合作》,王畅译,《新丝路学刊》2017年第2期。

[3] 蔡德贵:《中世纪阿拉伯人对哲学和科学的贡献》,《阿拉伯世界研究》2008年第3期。

[4] 曹婉如:《近四十年来中国地图学史研究的回顾》,《自然科学史研究》1990年第3期。

[5] 曹文振、毕龙翔:《中国海洋强国战略视域下的印度洋海上通道安全》,《南亚研究季刊》2016年第2期。

[6] 常净:《弘愿西渡求经典 孤帆劈浪传文明:纪念海上丝绸之路使者、译经巨擘义净大师》,《中国宗教》2019年第11期。

[7] 陈春晓:《蒙元时代伊斯兰世界关于"中国"认知的拓展》,"13—14世纪'丝路'纪行文学文献整理与研究"研讨会,2018年12月15日,浙江金华。

[8] 陈春晓:《古代海路贸易中的麝香造假与鉴假》,载《文献记载与考古发现:海上丝绸之路的新探索学术研讨会论文集》,南京大学,2018年。

[9] 陈春晓:《中古穆斯林文献中的"中国"称谓》,载《西域文史(第十一辑)》,科学出版社2017年版。

[10] 陈祝康:《中国与东盟友好港口建设探析》,《国际研究参考》2020年第2期。

[11] 丁俊:《论中国与伊斯兰国家间的"民心相通"》,《阿拉伯世界研究》2016年第3期。

[12] 丁克家:《唐宋时期我国与阿拉伯帝国的贸易往来及文化交流》,《阿拉伯世界研究》1990年第4期。

[13] 邬国义:《"丝绸之路"名称概念传播的历史考察》,《学术月刊》2019年第5期。

[14] 冯维江:《"伙伴关系"的战略浅析——"一带一路"与全球网络形成》,《当代金融家》2017年第5期。
[15] 傅伯模:《唐以来我国浙江海上与阿拉伯的交往》,《阿拉伯世界研究》1997年第4期。
[16] 高红梅:《唐以前中阿贸易关系概述》,《西北第二民族学院学报(哲学社会科学版)》2006年第3期。
[17] 杨怀中:《唐代的番客》,载《伊斯兰教在中国》,宁夏人民出版社1982年版。
[18] 高荣盛:《古里佛/故临——宋元时期国际集散/中转交通中心的形成与运作》,载李治安主编《元史论丛》(第十一辑),天津古籍出版社2009年版。
[19] 葛铁鹰:《阿拉伯古籍中的中国(二)》,《阿拉伯世界研究》2002年第4期。
[20] 葛铁鹰:《阿拉伯古籍中的中国(六)》,《阿拉伯世界研究》2003年第4期。
[21] 葛铁鹰:《阿拉伯古籍中的中国(十一)》,《阿拉伯世界研究》2004年第3期。
[22] 葛铁鹰:《阿拉伯古籍中的中国(一)》,《阿拉伯世界研究》2002年第3期。
[23] 盖双:《关于郑和船队的一段重要史料——披览阿拉伯古籍札记之二》,《回族研究》2007年第2期。
[24] 葛铁鹰:《阿拉伯古籍中的"中国"研究——以史学著作为例》,博士学位论文,上海外国语大学,2008年。
[25] 葛兆光:《"天下—中国"与"四夷"——作为思想史文献的古代中国的世界地图》,载王元化主编《学术集林》卷十六,上海远东出版社1999年版。
[26] 顾泉林:《从"友好港"到"港口战略联盟"》,《中国海港》2000年第12期。
[27] 管清友:《一带一路港口:中国经济的"海上马车夫"》,《中国水运报》2015年5月11日。
[28] 郭丹丹:《中国与阿拉伯国家能源合作现状与前景探析》,《对外经贸务实》2019年第5期。
[29] 郭筠:《7—15世纪阿拉伯地理古籍中的中国研究》,《宁夏社会科学》2018年第3期。

[30] 郭筠:《宋朝杭州与阿拉伯国家交往特点与意义——以阿布·菲达的〈地理书〉为例》,《中国民族博览》2016年第8期。

[31] 郭应德:《阿拔斯朝的政治——读阿拉伯史札记之三》,《阿拉伯世界研究》1984年第2期。

[32] 哈恩忠、霍华:《明洪武年间绘制的〈大明混一图〉》,《历史档案》2013年第3期。

[33] 韩文慧:《20世纪以来"丝绸之路"研究述评》,《渭南师范学院学报》2014年第14期。

[34] 华涛:《伊本·忽尔答兹贝关于中国海上丝绸之路的记载及其在阿拉伯—伊斯兰地理文献中的地位》,载《中国与海上丝绸之路》,福建人民出版社1991年版。

[35] 华涛:《〈史集〉中"中国"的名称及其含义》,载《西域历史语言研究集刊(第七辑)》,科学出版社2014年版。

[36] 华涛:《中文和阿拉伯—波斯文古籍中的"一带一路"》,《新世纪图书馆》2016年第11期。

[37] 李安山:《论郑和远航在中非关系史上的意义》,《东南亚研究》2005年第6期。

[38] 李彩霞:《法显、义净南海行程与唐代交通的转向》,《吉林大学社会科学学报》2019年第2期。

[39] 李光斌:《论伊本·白图泰和他的〈旅途各国奇风异俗珍闻记〉》,《海交史研究》2003年第1期。

[40] 李国强:《古代丝绸之路的历史价值及对共建"一带一路"的启示》,《大陆桥视野》2019年第2期。

[41] 李荣建:《阿拉伯视野中的中国形象评估》,《阿拉伯世界研究》2014年第4期。

[42] 李荣建:《中世纪穆斯林对地理学的重要贡献》,《阿拉伯世界研究》1984年第1期。

［43］李伟建：《中阿战略伙伴关系：基础、现状与趋势》，《西亚非洲》2018年第4期。

［44］李希光：《与伊斯兰世界的文明互鉴与包合》，《全球传媒学刊》2018年第3期。

［45］刘明翰、陈月清：《郑和七下西洋对海上丝绸之路的贡献——郑和下西洋的伟绩同西欧早期殖民扩张的对比》，《大连大学学报》2017年第5期。

［46］刘伟：《源远流长的中阿文化交流》，《民族艺林》2013年第1期。

［47］刘锡涛：《试述泉州海洋文化的历史特色》，《福建省社会主义学院学报》2017年第3期。

［48］刘永忠：《唐高僧义净与齐州山茌县的因缘》，《法音》2018年第3期。

［49］陆培勇、郭筠：《伊斯兰教经济理念中的和谐观》，《济南大学学报（社会科学版）》2009年第1期。

［50］马坚：《阿拉伯文化在世界文化史上的地位》，《回族文学》2006年第4期。

［51］马建春：《两宋时期留居杭州的穆斯林蕃商胡贾》，《浙江社会科学》2011年第4期。

［52］马丽蓉：《"丝路战略"与中阿民间交往的机制化建设》，载《丝路新篇——中阿合作论坛十周年论文集》，世界知识出版社2014年版。

［53］马丽蓉：《"郑和符号"对丝路伊斯兰信仰板块现实影响评估》，《世界宗教研究》2015年第5期。

［54］马丽蓉：《中阿"共生观"：从理念到实践的成功建构》，《世界宗教文化》2014年第4期。

［55］马丽蓉：《中阿文明交往面临的挑战及对策思考》，《阿拉伯世界研究》2011年第2期。

［56］马利强、海一岚：《试论伊斯兰经济文化理念与激发社会活力》，《中国穆斯林》2007年第3期。

［57］马启成：《略述伊斯兰教在中国的早期传播》，《中国社会科学》1983年第2期。

[58] 孟繁玮、缑梦媛:《从"丝绸之路"到"一带一路"——刘迎胜访谈》,《美术观察》2018年第4期。

[59] 孟亮:《唐代初期中印文化交流图景——以义净代表作为中心考察》,《重庆交通大学学报(社会科学版)》2019年第1期。

[60] 木戈:《塔齐博士和〈伊本·白图泰游记〉》,《阿拉伯世界研究》1995年第4期。

[61] 穆罕默德·米里:《阿拉伯—中国文化关系及其前景》,《西亚非洲》1997年第1期。

[62] 彭树智:《论人类的文明交往》,《史学理论研究》2001年第1期。

[63] 钱江:《古代南海的波斯商人和阿拉伯商人》,载《文献记载与考古发现:海上丝绸之路的新探索学术研讨会论文集》,2018年。

[64] 邱江宁:《13—14世纪"丝绸之路"的拓通与"中国形象"的世界认知》,《江苏社会科学》2019年第4期。

[65] 邱树森:《伊本·白图泰眼里的中国穆斯林》,《西北第二民族学院学报(哲学社会科学版)》1993年第1期。

[66] 曲金良:《"郑和下西洋"之前中国造船与航海技术发展概述》,《中国海洋文化发展报告(2014年卷)》,2014年。

[67] 荣新江:《唐朝海上丝绸之路的壮举:再论杨良瑶的聘使大食》,《新丝路学刊》2019年第3期。

[68] 孙德刚:《合而治之:论新时代中国的整体外交》,《世界经济与政治》2020年第4期。

[69] 孙德刚:《中国港口外交的理论与实践》,《世界经济与政治》2018年第5期。

[70] 孙光圻:《〈马可·波罗游记〉中的中国古代造船文明与航海文明》,《海交史研究》1992年第2期。

[71] 孙果清:《东震旦地理图与汉西域诸国图》,《地图》2005年第6期。

[72] 万明:《中国与非洲海上丝绸之路的故事——伊本·白图泰与郑和的航海记忆》,《海交史研究》2019年第3期。

[73] 王爱虎:《从海上丝绸之路的发展史和文献研究看新海上丝绸之路建设的价值和意义》,《华南理工大学学报(社会科学版)》2015年第1期。

[74] 王广大:《携手抗疫推动中阿合作达到新高度》,《光明日报》2020年6月22日。

[75] 王怀德:《唐代中国与阿拉伯的友好关系》,《西北民族研究》1998年第1期。

[76] 王小甫:《香丝之路:阿曼与中国的早期交流——兼答对"丝绸之路"的质疑》,《清华大学学报(哲学社会科学版)》2020年第4期。

[77] 王兴伊:《"丝绸之路"视域下的中医外交先行者郁震考》,《中医药文化》2019年第6期。

[78] 王义桅:《"一带一路":再造中国,再造世界》,《新丝路学刊》2017年第2期。

[79] 魏峰:《宋代杭州与海上丝绸之路》,载《杭州文史》(第十二辑),杭州出版社2020年版。

[80] 习近平:《弘扬丝路精神 深化中阿合作——习近平出席中阿合作论坛第六届部长级会议开幕式》,《中国投资》2014年第12期。

[81] 许序雅:《阿拉伯—伊斯兰舆地学与历史学》,《史学理论研究》1996年第4期。

[82] 薛庆国:《阿拉伯伊斯兰核心价值观的内涵及其当代审视》,《阿拉伯世界研究》2018年第2期。

[83] 杨怀中、马博忠、杨进:《古老而又年轻的中阿友谊之树长青——记〈伊本·白图泰游记〉中文译本在宁夏编辑出版的经过》,《回族研究》2015年第4期。

[84] 杨克礼:《历史演进的轨迹:伊斯兰史学概观》,《中国穆斯林》1994年第4期。

[85] 杨言洪、田冉冉:《"一带一路"倡议背景下中国与阿拉伯国家经贸合作研究》,《国际商务(对外经贸大学学报)》,2018年第3期。

[86] 杨雨蕾:《〈混一疆理历代国都之图〉的图本性质和绘制目的》,《江海学刊》

2019年第2期。

[87] 俞鼎玲:《从中印、中阿医学交流史实浅论中西医结合的必要性》,《福建中医药》1986年第6期。

[88] 张广达:《出土文书与穆斯林地理著作对于研究中亚历史地理的意义（上）》,《新疆大学学报(哲学·人文社会科学版)》1984年第1期。

[89] 张广达:《出土文书与穆斯林地理著作对于研究中亚历史地理的意义（下）》,《新疆大学学报(哲学·人文社会科学版)》1984年第2期。

[90] 张景全:《"海洋命运共同体"视域下的海洋政治研究》,《人民论坛》2019年第S1期。

[91] 张云江:《试论唐代西域求法僧侣的求法动机及其"宗教生存困境"》,《宗教与民族》2012年第7辑。

[92] 赵军利:《中世纪阿拉伯历史研究方法》,《史学理论研究》1992年第4期。

[93] 赵山花:《21世纪海上丝绸之路背景下的港口建设》,《中国港口》2016年第2期。

[94] 郑永年:《新丝绸之路:做什么、怎么做?》,《中国经贸》2014年第16期。

[95] 中外关系史学会编:《关于新安发现的文物调查报告》,《中外关系史译丛》第5辑，上海译文出版社1991年版。

[96] 朱威烈、丁俊:《中阿文化交流超越"文明冲突"》,《参考消息》2018年7月6日，第11版。

[97] 朱威烈:《访问伊本·白图泰的故乡》,《阿拉伯世界研究》1999年第3期。

[98] 朱亚非:《中外文化交流的使者义净》,《春秋》2019年第2期。

[99] 邹振环:《际天极地云帆竞:作为"大航海时代"前奏的郑和下西洋》,《江海学刊》2020年第2期。

[100] 朱雄关:《"一带一路"背景下中国与沿线国家能源合作问题研究》,博士学位论文，云南大学，2016年。

[101] 马思:《15—16世纪霍尔木兹贸易发展研究》,硕士学位论文，山西师范大学，2019年。

网络资料

[1]"中阿合作论坛第九届部长级会议",中阿合作论坛2020年7月22日,http://www.chinaarabcf.org/chn/zyhd/t1795318.htm。

[2]《"一带一路"建设海上合作设想》,新华网2020年6月26日,http://www.xinhuanet.com/politics/2017-06/20/c_1121176798.htm。

[3]《第三届中国—阿盟能源合作大会联合声明》,国家能源局2012年9月20日,http://www.nea.gov.cn/2012-09/20/c_131861466.htm。

[4]《海水淡化技术,"灌溉"国际友谊之花》,中国网2020年8月24日,http://www.baidu.com/link?url=IBPig3at5GKCZAxHIcP8XRcY36ibRqp5uaLqglAZtW8O77paO2lIDOXkLklAk8J42rZTPRusw_ftlhMsjfgbsa&wd=&eqid=ef7cc965001c0d12000000045f43ca06。

[5]《建设海洋强国,习近平从这些方面提出要求》,中国共产党新闻网2019年7月11日,http://cpc.people.com.cn/n1/2019/0711/c164113-31226894.html。

[6]《推动共建丝绸之路经济带和21世纪海上丝绸之路的愿景与行动》,2019年3月28日,http://www.xinhuanet.com/world/2015-03/28/c_1114793986.htm。

[7]《王毅在沙特王储萨勒曼访华期间接受〈中东报〉专访》,中国政府网2020年7月15日,http://www.gov.cn/xinwen/2014-03/16/content_2639762.htm。

[8]《习近平:"推动建设中阿利益和命运共同体"》,2018年7月11日,http://www.xinhuanet.com/mrdx/2018-07/11/c_137315705.htm。

[9]《银川市与天津港集团"牵手"》,宁夏新闻网2020年7月14日,https://www.nxnews.net/ds/sxld/202005/t20200529_6728723.html。

[10]《中阿合作论坛第七届部长级会议在多哈开幕》,2016年5月12日,https://www.fmprc.gov.cn/web/wjbzhd/t1362747.shtml。

[11]《中国—阿拉伯国家合作论坛2018年至2020年行动执行计划》,中阿合作论坛2020年7月13日,http://www.chinaarabcf.org/chn/lthyjwx/bzjhywj/dbjbzjhy/t1577009.htm。

[12]《中国和阿拉伯国家合作共建"一带一路"行动宣言》,中阿合作论坛2020年7月13日,http://www.chinaarabcf.org/chn/lthyjwx/bzjhywj/dbjbzjhy/t1577010.htm。

[13]《中国与海合会恢复自贸协定谈判 货物贸易谈判已实质性结束》,国际在线2016年1月22日,http://news.cri.cn/2016120/48029cc2-7b2b-d99a-be0e-b9e198f77745.html。

[14]《中马港口联盟信息交流(2020年第2期)》,中国港口2020年8月4日,http://www.port.org.cn/info/2020/206131.htm。

[15]陈凌:《人民日报评论员观察:架设不同文明互学互鉴的桥梁——聚焦互联互通 共建一带一路⑤》,《人民日报》2019年5月15日。

[16]陈占杰:《斯里兰卡:郑和遗迹今尚存 石碑犹在颂海魂》,新华网2005年5月31日。

[17]丁俊:《中阿合作论坛为中阿合作注入新动力》,新华网2018年7月12日,http://www.xinhuanet.com//world/2018-07/12/c_129911832.html。

[18]王宏伟:《腰缠十万贯,骑鹤下"南京"》,《新华日报》2009年8月27日。

[19]王毅:《携手共创中阿关系更加美好的未来——写在〈中国对阿拉伯国家政策文件〉发表之际》,《人民日报》2016年1月14日。

[20]习近平:《共同开创中阿关系的美好未来——在阿拉伯国家联盟总部的演讲》,《人民日报》2016年1月22日。

[21]习近平:《让世界各国人民共享海洋经济发展成果》,人民网2020年7月19日,https://baijiahao.baidu.com/s?id=1647510284021953058&wfr=spider&for=pc。

[22]习近平:《携手推进新时代中阿战略伙伴关系——在中阿合作论坛第八届部长级会议开幕式上的讲话》,新华社北京2018年7月10日电,http://

www.gov.cn/xinwen/2018-07/10/content_5305377.htm。

［23］薛庆国:《阿拉伯国家与"一带一路"》,《光明日报》2015年7月21日,http://www.cssn.cn/xwcbx/xwcbx_xsqy/201507/t20150721_2087864.shtml。

［24］薛小乐:《中东为一带一路做规划:科威特300亿建"丝绸城"阿曼建郑和纪念园区》,2015年4月1日,https://finance.huanqiu.com/article/9CaKrnJJsaC。

［25］杨公振:《中东前特使吴思科:"中海共建'一带一路''升级版'》,中国网2014年12月4日,http://www.china.com.cn/opinion/think/2014-12/04/content_34230640.html。

［26］张阳:《沙特驻华参赞:中沙友谊从丝绸之路时代开始》,环球网2013年5月23日,http://world.huanqiu.com/article/9CaKmJACJQ。

后　记

　　本书是在多方面的帮助下顺利出版的，出版过程中得到了教育部重大委托项目子课题、浙江外国语学院博达科研提升专项计划后期资助项目以及中国博士后科学基金的支持。笔者的博士后导师朱威烈先生、本硕博学习阶段的导师陆培勇教授在笔者选题遇到困难时、在书稿成书过程中给予了笔者很多鼓励和指导，作为国内研究阿拉伯古籍中的"中国"相关课题的领军人物的葛铁鹰教授，帮助笔者解决了成书过程中的许多专业问题，对研究帮助极大的姚继德教授邀请笔者主持教育部重大委托项目子课题，感谢郭黎教授、华涛教授、孙德刚教授的指导。同时，感谢沙旭沛老师在第六章"海上丝绸之路上的中阿交往对深化中阿共建'一带一路'的意义与启示"、陈静硕士在第三章第五节"中阿海上丝路交往中的重要使者和航海家"郑和部分的合作撰写，还要感谢团队成员庄子悦、黄玉凤、高胡龙、胡蝶、顾筠安、郑锐雅、李雪聪、陈静、李杨萌、杨方璇、俞丹盈、何相宜等师生的共同努力，感谢好友忽增朋、梁道远老师帮助在国内外寻找手抄本和古籍资料，感谢国内外高校历史系、史地研究中心以及相关研究机构师生的帮助，更要感谢母校上海外国语大学、工作单位浙江外国语学院的培养和鼎力支持。最后，最需要感谢的是家人的无私奉献与支持。

　　"阿拉伯地理典籍中的中国和阿拉伯国家海上丝绸之路交往研究"这个研究选题是笔者从博士阶段开始关注并研究了八年的题目。这是笔者此方面研究的第三本著作，第一本作品《中世纪阿拉伯地理学研究》，其研究内容和语句虽显稚嫩和浅显，但它是国内第一本对该课题进行相关研究的专著，随后笔者著有《阿拉伯地理典籍中的中国》，逐步展开研究了阿拉伯地理古籍中的"中国"研究，这本是笔者在这个系列的第三本著作，关注海上丝绸之路上的中国和阿拉伯国家的交往。研究过程中，笔者为了克服仅有阿拉伯语言文学学科背景的不足，做出了一定的努力。例如到埃及、土耳其、黎巴嫩、摩洛哥、英国、法国等寻找第一手资料、手抄本以及校本；为了准确地识别手抄本中的字句，拜访国内外学者，参加埃及和摩洛哥手抄本培训课程，参加国内外史地研究中心的会议和培训，以及旁听世界史、地图学、海洋史等相关专业课程，希望尽可能给读者提供正确且尽量较为专业的知识。但是由于阿拉伯原版书籍以及手抄本等一手资料的获取非常困难，本著作还会有很多疏漏之处，恳切希望得到读者的批评。

笔者衷心地希望，出现在中国书林中的这棵小草，既能作为一种国内外尚未涉及的原创的学术努力成果，为更具专业水平的学者更加深入地就此课题进行研究提供一份较为扎实的参考资料，进而促进我国在这一领域中的研究；同时又能顺应习近平总书记"一带一路"倡议中"讲好丝路故事"的要求，为推动中阿两国学者的学术交流，增进中阿以及丝路沿途诸民族之间的友好关系做出自己的贡献。由于水平有限，本书的欠缺和错误之处在所难免。欢迎广大读者指正，以便今后再行订正，不胜感激！